U0553943

双语和多语现象研究方法指南

The Blackwell Guide to Research Methods
in Bilingualism and Multilingualism

〔英〕李嵬 主编
〔西班牙〕梅丽莎·G.莫耶

关辛秋 董秀玲 耿兴岩 译

创于1897 商务印书馆
The Commercial Press

2020年·北京

Translation from the English language edition
The Blackwell Guide to
Research Methods in Bilingualism and Multilingualism
Edited by Li Wei and Melissa G. Moyer
ⓒ 2008 by Blackwell Publishing Ltd

First published 2008 by Blackwell Publishing Ltd

本书根据 Blackwell Publishing Ltd 2008 年英文版译出

中译本序

去年，即 2017 年，是《国际双语学报》创刊和每两年一度的"国际双语研讨会"召开的 20 周年。这也是我学术生涯里做的两件大事。

我本人是满族，生于北京，但不懂满语。小的时候看过外祖父写满文、读满文书籍。知道那是和汉语、汉字不同的语言文字。也学着描过几个满文，像画画一样。我家还有几位要好的朝鲜族朋友和印尼归侨。他们和自己的家人不说汉语，但有时夹杂一些汉语的词汇，并能在汉语和其他语言之间转换自如，令我好奇。可能就是那个时候我对双语和多语现象有了初步的意识。后来我学了英语专业，其实心里希望将来能当人类学家或记者，到世界各地看看。上世纪 80 年代中我来英国教中文，发现世界上五分之一人口使用的语言在这里被称为"少数种族语言"，华人也是少数民族。我对这些问题开始加以思考，收集了许多语码转换和家庭内语言迁移(language shift)的语料。我的博士论文就是研究这些现象的。再后来，我到了纽卡斯尔大学言语障碍矫治系工作，主要研究双语和多语儿童的语言发展及障碍。在教学和科研过程中，我意识到从事双语和多语现象研究的人很多，但往往分散在不同的学科领域，既没有自己的学会，也没有专业学报。我便和同事一起于 1997 年创办了《国际双语学报》，并组织了第一届"国际双语研讨会"。

双语和多语现象作为人类社会的一种普遍现象有史已久。有史料证明，无论是在人类原始聚集的非洲和中国，还是在世界重大文明发源地的古希腊、古罗马、古埃及，双语和多语现象都普遍存在。实际上，在国家这一政治概念出现前，世界上大部分地区的人类社团都存在着不同程度的双语和多语现象，很多语言没有标准名称，操用不同语言、方言、文字的人们之间的接触非常密切而且自然，语言借用、语码转换等现象也到处可见。随着国家概念的形成、国界的划分，一些社团逐渐开始有了单语主义意识，语言和语言之间的等级关系也逐渐出现。20世纪人类社会经历了空前未有的科技革命和全球化，人们对语言的社会地位又有了新的认识，一方面对保护自己语言的意识不断增强，另一方面也有了更多的对习得新的语言的欲望。政府、社会机构、社团和普通人，都对双语和多语现象给予更多关注。进入21世纪"后现代"（post-modernist）时代，人类社会又面临着"后多语主义"（post-multilingualism）的挑战。所谓后多语主义强调的不是不同语言的共存，而是对如何在维护语言各自的独立性及特点的同时促进多语、多文化之间的互动和对流提出的新的问题。

这些问题包括三类：其一是如何在保护语言个体间的特征及完整性的同时，超越语言和语言之间的界限，积极鼓励并促进例如语码混杂和转换的"超语实践"（translanguaging）。语言的定义和国家的分界、民族的关系等政治文化问题密切相连。想要冲破语言之间的隔阂一定要冲破国家和民族之间的分界。这是牵扯到国际政治、国际关系、民族文化的全球性挑战。其二是如何通过他人的语言，也就是我们统称的外语，来表达自己的文化、社会、政治意识及价值观。我们都知道，人类语言各有各的发展史，因此获得和增添了许多特定的历史和文化内涵。而全球化的社会往往需要我们用那些具有特定的历史和文化内涵的他人的语言来表达自己的、和他人不同的价值观念。这是当今社会对我们每个人的挑战。共同语的产生并不意味着同时产生共同的社会文化意识和价值观。其三则是错综复杂的多语互动和对流对人们的社会认知、社会关系以及社会结构等会产生什么样的后果，对此目前还没有足够的理解。

从以上的简述已可以看出，双语和多语现象牵扯到人之社会性的根源、社会结构、民族关系、国家政治等。因此，对双语和多语现象的科学研究也特别有多元化、多学科的特点。不仅语言学家对此现象感兴趣，人类学家、心理学家、社会学家、历史学家、管理学家、神经学家等都对双语和多语现象的研究做出过重大贡献。多学科和跨学科的研究自然会使用多种多样的研究方法。双语和多语现象的研究里可以看到的研究方法复杂多样，导致学生和年轻学者不知从何入手。这就是此书编辑的初心：不仅让大家了解双语和多语现象研究的内容是什么，而且让大家理解、学会具体的研究方法。

非常感谢关辛秋教授热心动议并和她的两位研究中国少数民族双语现象的研究生一道将此书翻译成中文，让国内更多的学生、学者了解双语和多语现象的研究方法。中国是多语言多文字的国度，是研究双语和多语现象的理想之地。希望此书中文版的出版对中国双语和多语现象的科学研究有所促进。

李嵬

于英国伦敦

原书作者简介

1. 朱宾·阿布塔乐比(Jubin Abutalebi, abutalebi. jubin@ hsr. it),医学博士,认知神经学家,意大利米兰圣拉斐尔大学心理学系神经心理学助理教授。他的主要研究兴趣是采用功能神经影像技术研究双语人的大脑活动。他在多家期刊上发表了论文,目前合编的两部著作《神经心理学研究回顾》(*Neuropsychological Research*: *A Review*, Psychology Press)、《认知神经学》(*Cognitive Neurology*, Oxford University Press)即将出版。

2. 巴克斯(Ad Backus, A. M. Backus@ uvt. nl),博士,荷兰蒂尔堡大学语言文化系副教授、巴比伦研究小组成员(该小组专门研究多元文化和多语现象)。他的实证研究多数是围绕土耳其移民群体中出现的接触性语言演变以及土耳其语—德语语码转换现象展开的,这些研究主要是在认知语言学的理论框架内完成的。他在《语言学》(*Linguistics*)、《国际双语学报》(*International Journal of Bilingualism*)、《双语:语言和认知》(*Bilingualism*: *Language and Cognition*)等多家期刊上发表了论文。

3. 阿德里安·布莱克利奇(Adrian Blackledge, A. J. Blackledge@ bham. ac. uk),博士,英国伯明翰大学教育学院双语学专业教授。他的主要研究兴趣是多语现象和少数民族语言背景下的社会公正问题以及多语语境中的话语和权力问题。著有《训练双语儿童》(*Teaching*

Bilingual Children, Trentham Books, 1994)、《读写能力、权力和社会正义》(*Literacy, Power, and Social Justice*, Trentham Books, 2000)、《多语世界中的话语和权力》(*Discourse and Power in a Multilingual World*, John Benjamins, 2005), 合编著作两部:《多语、二语学习和性别》(*Multilingualism, Second Language Learning, and Gender*, 与 Aneta Pavlenko, Ingrid Piller, Marya Teutsch-Dwyer 合编, Mouton De Gruyter, 2001)、《多语语境中的身份认同协商》(*Negotiation of Identities in Multilingual Contexts*, 与 Aneta Pavlenko 合编, Multilingual Matters, 2004)。

4. 霍利·R. 卡什曼(Holly Cashman, holly. cashman@ asu. edu), 博士, 美国亚利桑那州立大学国际文字和文化学院西班牙语专业助理教授。她的主要研究兴趣为语码转换、双语会话、互动中的身份认同、美国西南部的西班牙语变体。目前以"互动中呈现的双语人的身份认同"为主题, 与威廉姆斯(Ashley Williams)合编《多语》(*Multilingua*)〔全称: Multilingua-Journal of Cross-Cultural and Interlanguage Communication, Walter de Gruyter 出版, 详见: http://www. degruyter. com/view/j/mult.〕特刊, 此外, 她为《语用学》(*Journal of Pragmatics*)、《多语和多元文化发展》(*Journal of Multilingual and Multicultural Development*)、《礼仪研究》(*Journal of Politeness Research*)等多家期刊撰写了论文。

5. 伊格纳西·克莱门特(Ignasi Clemente, iclemente@ mednet. ucla. edu), 博士, 美国加州洛杉矶大学格芬医学院儿科所博士后研究员、加拿大卫生研究中心(Canadian Institutes of Health Research)"儿童健康与病痛战略培训项目"国际实习生。他的主要研究兴趣是病痛所具有的社会文化性和可交流性, 儿科护理中如何就儿童健康问题展开交流、如何共同做出决策,以及多语语境中的沟通问题。他的博士论文以西班牙巴塞罗那的一家医院为背景,研究了操西班牙语、加泰罗尼亚语的双语病人、病人父母和医生是如何使用这两种语言对尚不确定的癌症诊断进行讨论、商量以及保密的。

6. 伊娃·科多(Eva Codó,eva. codo@ uab. es),博士,西班牙巴塞罗那自治大学教育学院、文学院英语和语言学专业讲师。她的主要研究兴趣为多语现象,语言、移民、社会排斥过程,以及英语在西班牙作为接触语言具有的社会语言学特征。著有《移民和行政控制:公共行政部门的语言准则》(*Immigration and Bureaucratic Control*:*Language Practices in the Public Administration*,Mouton de Gruyter,即将出版)。

7. 安娜贝勒·戴维(Annabelle David, annabelle. david@ ncl. ac. uk),博士,英国纽卡斯尔大学助理研究员。她的主要研究兴趣为二语和双语习得,尤其是其中的词汇习得;此外,她对使用数字手段促进二语研究也颇感兴趣。她已完成博士论文并在《双语和双语教育》(*International Journal of Bilingualism and Bilingual Education*)上发表了文章。

8. 帕斯夸莱·安东尼·德拉·罗萨(Pasquale Anthony Della Rosa, dellarosa. pasquale@ hsr. it),瑞士日内瓦大学心理语言学学院在读博士生、意大利米兰圣拉斐尔大学初级研究员。他在功能神经影像学领域非常活跃,能够熟练运用该领域所有获取、分析和解读大脑功能数据的技术。

9. 葆拉·杜斯亚斯(Paola Dussias, pdussias@ psu. edu),博士,美国宾夕法尼亚州立大学西班牙语、语言学、心理学专业副教授。她的主要研究兴趣是双语人和二语习得者的句子理解过程以及使用实验技术、从心理语言学角度研究包含语码转换的句子的处理过程。她在

《双语：语言和认知》(*Bilingualism*：*Language and Cognition*)、《第二语言习得研究》(*Studies in Second Language Acquisition*)《国际双语学报》(*the International Journal of Bilingualism*)《双语学手册》(*Handbook of Bilingualism*)等多家国际期刊上发表了论文。

10. 珀涅罗珀·加德纳-卡洛斯(Penelope Gardner-Chloros, p. gardner-chloros@ bbk. ac. uk),博士,英国伦敦大学伯克贝克语言文化学院讲师。她的主要研究兴趣为语码转换、语言接触、欧洲语言的称谓语。著有《语码转换》(*Code-switching*, Cambridge University Press, 2008)、《斯特拉斯堡的语言选择和语言转用》(*Language Selection and Switching in Strasbourg*, Oxford University Press, 1991);合编《重新评估方言读写能力》(*Vernacular Literacy*：*A Re-evaluation*, Oxford University Press, 1997)。她是 LIPPS 集团的创始人之一,该集团开发了面向研究人员的双语文本数据库(见《国际双语学》(*International Journal of Bilingualism*)特刊 4(2),2000,6)。

11. 切普·格芬(Chip Gerfen, cgerfen@ gmail. com),博士,美国宾夕法尼亚州立大学语言学、西班牙语专业副教授。他的主要研究兴趣为语音学、实验语言学、心理语言学和双语学。著有《科特左斯潘小镇米斯特克语①的语音和音位》(*Phonology and Phonetics in Coatzospan Mixtec*, Kluwer Academic Publishers, 1999),在《双语：语言和认知》(*Bilingualism*：*Language and Cognition*)、《语音学》(*Journal of Phonetics*)等多家期刊上发表了论文。

12. 莫妮卡·海勒(Monica Heller, mheller@ oise. utoronto. ca),博士,加拿大多伦多大学安大略教育研究院教授。她的主要研究兴趣为

———
① 指墨西哥瓦哈卡州科特左斯潘小镇的米斯特克人所说的语言。——译者注

加拿大法语区的双语现象、民族志研究、全球化和语言少数民族研究。她最近编写并出版了《双语现象：一条社会途径》(*Bilingualism*：*A Social Approach*，Palgrave，2007)、《有关"濒危"的话语：语言防卫中的意识形态和利益》(*Discourses of Endangerment*：*Ideology and Interest in the Defense of Languages*，与 A. Duchene 合编，Continuum，2007)；在《社会语言学》(*Journal of Sociolinguistics*)、《语言和社会》(*Langage et Société*)、《社会中的语言》(*Language in Society*)等多家期刊上发表了论文。

13. 朱迪丝·F. 克罗尔(Judith Kroll, jfk7@ psu. edu)，博士，心理学、语言学、女性研究专业杰出教授，美国宾夕法尼亚州立大学语言科学中心副主任。她和她的学生们主要关注二语学习者和熟练双语人如何习得、理解和运用两种语言的词汇。她自 1997 年《双语：语言和认知》(*Bilingualism*：*Language and Cognition*)创刊至 2001 年担任该杂志副主编，2001 年至 2002 年担任该杂志流程编辑。与安奈特·德·古特(Annette de Groot)合编《双语教程：心理语言学视角》(*Tutorials in Bilingualism*：*Psycholinguistic Perspectives*，Erlbaum，1997)和《双语手册：心理语言学方法》(*Handbook of Bilingualism*：*Psycholinguistic Approaches*，Oxford University Press，2005)。此外，她还是《国际双语学》(*International Journal of Bilingualism*)、《记忆与语言》(*Journal of Memory and Language*)、《实验心理学：学习、记忆、认知》(*Journal of Experimental Psychology*：*Learning*，*Memory*，*and Cognition*)和《心理科学》(*Psychological Science*)等期刊的编委员会成员。

14. 伊丽莎白·兰萨(Elizabeth Lanza, elizabeth. lanza@ iln. uio. no)，博士，挪威奥斯陆大学语言学和斯堪的纳维亚研究学院应用语言学专业教授。她的主要研究兴趣是以话语及会话分析、社会网络分析、语言意识形态分析和语言社会化过程中的身份认同分析等社会语言学方法来研究多语现象。著有《社会语言学视野下的双语婴儿的语言混用》(*Language Mixing in Infant Bilingualism*：*A Sociolinguistic Perspective*, Oxford University, 1997/2004)；在《国际双语学》(*International Journal of Bilingualism*)、《儿童语言》(*Journal of Child Language*)等多家期刊上发表了论文。

15. 李嵬(Li Wei, li. wei@ bbk. ac. uk)，博士，英国伦敦大学伯克贝克语言文化学院应用语言学专业教授。他的主要研究兴趣是作为第一语言习得的双语和多语研究、语码转换、语言选择和语言转用、跨文化语用学。代表作为《三代双语一家人》(*Three Generations*，*Two Languages*，*One Family*, Multilingual Matters, 1994)；编著有最佳畅销书《双语学经典文选》(*The Bilingualism Reader*, Routledge, 2000/2007)；合编《多语和多语言沟通手册》(*Handbook of Multilingualism and Multilingual Communication*, Mouton de Gruyter, 2007)、《作为社会内部行为的语言学习和教学》(*Language Learning and Teaching as Social Inter-Action*, Palgrave Macmillan, 2007)、《双语研究：基本法则之外》(*Bilingualism*：*Beyond Basic Principles*, Multilingual Matters, 2003)、《双语研究的机会和挑战》(*Opportunities and Challenges of Bilingualism*, Mouton de Gruyter, 2002)等书。自 1997 年以来一直担任《国际双语学》(*International Journal of Bilingualism*)杂志主编。

16. 梅丽莎·G. 莫耶(Melissa G. Moyer, melissa. moyer@ uab. es)，博士，西班牙巴塞罗那自治大学英语语言学专业副教授。她的研究兴趣为制度或机构背景下的多语现象和移民研究、社会语言学、语言接触，并就这些主题发表了大量论文、撰写了多本著作的相关章节。代表作为《监狱的话语：语言和社会不平等》(*La carcel de las palabras*：

Ensayo sobre el lenguaje y la desigualdad social）（1988，与 J. M. de Miguel 合写）。近期与路易莎·马丁·罗霍（Luisa Martin Rojo）合写的《语言、移民和国籍：双语规划的新挑战》（Lanyuage, Migration and Citizenship：New Challenges in the Regulation of Bilingualism）被收入海勒（Monica Heller）主编的《双语研究的社会方法》（*Bilingualism：A Social Approach*, Palgrave, 2007）。

17. 杰克迈·诺迪尔（Jacomine Nortier, Jacomine. Nortier@ let. uu. nl），博士，荷兰乌得勒支大学荷兰语言文化学院、语言学研究所副教授。她的主要研究兴趣为多语、语码转换、社会语言学。著有《荷兰摩洛哥人的荷兰语−摩式阿拉伯语语码转换》（Dutch-Moroccan Arabic Code Switching among Moroccans in the Netherlands, Foris, 1990）、《年轻人的友谊和语言使用》（Murks en Straattaal：Vriendschap en taalgebruik onder jongeren, Prometheus, 2001）。

18. 阿内塔·帕夫连科（Aneta Pavlenko, apavlenk@ temple. edu），博士，美国费城天普大学教育学院副教授。她的研究关注双语和二语习得中的语言、情感和认知之间的关系。著有《情感和多语》（*Emotions and Multilingualism*, Cambridge University Press, 2005），该书获得 2006 年巴尔图书奖（BAAL Book Prize）；编著有《双语人的思想：情感体验、表达和再现》（*Bilingual Minds：Emotional Experience, Expression, and Representation*, Multilingual Matters, 2006）、《多语、二语习得和性别》（*Multilingualism, Second Language Learning, and Gender*）（与 A. Blackledge, I. Piller and M. Teutsch Dwyer 合编, Mouton De Gruyter, 2001）、《性别和英语学习者》（*Gender and English Language Learners*, 与 B. Norton 合编, TESOL, 2004）《多语语境中的身份认同协商》（*Negotiation of Identities in Multilingual Contexts*）（与 A. Blackledge

合编，Multilingual Matters，2004）；并在多部文集和科学期刊上发表了论文。

19. 托尼·珀维斯（Tony Purvis，tony. purvis@ ncl. ac. uk），博士，英国纽卡斯尔大学教育、沟通和语言科学学院媒体和文化研究专业讲师。他的主要研究兴趣为媒体分析、文化理论和精神分析批评。专著《媒体与文化研究》（*Media and Cultural Studies*，Edinburgh University Press，2006），合著《电视剧：理论和身份认同》（*Television Drama*：*Theories and Identities*，Palgrave，2006），并在多个学术和专业出版物上发表了论文。

20. 娜塔莎·图克维兹（Natasha Tokowicz，tokowicz@ pitt. edu），博士，美国匹兹堡大学心理学与语言学专业助理教授、学习和发展中心研究员。她的研究主要关注模糊性、短时记忆（working memory）、跨语言之间的相似性对二语习得和跨语言处理的影响，在《双语：语言和认知》（*Bilingualism*：*Language and Cognition*）、《语言和认知过程》（*Language and Cognitive Processes*）、《第二语言习得研究》（*Studies in Second Language Acquisition*）等多家期刊上发表了论文。

21. 玛丽亚·特雷莎·图雷利（Maria Teresa Turell），博士，西班牙巴塞罗那庞培法布拉大学英语语言学专业教授。她的研究兴趣为语言变异、法医语言学、多语现象和语言接触，以社会语言学和应用语言学为研究视角发表了多篇关于英语、加泰罗尼亚语和西班牙语的论文。她最近出版的著作是《西班牙的多语现象》（*Multilingualism in Spain*）和《法律语言学》（*Lingüística Forense*，Lenguay Derecho），目前正与约翰·吉本斯（John Gibbons）合编一部司法语言学方面的文集。

22. 王晓梅（Wang Xiaomei，guoguo101@ hotmail. com），中国香港城市大学中文、翻译和语言学系在读博士生，她的主要研究兴趣为语言传播、语言保持和语言转用,论文发表在《中国社会语言学》(*Journal of Chinese Sociolinguistics*)及其他期刊上,并为多部专著撰写了文章。

23. 特莎·沃伦(Tessa Warren, tessa@ pitt. edu),博士,美国匹兹堡大学学习研究与发展中心心理学专业助理教授。她的研究侧重于认知过程对语言理解过程中的语法和语义运算处理的制约。她在《认知、语言和认知过程》(*Cognition, Language and Cognitive Processes*)和《心理计量学公告与评论》(*Psychonomic Bulletin and Review*)等期刊上发表了论文。

24. 徐大明(Xu Daming, xudaming@ nju. edu. cn),博士,中国南京大学汉语言文学院语言学专业教授。他的主要研究兴趣为社会语言学和双语学。著有《新加坡华人社区语言使用和语言态度调查》(*A Survey of Language Use and Language Attitudes in the Singapore Chinese Community*,南京大学出版社,2005 年);在《亚太交流》(*Asian Pacific Cummunication*)等多家期刊上发表了论文。

25. 祝华(Zhu Hua, zhu. hua@ bbk. ac. uk),博士,英国伦敦大学伯克贝克语言文化学院应用语言学专业高级讲师。她的主要研究兴趣是针对儿童的言语和语言发展、语言障碍展开跨语言比较,以及跨文化交际研究,著有《特定语境中的语音发展》(*Phonological Development in Specific Contexts*,Multilingual Matters,2002)和《PAC:汉语的语音评估 xiv (普通话)》(*PAC:Phonological Assessment of Chinese* (Mandarin),Speechmark,2008);合著《DEAP:对口齿清晰度和韵律的诊断性评价》(*DEAP:Diagnostic Evaluation of Articulation and Phonology*,Psychological Corporation,2002)、《多语视角下的语音发展与障碍》(*Phonological Development and Disorder:A Multilingual Perspective*,Multilingual Matters,2006)、《作为社会内部行为的语言学习和教学》(*Language Learning*

and Tenching as Social Inter-Action, Palgrave Macmillan, 2007）；在《儿童语言》（*Journal of Child Language*）、《临床语言学和语音学》（*Clinical Linguistics and Phonetics*）、《语言和交际障碍》（*International Journal of Language and Communication Disorder*）、《语用学》（*Journal of Pragmatics*）和《多语》（*Multilingua*）等多家国际期刊上发表了论文。

致　　谢

我们感谢多年来与我们在各个领域、各种背景下合作的广大学生和研究者,是他们给了我们最初的想法和动力来实施如此宏大的项目。不用说,如果没有一个真正杰出的国际研究团队,这样的项目是不可能实现的。这些研究者在此项目的整个过程中都以一种非常积极的方式回应了我们的各种要求,显示出极高的敬业精神和合作精神。

布莱克威尔出版社(Wiley Blackwell)的史提夫·史密斯(Steve Smith)和菲利普·卡彭特(Philip Carpenter)从第一天起就给予了项目关键性的支持。编辑部的艾达·布伦施泰因(Ada Brunstein)、莎拉·科尔曼(Sarah Coleman)、赫斯·亨伯特(Haze Humbert)、丹尼尔·德斯科托(Danielle Descoteaux),非常有耐心,也非常专业。市场部的路易斯·库珀(Louise Cooper)也一直给予我们大量帮助。

皮尔斯·加德纳(Piers Gardner)在我们最需要的时候给予了我们宝贵的意见和支持。

本书各章节的编者彼此交换草稿进行了审阅并提出了宝贵的修改意见,布莱克威尔出版社委托的读者也提供了大量建设性意见。

本书的大部分编写工作是由李嵬主编在纽卡斯尔大学期间完成的。为此,他非常感谢纽卡斯尔大学,特别是教育、沟通和语言科学学院在项目期间给予的支持。梅丽莎·G. 莫耶主编(Melissa G. Moyer)还要感谢西班牙教育部、巴塞罗那自治大学英语语言文学系的资助(BF2001—2576)和多伦多大学法兰克-安大略教育发展中心的资助。

前　　言

　　编写本书源起于我们坚信：学生和研究者迫切需要一本指导他们"怎么做"研究的书。目前，关于双语和多语"是什么"的出版物可以说是汗牛充栋，其中既有面向新手的，也有针对老手的，而全面、系统地阐释方法论方面的著作几乎是一片空白，更没有专门为学生使用而编写的、贯通理论、方法和数据的著作。双语和多语研究领域的学生似乎要学的知识和技巧多得学不过来：最有效的数据收集、分析和解读的办法，进行试验设计或案例分析时需要考虑的变量，研究课题中主题的可行性。

　　本书主要面向双语和多语研究专业的高年级学生和语言学、心理学、言语和语言病理学、社会学、人类学、教育学等领域的研究新手。本书涵盖了广泛的研究课题、关键概念和方法、收集和分析数据的方法和工具，也包含了研究资源、会议论文和期刊发表方面的重要信息，各章节作者均为国际双语和多语研究领域的一线研究人员。

　　本书共分三个部分。第一部分共 2 章，第 1 章回顾了双语、多语领域的主要理论以及目前研究者关注的问题。第 2 章从实践角度提供了实用的研究程式以及将理论、方法和数据进行连接的方式。

　　第二部分是本书主体部分，共 17 章，涉及数据收集和分析过程中的不同程序、方法和工具。其中章节安排大致遵循项目研究过程：从选取数据来源、收集数据，到对研究进行设计，再到可用于数据分析的各种方法。

xvii　　我们有意避免按照传统的"社会语言学"或"心理语言学"标准来对这些章节进行分类：首先，我们认为，一直以来，双语和多语研究具有高度的多学科性、跨学科性，而传统标准并不足以准确描述这种复杂性；其次，我们希望给读者提供一个超越其现有专业兴趣、了解其他研究视角的机会。读者既可以根据自身特定兴趣和需求来阅读特定章节，时间允许的话也可以通读所有章节。

第二部分的各章节中包含了不同数量的细节和指导建议，这样做是因为一些方法较为容易学习和运用，另一些方法则需要提供详尽的辅助资料。对于后一种情况而言，我们相信，阅读本部分相关章节能够帮助学生更好地理解和学习目前已发表的双语和多语研究方面的著作。在一些章节中，作者所使用的"双语"术语涵盖了"多语"现象。

第三部分共3章，介绍了课题构思、研究成果发表和研究资源共享方面的信息，以便帮助新手将个人研究兴趣与更为广泛的主题相联系，并进行创造性思考。

本书旨在对当前双语和多语研究领域的教材和文选做有益补充而非将其取代。我们在编写时尽可能考虑实用性。鉴于目前此类出版物还较为稀少，我们非常乐意接受批评指正。

李嵬，伦敦
梅丽莎·G.莫耶，巴塞罗那

目　　录

插图目录

表格目录

第一部分　双语与多语研究

第1章 双语与多语的研究角度

李嵬(Li Wei)

1.1 导语

对很多人来说,双语和多语是个人生活不可分割的部分,而不是问题。自古以来,操不同语言的人们之间互相联系就是极为平常的事。国际间的人口流动、旅游和现代信息通信技术为操不同语言的人之间互相了解提供了越来越多的机会。即使对于一个生活在单语环境中、自然成长为单语人的个体来说,学习其他语言也不再只是精英们的特权。不过,仍有一些人认为双语和多语现象是需要关注的问题,并提出如下疑问:同时学习多种语言是否影响儿童的智力发展?双语和多语儿童是否有特殊教育需求?双语和多语是否会导致精神分裂症、身份认同分裂或认同困惑以及其他精神疾病?双语和多语群体是否会导致社会混乱?这些既是立法关注的层面,如何看待这些问题取决于个人的经验、对双语现象的认识以及看问题的立场;这些也是值得以科学方法进行研究的课题。双语和多语领域的科学研究成果,能够为回答这些问题提供强有力的证据。

1.2　社会和个人层面的双语与多语

费什曼(Fishman,1980)给双语和多语做了一个有用的分类:个人现象和社会现象。看一下数据我们就可以知道世界上大多数国家是多语的——世界上有193个国家,而语言数量则超过6000种。但是,这不意味着多语国家的每个公民就一定是一个多语人。实际上,官方多语的国家,比如,比利时和瑞士,在他们的人口中可能有很多单语人;同样,在官方单语的国家,比如,法国和德国,可能有相当数量的多语人。一些问题便这样提出来:为什么一些国家官方语言是多语的,而另一些国家官方语言却是单语的? 在政府、教育、社会交往中,不同的语言拥有哪些权利? 一个国家的语言政策在他们的公民身上会有什么影响? 双语和多语现象对于一个国家的经济和社会发展会有什么影响?

多语人是那种能够使用多于一种语言进行交际的人,交际可以是主动的(通过说和写),也可以是被动的(通过听和读)。人们成为多语人的经历是不同的:一些人在童年时获得并使用一种语言,也就是第一语言(L1),而在以后的生活中学会了其他语言;然而另一些人从一出生就同时获得了两种或更多种语言。那么,在获得语言的过程中几种语言之间的关系是怎样的? 早期和晚期多语人,属于不同种类的语言使用者吗? 一些语言比另一些语言更容易习得和使用吗? 当我们考察作为个人行为的双语和多语现象时,以上是可供研究的一部分问题。

无论何时两个人相遇,他们要决定是否与对方互动,以及通过什么途径进行互动。当双语人、多语人相遇时,需要考虑和协商的问题是互动中应该使用哪种语言。大多数双语人、多语人好像知道在给定的情况下使用哪种语言最合适,但他们是怎样知道的? 大多数双语人、多语人会在谈话的中途从一种语言转换成另一种语言,那么他们为什么这样做? 在双语和多语的互动中,也可以不发生语言转换。在某些地方,互动的双方可能在谈话中从头至尾一直使用各自所持的不同的语言。比如,这种现象可以发生在斯堪的纳维亚半岛,在那里瑞典人和挪威人可以使用他们各自的语言轻松地进行交谈。那么这些说话人能在多大程度上意识到他们所操语言之间存在的差别?

个人的和社会的双语与多语现象绝不是完全分离的。多语人在单语国家经常会发现自己受到官方政策的限制,不能充分利用他们的语言;而单语人在多语国家想要跨越语言障碍充分利用机会和资源的时候同样会遇到困难。这种紧张关系可以通过立法来解决吗? 这种紧张关系会带来什么长期的影响?

1.3　研究视角

关于双语和多语的研究具有非常悠久的历史。例如,在欧洲,有详细史料记载的社会语言接触可以追溯到 17 世纪;惠特尼(Whitney) 5 在 1881 年发表了他关于双语谈话语法结构的分析文章;卡特尔(Cattell) 的实验是 1887 年发表的,该实验比较了双语和单语人的单词联想和反应时间。不过,双语和多语成为科学研究的焦点是在 20 世纪,尤其是 19 世纪 70 年代以来的事。研究的主要视角可以划分为:语言学、心理语言学和社会语言学。每个视角都拥有它自己明确的主题和研究方法。

1.3.1　语言学视角

对双语和多语的研究是当代语言学的中心议题。乔姆斯基（Chomsky, 1986）为语言学划分了三个基本问题：

1. 语言知识包含哪些内容？

2. 语言知识是如何习得的？

3. 语言知识是如何使用的？

对于双语和多语研究，我们要将多语知识考虑在内，这些问题可以改述为（参见 Cook, 1993）：

1. 在一个双语人、多语人的意识中，语言或者语法的本质是什么，不同的语言知识系统是如何共存和相互作用的？

2. 多于一种的语法系统是如何习得的，是同时还是先后习得？双语或多语的习得在哪些方面与单语习得存在不同？

3. 在双语的互动中，同一个说话人如何使用两种或更多的语言知识？

第一个问题（双语知识的本质）中的关键议题是，在一个多语人的意识中，不同的语言是否存在相互作用和怎样进行相互作用。多语人的一个重要的特征是他们有能力在不同的语言之间进行转换：他们可以有时只说一种语言，表现得或多或少像一个单语人；或者在同一句子、词组，甚至单词中进行语言混合，这就是我们所知的语言现象——语码转换。很多论著已经对双语语码转换的结构形式进行了描述。很显然，语码转换发生在一次言语中的一个特定时点；它们有很好的结构形式，看起来也符合其中涉及的语言的语法制约。比如，姆斯根

（Muysken，2000）提出了语码转换的类型："插入"，一种语言的原料（词汇项或整个成分）插入另一种语言的结构中；"交替"，在属于不同语言的结构之间进行变换；"词汇等同"，来自不同词汇库的材料可以放入共有的语法结构。语言学家提出过多种模式来详细说明这些过程中的语法制约条件。比如，插入型语码转换的解释模式主要是从基础语言（base language）或主体语言（matrix Language）的结构性质来考查这一类语码转换的制约条件，如，迈尔斯-斯科顿（Myers-Scotton，1997）所提出的主体语言框架模式；交替型语码转换的解释模式则主要根据语码转换节点所涉及的各种语言的兼容性或等价性来考查这一类语码转换的制约条件，如，帕普拉克（Poplack，1980）所提出的模式。

　　一个新的模式或者制约条件一经提出，另一个相反的例子就会随之而来，这在语言学中是很常见的。近期更多的语码转换的语言学研究开始质疑语法制约条件的理论价值，认为普遍语法就已经能够满足基本原理的应用了。比如，麦克斯旺（MacSwan，2004：298）甚至坚持认为"除非混合语法的需要，否则没有什么能够制约语码转换"。换一种说法，生成普遍主义者（generative-universalist）主张所有双语语码转换的事实都可以根据特定语法（适用于每次特定言语）的原则和要求进行解释。麦克斯旺还质疑主体语言的地位和解释力；而对于主体语言这个概念，语码转换的研究者普遍认同其存在性，并且在各种模式中这个概念也居于首要地位，如迈尔斯-斯科顿提出的模式。然而，以下观点是普遍接受的：参与语码转换的两种语言所起的作用是不同的——其中一种语言提供形态句法的框架，另一种语言提供特定的项目，通常是开放的内容词素——主体语言这一概念，并没有理论上的动机，或许不要求去解释结构形式或制约条件。

双语和多语语言学研究的第二个主要领域涉及语言知识的习得。早期的双语习得研究尝试去记录双语儿童的发展路径及发展阶段。沃尔泰拉和特施纳（Volterra & Taeschner, 1978）指出双语习得要经历三个关键阶段：

第一阶段：儿童拥有一个词汇系统，它包含来自两种语言的单词；

第二阶段：儿童区分出两种不同的词汇库，但是将同一种句法规则运用于两种语言；

第三阶段：儿童使用两种语言，在词汇和句法上都能够做出区分，但是会将每种语言与使用它的人相关联①。

虽然在沃尔泰拉和特施纳之前以及之后都有一些研究证据支持这种模式，但还是有很多特别是针对前两个阶段的批评。这就是普遍为人所知的"一个还是两个系统"的争论；例如，双语儿童是否从一个混合的语言系统开始，再逐渐区分两种语言，还是从一开始就拥有可区分的系统？部分争论是围绕以下问题展开的：什么证据能够证明语言系统是可区分的还是混合的？以沃尔泰拉和特施纳（Volterra & Taeschner, 1978）、特施纳（Taeschner, 1983）的研究为例，他们做出结论的根据是一个儿童能否做出合适的社会语言选择，即，一个儿童能否对"正确"的人使用"正确"的语言。他们认为对两种语言有进行区别的意识（awareness），在决定是否可区分的问题上起了关键的作用，而且儿童具有选择合适语言的能力也反映了这种意识。然而，正如迈克劳林（McLaughlin, 1984）所指出的，"当双语儿童意识到存在两个系统的时候，他们便区分两种语言"，这种观点是一个怪圈，除非在儿童能

----

① 如，一位意德双语儿童，在这个阶段，给他的父亲贴上只说意大利语的标签，如果他父亲与他交谈时偶尔说了德语，这个双语儿童会因为语言能力不足而感到焦虑，甚至发怒。——译者注

够区别语言之外,还能够提供一些标准来评估什么是意识。不管怎样,我们需要牢记:一个儿童表面上能不能根据正确的对话人去选择一种正确的语言,与儿童有一个还是两个系统是截然不同的问题。还有一部分是围绕我们熟悉的那个问题展开的,即,我们在多大程度上可以根据语言表现来推断语言能力。

德·霍尔(De Houwer,1990)通过对一个同时习得荷兰语和英语的女孩凯特的长期研究,为独立发展的论点提出了有力的证据。德·霍尔指出,凯特与荷兰语单语人交谈时只使用荷兰语,但是她与荷英双语人交谈时会偶尔转换为英语。因此,儿童似乎能够意识到交谈人的语言能力。德·霍尔又进一步指出,凯特以同样的方式使用英语和荷兰语,就像其他的单语儿童一样。据德·霍尔所说,到 2 岁 7 个月时凯特就已经完全会讲两种语言了。虽然词汇的混合不是德·霍尔的研究重点,但是他对这种现象也进行了分析。在凯特的混合话语中,大部分是将来自一种语言的一个词项(多数是名词)插入到一组完全使用另一种语言的话语中。这些混合话语有很好的组织形式,也就是说在形式上符合语法规则。德·霍尔用此来证明双语儿童的两种语言具有独立的规则系统。

迈泽尔(Meisel,1989)也对沃尔泰拉和特施纳(Volterra & Taeschner,1978)的观点表示质疑。他批评后者对“句法混合阶段”(stage of syntactic mixing)所做的定义太模糊;他指出沃尔泰拉和特施纳给予的证据不足以支撑双语儿童必须经历句法混合这个起始阶段的假说,后者认为句法混合的起因是儿童将两种语言视为同一个系统。迈泽尔认为,只有证明双语成年人的两个系统在这些语法层面上确实存在不同,才能证实句法混合阶段或者区分阶段确实存在。此外,只有先证明两种语言各自拥有的单语儿童在语言产出方面确实存在不同,才能进一步证实或证伪句法结构层面存在一个不加区分的阶段。迈泽尔进一步指出，如果能够证明年龄较小的双语儿童对语言结构（不加区分）的方面，成年人的两个目标系统会加以区别，那么这一点可以作为证据来驳斥"单一系统假说"（the one-system hypothesis）。目前有许多文献反驳"混合系统假说"（the "fused" system hypothesis），主张双语人从一开始便拥有两个既有区别又互相依赖的系统（比如 Genesee，1989；Meisel，1989；De Houwer，1990；Döpke，1992；Lanza，1997；Deuchar & Quay，2000）。

当"一与二系统之争"继续吸引新的实证研究的时候，一个更有意思的关于双语和多语知识习得的问题出现了。更具体地说就是，双语和多语习得与单语习得是相同的吗？理论上说，独立的发展是可能的，同单语习得并没有任何相似性。大多数研究者认为多语儿童的语言发展，总的说来，与单语儿童相同。然而，正如杰纳西（Genesee，2002）指出的，从此类证据中推断出的各类结论我们需要谨慎对待。双语和单语习得间的相似性并不意味着（1）双语儿童正在习得中的两种语言以相同的方式或相同的速度发展，或者（2）双语儿童正在习得中的两种语言不会相互影响和作用（参见如 Paradis & Genesee，1996；Döpke，2000）。

在一个领域中，多语和单语儿童存在着明显的不同，那就是"语码混合"领域。研究显示，多语儿童一旦能够生成双词的话语，他们就会将来自不同语言的元素混合在同一次话语中。（例如，De Houwer，1990；Lanza，1997；Deuchar & Quay，2000；David，2004）。与成年人的语码转换一样，多语儿童的语言混合也具有高度的结构性。从双词或双语素阶段开始，多语儿童对基于表面特征的语法约束（如，词序）的运用能力已经显著表现出来；而运用那些基于抽象概念的语法约束，如，

动词时态和一致形式,通常要等到 2 岁 6 个月或更大一些,一旦能够
明显地展示这些知识,多语儿童会表现得最为显著(详见 Meisel,
1994;Koppe & Meisel,1995)。正如杰纳西(Genesee,2002)所指出的,
这些调查结果表明,多语儿童除了具有清楚地表达正确的单语语流的
能力,还具有额外的能力,在语码混合过程中,依照特定语言的语法约
束,去即时地调节他们的两种语言。这些研究不仅为独立发展
(separate-development)(或者"双系统")的论点提供了进一步的证据,
它们还揭示了在多语和单语习得之间存在着质量和数量的差别。

　　虽然多数的语言习得研究更关注儿童,但是语言学习应该是一个
终身的过程。作为一个单语人步入人生的学习者,如何在后期习得另
外一种语言,这是第二语言习得(SLA)领域研究的部分基础问题。比
如,另一种语言习得的时间选择会对晚期及早期习得的语言产生哪些
影响? 显然变为双语人是第二语言习得的一个关键任务。但是为什么
一些学习者在晚期习得的语言上似乎能达到更高的熟练度,而且比其他学
习者速度更快? 说话人在晚期习得语言上达到的水平,当他到了老年还能
够维持下去吗? 其多语知识的哪些方面易于耗损和消失? 虽然通常认为
这些问题与双语和多语研究有所区别,但是 SLA 也对其中的许多问题进
行了典型研究,而且第二语言学习者以及其他晚期习得语言使用者,被认
为是双语人、多语人中一个重要且特殊的群体。

　　第三个双语和多语方面的主要研究领域是双语人如何使用他们
的双语和多语知识。早期的多语使用研究主要关注的是在不同语境
下并为了不同目的进行的语言选择。例如,费什曼(Fishman,2000
[1965])的语域分析(domain analysis)概括了说话人根据主题、背景和
会话参与者进行语言选择的方式。甘柏兹(Gumperz,1982a)总结了一
系列会话性的双语语码转换,包括援引(quotation),听话人特征(addressee

9 specification），感叹（interjection），重述（reiteration），信息限制（message qualification），个性化与客观化（personalization versus objectivization）。这些论述为后来以及现在正在进行的多语语用学研究奠定了基础。

"语境化"（contextualization）就是说话人解释局部的和整体的语境的过程，其中语境是阐释他们语言和非语言活动的必要条件，通过调用"语境化"这个概念，奥尔（Auer，1984，1995）提出多语人在谈话中交替使用他们的语言，是要建立有助于阐释彼此意图的参考框架。根据奥尔的观点，语码转换的功能或者价值的阐释受一些连续的语言选择的模式影响。他提出了与语篇相关（discourse-related）的转换和与交际者相关（participant-related）的转换两种语码转换类型之间的区别。与语篇相关的语码转换用来应对交际进行中的组织，而与交际者相关的转换允许交际的参与者对说话人的一种或者另一种语言的喜好和能力做出评价。

从说话人的角度来看，语言选择允许他们去预测使用一种语言而不是另一种语言的相关代价和回报。迈尔斯-斯科顿所建构的理性选择模式也正是基于这个观点。在这个模式下，做出"理性"选择的前提是，说话人会从认知的角度考虑其所依据的可行性证据，做出的选择会产生什么样的后果；同时，说话人也会融入自己的价值观与信念。所以理性选择是主观的，它强调的是关于获得最好效果的心理预测。

1.3.2　心理语言学视角

致力于双语和多语研究的心理语言学家，他们的兴趣基本在同样的三个主要问题——多语知识、多语习得和多语使用。然而，心理语言学的研究方法却与理论语言学和描写语言学迥然不同。心理语言学研究常常使用实验和实验室方法去探讨多语人的行为。他们较少关心对多语言语的结构进行描写和解释,而更关注的是参与多语言语接收和产出的认知过程。

心理语言学在双语和多语知识的认知组织及表征方面的研究,深受语言学家魏因赖希(Weinreich)著作的启发和影响。魏因赖希(Weinreich,1953)通过重点分析语言符号(或说"能指")和语义内容(所指)之间的关系,区分了三种双语人的类型。类型 A,双语个体将每种语言的能指与一套独立的所指系统相关联。魏因赖希将他们称为"协同型"(后常称为"并列型")双语人。类型 B,双语个体能识别出两类能指,但认为它们是共享同一个复合的或者合成的能指系统,也因此称为"复合型"双语人。类型 C 指的是那种利用先前习得的语言去学习一种新语言的人。他们被称为"从属型"(或"隶属型")双语人。他的举例来自于英语和俄语: 10

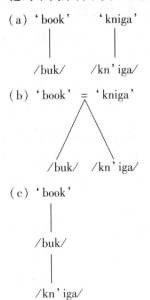

(a) 'book'   'kniga'
         | |
     /buk/   /kn'iga/

(b) 'book' = 'kniga'
         /   \
     /buk/   /kn'iga/

(c) 'book'
         |
      /buk/
         |
     /kn'iga/

　　一些文献在谈及语言水平差异时，常会曲解魏因赖希的类型划分。但是，正如魏因赖希模式所概念化的那样，事实上，双语个体的语言水平与认知组织之间的关系还非常不清楚。从合乎语法性和言语的流利性上看，一些"从属型"双语人在同时处理两种语言的过程中，显示出非常高的熟练程度；然而，一些"并列型"双语人却表现出一定的困难（比如，在语码转换或者"外国的"词语识别任务中）。而有一点必须强调，根据魏因赖希的划分，双语个体是沿一个连续统（continuum）分布的，从属型（或复合型）位于连续统的一端，并列型位于另一端；在同一时间，对于某些概念他们可以更倾向于从属或者复合型，而对于另一些概念则更倾向于并列型，除其他原因外，这依赖于年龄和习得语境。

　　魏因赖希的理论影响了许多双语心理词汇模型的构建。波特、索、范·埃卡特、费尔德曼（Potter, So, Von Echardt & Feldman, 1984）按照以下两种竞争模型：概念调节模型和词汇连接模型，重构并提出了在意识上可以表征双语词汇知识的方式。根据概念调节模型，一语和二语的词汇都直接与模型的概念表征相连。另一方面，根据词汇连接模型，二语的词汇需要通过一语的词汇表征进行理解。由图1.1我们可以看到，在并列型和从属型双语现象之间，这些模式从结构上等同于魏因赖希的类型划分。与此同时，一些研究者（比如 Kolers & Gonzalez, 1980; Hummel, 1986）为所谓的双存储模式提出了证据，参见图1.2。后一个模式也曾引发过很多对"双语转换"假说存在性的研究，假说的提出可以说明双语人基于环境的需要进行语言转换的能力（例如，MacNamara, 1967; MacNamara & Kushnir, 1971）。

　　后续的研究发现支持不同模型的证据存在着矛盾。有些矛盾可能是因为在实验中选取了不同类型的双语人，他们在语言水平、年龄和习得语境方面都存在着差异。有可能词汇调节与熟练程度低存在

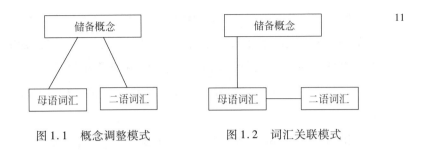

图 1.1　概念调整模式　　　　图 1.2　词汇关联模式

着联系,而概念调节与熟练程度高有关,尤其是对于那些在童年后期或者成年后变为双语人的人来说。一些研究者倡导在双语知识模型的构建过程中需要有发展的维度。虽然各种心理语言学模式开始提出时的确没有参考双语习得,但是很显然它们对习得研究具有重要意义,同时也需要习得数据的检验。例如,克罗尔和斯图尔特(Kroll & Stewart,1994)提出了修正等级模型,这种模型没有将概念调节和词语连接描述为两个不同的模型,而认为它们是属于一个模型中的选择式路径(参见图1.3)。

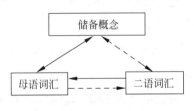

图 1.3　调整后的层级模式

　　除建立新的双语心理词库模型之外,心理语言学家也运用了最新的功能性神经成像技术来探究双语人脑中的语言认知组织(参见Abutalebi,Cappa& Perani,2005,概述)。这里研究的关键问题是人脑为多种语言预配的神经生物基质与环境的锁时(time-locked)影响(诸如,习得年龄、接触度和熟练度)存在着怎样的关系。已经发现,由语 12

言加工特定方面参与的任务与脑激活模式相联系,这种脑激活模式在不同的语言和不同的说话人中是相当一致的,在起作用的诸因素中,比如熟练度似乎对脑的活动起主要的调节作用:更多的脑的激活与不太熟练的语言的产出相关联,较少的激活与不太熟练的语言的理解相联系。

　　双语和多语使用的心理语言学研究主要围绕着两个问题展开:特定语言的激活水平和词汇的选择性存取。如前所述,作为一个多语人,其重要的区别特征就是能够做出适当的语言选择。多语人根据各种因素来选择他们的语言,包括受话者的类型(比如,家庭成员、同学、同事、上司、朋友、店主、官员、运送人员、邻居),谈话的主题(比如,家庭事务、学校功课、政治或娱乐),场所或社会环境(比如,在家、在街上、在教堂、在办公室、吃午饭、听讲座、商业洽谈),以及与受话者的关系(比如,亲属、邻居、同事、上下级、陌生人)。然而,在许多情况下,事情甚至更加复杂,比如,在相同的语言背景下一个多语人与另一个多语人进行交谈,谈话过程中他们从一种语言转换到另一种语言。在观察的基础上,格罗让(Grosjean,1998)提出了一个包含不同的语言模式的情境连续统。在连续统的一端,双语人处于完全单语模式,也就是说,他们使用两种语言中的一种与一个单语人进行互动交际。在连续统的另一端,双语人运用双语言模式与同样使用这两种(或更多种)语言的双语人进行交际,这时就会发生语言的混合,即语码转换和词汇借用。这两端是连续统的两个极点,但是双语人也会发现自己处在中间的点上。图1.4直观地描绘了这个连续统。基础语言(A 和 B)位于图表的顶部和底部,连续统位于中部。当多于两种语言时,图表还可以增加维度。在连续统的单语端,双语人选用单语对话者的语言,同时尽可能地抑制其他语言。

13

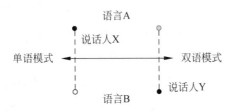

图 1.4　语言模式

当处于双语模式时,双语人会从两种语言中存取或选择词语来产生句子,如何存取或选择词语一直是心理语言学的一个中心问题。在心理语言学对双语的研究中,问题就转化为在不同的语言中不同的词汇项目是如何被分别定位和选取的问题。基于早期言语产出心理语言学模式和更多近期的研究(Clahsen,1999;Pinker,1999;Jackendoff,2002),迈尔斯-斯科顿(Myers-Scotton,2005)为双语产出提出了一个差别存取假说。这个被称作 4-M 的模式区分了四种语素(morpheme)类型:内容语素和三种系统语素——早期系统语素、桥接后语素和外部晚期系统语素。假说认为语言产出过程的抽取层面决定了 4-M 模式下的不同语素类型被有区别地存取。尤其是,内容语素和早期系统语素是在心理词汇或心理词库(mental lexicon)[①]中被取用,但是晚期系统语素并不会凸显,直到构想结构的水平,就如勒韦(Levelt,1989)提出的说话模型一样。在各种论著中这个假说受到了相当的关注,而且正在接受着一系列语言接触现象的检验。

1.3.3　社会语言学视角

就研究方法和基本问题来说,社会语言学视角与上述的语言学和

---

① mental lexicon 译为心理词典或心理词库。——译者注

心理语言学视角有所不同。社会语言学家认为双语和多语是被社会
建构而成的现象，并且视双语或者多语人为社会的一个角色。至于多
语说话人，语言选择不仅是有效的交际手段，而且是一种显示身份的
行为（Le Page & Tabouret-Keller，1985）。每一次我们使用一种语言说
些什么，我们可能也曾轻松地使用另一种语言说过，此时，我们正与我
们交际历史中的人们、情景和权利结构重新建立联系，同时也在这个
历史上烙下我们对参与人和语言的态度的印记。通过语言的选择，我
们可以维持和改变族群边界以及人际关系，可以在一个更广阔的政治
经济和历史的背景下，构建和界定"自己"及"他人"。这样，语言学和
心理语言学家所研究的语言使用问题，对社会语言学家而言，就变成
了一个身份认同和身份建构的问题。

身份认同的概念在社会语言学中经历过相当多的变化。在以拉
波夫（Labov，1972b）为代表的早期变异社会语言学论著中，身份意味
着说话人的社会经济阶层、性别、年龄或来源地。认为说话人通过语
言使用来表达身份，而不是协商身份。卡梅隆（Cameron，1990）和约翰
斯通（Johnstone，1996）等一些学者，后来对这种设想进行了批判，主张
身份是通过社会交往而协商的结果。语言形式和策略具有多重功能，
不能撇开互动环境而直接与某个特定的身份相联系。例如，兰普顿
（Rampton，1995，1999）和罗（Lo，1999）的论著，阐释了身份的地区性
和构建性。帕夫连科和布莱克利奇在更多的近期论著（例如，
Blackledge & Pavlenko，2001；Pavlenko & lackledge，2004a）中，都强调了
身份的可协商性。

身份可协商性可以追溯到社会心理学家的论著中，他们更关注于
群体过程和群际关系（比如，Tajfel，1974，1981）。从这个特定的角度
上，对于一个群体中的个人，身份是反映自我形象的，可建构的、经验

性的、沟通性的。协商是一个互动的过程,在这个过程中,个体努力去唤起、维护、明确、调整、挑战和/或支持他们自己及他人渴望的自我形象(Ting-Toomey,1999:40)。身份包括种族、性别、关系、面子等范畴,这些在日常交往中都被看作是至关重要的。说话人在熟悉的文化环境中能够获得一种身份安全感,但在不熟悉的文化环境中则会感到不安。令人满意的身份协商能够使人产生被理解、有价值、被赞同和被尊重的感觉。

群体的社会心理学对身份和身份协商的研究方法存在着两个主要问题。首先,用于分析的范畴通常是刻板的、不清楚的,而且存在单语和单一文化的偏见。世界经常被划分为"他们"和"我们","内群体"和"外群体",或者"我们的语码"和"他们的语码"。在这个特定的角度,所谓的协商是单向的——本族语者放弃(或至少调整)他们的第一语言和文化,来学习主体文化的语言。这个过程通常被称为"融合"或者"同化"。第二个主要问题是它的研究方法对文化和社会持有稳定和同一的观点。它没有将历史、意识形态和经济过程纳入视野,但正是这些过程带来了现今的社会整合或分化。

帕夫连科和布莱克利奇(如,Blackledge & Pavelenko,2001;Pavlenko & Blackledge,2004a)在身份的概念上吸收了后结构主义的方法以后,提出语言和身份之间的关系是相互建构的,而且身份是多重的、动态的、易变的。对他们来说,身份协商是自我定位(reflective positioning,after Davies & Harré,1990),也即,自我表征和交互定位(interactive positioning)之间的相互作用,人们借此试图去重新定位特定的个体和群体。他们通过对多种社会背景下多语和身份的分析,说明语言适合用于使特定身份合法化,挑战、协商特定身份,并开启一次新的身份选择。在特定的时间和地点,通过个体可发生的谈话,身份选择能够被建构,生效,并完成——就是说,某些语言资源可能对某些说话人群体是可利用的,而对其他群体便不能利用(Tabouret-Keller,1997)。

与多语和身份协商的研究并行,社会语言学家批判性地检验了一些在双语和多语研究领域中常用的概念和观点。比如,语码转换的概念引起了关于"语言是什么"的思考。社会语言学家不再认为语言是一个独立的系统,而倾向于把多语人看成是社会生活的一个角色,他们利用着分布不均、评估不一的交际资源的复杂系统。因此,语言的系统性似乎具有某种功能,至少语言本身相当于植根于历史的意识形态(有关国家的和种族的),类似于有序的社会生活实践(Gal & Irvine,1995)。这一视角跨越了语言知识仅拘泥于意识表征的界限,使得将双语和多语看做是一种意识形态、交往实践和社会进程成为可能。

这个特定的社会语言学视角,对研究者收集、分析和解释数据的方法具有重要意义。由于人类学、社会学和文化研究的发展,社会语言学家开始对能够在民族志上显示关联的地域中和地域间的交往实践展开研究。海勒(Heller)一直致力于跨时间和空间轨迹(trajectories)(关于说话人、语言资源、话语和制度的)概念的研究和话语空间(discursive spaces)的研究(话语空间既顾及也制约着话语的产生和传播),她(例如,Heller,1995b,2006)已经通过对若干群体多语实践的调查,提出这种实践有助于构建社会边界和受边界调节的资源。他们因此还提出了社会和历史条件的问题,社会历史条件容许特定语言制度的发展,以及这些特定制度的复制、论争、修正或者改革。

一个更深入、紧密相关的领域是语言知识习得领域,在这里社会语言学家已经扩展了语言学家和心理语言学家在双语和多语领域的研究。语言社会化早期研究的重点是幼童如何通过文化特定方式来习得第一语言,在此基础上,库利克(Kulick,1992),克莱葛、安娜哈代克和宁格乌维克（Crago, Annahatak & Ningiuruvik, 1993），兹恩特拉（Zentella, 1997），谢克特和贝利（Schecter & Bayley, 2002）等研究者，利用多种言语和读写活动对双语和多语儿童的发展能力进行了调查。有两个问题受到特别关注，一个是在双语和多语社团中，可获得或不可获得的语言资源的范围；另一个是儿童以及青少年和成年人，在这些语言资源中根据其符号价值来学习选择它们的方式。研究者强调语言社会化是一个互动过程，在此过程中那些被社会化的对象同样也是对事态起重要作用的人（agent），而不只是被动的初学者。这一系列探索也展示了知识领域是如何通过语言和文化实践来构建的，以及个人定位如何影响知识习得和构建的进程。（详见 Bayley & Schecter, 2003）

1.4　跨学科的未来

毫无疑问，经过数十年来对双语和多语的深入研究，关于人类语言能力和人类意识的图像变得越来越清晰。由于这些研究，我们对人类的语言能力有了更多的了解，而这也是单语角度研究所不能提供的。通过双语和多语研究，关于人类语言和意识的理论在新的方法、基本途径上变得更加丰富。我们提出新问题，制定新假设，建构新范式。正如上述多研究视角的讨论中所证实的，双语和多语跨学科的性质，已经在相关领域中形成显而易见的影响力。然而，这一领域的发展需要一个更综合的框架，需要跨学科的开阔视野。所以，随着双语和多语研究走向跨学科的未来，我们将主要面对哪些挑战呢？

第一，语言问题。每个学科都有自己的术语。术语的使用令跨学科交流变得困难,因为其他相关学科的同行不能很好地理解这些术语。即便是同一个术语,也可能会因为缺乏一般背景知识而误解它的本意和隐含意义。比如,甚至就是"语言"这个词,对于心理学家,可能意味着一个相当独立的语言系统,而对于语言学家,可能就很难去定义。同样地,双语使用者怎样定义?拥有不同学科背景的研究者可能做出非常不同的回答。一些人可能坚持认为双语使用者根本不能有单语的经历;另一些人却很乐意将成年二语或外语学习者也包括在内。然而,还有些人可能主张语言的熟练度和优势度才是决定性因素。

第二,研究方法。各学科通常会忠实于自己的调查方法。不同学科可能会得出误解的和相反的研究结论。有一点需要铭记,研究方法要根据研究目的来选择,还必须要适合所研究的问题。然而,有些研究问题毫无价值,它们通常在特定的学科中提出,甚至有意识形态上的偏见。比如,"适应(accommodation)"和"变化(variation)"这类明显是中性的、科学性的术语,都能产生误解,所以需要结合原文语境进行解释。特定的研究问题偏爱特定的研究方法。因此,如果证据来自一个采用不同方法的研究结果,那么这个证据可能会是没有说服力的。

第三,"多学科"(或"跨学科")与"创新"之间的混淆。全面理解任何复杂的社会现象,比如双语和多语现象,需要多种学科提供的知识。诚然,多学科和跨学科的方法已经产生许多研究成果,并且这些成果挑战着我们关于人类的意识和社会的既得知识。但是多学科或跨学科本身并不等于创新。创新需要创新思考,开辟新领域,增加价值,做出改变。创新经常促成新方法或新学科的建立。

第四,基础研究和应用研究之间的紧张关系。当研究经费和资源受限的时候,对政策和实施有直接和即时影响的应用研究,比从事基础问题的研究受到更多关注和支持。另外,还存在一些误解,认为应用研究就自然是跨学科的,基础研究便是狭窄的。然而,没有基础研究的进步,就没有知识转化的坚实基础,知识转化才是应用研究的关键。基础研究也能够解决社会关注的问题。实际上,可以说双语和多语领域的大部分研究问题都源于对个人和他们社团的关注。它们可 17以而且已经转变为基础研究问题。

随着双语和多语现象在个体和社会层面上不断增加,研究社区群体迎来了新的契机,研究包括去评估他们的知识库、发展相关的理论、探索语言模型、增进彼此交流。社会也越来越关注双语和多语现象。研究团体面临的挑战是让那些被视为科学领域的研究与社会关联起来。耕耘在双语和多语领域的学术研究者将为现在的实绩而自豪,他们不但在语言学、心理学的理论和模型方面有很大收获,也为今天世界上的社会政治争论做出了重要贡献。研究者要走出狭窄的单学科视角,与其他学科互相学习,创造新的理念。研究者有责任利用至善的科学去消除那些对双语和多语现象不理性的恐惧。同样重要的是,双语和多语的研究者要解决迎面而来的社会政治问题。

（耿兴岩 译）

第2章 研究实践：相关的理论、方法和数据

梅丽莎·G. 莫耶(Melissa G. Moyer)

2.1 导语

学术研究要求我们在研究的各个阶段都要用分析和批判的思维来进行。这一章我们将讨论双语/多语现象的研究过程，介绍怎样从开始设想各种不同的研究框架到落实实施整个研究。我们还将呈现目前的双语/多语研究正在思考哪些问题；介绍在创造新知的过程中，哪些理论、方法和数据我们可能会采用，用什么方式去采用。双语/多语研究覆盖多个学科，在研究方法上有自己的传统，这些方法既可以展现双语和多语现象独特的地方也可以揭示这一研究对象的本质特征。在田野调查方面，由于相关学科已经有了诸多可供使用的方法，因此双语和多语现象的田野调查方法不必标新立异。但是所选择的方法一是要聚焦在所研究的课题上，二是所选择的方法能够有效地回答我们所要研究的问题。一个好的研究范例，不管它采用什么研究方法，都需要对自己的研究方法有一个清醒的认识，也就是说所采用的这个研究方法适用于解释所要研究的双语现象的全貌；好的研究者还要具备这样的能力，鉴别研究设计的优劣、明确研究目的、所做的基本假设与其研究专题相匹配。将反思或自省贯穿研究的全过程是必要

的，这样做的目的是要挑选到最恰切的研究方法和研究工具，以求得
解答研究者心中疑问的最大值。尽管不同的学科研究视角不同，但是
大家都会关注有关双语学的研究心得、希望对双语学有进一步的认
知。研究者们也一致认同在进行双语的田野调查时，不论是在研究步
骤上还是在研究技巧上都要严格遵循原则。

在过去的研究中，为了明确表述和回答与本领域相关的问题，曾
使用过各种研究方法和研究手段。我们以反思这些方法和手段作为
这一章的开场白。2.2 论及双语研究，包括双语数据的性质和各种可
能被提到的理论知识。2.3 将从批判和分析的立场出发，讨论若干问
题，以期更好地反思我们的研究。接下来的 2.4 将要讨论，整个研究
过程中基本的构成要素和活动，相关的问题、理论、方法和数据分哪些 19
种类。最后将这个动态的、不可间断的双语/多语现象的研究过程做
一个总结。

2.2　与双语、多语研究相关的数据和知识

双语/多语现象在某一地区应运而生肯定要面临挑战，因为这个
地方一直是以单语人为中心的，社区中是说同一种语言的人。高水平
的双语人有两个语言系统，他们有能力驾驭这两种语言的分与合。两
种语言系统在他们的大脑中相互影响，双语人把两种语言有意识地或
自如地分开的程度与水平取决于他们习得双语的过程（包括年龄、语
言环境、与每一种语言的接触情况）和人类大脑普遍的生物特征等因
素。当一个人在现实生活中被视为双语人的时候，就意味着他不仅能
用两种（至少是两种）语言叙述同一件事，而且他还具备把两种语言放

在一个对话、一个句子抑或是一个词中的能力。这样的语言能力在以往以单语人为研究对象的传统语言学中不曾做出过解释,倒是语言学的一些分支学科,比如语用学、社会语言学,从理论上和方法上对双语/多语现象予了比较好的新的阐释,比如关于双语人的语言能力,关于社会关系(在双语/多语人之间、社区当中、社区之间,由于与语言使用相关,在社会关系上可能会引发相互之间的冲突和相互抑制)。

为了使我们的研究既处于双语学这个大的学科背景下又能专注于某一特定的研究课题,搞清楚认识论(epistemologies)和实体论(ontologies)这两个概念对我们是有帮助的。认识论是指做这项研究需要哪些知识,实体论是指在这个研究领域一般把哪些材料收进数据库。现阶段的双语学研究有一套属于自己的占主导地位的专业知识,这些知识指导我们搜集数据和解释数据。语言观在这个过程中起到根本的作用。目前有四大语言观念被双语学研究所接受,它们是:语言是一种形式和结构;语言是一种能力和隐性知识;语言是一种产出和感知;语言是一种社会行为和习惯。

2.2.1 语言是一种形式和结构

在每一天的语言使用中,我们都可以观察到语言的形式或结构。语言结构是依据经验和观察得来的。因为一个语言结构一定是出现在一个具体的言语活动中。在现实生活中,在某一个特定的时间和特定的场合这个结构就出现了。这个语言结构可以一次一次地复制、再造(参见 Clemente 撰写的本书第 10 章)。通常要建立起一个带有某一结构形式的目标数据库才能分析出这个语言结构来。我们会依据某一种理论原则来划分出语言的各种范畴和结构形式,这样一来,哪些

材料可以收进数据库就明确下来了(Lehmann,2004;Mereu,2004)。在 20
双语研究领域,我们用传统语言学的方法来划分语言单位,比如:从
句、名词、动词等。双语学也有一套术语来称说双语人的语言结构,比
如,在一个语言片段中有一个地方两种语言连接在一起,我们可以根
据实际情况称之为"嵌入成分"(embedded constituents)、"衔接"
(convergence)或者"临时借用"(nonce borrowings)等语言形式。相对
于单语数据库,双语数据库更为复杂。因为两种语言接触之后,语言
样貌复杂起来,这种复杂性促使姆斯根(2000)组织建立起一个双语数
据库,这个语料库按"插入"(insertion)、"交替"(alternation)、"词汇叠
合"(congruent lexicalization)等术语来分类,一看见这些术语就可以
使人想到双语人不同的认知过程,这些研究心得均来自于双语人的
实际经验,切实的双语生活(这些术语的定义详见本书的第 3 章、第
4 章)。

　　一个语言结构一旦被认定下来,人们就可能用各种方法去分析
它。量化的研究是必要的,因为我们要确定这个结构在一个群体中是
不是具有典型性。我们还应该依靠语言学的其他分支学科,比如社会
语言学、形式语言学或者功能语言学,对这一结构做出进一步的理论
阐释。还有一个有用的办法就是回答与语言习得程度或级别相关的
一系列问题,或者回答与语言转用(shift)、语言变化(change)、语言融
合(convergence)相关的问题(参见 Klavans & Resnick,1996;Bod,Hay &
Jannedy,2003)。比如社会语言学的着力点在于解释一种语言系统内
部的结构变体(音位上的和构形上的)。为了收集到合适的语料,捕捉
到结构变体的规律,拉波夫(Labov,1982b)从社会阶层、性别、年龄和
种族划分等若干社会变量入手,确立了严格的调查原则并设计出了一
整套严密的调查方法。高质量的数据是我们研究的主要目标之一,数

据质量是根本,数据扎实了才能得出可信赖的关于语言变化的理论来。

2.2.2　语言是一种能力

生成语法认为语言是一种能力,它使用数学符号和公式把语法形式化,并提出语法假设和理论来描写和解释人类的语言能力。在这种观念(形式化语法和假设推理出来的语法)统领之下,生成语法运用判断和直觉收集语料建立起最初的语料库。生成语法还认为每种语言都是句子的无穷集合,并用数学的集合论作为语法研究的基础。人类语言在大脑中通过这种聚合的方式就获取了语法的隐性知识。这个隐性知识告诉我们在一种语言中如何构成和表达词、短语和句子。这一过程以语法为中心,是一个非常有组织的符号系统。生成语法虽然通过鉴别力得出了语言结构,但这些结构的最终确定应该是经过了反复观察、描写时仔细斟酌,并得到了真正懂这种语言的人的认可这样一个过程。人类的认知、语言与大脑之间的关系始终是形式化语法、语法假设和生成语法所关注的。这也导致转换生成语法偏重理论,注重开发出各种分类范畴,在对句法现象进行分析时,有一套操作上的观念和各种约束条件。虽然用这种传统方法建立起的语料库被限定在一个狭小的范围内,正如有些语言学家所指出的那样(Abney,1996;Schütze,1996),但是从方法上和操作步骤上看,它更为小心谨慎。

乔姆斯基的语言观认为语言是一种能力,是与生俱来的知识。这种观念在双语学研究中就遇到了某种挑战。因为双语学的研究对象不是在讲同一种语言的社区、听说一种语言的单语人。靠判断和直觉研究双语人的语言能力确实不是一种可靠的方法。双语学有一套自己的方法去发现双语人的语言能力,提出了"语码混合"(code-mixing)、"语言融合"(convergence)、"语言磨损"(attrition)和第二语言习得等概念,目前与这些概念相关的专题研究发展良好。两种语言混 21 在一起使用常常被认为是不合语法的、不可接受的,因而依靠判断或鉴别力来得出的双语的语言结构就可能不被接受。靠直觉建立起的数据库同样也是成问题的,因为去研究孩子们特别是那些年纪很小的孩子所习得的两种语言,他们自己也表达不出来对语法的判断。为确保得出可靠的理论化的语法来,我们使用从数据库中提取出来的相关数据,数据包括关于某一语法结构的真实语料和频度统计,这是个好方法。(详见 Tokowicz 和 Warren 所撰写的本书第 12 章)

2.2.3　语言是一种产出和感知

心理语言学通过实验得出语言是一种生产的形式(as a form of production)或者说是一种被感知的对象(as an object of perception)。[①]针对双语人的心理实验,其检测的目标之一是:两种语言在大脑中是如何被激活的,是怎样相互影响的。这些实验情境受到了严格限定,受试者具有相近的语言背景,所得出的结论适用于所有的实验受试者。心理语言学、神经语言学和语言习得研究等双语学的相关学科都使用过各自的传统实验方法去揭示双语人认知的实质和双语人的认知系统中两种语言是怎样既相互制约又彼此互动的(参见 Kroll,

---

①　以米勒为代表的心理学家把转换生成语法运用到心理语言的研究中,认为人们所掌握的不是语言的个别成分,如音素、词和句子,而是一套规则系统。因此语言是一种有创造性的、能产的生产形式。语言作为人们感知的对象,认知它的规则系统。——译者注

Grefen 和 Dussias 撰写的本书第 7 章，Abutalebi & Della Rosa 撰写的第 8 章）。实验研究是按步骤一步一步进行的。我们以一个语言熟练程度与年龄相关度的假设实验为例，首先要在一个特定的理论指导下确定一个研究框架，之后再研究不同年龄段的双语人是怎样加工、产出、理解不同语言中的词、句子和音位的。这个实验在设计之初就必须要确定的是它的因变量（dependent variables）是要被测量的，它的自变量（independent variables）是被控制的。① 整个实验都是人造的情境，所有给出的变量都在研究者的操控之下。通常，实验中的测试统计结果是用来印证或者反对之前提出的假设的（Hatch & Farhady,1982）。实验研究中，通过示例回答两大问题，双语人在习得不同的语言过程中不同因子（比如年龄、语言环境和受正规语言教育的水平）之间是怎样相互作用的？在一个给定的情况下，对双语人进行词汇或音位的输入时效果如何？

2.2.4　语言是一种社会行为和习惯

人类学对双语现象的研究认为语言的使用是一种社会行为模式，这种社会行为模式不仅对对话的双方起作用，对我们研究者自身也起作用。语言是一种习惯，是一种约定俗成的行为方式，人们既可以用它来扮演各种社会角色，也可以用它来显现社会上的各种权力和规约（Cameron,Frazer,Harvey,Rampton & Rechardson,1992;Sarangi,2001）。正是通过语言，社会结构和社会组织才得以构建和繁衍。人们如同施职于社会的演员，通过语言与他人互动，与他人建立起社会关系。从

---

①　因变量也叫应变量,函数中的专业名词,Y = f(X),Y 是因变量,X 是自变量,Y 会随着 X 的变化而变化。这个函数公式被用于心理实验中。——译者注

这个角度来看，语言符号描述了整个世界，语言与世界建立起的关系从来都不是折中的、没有感情色彩的。各种各样的语言活动是一种文化习俗，语言作为一种社会行为可以帮助我们理解这些习俗。什么样的数据是研究所需要的，用什么样的方法能够搜集到这些数据，社会语言学有一整套自己的研究设想。每个人都可以从不同的角度来观察语言和社会的关系，为了说明人类社会的各种关系，每一种研究方法都可以把语言和社会、文化、政治这些因素放在同一个矩阵中来阐释（Silverman，1993）语言结构（例如各种指示词①、施事的多种表达方式②）或者说来阐释供说话人来使用的"语言"（它有着绝佳结构、隐藏着多个复杂信息、能跨越语言在形式上的各种限制，可能它的结构已经被很多人分解过了），它的工作原理或者它的运行系统就是为了让人们了解和发现某个特定人群的社会和文化内涵，语言的作用犹如一个代理处或者经销处。

　　人类可以通过自己可再造、可重复的语言实践活动向他人宣示自己的意识形态立场，这个过程能让我们更直观地理解语言是一种社会行为。人类学的研究方法要求研究者与研究对象时常相伴，并自始至终对研究对象做出描述性解释，不仅如此，更重要的是研究者还要解释、说明原因并提出一些可供参考的分析性结论。作为一个研究人员不仅要始终明白自己在研究中所处的位置，在整个研究过程中还要充

---

　　①　指示词（deictic），或指示成分。比如英语中的指示代词分单数和复数，指示代词作主语时既可以指物也可以指人，但是做其他句子成分时只能指物不能指人。英语中可以说 He is going to marry this girl（他要和这个姑娘结婚），但是不能说 He is going to marry this，因为 this 作宾语时不能指人。——译者注

　　②　施事（agent），语法上指动作的主体。通常句子的主语和施事物的名词是一致的。比如："我吃饭。"但有的时候并不一致，比如："鱼让小猫叼走了。"主语是"鱼"，动作的主体即施事是"小猫"。——译者注

分地反思自己所扮演的角色,做到这两点是至关重要的。用这种方法做研究,语言数据是核心,但除了语言材料之外常常会用一些非语言学的数据作补充,比如:文献、根据观察得到的素材、甚至是统计数据,这些都可以用来作为人类学研究的补充证据。

2.3 以批判性的思维发出若干疑问

研究需要技能,它包括一整套研究规范,这些规范可以通过正规的学习来获得。研究需要一套系统的方法去找寻答案、去提出相关的若干问题或者去验证假说。对研究工作的最佳理解就是,在整个研究过程中,不论处于哪个阶段都需要有批判性的和创造性的思维(Blaxter, Hughes & Tight, 1996);而不是提供一个蓝本或者一套可供遵照执行的固定指令。这一节我们试图帮助研究人员解决这些问题,如何向实施研究计划的自动应用程序发问,如何使研究者更加了解自己在研究的每一步所做的决定,如何使研究者更加明了自己做出这些决定的原因。双语研究仿佛在调查一个特殊的智力拼图,因而研究设计远比选择一个最合适的研究方法或者数据库来得重要。我们要知晓所研究问题的内涵,这些问题和我们选定的方法论之间有怎样的内在联系。问题与研究方法相关联,在决定研究什么样的问题采用哪种方法的过程中,这五项内容确定下来是必要的:(1)所要调查的双语/多语现象的性质,(2)与所要调查的双语现象相关的知识,(3)研究拟设问题的最佳途径,(4)把上述知识(指(2)与所要调查的双语现象相关的知识)激发出来、组合起来最恰切的方法,(5)支撑你的主张的那些证据。如果针对我们所提出的研究问题,手上已经有了相应的数据来

源或者研究方法，对这些数据或方法进行评估之后，我们也可以采取 23
逆向操作的方法来进行研究。

当研究者着手研究设计的时候，心中应该有了若干道想要攻破的解析
题。对任何一个调研过程来说，首当其冲的是理智地思考下文将要谈及的
几个问题，如果能够对这些问题的回答观点明确，或者至少有一个初步的
答案，那么他或她将走在成功做研究的路上。对任何一个从事双语/多语
现象研究的研究者来说，下述问题所涵盖的都是基本问题。

2.3.1　打算研究的双语/多语现象大概是个什么性质的问题？

对自己所要研究的双语/多语现象的性质从一开始就必须心中有
数。我们可以从多个渠道入手去思考这第一个问题，通常所要研究的
课题是个人的选择或者喜好。比如，某一个人可能想收集和分析一个
定性数据，抑或是想做一个定量数据的调查。我们还可以通过下列问
题去思考所要研究的双语现象的性质，是要鉴定双语人对双语的兴趣
吗？双语人哪一种语言能力更强？特定的语境中所涉及的多种语言
都有哪些习惯？甚至是与第三种语言习得相关的一些问题。这些都
是很宽泛的课题，虽然这些研究已经积累了很多成果，但是还需要进
一步的审视、研究。不管选择哪一个研究对象都是意图讲述一个双语
人或双语社区的别样故事，那么研究者就要思考选择哪一个研究对象
更能显现本人的关注点、更能展示自己的观点，研究者要有这样的
意识。

2.3.2　哪些知识才能把一个独特的双语现象的特征描述出来？

第二个需要解决的问题是，就一个比较宽泛的主题或关注的领域

而言,具备哪些知识才能把它的特征描述出来? 假如一个人想研究语言、社会不平等、双语语境下语言的权力,那么第一件事就要确定在社会生活中这几个要研究的对象是由哪些要素构成的。研究者也要探询需要掌握哪些证据、哪些与主题有关的知识可以用来支持自己的主张。通过质询这些问题还可以促使研究者搞清楚自己的研究兴趣是否和实地研究的方法或定性研究的方法密切相关,研究者要留心观察并且要记录下来在运用这些方法时所需要的知识。采用这些知识是有依据的,这些依据来源于各类数据库。收集这些数据所用到的方法有:采集口语和书面语的语料、访谈、收集文献和写观察报告。能够搞清楚什么样的双语现象与什么样的问题相关联,对研究者来说这个能力是重要的。双语现象喜欢这样的从业者,即清楚地知道,对自己所要从事的研究来说,哪些知识是重要的、对本研究是关系重大的。研究者需要做到的是在自己的研究过程中展示和说明这些知识。与研究课题相关的知识、与研究所需的证据这两者之间一定要一致,在研究初期就要把不一致的情形处理掉。一个人只有先了解了研究某一个双语现象需要哪些知识才能找到与其研究相匹配的研究方法。

2.3.3 什么是专项研究和智力拼图?

第三个问题是,研究者需要缩小研究范围,从一个宽泛的研究领域进入到某一个专项研究,思考自己的研究怎样才能为该领域贡献出新知。正如梅森(Mason,1996/2002:14)所强调的,研究者必须完成智力拼图,这一信念将激发其探索答案的积极性。为了贡献出新知,研究者必须熟悉在这一领域已经有了哪些前期研究成果,这样才能提出问题、构建拼图,从而做出自己在理论研究或实证研究上的贡献。比

如，克罗尔等人（Kroll, Gerfen & Dussias，本书第 7 章）关注的是跨多个
学科的、需要用多学科进行阐释的拼图。举几个他们的拼图中的例
子：带外语口音或者不带外语口音的话语是怎样生成的？当两种语言
的语法一些地方相似，另一些地方又不相同的情况下，双语人的句子
是怎样生成的、怎样被理解的？双语人的认知能给我们什么启发？这
些拼图所涉及的领域比较广泛，换句话说，这个研究就是想回答，双语
人在语言上怎样调试自己的存在？两种语言在大脑中是怎样相互作
用的？从这个研究兴趣出发，更多的专项研究题目被提出来了：（1）当
双语人说或者读这两种语言的时候，词语是怎样认知的？（2）当双语
人听到或者说出这两种语言时，双语人是怎样加工处理每一种语言的
声音的？（3）同样是一种语言，双语人说出来的与单语人说出来的
会有所不同，前者会受到两种语言的影响，那么在语法结构上、语法
运用的个人喜好上，双语人所使用的具有个人特色的双语与原本的
两种语言之间有着怎样的关联？这些研究者的终极目标是解释两
种语言在我们的大脑中的共存方式，大脑以这种共存的方式组织起
来以后会对双语、双语人产生什么样的影响？双语人的大脑要生成
和理解两种语言，这样做会出现什么样的结果？

2.3.4　进行这一课题研究的目的是什么？

　　第四个问题是你选择这一研究的目的。通常人们从事一项研究
的主要原因是要对某一个专题研究在理论上做出自己的贡献，也有的
是要在应用和实践方面取得成果。你正在做的研究课题已经有了哪
些前期成果，了解这些是重要的。你还必须意识到自己正在从事的这
项研究的社会政治背景、自己的专业方向和学术兴趣。可能会有一

些比较世俗的原因导致你做某一课题,比如某一个机构需要就某一项目进行开发。当赞助机构对某一研究专题确定了优先权,那么考虑到自己的项目与这一专题相关联还是有必要的。不论是哪种情况,研究动机要和研究成果紧密相连,研究成果要为社会、为研究对象带来影响。

25 2.3.5 哪些与道德伦理相关的因素应该考虑到?

道德伦理是最后一个问题,但不是说它最不重要可以不考虑它。双语/多语研究的数据采集对象是人,这就不可避免地会引发一些与道德伦理相关的问题,比如研究人员应该如何对待参加测试的受试者、回答调查问卷的人、活动的参与者、面对面的受访者(Oliver,2003)。有人会对研究机构或研究的地点提出要求,有的可能希望匿名。大多数专业学会为自己的会员制定了一套伦理守则。设在大学或其他一些研究机构里的伦理委员会负责发放道德伦理方面的许可,伦理委员会也负责向其所属的研究成员宣传他们单位的伦理标准以及如何遵守这些标准。每一位研究人员都应该遵从这样一条道德条款,即参与者不会受到任何形式的伤害。研究人员必须自始至终都对提供信息者的隐私予以保密和尊重。除非参与者正式提出放弃他(她)的匿名权,否则所有有可能暴露参与人个人身份的信息都必须删除。在这项研究中参与者是自愿的,这一点事先就要明白无误地告诉他们。研究人员要做到让被调查对象或参与者对自己所要参与的事情知情同意,这是一个基本的、必要条件。研究人员应该向被调查者公开自己的身份、所属单位以及研究经费来源。在项目进行之初就应该明确告知参与者他(她)随时可以自由退出。

2.4　要研究的问题、理论、方法和数据之间的相关性

　　研究人员把整个研究视为一个动态的、充满活力的过程，这对其研究工作是有帮助的。这个过程包括了一系列的活动，这些活动不一定要一个接着一个按照顺序来进行。从项目之初研究者就要不断地评估一对关系，这对关系的一方是研究中所用到的理论框架、所要研究的问题、搜集数据的方法、所做出的分析，另一方是以最佳的方式呈现和论证自己的研究成果。选择双语这一语言现象作为调查对象就隐含着要遵循研究上某一个惯有的模式或者叫研究传统，这个研究传统依赖于一种已有的理解力，这种已有的理解力是指研究人员对构成该领域的知识已经有了哪些自己的理解。研究传统中除了这种理解力还要加上研究中所使用的工具、可能被用作证据的各种数据形式。问题、理论、方法和数据之间存在着关联性，如果研究人员熟悉这些研究传统也深谙在这些传统指导下怎么做研究，这只能说他们理解了这个关联性的一部分或者说走在半路上，另一部分或者理解这种关联性的另一条路要在研究的实际操作中去理解。图 2.1 列出了整个研究过程中的主要活动。图中的每一项都与不同的任务或活动有关，这些任务和活动我们将在后面进一步讨论。研究过程中有时会碰到一些骑虎难下的困难，比如数据的收集、找到一个具有代表性的受试样本抑或是弄明白某些让人莫名其妙的结果。遇到这些问题是正常的，但是在整个研究活动中解决这些问题需要灵活性。穿梭在不同的研究活动中是一件让人心生满意感和值得做的事情。假如有一天你找不到一个有把握的受试者，你需要再度评估最初做这个项目时

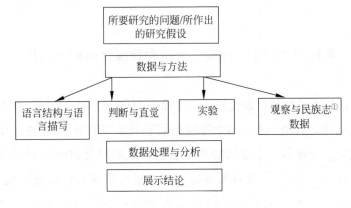

图 2.1　研究的基本任务

的前提条件,甚至是重新提出一个假设或者所要研究的问题,你都不该惊讶。

2.4.1　选择一个话题

　　研究多语现象我们可以重点研究某个个体或某个群体。把个体作为研究对象有很多有意思的话题,有关双语/多语人一般规律的研究可以以对某一个单个人的研究为基础。人类的大脑是怎样存储来自两种语言的词汇的? 一个双语人是怎样产出或感知来自不同语言的语音、词语和句子的? 实验研究对这些问题的回答只需很少几位受试者。一个句子中两种语言混在一起,要研究其语法上的限制情况,这也可以通过收集几位受试者的语料数据来完成。要探求人类大脑的普遍特征或者一个人的双语语言能力可以从一个典型的个体入手

---

　　① 　民族志,ethnography,也译为人种志,是对人类特定社会的描述性研究项目或研究过程。当代民族志的研究工作,几乎完全根据实地调查。——译者注

（详见 Kroll，Gerfen & Dussias 撰写的本书第 7 章）。为了更好地理解双语和双文化人，搞清楚并且勾勒出在两个有着不同语言、不同文化和不同思维模式的社会中他们的人生经历，研究者可以从不同的理论立场出发，研究某个人的生命叙事①。通过这种研究形式，这个个体可以大体上向我们提供一个社会有关文化模式方面的情况。

那些把群体作为研究对象的题目通常是为了探讨某一个有特色 27 的双语/多语社区、某一个特定的场所比如学校或者其他的（社会、宗教等）公共机构或者某一个操双语人的人际网络都有哪些特征（详见徐大明、王晓梅、李嵬撰写的本书第 15 章）。如果某个特定的活动成为了一个群体或者一个社区的习俗，而这一习俗又专注铺就通往双语能力之路，那么这个特别活动举行的时候就是演练双语的时刻。可以对群体和社区的研究进行定量和定性的研究设计（详见祝华和戴维撰写的本书第 6 章）。在每一个个案中选定哪种方法和收集哪些数据都会有所不同，但是两者之间可以相互补充。定量研究的重点在于用数字（数值）的形式收集和分析数据，这看起来可能更客观或者更有实证性。研究者把人或其他研究对象划分成不同的类别，这对了解实际情况是一个有用的方法，但是同时也要看到这个定量研究的实施过程是主观的。定量研究通常也要依靠大规模的有代表性的样本数据并对这些数据进行统计学处理。这个研究方法需要确定下来因变量和自变量。②

---

①　生命叙事（life narrative）是指叙事主体表达自己的生命故事。生命故事是指叙述主体在生命成长中所形成的对生活和生命的感受、经验、体验和追求。——译者注

②　我们可以把具有某种特质的人或者具有某种特质的某一类事物确定为一个变量，这个变量因人而变，因事物的种类而变。比如，要研究对话的话题与语言选择之间的关系，语言选择就将是那个因变量，它与另一个变量或者说自变量有因果关系，这个自变量就是那个对话的话题。

定量研究也可以用于实验室,在实验室中对个体的研究对象进行实验和处理。采用这种技术来进行研究是为了确定事物之间的因果关系。所做的若干个统计检定(statistical tests)就是为了确定自变量(指研究人员操纵下的受控条件)和因变量(指随着条件变化可测量到的结果)之间的因果关系。

定性研究与所收集到的、可供分析的数据或研究资料相关,这些数据和研究资料是指提供了有用的信息。典型的数据和研究资料包括:通过观察所得到的素材、文献、采访、语言互动的记录乃至一些数字的数据(这些不同的数据形式可以用来构建定性的框架,更多的信息参见本书第13章、第17章和第20章)。从资料的来源看,没有什么事情是预先确定好的。语境对定性工作来说是极为重要的。我们要把研究对象的人生经历看作一个整体,而不是一套可以割裂开的变量。这种研究方法的目标是,不仅要从被调查的群体成员的角度去理解他们的经历,而且要用一个理论框架,在更大的社会背景之下,对在某个地区出现的那些个习俗或双语状况做出解释。定性的研究方法采用实地调查的方式,并且优先考虑那些正在进行的语言选择的实例、那些自然而然发生的事情的数据资料。

不论你是将个人的双语产出过程还是将群体的多语语言实践作为研究对象,如果你偏好调查研究,从广义上讲,调查研究这一方法与那些可供给你的资源或者你所拥有的技能无疑将会一道对你的研究课题产生影响。如果你害羞、不喜欢与人交谈,你的定性研究中又把实地调查作为了其中的一部分,那你应该考虑这样做是不是一个好的选择。你所选择的研究区域应该考虑到你的研究兴趣,还要考虑到你的技能。在开始做研究之前,多储备几个研究题目是有帮助的,防止调查研究已经开始了却发现你最初的想法都是不切实际的情况的发生。除此以外，你还应该在研究的任何节点上，都要随时做好准备调整或者重新评估你的研究。

2.4.2　问题与假设

　　一个假设或者一组所要研究的问题缘起于较早前选择的一个研究课题或者某一个你在那里做着项目的、感兴趣的地区。有许多方式提出问题，也有许多按部就班的方式回答问题。如果你很熟悉这些不同的回答问题的方式方法，就能使你选择出找到答案的最佳捷径。当你开始设计一个研究的时候，要把整个课题缩减到几个独立的问题，这是成功的保障之一。可以从研究的一开始就发问与课题相关的谁？什么？什么时间？什么地点？为什么？这些基本问题会导引你对与课题相关的文献进行批判性阅读①，也有助于你厘清在这个领域中哪些问题的解答还不够充分。在你研究的各个方面，阅读的作用十分关键，在研究的不同阶段，要就所读到的内容提出不同的问题。阅读和来自一位有经验的调查者的指引，特别是当你第一次从事这项研究的时候，将会为你决定对哪些问题感兴趣，做什么将会对这一领域的研究做出新的、原创性的贡献打下基础。用定性的方法研究问题，在项目的研究之初，有时所要研究的问题还没有生成，但是有的时候在做过了实地调查之后，做了一些前期的数据资料的搜集工作之后，问题就出现了。在研究进程的初始阶段，一旦所要研究的总体问题确定下来，接下来你就必须要把问题缩减。

---

　　①　批判性阅读（critical reading）是批判性思维（critical thinking）在语文阅读中的应用，用批判性的思维对所读文本做出反驳、修正、肯定和补充。——译者注

2.4.3　理论与方法

本书介绍了这一领域是由哪些知识组成的，书中所描述的收集双语数据资料的各种方法归属于不同的认识论。由于每一种研究方法或技术是分开来介绍的，这就使人误以为研究某一个特定的题目只用一个单个的应用程序就足够了（Wray, Trott & Bloomer, 1998）。事实上，在双语学这一研究领域，把各种方法组合起来可能是最合适的，因为给双语人的语言系统下定义、做解释不像给单语人的那样整齐、简单划一。我们在决定应该选出哪一个语言结构做进一步的分析时，通过使用量化的数据分析得出的理论化的语法比单凭一个说话人做出的语言学上的判断更可靠。

研究人员用形式化的方法①和实验的方法对双语现象进行研究时会提出一套假设或者若干要研究的问题，这可能就是形成新理论的起点。研究者工作的目的就是为了检验或者丢弃一个理论（如果实验结果或者直觉与判断不支持这一理论的话）。这是一条"假设-推断"之路，研究者意欲解释某个特别的双语现象提出了一个假设，在这条演绎推理的路上，该假设有被支持或被放弃两种结局。从一个假设或假说中，数量足够多的、明确的预言可能被推理、演绎出来，这些预言是以对现象的进一步挖掘为依据的。假设中所预言的结果应该是能被觉察到的、明显的。一个研究人员对其所做的工作总是要有自己的理

---

① 形式化的方法，在此是指研究出双语的结构、样貌、规则等的方法。——译者注

论立场或倾向,不论他在一开始是不是意识到了这一点。研究人员事先形成的理论观点在一开始多多少少是明确的,但是理清楚自己事先形成的理论观点是什么,这一点很重要。还有另一条与前面所说不同 29 的、被称作"理论构建"的路,就是把理论融于研究之中。在这种做法下,定性研究所得出的若干结论可能会成为研究者提出假说的基础,假说是用来发展理论的(Sarangi,2001;Sarangi & Candlin,2001)。从集中看到的、有限的观察结果和事实中得出一般性的规律或规则,这就是所谓的"归纳法"。这是个推理过程,在这个过程中研究者用所提出的论断的前提来支持所得出的结论,但并不确保结论。无论你是选择在实验室做实验研究还是做实地的民族志调查,为了弄清楚你所发现的东西并给出一个明了的叙述或说明,都需要一个理论。一个模型或一个理论常常隐含在你所选择的研究题目中,选择十分重要。因此当你把要研究的问题缩减下来或者提出一套假设的时候,一定要考虑到这一点。有时候当决定做某一个题目的时候,你并没有意识到事实上你已经在某种程度上选择了一个理论。这就是为什么要有一位来自熟悉双语学领域的人作指导的重要性。

2.4.4　数据

数据和预测到的结论是连在一起的。在研究的设计阶段,研究者谨慎地选择了一种研究方法或技术,应用这个方法或技术获取了预估的结论,结论寓于数据中。双语现象研究中所得到的数据资料不局限于陈述两种或多种语言的样貌,还有一些其他的数据形式用来展现与双语人相关的信息,这些数据形式是定量统计(在一个研究实验中某个人的行为统计结果)、影像资料(神经成像①、注视或凝视和手势)和书面文本(记录并描述所观察到的人们语言上的那些惯常用法)。数据资料拿到以后要先处理、使其条理化,要找到一种处理方式使得那些有规律的句型能够被观察和测量到并且能表述出来,这之后才有可能对数据做出分析。有关双语的数据还要深入思考与时空相关的语境。所有产出的语言都在一个特定的时间和语境之下。在时空维度下,研究者辨识出的语言现象同语言接触及变化、双语的语言习得都相关。在双语的语料库中,某一个语言结构被鉴别出来,但是在表述它时可能会出现不同的抽象概括层次。同一个数据,有的可能被断言这是两种语言在大脑中的相互影响,有的可能只是把它作为一个可观察到的事实来描述。一个研究人员应该早做决定,她或他期望专注研究的是语言的一个方面还是几个方面(语音、形态、句法、会话、语义、语用)。

收集数据资料应该仔细筹划。最要紧的是要斟酌选谁来做参与者,选谁做样本,或者说数据从哪里来,数据的来源包括:文献、事件发生的背景或者不同的语境。之所以要细思量、选择数据的来源是为了使所做的研究具有更广泛的代表性。整个释疑过程要依循研究惯例或习惯,回答问题时既要系统又要严谨。所找到的答案或获得的研究成果要具有普遍性、稳定性和有效性。这三项测量指标关系到某一次实地调查的质量。因为在研究的进程中这三点可能会影响到所做出的决定,因而在研究事业的起步阶段就应把这三点拿出来作为研究内

---

① 神经成像(neural imaging)泛指能够直接或间接对神经系统(主要是脑)的功能、结构进行成像的技术。神经成像可以分为结构成像(用来展现脑的结构,从而辅助对一些脑疾病(例如脑肿瘤或脑外伤)的治疗)和功能成像(用来展现脑在执行某种任务(包括感觉、运动、认知等功能)时的代谢活动。它主要用于神经科学和心理学研究)。源自维基百科。——译者注

容明确讨论。

　　不论你是做民族志的实地调查研究还是在实验室里做实验,你所 30
得出的结论要可应用,不要把力量放在局部焦点的研究上。了解这一
点是重要的,即你所研究的那个地方、群体或者个人与其他的个人、单
位、群体或者整个世界的社会进程是不是有相关性。换句话说,你的
样本是不是具有代表性或者说对你所研究的那个群体的所有成员来
说,你由样本得出的结论是不是具有普遍性,这一点是重要的。

　　一定的语言观在研究上就有一定的惯常做法,选择了一个语言观
就选择了一个研究习惯。为了使你的研究成果或发现具有稳定性,选
择一个语言观,遵从一个合适的研究习惯或研究上的惯常做法是必要
的。采用不同的理论框架,对于结果的阐释可能不同,但是如果在同
样的背景或同样的实验条件下,重做一次研究的话,所得到的结果应
该是相同的。

　　正确应用研究上的惯常做法(例如方法、途径和技术)从而去提出
你所要研究的问题或争论的焦点,这样做与研究的有效性有关。为使
研究结论有效,就必须观察、鉴别、测量你所做出的论断。研究结论的
确认是一个过程,其过程是收集证据、构建理论论据,并以此来支持研
究的结论和对结论的阐释。研究结论的确认还和概念的操作化相
关①。研究人员必须要找到独特的方法和能说明问题的数据把自己选

---

　　①　概念的操作化(operationalization of concepts):在进行社会科学的理论研究时,研
究人员会提出一些抽象的概念,这些概念与一些变量相关,研究者把这些概念转化成若
干变量,并用这些变量提出可检验的假设。例如:有一个假设是,收入越高、职业越好、
受教育程度越高,一个人的社会经济地位就越高。社会经济地位是一个抽象的概念,与
这个概念相关的变量有收入、职业、受教育程度三个,或者说这个抽象的概念可以被转化
为收入、职业、受教育程度三个变量,这三个变量是可以检测的,这样这个假设就是一个
可检验的假设。概念的操作化是一种检验研究结论的方式。——译者注

定的那些概念清楚地阐释出来。

2.4.5 数据的处理与分析

数据一旦得到以后,在进行分析之前,要对数据以某种方式进行整理和处理。对数据进行统计处理以备分析,这是去熟悉你所拥有的资料的一个不错的方式。把你所研究的双语现象的相关资料进行汇总、转录、编码、加标签,这对分析者来说是件好事。有的时候数据有好几个来源(访谈、文献、考察笔记、录下的音频和视频),如果能通过一种系统的、简单的途径去使用这些资料,这对研究是有帮助的。一个考虑周全的分类也许应该包括一个代码系统①,比如,在一个双语的语料库里,在一个特定的语境下出现了一个特殊结构,你可以用代码系统来分析这个结构(参见本书 Backus 撰写的第 13 章)。如果数据资料是文献、考察笔记或者是一些文字说明,在你申明自己的主张时可以从这些材料中选取若干片段作为支持自己的证据,并且把这些重要的内容涂上颜色。图雷利(Turell)和莫耶(Moyer)对转录有一个详细的讨论和介绍(参见本书第 11 章)。整理资料不只是一个中和的过程,它还包括这项任务,即对资料进行分类、依据资料中出现的某一现象设定其具有某一含义。对研究者来说,要意识到你所采用的分类和贴标签的标准至关重要,因为这些整理出的数据是日后支撑你的论点和论据的基础(Sarangi,1987)。还有一种处理数据的方式就是用统计学检验的方法进行量化研究,这些数据来自实验和典型的语言变异使用者,对这些数据处理之后再将处理结果进行整理。一旦数据都整理

---

① 代码系统(a system of coding)是指用字母或数字把一个句型表示出来。——译者注

好了之后,就可以进行分析了。研究进展到这一阶段就该把注意力集中在寻找解释说明结论的办法了。分析者所采用的理论框架和概念引导其对研究结论做出解释。这个时候独一无二的数据要着重标识出来。也是在这个时候要把新的理论和概念引入进来去解释研究结果并提出新的要研究的问题。

2.4.6　结论展示

研究结果以什么方式展示出来取决于最初开展这个项目时的研究目的。为了学位所进行的研究就要满足一些学术上的要求,比如相对于投给专业会议或同行评审的期刊而言,在研究方法和文献综述方面学位论文要求做得更细致。投给学术会议或期刊的论文则需要把理论假设、所采用的方法、结论和解释等要点提取出来。展示结论需要分析技巧,整个这一章都在讨论这些技巧。研究就是要对知识有所贡献,研究者和供资机构有责任让他人了解他们的贡献。本书第 20 和第 21 章将进一步介绍相关的信息资源并就如何展示研究成果给出建议。

2.5　本章小结：研究的进程是动态的

研究就是这样一种活动,研究人员所研究课题的本质和所提出的问题决定了他们要把自己定位在某一个特定的学科和遵从某一个方法论的传统。一个人所持的立场观点是什么? 这一观点和其他人的双语/多语研究有怎样的不同? 了解这些是重要的。当你完成每一个任务时,对所有的研究都要持批评的态度、站在分析的立场上,这当中也包括反思和评价自己的研究。在适当的研究背景下,了解两类知识是迈向研究的第一步,一个是有关认识论的,即了解与双语现象有关的各种知识;另一个是有关实体论的,即弄清楚在某一领域中什么可以被作为数据或证据(实体论)来使用①。本章2.2详细地讨论了不同类型的双语知识依赖于不同的语言观。批判的和分析的思维方式是一种技能,设法回答出一套与研究目标和研究内容相关的关键问题,通过这种方式可以学会这种技能。可能直到一个研究项目都完成了才搞清楚问题的全部答案,这个过程中反思和盯住问题不放很重要。本章2.3谈到了研究的复杂细节,讨论了研究的基本构想和基本任务。有些要素在所有的研究项目中都会出现,而且在某种意义上说,这些要素还必须按照一定的顺序出现,但是有一些研究活动,比如:构想要研究的问题、提出假说、选定合适的研究方法、写作、处理数据、收集数据等,这些工作可能要贯穿整个研究过程并且要不断完善。所要研究的问题与所选用的理论框架、方法、认可的数据或证据之间关系密切,这也关系到与研究课题之间的一致性。理论、方法、数据的选择不是没有关联的,相反,从研究的初始阶段,这三项就与你要研究的题目、问题连在一起。正是由于这个原因,熟悉双语学的研究传统是十分重要的。

(关辛秋 译)

---

① 本章2.2写道:搞清楚认识论(epistemologies)和实体论(ontologies)这两个概念对我们是有帮助的。认识论是指做这项研究需要哪些知识,实体论是指在这个研究领域一般把哪些材料收进数据库。——译者注

第二部分　研究程序、研究方法与研究工具

第 3 章　双语资料的类型与来源

杰克迈·诺迪尔(Jacomine Nortier)

3.1　导语

　　如果现实中的情况都像下面这样,那么本章便可以省略了:

　　在一个讲英语的国家,有两个研究双语的学生,他们的母语是英语,打算去收集英语-阿拉伯语的语码转换资料。因此,他们一个人拿着磁带录音机,另一个人拿着调查问卷走上了街头。他们随机地调查路上的行人,无论对方是不是英语-阿拉伯语双语人;如果碰到的是双语人,他们便会问他是否愿意使用双语句子说些什么。通过几个小时的努力,两个学生得到了满意的结果,他们带着装满有用材料的磁带回家去进行分析了。

　　不过,很不幸,上面描述的情况根本不存在。收集双语资料不是个轻松的活儿。在麦克风或者陌生人面前,人们可能不会进行语码转换。所以,在录制语码转换资料之前,需要做认真、全面的准备。这虽然意味着大量的工作,不过它是可以做到的(参见 Clemente,本书第10章)。下面的几节介绍了关于双语语料收集的信息。学习到最后,每个认真研究双语的学生应该都能够进行语码转换资料的收集工作了(参见 Gardner-Chloros,本书第4章)。

　　在本章,关键的问题是:什么样的研究或理论问题可以用哪类资料来应对？通过这个问题,我们已经能够看到,存在不同类型的资料,它们可以服务于不同的目的。我们还会看到,每类资料的收集都伴随着它的优势和弊端。因此,研究双语的学生在行动以前,便需要弄清楚自己想要回答哪些问题,以及哪类资料对自己的研究目的最有帮助(参见 Moyer,本书第 2 章)。这一章会有助于你做出此类选择。

总之,收集资料时,没有哪种方法是最好的。两种或多种方法相结合才会带来最理想的效果。必须谨慎地权衡每种方法的利弊。

后面的几节将讨论一系列资料收集的常用方法。研究双语的第一阶段,需要获得关于人和环境的概况,因为这些因素与双语行为有关。因此,下面的三节将着重讲解获得概况的三种方式:宏观层面上的人口普查和抽样调查(3.2),中观层面上的问卷调查(3.3),以及微观层面上的观察(3.4)。在 3.5 节中,另外还讨论了一种方法——变语配对法(matched-guise)测试,这是一种获得关于说话人态度的方法。再接下来的几节,主要介绍语言资料的收集。收集资料可以通过分析自然或半自然会话(3.6),或者通过实验环境来获得诱导性数据(3.7)。最后,我们还会看一下书面资料的来源(3.8)。

本章介绍的几种资料收集的方法绝不是孤立的。相反,我们还会发现,它们之间有相当部分的重叠。它们不是互相排斥的,而是对彼此的补充。只有将不同的方法结合起来才能得到最好的结果。

3.2　人口普查和抽样调查

人口普查是对特定人群的所有成员进行的调查,例如在威尔士,要对整个国家的居民询问一系列的话题,从年龄、教育和健康,到语言熟练度和住房情况①。另一个普查由加利福尼亚州教育厅开展,每年进行一次,调查的对象是全部无英语使用背景的学生②。调查的问题有,例如,他们的母语和他们的英语熟练度。

如果说人口普查包括全部人口,那么抽样调查只涉及部分人口。这部分人口被认为能够代表整体。在社会科学中,一次调查几乎相当于一个研究,但在实践中,调查(survey)这个术语常常被用来描述一个带有定量测量的大规模研究(参见 Lanza,本书第 5 章)。

很多时候,人口普查不仅仅是为了发现语言的信息,而是服务于更广泛的目的。与语言相关的问题可以从整个的集合中抽取出来。如果你想要研究双语行为,普查数据当然有助于对潜在的调查对象进行第一次筛选。询问调查对象使用什么语言③,他们便可划分为不同的双语群体,接着你便可将研究锁定在某个特定的群体上。

在人口普查或大样本调查中,数据来自大量的调查对象,通常需要利用标准化的书面问卷。当然,如果你打算研究数千人行为的某些方面,使用开放式问题是不现实的,因为每个人都会形成一份答案;你需要计算机做阅读工作,这就需要使用多项选择题、是非问题、5 分值或 7 分值量表。如果在人口普查或者样本调查中,人们允许询问关于双语的行为,那当然非常好,但是往往答案反映的是他们的态度而不是行为;当主流态度对某种行为是否定的,人们容易漏报这种类型的行为。当主流态度是肯定的,调查对象则容易多报。比如,有一个调研,在荷兰乌得勒支城的一个多语街区中进行,一位妇女生在摩洛哥,调查时用荷兰语问她在家里使用什么语言。她的回答是,在家她从不

---

① 见英国政府 2001 年人口普查网页 www. statistic. gov. uk/census2001/defaut. asp。

② 见美国加利福尼亚州教育厅网页 www. cde. ca. gov/ds/sd/lc/。

③ 很多时候,当我们使用“语言”这个词的时候,指的是“方言”。

说摩洛哥口语(阿拉伯语或柏柏尔语),只说荷兰语。就在这时,她女儿进来了,这位妇女立即开始跟女儿用阿拉伯语讲话,并没有意识到,她刚才还在说她在家从不说摩洛哥口语。这个例子表明,自己报告的和观察到的语言行为是有差别的,也表明了荷兰语是规范语言(至少在调查者面前),是这位妇女眼里的强势语言。

这种情况在语码转换行为中也会存在。人们对语码转换的态度不总是积极的或中性的:一般的观点是,语码转换意味着对语言掌握得不好,对语言不敬,以及对语言漠视。当双语人报告说,他们从不转换语码,那么研究者应该意识到,这里面可能会有态度和实际行为的不一致,也就是说,报告的语言行为和观察到的语言行为会存在不同。

在调查中,除了可以询问调查对象掌握多少种语言,还可以问一些更详细的信息,比如,关于语言的各个方面(听、说、读、写)。对于语码转换研究,说和听是最重要的。读写技能则不那么相关,有时是完全无关的,因为许多语言和方言,例如柏柏尔语,根本没有(标准的)书写形式。

"您对 X 语言掌握到什么程度?"这样的问题,可以在调查中使用。虽然使用标准化语法测试去测定语言熟练度,会更准确、更可信,但是有些方面不能测量,诸如,对语言使用的熟悉度和经验。而且,即便说话人不了解或不能很好地运用语法规则,也可以相当熟练地使用。帕普拉克、桑可夫和米勒(Poplack, Sankoff, Miller, 1988)使用自我报告作为主要方法,来确定调查对象的语言熟练度。类似"你的 X 语有多么熟练?"这样的问题,能够提问,也能可靠地在分析中使用。然而,这个方法通常要与其他方法结合使用来确定语言熟练度。帕普拉克(Poplack, 1980)和博克-赛利格松(Berk-Seligson, 1986)在确定语言熟练度的时候,都采用了自我报告和分析社会语言背景相结合的方法。诺迪尔(Nortier,1990)除了使用这两种方法,又增加了第三种方法,做法是让说母语的调查对象在他们的原生国家对磁带记录的一些片段进行判断。这些不同的方法得出的结果显示出高度的相关性。

根据一些研究者的观点(比如,Poplack,1980),双语人必须对两种语言都达到平衡和高度熟练,才能实现有效的转换。而另外一些研究者,如,迈尔斯-斯科顿(Myers-Scotton,1993b)认为第二种语言的熟练度不一定要非常高,并不是说话人一定要达到哪个熟练水平才能实现有效的转换。如果看看全世界的双语现象,我们会发现,在多数的双 38 语社区中,各种语言的势力是不均衡的。无论在个人还是社会层面,相对于这一不均衡的规则,完全均衡的双语现象只是个例外。如果赞成迈尔斯-斯科顿的观点,这就意味着,即便你通过抽样调查能够确定双语的熟练度,那也不能预测语码转换一定能发生或者不发生。

有一点需要知道,我们在这部分讨论的方法有相当多的重叠:人口普查和抽样调查,都需要对大量的研究对象进行调查,而且都需要进行量化分析。在许多研究中,不需要人口普查和抽样调查两项全都开展。从其他研究中得到的成果,也可以作为研究的起点。通常,国家和地方政府公布的数据是非常有用的。比如,当我们着手前文提到的那个项目时,要研究乌德勒支的多语和多文化街区中语言和文化的混合情况,我们从地方的数据中了解到,有一个特殊的地域叫龙目岛,正好符合我们预设的情况,这样就使我们的选择更加容易了。

总之,调查能够反映语言使用规模;与其他方法相结合,还能够确定语言的熟练度。作为检测语码转换行为的方法,调查不太可靠,但是它在准备阶段是非常有用的。

小结：人口普查和抽样调查

- 部分重合
- 人口普查：整个人口
- 抽样调查：人口中具有代表性的部分
- 有助于选择调查对象
- 定量分析
- 可能有助于确定语言熟练度
- 不能测量语言态度

3.3　调查问卷

上一部分我们探讨了普查和调查，比如，接受提问的群体，以及在调查中使用的问题。在这一节，我们重点介绍调查中使用的问题（参见 Codó，本书第 9 章）。

基于问卷，可以描绘出调查对象的社会语言简况，这对预测双语行为是必要的，还能从调查中排除某些对象。询问社会语言背景的一个最重要的原因，是查明双语人在两种语言上的熟练程度，其中的一种语言是不是主导语言，以及更偏好使用哪一种语言。要想了解这些，以下四类问题可以提问。

1. **语言历史**：比如，怎样以及在什么年龄习得或学得某种语言。说话人往往更精通幼儿时期习得并使用的语言。当一种语言在晚期通过正规的教学才学得，那么对这个语言的掌握会差得多。

2. **语言选择**：与语言选择有关的问题，涉及对话者、话题、实体环境或者礼仪。比如,说话人可能对他的父母和年长同胞使用一种语言,而对朋友、同事,以及年幼同胞使用另一种语言。在学校或者工作环境,说话人可能选择使用一种语言,而在家里或者家庭环境中,他会使用与前者不同的语言。以下则与礼仪有关:在法院、教堂或清真寺,首选的语言可能不同于在酒馆或者泳池使用的语言。

3. **语言优势**:这个是关于他们使用哪种语言最熟练的问题。提这个问题时,说话人是非常可信的,但是如果研究人员想深入调查的话,可以问一些限定性的问题。例如:当你写日记的时候,你会使用哪种语言? 当你写购物清单的时候,你会使用什么语言? 当同你的宠物兔子、猫、狗、马说话的时候,你会使用什么语言? 你会使用什么语言去发誓、诅咒或者宣泄其他不同情况下的情绪? 还可以让调查对象心算一个复杂的加法,比如 586 + 961 之类的。给你最后结果(1,547)之前,他很可能会喃喃地叨咕这些数字。所有这些回答中使用的语言(包括这个喃喃自语)很可能就是优势语言。

4. **语言态度**:这是个关于说话人对各种语言重视程度的问题。上一节我们阐释了,报告行为和观察行为可能是不一致的。当然,在问卷中,只有报告行为能够进行调查。可以问说话人更喜欢说哪种语言,以及他们认为(或者不认为)哪种语言是优美的或有用的。关于态度的问题,以及语言是否与友谊、团结、权利、距离有关这样的问题,不应该采用直接的方式提问("对于……你的态度是什么?"),因为很可能得到不可信的答案。当然,配对变语测试也可以利用,或者用它来代替其他方法。进一步讨论参见第3.5章。

这四类问题都可以用书面或口头形式来提问和回答。口头问卷的好处是调查对象有读写上的困难不会妨碍他表达想要说的内容。当回答偏离了调查者所期待的类型,可以要求调查对象进行说明。另一方面,书面问卷的好处是,调查对象是相对匿名的,特别是在第四类问题中表现得尤为明显。如果不直接面对采访者,调查对象可能会感觉更自由,因为采访者可能更想获得社会期待的答案,这会给调查对象带来压力。

40　　　问卷使用的语言应该是调查对象非常熟悉的那个语言。但是由于一些语言可能没有书写形式,所以它不总是理想的选择。实际上,限定用什么语言去提问和回答是不可能的。有时两种语言都使用会更便捷一些。根据特里夫斯-达列尔(Treffers-Daller, 1991)的论文报告,她的博士学位论文是关于法语和布鲁赛尔弗拉芒语之间的语码转换,而在她的研究中,调查对象可以选择法语或者荷兰语两种版本的调查问卷。在 E-热穆达尼(E-Rramdani, 2003)的调查中,他为荷兰的双语摩洛哥人提供的是口头问卷。调查对象可以在柏柏尔语、摩洛哥阿拉伯语和荷兰语中进行选择。

小结:调查问卷

- 获得社会语言的简况
- 解释双语行为,有时也预测双语行为
- 四类问题:历史、选择、优势、态度
- 口头和书面

3.4　观察

这听起来太轻松了:看看人们都做些什么,他们如何表现;观察他们,然后你就会看到作为个体或者在一个群体中他们是如何活动的。

但是,当然了,实际中比这个更复杂。想象一下,在茶歇中,你和最好的朋友正在聊天,一个陌生人一直注视着你们,还不断地做笔记。有一个外人在场,你们的聊天就不自然了。你们会避开通常谈论的话题,尤其是如果你知道这个观察者还是一个语言学家,你说话时就会非常小心,还很注意你的语言。(观察是人类学田野工作的一个主要特征:参见 Heller,本书第 14 章)

如果你认识观察者,那么情况便会不一样;如果在那个特定时候,他恰好属于你们的圈子,那么情况会更好。避免所谓的被调查者与观察者之间的矛盾,这正是观察者要努力做到的。要是不想从外部去调查一个群体,那观察者应该成为群体的一员从内部去观察。这被称为参与式观察。它的优点非常明显:如果观察者是其中的成员,被观察者的行为会更自然。同时,缺点也是很明显的:想成为一个参与的观察者,那会耗费宝贵的时间和精力。而且,也不可能总是成功。我的荷兰语-摩洛哥阿拉伯语的语码转换研究,调查对象是荷兰年轻的摩洛哥人,我很清楚,作为一个荷兰女性,我绝不可能成为摩洛哥年轻男性群体内部中的一员。非常幸运的是,我们招募到一个摩洛哥男性接办了观察和收集资料的工作。最终他被接纳了,作为一个参与其中的观察者。

约书亚·费什曼及其同仁的著名专著《巴里奥的双语现象》[41] (*Bilingualism in the Barrio*)基于的研究便是采用参与式观察展开的。在波多黎各语-英语社区的双语研究者正对一个街道进行研究,他们成功地变为它的(临时)成员。他们去参加婚礼和葬礼,他们和人们一同坐在街上,还照看他们的小孩,因此获得了研究这个社区的完美机会,从内部去研究它的语言行为。

观察有助于选择和理解双语行为产生的语境。通过观察,你可以确定一个特定的群体和情景是否适合于你的目的。只要还不能精确地预测,在什么情况下会发生语码转换,就有必要做认真仔细的观察。荷兰操场上的一群第二代摩洛哥学童,与一群聚集在清真寺准备每周五礼拜的第一代摩洛哥男人相比,可能会使用更多的荷兰语。但是他们对语码转换的选择取决于一些其他不容易控制的因素。

双语人是否转换语码,以及转换的类型,都取决于不易控制的因素。语码转换可以分为几种类型?它可以是句内的(intrasentential)、句间的(intersentential),也可以是句外的(extrasentential)。根据帕普拉克(Poplack,1980)的观点,句内转换主要产生在平衡双语人的话语中,因为想要混合两种语言的词汇和语法需要精通这两种语言。下面举一个斯瓦希里语-英语语码转换的例子,摘自迈尔斯-斯科顿(Myers-Scotton,1993b;斯瓦希里语用斜体表示):

　　(1)… *Ni-ka-maliza* all the clothing.

　　……并且我已经(洗)完了所有的衣服。

然而巴克斯(Backus,1996)发现,他的荷兰语或者土耳其语资料库中的平衡双语人更偏爱句间的转换。帕普拉克和巴克斯的发现互相矛盾,这正说明想要预测将要发生的语码转换的类型是不可能的。其他因素可能起到重要的作用,比如社会主导模式(societal dominance pattern)以及在一个言语社区中语码转换习惯的惯例化。同样,所有的因素都是相同的,一个群体可能主要使用句内语码转换,而另一个群体使用句间转换。在下面的(2)中举了一个句间转换的例子,涉及的语言是西班牙语和法语。(Ramat,1995;西班牙语用斜体表示)

（2）*Yo mañana empiezo，me levanto a las siete de la mañana. Je suis malade rien que de le savoir.*

明天，我开始工作，我必须 7 点钟就起床。只是想想这个我都觉得恶心。

句外转换是语码转换的第三种类型，它发生在双语会话的所有类型中，并且不受说话人双语熟练程度的局限。那些非平衡双语人，一 42 种语言不太好，也能做出句外的转换。

这类转换发生在句子的语法范围之外，如例（3）所示，摘自诺迪尔（Nortier，1990，荷兰语和摩洛哥阿拉伯语之间的语码转换；摩洛哥阿拉伯语用斜体表示）：

（3）Maar de tijd die gaat toch voorbij，*fhemti*?

但是时间在流逝，你明白吗？

观察的一个特殊类型就是语言日记（language diary）。这种方法要求调查对象坚持写日记，记录自己使用语言的情况。这些日记可以回答以下问题：什么环境下，使用了什么语言？说话的对象是什么样的？什么话题？多久一次，并持续多久？当然，语言日记非常主观，而且研究者也很少有机会核对其中的信息。这也给调查对象带来很大压力，因为他们不得不处处留心。感兴趣的人可以阅读罗曼（Romaine，1983）的研究，了解更多有关语言日记的内容。扎克尼（Zekhnini，2001）研究摩洛哥人在课堂外的荷兰语习得情况，他使用了"语言接触表"（language contact chart），在这个表中，调查对象需要填写五天内日常生活里语言使用的数据。每一个调查对象都需要填写三个不同的

表:一个是针对荷兰语的口语交际,一个为遇到的荷兰语视听媒体而设计,还有一个针对荷兰语书写形式的使用。

大样本的定量调查和调查问卷有助于我们选择调查对象。而观察是用定性的方式,在一个更小更细的范围内,帮助选择合适的调查对象。

小结:观察

- 参与式观察
- 观察者的矛盾
- 选择调查对象
- 语码转换类型

3.5　配对变语测试

研究者要想了解人们对两种语言变体的态度,可以利用这个"配对变语测试"(matched-guise test)。

在这种测试中,言语样本由同一个人用两种(或更多)语言变体进行录制,这样所有与发音人有关的其他变量就都排除在外。受试者只是评判语言样本本身。如果在样本间使用一个干扰项,那么就不会有人发现两个样本是同一个人录制的。有几个最早且最著名的例子,兰伯特(Lambert,1967)主持的测试就是其中的一个。在他的测试中,会问到关于说话人个性特点的问题,用来获得受试者对某种语言的态度,这些特点有:正直诚恳、吸引力、聪明才智、友好态度、幽默感、可信赖性、野心、领导才能以及真诚等。通常,受试者需要在五度表上做出

43

他们的评价,比如"这个人很友好"。分值范围从 1(完全认同)到 5(完全不认同)。虽然人们对开放问题的回答会很有用处,但是开放问题的答案很难去量化。

通过这种配对变语测试,兰伯特发现法语加拿大人比英语加拿大人会给人留下更不好的印象,男性比女性更糟糕。

配对变语测试显示出,双语人选择合适的语码是多么重要。人们对各种语码、口音、语言或者方言会做出不同的评判,这个范围可以从"优美的"到"丑陋的",甚至是"不能接受的"。为什么一些荷兰人、摩洛哥人和土耳其的年轻人,喜欢自己的荷兰语带点摩洛哥口音呢,一个居住在荷兰的 17 岁的摩洛哥女子给出她的解释:

(4)Het is algemeen bekend dat Marokkanen een beetje leuk,ja,een beetje leuk accent hebben.

我们通常会认为摩洛哥人拥有相当吸引人的,是的,一个相当吸引人的口音。

多尔曼(Doeleman,1998)和瑞安(Ryan,1979)使用配对变语测试,区分地位和同心同德因素。关于配对变语测试的更多内容,包括相关评论,参见网址 http://www6. gencat. net/llengcat/noves/hm02estiu/metodologia/a_solis2_5. htm。

那么现在重要的问题是,你想要研究的内容究竟是什么:如果你想知道语码转换在什么语境发生,(参与式)观察是一个有力的手段。你是否对语料感兴趣? 如果感兴趣,那么观察不能提供你想要的东西。但是,观察能帮你获得关于语境的数据,它是资料收集的起点。

小结:配对变语测试
- 同一个人:两种变语(伪装)
- 受试者就关于两种变语的问题给出评分
- 以不同方式对语言/语言变体/口音进行评判

44 3.6 自然和半自然会话

自然会话中的分析语言使用是大多数语码转换研究建立的基础,并且非常有道理:语码转换是发生在自然环境中的现象,最自然的语言环境便是会话。会话中参与的人越多,并且他们都关注谈话的内容,而不是言语的形式,那么这次会话便越有信息量。为了实现这个目标,人们需要身心放松,熟悉彼此,熟悉彼此的语言行为。被录制的会话包含个人的语码转换行为及会话参与人对他人的语言使用和语言选择所做出的反应。

如果有个外来的研究者加入会话,那么可能使语境变得不自然。但让一个会话参与者负责录制,就能避免这种情况。通常这是一个非常可靠的做法。虽然开始的时候人们的注意力可能会在录音机上面,但是根据多数研究者的经验,在这种语码转换研究中,经过10～20分钟,人们也就不在意了,录音机的存在便不是一个干扰因素。

录制没有研究者在场的自然会话,优点是显而易见的。它是语言使用最自然的方式,如果研究者在场,会话参与者可能会猜测并努力满足研究者的需要,从而会使获得的语料产生偏差。但是这种方式也存在缺点:对自然谈话进行录制、描写和分析是很耗费时间的。不是每个研究双语的学生都有这么多的时间。但是如果有足够的时间,这是让你充分熟悉资料的最好方式。处理自己的资料需要花费很多时间,但总比处理别人收集来的资料更有趣吧。没有亲身参与的研究不是真正的好研究!

另一个问题估计就是,通常调查对象不知道研究人员所期待的正是他们对双语的使用。这就可能会完全没有语码转换发生。有研究人员在场的话,便有可能将会话指引到能够触发语码转换的主题上去,这样的话就不是完全自然的会话了。但是,我还没有看到这样做会给结果带来什么负面影响。基于以往的观察,研究人员应该知道,什么样的话题能够触发大多数的转换。我曾经研究过荷兰摩洛哥人的荷兰语和摩洛哥阿拉伯语的语码转换,资料的录制是由一个摩洛哥的研究助手在 20 世纪 80 年代中期完成的。他知道,如果他让会话参与者谈论诸如歧视、运动或者在摩洛哥的度假旅行这样的话题,他们就会被话题本身深深吸引,而语言使用的形式对他们来说便不那么重要了。

在前文我们提到过一个调查多文化街区的语言和文化混合的研究。这次研究从 1998 年到 2001 年在乌得勒支展开。在这次研究中,参与的说话人非常广泛,有年轻的土耳其人、摩洛哥儿童,还有年老的荷兰人,他们被分为几组进行自然会话。在会话中,利用图画书来触发大家的谈话。图画的主题很多样,有著名的足球运动员,还有圣诞 45 老人和圣诞树。这些会话的目的也不完全是为了收集语码转换的资料。对语言转用、语言损耗这些问题也会进行研究,还包括各种文化方面的问题。使用图画书的主要目的是避免长时间没有话说,而且事实证明它是个十分奏效的方法,每个研究双语的学生都可以轻松地使用它,为自己的研究目的服务。

另一个避免长时间静默的方法就是让调查对象去对抗挑衅式的话语。话语的内容要依调查对象的背景和兴趣而定。越多的会话者参与到讨论的话题中，反击就会越强烈，也更关注争论内容本身，而不是自己说话的语言形式。

还有一个方法可以让人们的会话更随意，那就是一起看电视节目，然后在观看的过程中发表评论。另外，还要保证会话参与者都是双语使用者。

从事语码转换研究的语言学家通常都会认同，不应该让调查对象意识到，语码转换才是研究者要寻找的东西。这背后的理由是，人们会为了讨好研究者，在说话时对自己的语言行为做出考虑，有意地转换语言，这样可能会生成其他类型的语码转换，与那些完全不知道研究目的的调查对象不同。我还不确定，我是否认同这种观点。根据我的经验，调查对象意识到研究的目的（例如，收集语码转换的资料），他也仅会在谈话的头 10 ~ 20 分钟对他的语言形式很留心，但是当他们进入话题以后，会更关注内容本身，而停止对自己的话语不断地进行检查。

下面的讨论涉及的是调查中的道德伦理问题。参与一项语言学研究肯定需要花费一定的时间。有时研究人员会付给调查对象薪酬，但是基本上都是研究人员请调查对象帮忙，进行合作。因此，对调查对象要以礼相待。如果事先不告知调查对象这个研究的目的是什么，这样的做法在道德伦理上是明智的吗？通常选择的解决方法是，告诉调查对象这个研究是关于某种态度的（如，对于足球、伊斯兰教、贫穷、教育等），这样做的确很奏效。如果调查对象意识到是有关语言的，他们可能会想有很好的表现。你很难让调查对象相信，他们的语言不会被评判，而只是研究他们的行为。作为一个研究人员需要怎样去行事，没有一个严格的规定。但是，无论你做什么，被调查对象的诚信一定要得到尊重!

　　总之,对于语码转换研究,自然和半自然的会话是最好的语料来源。录制会话之前,需要做一些准备工作,比如,利用调研的结果,筛选出有合适语言背景的调查对象;利用观察的结论,选择合适的情境和会话的主题。录制的时候,研究人员可以在场,也可以回避。这两种方式都有它们的优缺点。

　　关于自然语料,还有一个问题,不是所有可能的语码转换类型都会在语料中发生。比如,你想知道,在主语和限定动词之间是否会发生语码转换,而你又不能在语料中找到任何例证,你就永远不会知道是调查对象故意回避了那种类型,还是偶然没有转换。如果是故意回避这样造句,那就可能是一个语法限制的结果:根据某个未知的规则或者限制,语码转换是不允许在主语和限定动词之间发生的。但是如果不存在这种规则,那么研究中转换的缺失便是一个意外的空白。会话录制的时间越长,所有可能的造句,最终出现的机会就将越大。但是,这样的话,转写和分析的时间也就随之增加,会花费更多时间,会带来很重的负担。如果你仅仅在自然资料中来收集数据,而没有合理的方式来解决这个问题。那么就要采用补充诱导性资料的形式。

小结:自然和半自然会话

* 自助录制

* 越自然,越真实,但越耗费时间

* 巧妙控制会话的方法:出示图片、介绍某些主题、一起看电视

* 调查对象对语码转换的知晓:不一定要避免

* 某些没有发生的转换:有意的,还是偶然的?

3.7 实验环境下的诱导性信息

乍一看诱导性的数据,似乎与自然性的数据是相对立的。但是,实际上,它们是处于一个连续统的两端。前文我们看到,在自然会话中获得的数据是最自然的。在这个连续统上,离自然数据越远,获得的东西便会越不自然,但是却可以赢得更多的时间。选择连续统一端47 的优势,也就意味着要远离另一端的优势。图3.1是这个连续统的示意图。如果出现某种造句需要等待很长时间,研究人员可能会通过引导和左右话题来获得半自然的数据。如果研究人员想要确保某种造句出现,他们可以在实验环境下将它们从调查对象那里诱导出来,例如,一个模拟现实的相关部分的环境。当然,实验甚至会使数据更加不自然。

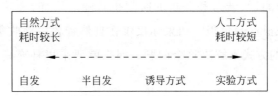

图3.1 数据收集序列图

有几种诱导单语数据的方法。一种可行的方法是让调查对象描述图画,或者讲一个故事。要是双语数据的话,这方法不一定成功,除非告诉调查对象要用双语表述。然而,正如前文所提到的,这种方法有它自身的缺陷。

还有一个更可能获得成功的方法,就是让调查对象完成句子复述任务。研究者可能会在这些句子中,隐藏一些推测在自然言语中会发生的语码转换,但是依据被测试的限制条件,也可能不会发生。比如,前文提到的,如果依照某个限制条件 X,在主语和限定动词之间不允许发生转换,那么我们的预期是,受试者会觉得产出那个特定的语码转换很难,甚至是让他重复说一个带有这种转换的句子。这是因为说话人不会鹦鹉学舌似地进行复述,他还要让句子服从自己内在的语法规则。在里姆巴克(Lijmbach,1995)的研究中,研究者让葡萄牙语和荷兰语的双语儿童复述一些在主语和句末动词间有语码转换的双语句子(葡萄牙语用斜体表示):

(5) Het meisje *leva*　　　 het boek　 *que é velho.*

The girl　　　　 carries 　the book 　that is old

那个女孩　　　　 带走了 　那本书 　那本旧的

例句(5)中第一处语码转换与我们的讨论相关。年龄在 7 ~ 13 岁之间的七个儿童复述了这句话。其中,三个儿童与例子所示的一样,在主语后从荷兰语转换到葡萄牙语。其他的四个儿童都将主语和限定动词统一在一种语言,或是荷兰语(三次:"Het meisje draagt…"),或是葡萄牙语(一次:"A menina leva…")

进行复述任务以前,需要做许多工作:必须事先弄清楚,你要测试的理论、假设,或者语法限制是什么。当然,受试者还要熟练地使用两种语言,这样才能具备一套内化的双语规则。

这一章到现在,我们已经能够看出,在实验环境下收集双语数据有着很大的优势,主要是较低的时间成本。此外,研究人员可以不那么依赖受试者的产出,他们能够操控数据。因此,语言学家一直努力去创造接近自然的实验环境,尽可能地保持它的自然性。依照图 3.1

所示的连续统,我们应该尝试将连续统两端的优势相结合,以获得最好的效果。

2004 年,乌得勒支大学的博士研究生伊万娜佩雷拉(Brasileiro Reis Pereira,2004)开展了一个项目,专门测试诱导语码转换实验的成功性。项目在奈梅亨市的普朗克研究所进行。

48　　虽然实验是这个项目的核心内容,但是也不可能省去其他收集资料的方式。第一步,利用社会语言学调查问卷,选择荷兰语和帕皮阿门托语(Papiamentu)的双语受试者。第二步,四个受试者选择话题,开始了近乎自然的会话。最后一步是第二语言(荷兰语)标准化测试。在此过程中,有三个实验任务,其中最重要的就是一个由姆斯根开发的叫作"派对游戏"的任务。在这个游戏中,来自两个队的两个人互相竞赛。提供信息的一方获得的是文字和图画形式的信息,他们需要利用图片的帮助,以最快的速度完成文字形式的句子。文字输入的是单语或双语的句子,包括一个名词性短语,一个介词短语和一个动词。图像的输入包括一个图画,它充当动词后的直接宾语。输入刺激的例子如下(帕皮阿门托语用斜体字显示):

　(6a)　Het kind op het feest　ta *rementa*　(一个红色气球的图片)

　(6b)　*E mucha na e fiesta*　knalt　(一个红色气球的图片)

　　　　那孩子 在聚会上　　弄爆　(一个或那个红色气球)

　(7a)　De vrouw aan tafel　ta *dobla*　(一个绿色汤匙的图片)

　(7b)　*E mohe na mesa*　buigt　(一个绿色汤匙的图片)

　　　　那个女人在餐桌边　扭动　(一个或那个绿色汤匙)

因为实验是游戏的形式,所以受试者乐于参加,并且不会注意自己语言的选择,这样能使实验非常自然,能够避免受试者因迫于时间压力而进行的有意识的语言选择。

诱导出语码转换是这个实验的目的。这个项目不需要检验哪个假设。只是要确定在实验环境下,是否能诱导出语码转换数据。通过诱导得到的语码转换,需要与自然会话和其他两个任务得到的转换数据进行对比。不过,很明显,即使这个项目能够证明诱导的资料值得信赖,而仅采用实验的方法不能提供丰富的数据。其他的测试和自然数据仍然是必须的。

小结:实验环境下的诱导性信息
- 以诱导的(模拟的)和自发的(自然的)数据为两端的连续统
- 诱导数据的方法:句子复述任务;实验的任务

3.8　书面资料来源:书籍、歌词和网络

到现在为止,所有的数据形式都已经讨论过了,收集这些数据的目的是进行双语使用分析。当然还有其他的数据,为了不同的目的它们早就产生了。一个著名的例子就是托尔斯泰的作品《战争与和平》,书中的主要人物频繁地在法语和俄语之间进行转换。蒂姆(Timm,1978)发表了一篇文章,专门分析那些转换。举个例子,在《战争与和平》中可以找到这样的双语材料(俄语用斜体表示):

(8) Les femmes et le vin　*ne ponimayu*
　　 女人和酒　　　　　　我都不理解

　　不仅仅是书籍,歌词也可以是双语的。阿尔及利亚的拉埃乐歌手哈立德(Cheb Khaled)深受世界年轻人的欢迎。他使用法语和阿拉伯语演唱。那首动听的歌曲《艾莎》(Aicha)是他最流行的作品,歌词的一部分是双语的,可以参见下面的片段。歌曲的文本摘自 http://lyricsplaza.nl/teksten.php?id=856,有略微调整。英文翻译由笔者提供(阿拉伯语用斜体表示)。

Comme si j'n'existais pas

Elle est passée à côté de moi

Sans un regard, Reine de Saba

J'ai dit, Aicha, prends, tout est pour toi

Nbrik Aicha ou nmout allik

'Hhadi kisat hayaty oua habbi

Inti omri oua inti hayati

Tmanit niich maake ghir inti

仿佛我并不存在

她就这样在我身旁走过

没望我一眼,希巴女王

我说,艾莎,将它带走,这是为了你啊

我想要你,艾莎,我愿为你而死

这就是我的故事,我的生命和我的爱情

你是我的呼吸,我的生命

我想与你生活,仅仅与你

有很多艺人使用两种或更多种语言演唱。现在,这些文本在网络上很容易就能找到。

其他书面来源可以是面向双语地区双语读者的报纸和广告,这些地区有科西嘉、印度、比利时以及不胜枚举的世界其他地方。

这里我想指出的最后一种来源是双语社区的网上论坛。我在荷 50 兰和其他国家发现了许多少数群体的网站,参与的人都使用双语进行书写。这里我随便举几个用双语进行讨论的例子;译文写在方括号中。

(9a)双语人艾瑞克(Eiric)在网址 www. scotland. com/forums/ (英语-盖尔语;盖尔语用斜体表示)发表的:

"I larnt me first *Gàidhlig* [Gaelic] from me grannys mother, whom, sadly died when I was 6 years old… $\left($ I'm only 17 $\frac{1}{2}$ years old now… Some of you seems to think I'm much older, no I'm just sooo intelligent ☺ $\right)$

Tiridh an tràth-seo!" [Goodbye for now]①

"最初我是跟奶奶的母亲学的 *Gàidhlig*(盖尔语),令人难过的是她在我六岁时就去世了……(我现在才十七岁半……你们中的一些人觉得我好像年龄更大一些;不,我只不过是太太太聪慧了☺)

Tiridh an tràth-seo!"(那么暂时再见吧)

---

① 感谢 Karen Corrigan 帮助翻译盖尔语。

（9b）双语人克拉克（Clark）在网址 www. antimoon. com/forum/（英语－意地绪语；意地绪语用斜体表示）发表的：

"Thanks. *Bischt du en Yid? Ich bin net en Yid awwer ich mag die yidde Kultur.* "

［Are you a Yid? I am not a Yid but I like the Yiddish culture.］

"谢谢。你是犹太人吗？我不是犹太人，但是我喜欢犹太人的文化。"

（9c）双语人阿布瑞德（Abrid）在网址 www. amazigh. nl（荷兰语和柏柏尔语；柏柏尔语用斜体表示）发表的：

"Voor degenen die het niet weten *tasertit* betekent politiek *s dmazighth.* "

［For those who don't know it *tasertit* means politics in Berber］

"对于那些不知道它的人，*tasertit* 在柏柏尔语中意味着政治"

（9d）双语人多甘（Dogan）在网址 www. lokum. nl（荷兰语－土耳其语；土耳其语用斜体表示）发表的：

"pfffff, *senin baban benim kafadan, senimi dinliyecek benimi, hem seni dinlese bende babama soylerim* mijn vader is groter als jou vader mijn vader is 1. 88（…）"

［pffff, your father thinks about it just like me, you think he will listen to you or to me, if he would listen to you, I would tell my daddy my dad is bigger than your dad my dad is 1.88…］

"切，你父亲像我一样也在考虑这件事，你认为他会听你的还是听我的,如果他听你的,我就要告诉我爸爸,我爸爸比你爸爸块头大,我爸爸有 1.88……"

与非常流行的聊天室相比,论坛网站的优点是你想进去看一看的时候不需要验证密码,也不需要你一定参加讨论。从大量的书写错误上你能感到,论坛上的材料比其他的书面来源更随意。每个使用互联网的人都有机会访问大量的双语讨论区,那里有海量的双语数据等待从语言学角度进行分析……这种可能性还没有得到很好的开发,但是我确信这种资源可以与这一章讨论过的其他数据类型和来源一较高下。如果能够利用这些资源,会节省大量的时间。但是也存在一些缺陷:它没有关于参与者的背景或者社会语言学的信息,如果想了解什么只能通过阅读文本才能得到。正如调查(3.2 章节)中所讨论的,说话人的社会语言学背景对确定他们的语言熟练度非常重要。柏柏尔语没有标准的书写形式,但是在上面的例子中我们可以看到,这似乎不算是个难题。这更加证明了论坛讨论中语言使用的随意性,也证明了这类数据对语码转换及其他双语方面的研究是有用的。关于双语互联网站的更多信息,参见安卓特索普洛斯(Androutsopoulos,2003)、51 达内特和赫林(Danet & Herring,2003)以及其他更多资料。

最后,各种叙事文体也可以是双语数据的丰富来源(参看本书第 15 章)。

小结:书面资料来源:书籍、歌词和互联网
- 数据不是专为研究双语现象而产生的
- 双语书籍、歌词和双语互联网中的例子

3.9 本章小结

这一章讨论了一些最常用的双语数据来源，以及收集的类型。这里列举的并不很详尽，但是它对研究双语的学生来说非常有用。

收集数据的第一步是实地调查。如果研究者不了解被研究群体的整体状况，那么他们可以在宏观层面上，整体地或部分地分析一些民意调查或者人口普查。在微观层面上，可以使用关于特定主题的调查问卷，各种问题可以是关于语言的、关于社会语言行为的和双语行为的，以此来获取更详细的简况。从调查问卷获得的信息比抽样调查和人口普查更加明确、具体。但是想要发现人们之间语言行为的最好途径，是观察现实生活中的场景。这可以通过观察来实现，可以从外部进行，也可以通过参与式观察从内部进行。一旦说话人和发生双语行为的环境都确定，数据的收集就可以开始了。它有几种方式。自然会话（或者半自然会话）和接近实验的环境都可以是获得新数据的来源。另一种数据类型来自一些特殊的自然语言——歌曲、文本和互联网论坛。这些文本的功能是多样的，有的是为了表达上有表现力，有的纯粹是为了加一个另一语言的参照。

最后，我们还可以利用前人收集的双语数据，这些数据集中置于大的数据库中。这一章没有提过这类数据；在本书第8章将有专门介绍（Abutalebi & Della Rosa）。

本章讨论的方法，没有哪个是最好的，更优越的。这多半要取决于你提出的研究问题。比如，在柏林，如果你想研究土耳其人的语码转换，并且你熟悉一群柏林土耳其人，你就不必为了寻找调查对象而开展一次大规模的定量研究。根据你对他们的熟悉程度,可以使用调查问卷,也可以作为一个参与的观察者从内部进行观察,或者两者兼 52用。如果你想了解目标群体的态度,或者其他人对目标群体和其语言使用的态度,便可以开展配对变语测试。

延伸阅读

帕普拉克、桑可夫和米勒(Poplack,Sankoff,Miller)在 1998 年发表了《词汇借用、同化的语言过程与社会的关系》(The social correlates and linguistic processes of lexical borrowing and assimilation),这个研究利用一个非常大的语料库,探讨了语言接触的问题。参见《语言学》(*Linguistics*)第 26 卷,47 页~104 页。诺迪尔(Nortier)在他的专著中讨论了确定双语人语言熟练度的方法,详见《荷兰摩洛哥人使用荷兰语和摩洛哥阿拉伯语的语码转换》(*Dutch-Moroccan Arabic Code-switching among Moroccans in the Netherlands*),第六章,95 页~119 页,多德雷赫特,荷兰甫利思出版社,1990 年。

叶海亚·E-热穆达尼曾研究柏柏尔语儿童,这些儿童可以选择使用荷兰语、摩洛哥阿拉伯语和柏柏尔语,作者基于自己的研究,在书中讲述如何在研究中使用调查问卷。详见《荷兰和摩洛哥的儿童对塔里菲特语和柏柏尔语的习得》(多语研究系列丛书)(*Acquiring Tarifit-Berber by Children in the Netherlands and Morocco* (Studies in Multilingualism)),阿姆斯特丹,Aksant 出版社,2003 年。

约书华·费什曼、罗伯特·库珀、罗克珊娜·马等人研究纽约英语-西班牙语双语语境中的参与式观察,这是此类最早的、最著名的研究之一。详见《巴里奥的双语现象》(*Bilingualism in the Barrio*),《语言科学论文集》(Language Science Monographs),第 7 卷,布卢明顿,印第安纳大学,1971 年。

关于配对变语测试的讨论参见网址：http://www6. gencat. net/llengcat/noves/hm02estiu/metodologia/a_solis2_5. htm。

马克斯普朗克研究所(荷兰奈梅亨市)正在研究如何使用实验方法来收集语码转换数据,相关信息参见：www. onderzoekinformatie. nl/nl/oi/socialewetenschap/psychologiep/OND1313239/。

Lars Hinrichs 最近出版了《互联网上的语码转换：电子邮件交流中的英语和牙买加克里奥尔语》(*CS on the Web：English and Jamaican Creole in E-mail Communication*)一书,谈论互联网中的语码转换,阿姆斯特丹,约翰·本杰明出版公司,2006 年。

（耿兴岩 译）

第4章 双语语料:分类标准

珀涅罗珀·加德纳-卡洛斯(Penelope Gardner-Chloros)

4.1 导语

在这一章里,我们将先界定"双语语料"的含义,它涵盖了哪些不同类型的语言表现和言语行为。然后我们来看一看如何从不同的层面来分析这些语料,看一看所获取语料的不同类型,这包括从单个词语的调换到复杂的语码转换。最后用语言学几个不同分支学科的研究方法对语料进行分类和分析(详见李嵬撰写的本书第1章)。

4.2 什么是"双语语料"?

我们在使用"双语语料(bilingual data)"这一术语时,应该是以弄清楚了单语和双语/多语之间的区别为先决条件的。但事实上这并不像看起来那么简单、明确。

首先,即使是在单语语料库中也常常会收入一些方言的、带口音的或者是从别的什么角度划分出的语料。说话人这一方也许或多或少意识到了这些改变并且刻意地把它们表现出来。正如在双语人之间,他们很明确这是从一种语言转向另一种语言。不久前,一位60多岁的男士在电台接受访谈时,对身边的妻子说:"I can do *ought* when you're with me, I can do anything."（有你相伴,我做什么都愿意）"ought"是谢菲尔德方言,然后他用标准的英语重复说"anything"（意思是,任何事,一切）。

其次,双语语料库中所收录的谈话人的语言背景可能有三种情况:两个人各自所操的两种语言是一样的;一个是双语人而另一个是单语人;甚至可能两个人是说着不同语言的单语人,各说各的,尽管如此,但他们俩能互相听懂。我们这里所说的双语数据库主要是针对第一种情况,当然那些说话人双语的语言能力也许还不那么均衡。

第三,在使用"语料"这个术语时,我们采用的是分析员的观点而不是那个被采录的说话人的观点。正如我们将会看到的,有时分析员与说话人或者听话人的观点可能会不一致。摆在面前的一段录音或者一段根据录音或笔记整理出的文本,分析员可以辨别出这是不同的语言变体,但是说话人却感受不到这当中的显著差异。相反,即使是说话人通过对语言变体的交替使用从而对自己正在说的这段话在语义表达上起到了重要作用,局外人可能也注意不到说话人在说这一段话时用了两种甚至更多的语言变体。对于为某一双语数据库工作的分析员而言,他们不可能熟悉语料库中每一个项目下的全部语言变体,因此,这就需要我们尽可能准确地对双语语料进行恰切的分类。

当我们把来自自然会话（例如,不是为研究而造出的会话）的录音材料和整理出的记录文本集在一起放进一个双语数据库的时候,接下来就将去考虑那个我们可能会选取的分类标准。社会语言学者和会话分析师会使用这种数据库,其他领域的研究人员也可能使用这种数据库。不同类型的数据库依据不同的标准建立起来。使用这些双语语料进行研究的领域有:心理语言学（Green, 1986; Grosjean, 2000,

2001）、语法（Muysken，2000；Myers-Scotton，1997）、第一语言习得（De Houwer，1995；Lanza，1997）、第二语言习得（Poulisse & Bongaerts，1994；Dewaele，2007a，2007b）、双语教育（Martin-Jones，1995，2000）、语言社会心理学（Sachdev & Bourhis，2001；Sachdev & Giles，2004）。在上述学科研究中使用了这种双语的数据库，后续我们还会简要地讨论这种数据库。为了对这个数据库有一个更全面的了解，建议读者去读上述提到的各学科的著作或者是看一部有关双语现象综合研究的著作（比如：Hamers & Blanc，2000；Bhatia & Ritchie，2004）。

4.2.1　两个例子

第一个例子来自一段"自然口语"录音材料，自然语料在说话人无意识状态下获取。采集语料时，尽量不要受到类似"这段口语语料正在被研究"这个事实真相的影响。说话人是一位二十几岁的男士，法语和阿尔萨斯语双语人。阿尔萨斯位于法国东北部，与德国交界，阿尔萨斯语是一种德语变体。这个人能像法语单语人一样说一口流利的法语，但是当他和同龄人说话时，特别是他想向对方传递他所喜欢的一款视频电子游戏给他带来的紧张和激动时，他流利地在这两种语言之间进行切换，这样一来，他的描述既增加了速度感和兴奋感，又让听话人觉得他们是一个小圈子里的朋友，这种交替变换的语言不光彼此听得懂，还运用得恰到好处。

例一：Wenn d'mit drüewwer witt, *alors il cogne, alors la moto se renverse, puis il faut la remettre sur pied. Moi, je suis arrivé à 80.* S'isch e *truc,* wenn's e paarmol gemacht hesch, hesch's hüsse, *après il y a des difficultés*, kannsch e *programme deux* mache, noh muesch, *pour pouvoir traverser*, isch dann d'*distance entre le début et la fin de l'obstacle*, un vorhär hesch e so grosser Platz g'hett, *disons*.

阿尔萨斯语：如果你想跳过那个障碍，**法语**：然后（你的摩托车在跨越时）它（指摩托车）碰到了障碍，然后，摩托车翻了，接着你得把车子搬正再来，我把速度加到每小时 80 公里。**阿尔萨斯语 + 法语**：你知道吗？**阿尔萨斯语**：当你这样反反复复做了几次以后，你就知道怎么做了。**法语**：然后，还是有些困难，**阿尔萨斯语**：然后你就可以开始 **法语**：第二关了，**阿尔萨斯语**：然后，你必须考虑，**法语**：为了能跨过障碍，**阿尔萨斯语**：有（表示存在）**法语**：距离（障碍的长短），从起点到终点之间有一个距离，**阿尔萨斯语**：在你加速之前（你得留出一定的距离来加速），比如说，这个空间的量要够，**法语**：比如说

（Gardner-Chloros，1991：153）

这个例子显示，双语语料库中的语料不都是由标准语构成的。这位说话人讲的是标准的法语加上一种德语方言，姑且叫它方言吧。在这个语境中，他的"语码"就是一个法语和阿尔萨斯语的组合体。我们还是要回到那个问题，如果我们说这个说话人在说两种独立的"语言"，这么说是否合适。

例一中的人，彼此交流没有问题。说话人的朋友也都是双母语人，他们把法语和阿尔萨斯语混在一起说，类似一种混合体。与之相对比的是，有很多这样的情形（比如例二），不是同属一个小圈子里的圈外人碰到一起，他们说着不同的语言，这时交流的难题肯定就出现了。

例二：在英格兰机场的一家快餐店里，一个说法语的人想用英语点啤酒，尽管法语啤酒"bière"的发音和英语的"beer"相当接

近,并且这个法语人努力想用英语发出这个词来,可是他的这个
发音,尽管他重复了好几遍,女服务员还是搞不懂他想要什么。
他极度渴望解决这个难题,他就换了另一个法语词"blonde"(法语的
意思是,一种低度的淡啤酒),不用说,于事无补,服务员还是没听懂。

通过这两个例子可以看出"双语语料库"这个术语所涵盖的语料
的范围,就是这个语料库中归入的种类要尽可能宽泛,从而提供一个
简单的、使用方便的工具包(toolkit)①用以处理各种类型的双语数据。

4.3　双语语料库中的多个分析层面

像单语语料库一样,双语数据库也可以考虑有不同的分析层面。

4.3.1　词汇层面

在早期的双语研究中,普遍认为双语语料库中就是词汇转换的语
料,这些词汇通常是名词。魏因赖希曾撰述过双语人从一种语言到另
一种语言的词语转换,他认为这"只是一种应急之举"(1953:73—4)②

---

①　工具包(toolkit),toolkit 是一个专门用于语言的工具包,像工具包中的各种工具
一样,里面有不同的种类,语言工具包提供了若干便利的分类。——译者注

②　本章作者在转述魏因赖希的观点时,使用了"mere oversight",把 mere oversight
放在双引号中。加引号的意思是这个短语有特别的意思。mere oversight 直译为"只是一
时疏忽"。魏因赖希在他 1953 年出版的《语言接触》(Languages in Contact)一书中 mere
oversight 的原文是 mere OVERSIGHT,把 oversight 一词用大写字母 OVERSIGHT 写出来,
并解释了它的特别含义。双语人在一篇充满感情的演讲中,演讲人的注意力转向了演讲
的主题而不是它的语言结构,由于一种语言的词汇在表达某一语义时是有限的,情急之
中说话人就转换成另一语言的某个词汇,这种情况是很常见的。据此,译者将"mere
oversight"译为"只是一种应急之举"。——译者注

句法和语音上的转换被认为是"干扰"（interference）。目前一个主要问题是转换使用的另一种语言的所有名词是不是都应该看作是外来词，这个问题后面会详细讨论。

56　　　在第二语言的习得过程中，当说话人不知道某个词在目的语中怎么说的时候，说话人常常有意识或无意识地把这个词转换成母语词。有时候这种情况是由于母语和目的语的词在发音上比较接近而引发的，但这些词在各自语言中的意义可能迥然不同（是假朋友），比如英语的"eventually（最后、终于）"和法语的"éventuellement（或许、在某些情况下）"。

4.3.2　句法层面

正如例一中的说话人那样，他们巧妙地用各种方式操控着相关语言的句法，特别是当两种语言在结构上彼此相近的情况下。两种语言中，有的结构被赋予的功能相同，但结构形式不同。双语人往往会选择使用两种语言中都共用的、一个常见的句法结构，也就是在两种语言中都存在的结构，而不是交替使用那些不一样的句法结构（Pfaff，1979；Boeschoten，1998）。从单语人的角度来看，双语人说出的话在句法上可能会出现异常。由于语言能力达不到，双语人也可能直接把一种语言的结构移植到另一种语言上。比如，est-ce-que 是法语一般疑问句的标志，习得了法语的法英双语儿童，在用英语问问题的时候可能直接就把这个法语问句标志词用上了，比如在"*Est-ce-que* you sleep here?"（你睡在这儿吗?）[①]（Hamers & Blanc，2000：59）。还有可能把整个表达直译过来，这种现象被称作"仿译"（Calque）。举个词汇的例

---

① Est-ce-que 相当于汉语的"吗?"，放在句子的开头，表示疑问。——译者注

子,德语的摩天大楼(*wolkenkratzer*)、法语的摩天大楼(*gratte-ciel*)都是从英语摩天大楼 skyscraper 直译过来的。① 举一个句法上仿译的例子,法语人说英语的时候,可能会仿造使用法语中消息未经证实的条件式说出"Tony Blair would have had a secret meeting with President Bush",这句话在英语单语人看来是不正确的,它想表达的意思是"看来,托尼·布莱尔与布什总统举行了一次秘密会晤。"②

4.3.3 语音层面

第二语言学习者产出的言语中,语音的转换被称为外国口音,在双语语料库中还有另一种类型的外语口音。例如,在阿尔萨斯地区,说这种德语方言的人常常重读每个词的第一个音节,甚至当他们只说法语的时候也是这样,这与这种方言或者德语的词重音模式相一致。阿尔萨斯人中,有的人根本不会说德语阿尔萨斯方言,但是这种重读

---

① 英语 skyscraper 由 sky(天空) + scraper(刮刀)构成,德语的 wolkenkratzer 由 wolken(云) + kratzer(划痕)构成,法语的 gratte-ciel 由 gratte(划痕) + ciel(天空)构成。——译者注

② Tony Blair would have had a secret meeting with President Bush. 这句话可以译为"托尼·布莱尔将与布什总统举行秘密会晤",或者在有上下文的虚拟语气的句子中译为"要是托尼·布莱尔与布什总统举行过秘密会晤就好了。"这没有表达出说话人想表达的"看来,托尼·布莱尔与布什总统举行了一次秘密会晤。"原因是这位法英双语人把法语中的条件式过去时直接仿译成了英语。法语条件式过去时的构成方式是:avoir(有)或 étre(是)的条件式现在时形式 + 动词的过去分词,例如:aurait(avoir,"有"的条件式现在时) + eu(动词"有"的过去分词),aurait + eu 仿译成英语就是 would have had。法语条件式过去时的用法之一是,在独立句中表示已经发生的事情,常见于新闻报道。本文的例句就是这种情况,在独立句中,表示已经发生,出现在新闻报道中。法语的原句应该是:Tony Blair aurait eu une réuion secrèt avec le Président Bush. (托尼·布莱尔可能已经与布什总统举行了一次秘密会晤。也就是"看来,托尼·布莱尔与布什总统举行了一次秘密会晤。")——译者注

第一音节的情况也会出现。

　　一次性的语音转换也可能发生,由于两种语言在使用时彼此靠得太近,就像在语码转换时的情形,一般来说,由一种语言转换成另一种语言后的第一个词或头一句话时,在语音上所受到的影响最大。有的时候双语人在发一个单词时无意中带有另一语言的语音特征,心理语言学家从这一语言事实中得出结论,双语人的大脑中分别"存储"着两种语言语音上的和其他的一些特征。

57 4.3.4　形态层面

　　就单个的词而言,从一种语言变体转换成另一种语言变体有三种可能性。

　　有的时候,这些词被另一语言所接受时,完好无损地保留了原语言的形态。比如"*paparazzi*"(狗仔队)这个词就保留了意大利语-*i* 表示复数的结尾。

　　有的可能是把形态成分整合以后被另一语言所接受。例如卢森堡语中的分词"*gepuisert*"就是撷取了德语的前缀和结尾,[①]"*épuisé*"来自法语,意思是筋疲力尽的。

　　他们可能还会以光杆儿形式被取代,如在例三中,动词 suspect 既没有和英语一致的词尾屈折变化,英语需要加一个 "-s",也没有使自己适应希腊语的动词词形变化规则。

---

　　① 　德语中前缀 ge 与后缀 ert 合在一起使用,构成过去分词。——译者注

例三：kseri　　　ime kipreos　　　　　tSe nomizo oti *suspect you*

　　他知道　我是塞浦路斯人　并且我觉得他在怀疑你

an men tu miliso ellinika

如果我不和他说希腊语的话

双语人在采用这些策略时常常是反复无常的,在不同的时间里同一个说话人这三种形态的转换形式可能都使用过。在这种被接受的语言里,词语的形态方面被整合的内容越多,可能预示着语言发生的变化越多。

小结

- 借用、转换和干扰的研究可以用于词汇、句法、语音、形态和语义等所有层面。
- 由于单个词的借用过程,特别是名词,早已被认可,因而大多数的研究是在词汇层面上进行的。
- 说话人往往采用各种技巧以减少两种语言之间的差异,因而句法转换也是常见的。
- 把语音转换与口音问题紧密联系起来了,但是语音转换往往很难分辨。
- 转换的词语带有形态上的整合变化,这些词可能预示着语言变化的进程处于初级阶段。
- 当一种语言中的一个概念名称进入到另一种语言时,由于原名称结构或形式上的特性没有被保留下来,因而语义转换也会发生。

---

⁵⁸ 4.4　双语语料的类型

可提供给研究人员的资料类型是变化的,它随着被研究的双语人的下列情况而变化(详见本书 Lanza 撰写的第 5 章):他们讲两种话的能力、所居住的社区的类型(例如,土著的还是移民的)、语言接触的类型。在可以使用双语体的情形之下,哪种语言在哪个领域使用,说话人会根据话题、场景等进行语言转换,但是这在他们的话语中并不是那么多(Myers-Scotton,1986)。在少数民族地区,少数民族语言往往把主流或大多数人所使用的语言的词汇和结构拉入到自己的语言中,而不是相反的情况(Thomason & Kaufman,1988)。在一个移民的少数族裔群体中,主要的影响还是来自大多数人的语言,它影响着移民语言。但是除此之外,可能存在着代际之间的不同,经历了两代或者三代人之后,这些后人在语言能力上往往会出现一种转换成宿主语言(host language)的情况,但是老年人还是主要使用其原本的语言(Li Wei,1994)。

在进行双语语料分析时,不同的研究方法需要有不同类型的资料可资利用。

在心理语言学研究中,受试者们常常要面对一项受控的实验任务,比如,在听一段录制好的文本时,受试者一旦发现一个语言变化就要按一下键(Kroll & Dussias,2004)。这样的研究不必预先过多告知受试者与双语行为相关的知识,比如双语在大脑中是如何形成的,双语人是怎样把两种语言分开的,他们又是怎样把两者连在一起的。呈现在受试者面前的大多数任务都涉及到词汇决策,许多心理语言学家认为,人类大脑中每一个单个的词都带有"语言标签"(详见本书 Kroll,Gerfen & Dussias 撰写的第 7 章)。

研究语言的社会心理学家们对这样的问题感兴趣,比如,在不同的环境之下,对不同语言的语言态度如何影响他们的语言选择。社会心理学家们先从概念上精确地把各个语言区分开来,然后测算出对某一种语言所持态度的人口数量,之后再进行观察或实验诱导,人们所做出的选择处在一个受控的环境中。据劳森和萨契戴夫(Lawso & Sachdev,2000)的研究,为了观察人们对摩洛哥语和法语的取舍取决于哪几个变量,他们在摩洛哥的大街上向路人询问方向(比如,回答问题时使用了何种语言)。

在儿童双语现象研究中,研究人员需要知道每一种语言,在质和量两个方面,什么样的输入是儿童从他们的随行人员那里已经接收到的。儿童语言不如成人语言那样清楚、明确,所以了解当时的语境(自然环境、受话者(即听儿童讲话的人)、话题)对于了解儿童所做出的语言选择都至关重要。因而,很多儿童双语现象的研究在内容上包括了家长与孩子间的互动细节,时间上从几个月甚至若干年不等(De Houwer,1990;Lanza,1997)。儿童在学说话的早期把两种语言混在一起,这也许只是反映了他们在每一种语言中学会了说什么。此外,这也可能反映了与这两种语言相关的语言难点。森田(Morita,2003)通过对两名日-英双语儿童的研究发现,在他们对日语称谓系统的掌握比较自信之前,他们一直回避使用复杂的日语称谓形式,或者只用英语中形式单一的"你"。然而,有的研究断言,即使是幼儿的语码转换也明显地和与其对话的人的语言喜好相关,孩子们在年幼时就感悟到了这一点。

第二语言习得的研究主要集中在第二语言学习者说目的语时的

产出语料(详见祝华和戴维撰写的本书第6章)。现在已经了解到,他们学习第二语言时所犯的错误和一系列与语言学习相关的假设在很大程度上取决于他们的母语。所以,学习者第二语言的输出品,表面上看只是一种语言,但实际上这些语料本身就是一种类型的双语语料并且可以对其做出相应的分析。

为构建起一个(预测的)理论,对双语话语的语法研究要探究双语人说出的句子结构。录音和转写可以提供相关的资料。但是有两个难题摆在面前,一个是,通常来讲,自然的话语材料中,句子的语法结构并不完整。这样一来很多语料就是无用的。另一个是,与单语人规范的语法相比较而言,双语人产出的句子在语法上常常和单语人不一致或有创新之处,所以这些不合语法的语料也常常被语法研究所拒绝。面对双语人说出的实际语料,研究者对双语人的语法有理想化倾向,希望双语语法也像单语语法那样规整。

小结

- 一系列语言学的分支学科都关注双语语料,每一学科所使用的资料种类并不相同。
- 心理语言学家在寻求怎样才能尽可能多地掌控语言的解码和产出过程。
- 社会语言学家和会话分析者的研究走向了另一极端,他们总是力争获得尽可能多的、未经设计过的、自然的语料数据。
- 各种各样的研究方法已被采用,从大规模的量化研究(量化包括根据发生转换的数量和类型,对不同的人群加以比较)到微观的会话互动研究。(Muysken,2000)

4.5　从借用到语码转换

在这一节,我们来看一下在双语人的话语中所发现的更为复杂的状况,特别是语码转换,截至目前这一点只是简单提到过。

近年来,关注双语中语码转换的研究呈增长趋势。在这里这一术语的使用内涵是宽泛的,两种不同的语言变体之间的轮流使用都视作语码转换。双语行为本身常常是多变的、不稳定的,在不同的时间抑或甚至是在同一语篇当中,双语人用各种方式把两种语言连接起来。使用这一专门术语的研究人员花了相当大的精力试图划清借用和语码转换两种不同现象之间的界限,其中讨论最多的是语码转换和借用两者的区别,我们来看下文。

4.5.1　语码转换和借用

所有的例子中,这种跨语言的单个词语的转换都是借词吗?当然,几乎所有的语言中都有已为大家接受的借词(例如英语中的 *coup de grâce* 致命的一击,curry 咖喱)①。借词是历史的产物,单语人使用它们,双语人也用。它们在言语中出现说明不了多少说话人的双语能力。帕普拉克(Poplack,2000)提出了如何区分借用和语码转换,从结果上来看,借来的词和其所进入的语言渐趋一致,语码转换的词则保持着它们的独立身份。因此,如果一个词与包围着它的语言在形态层

---

① *coup de grâce* 来自法语,curry 来自泰米尔语。——译者注

面或语音层面整合在了一起,这肯定是个借词,即便是这种情况只发生一次(叫它临时借词)。她认为语码转换与语法假说中的强制约束有密切关系。

借用常常表现为单个的词语或表达,语码转换的范围则大于此。尽管这是一个标准,但是以此为基础来划线还是很难把两者分开来(Myers-Scotton,1992;Romaine,1995)。在许多语料中,单一词语的语码转换在表达上卓有成效,一个原因是,对于一个句子的其他部分来说,理论上引入一个名词不会承载太多的语法意义(Aitchison,1994:62)。如何区分借词和语码转换还有下述一些标准:

1. 借词借进来,它填补了这一语言的"词汇空缺",而语码转换则做不到。事实上,语码转换也可能是由"词汇空缺"这个原因引起的。(参见《正确的词语转换》(*mot juste* switching),Poplack,1988:28)

2. 借词往往在语音上、形态上与包围着它的语言整合到一起,而语码转换的词语则保留着它原有的单语时的身份特征。但是借词也可能保留它原始语言的语音或形态。比如我们说,phenomena 而不是 phenomenons。① 相反,一次性的、头脑一热、脱口而出的那些个语码转换也可能被另一语言所接纳,比如海莫瑞(Halmari,1997)和埃利亚松(Eliasson,1989)研究了类型上差异很大的两种语言之间的语码转换,给出的例子中有动词也有名词,这些词的形态特征正处于被另一语言适应的过程中。

借词在借入之初是语码转换,然后在其所进入的语言中被广为接受,直至被双语人甚至是单语人认可和使用。这个结论是合理的。

---

① Phenomenon,意为"现象",源于希腊语,借入到英语后,它没有依据英语的复数构成形式在名词的词尾加 s,写作 phenomenons,而是沿用了希腊语的复数形式 phenomena。——译者注

我们不能单从语言形式上说出某一个借词来自某一个语码转换。本质上它属于社会语言学的接触。某一语言元素是被借进来还是被转换决定了它以何种方式（被接纳或是被改变）进入到另一种语言，也受制于它所盛行的时间段。即使是同一对语言，由于借入的历史时期 61 不同，这些词可能会经历不同的整合过程，在接收它们的语言中，这些词的最终样貌也不相同。希斯（Heath，1989）的研究显示，在早期的法国殖民地时期，摩洛哥的阿拉伯语是怎样将一些法语动词吸收进来却没有添加上摩洛哥阿拉伯语可屈折变化的动词形式。而那些新近借入的词，一经借入随即就带上了摩洛哥阿拉伯语的可屈折变化形式，新借词的音位也大量输入进来，并且显现出其稳定的自身特征。

4.5.2 文化借词与核儿借词①：语义传输

有的时候文化借词（cultural loans）与核儿借词（core loans）是一对相对的概念。文化借词产生的动机是它需要用一种语言表达一个概念，而这个概念在另一语言里没有相近的对等的词，这些词常常是和烹饪有关的（*paella*，从西班牙语借用到英语中），技术上的（komputer，从英语借用到德语中）②，或者其他确实与文化相关的领域。核儿借词是这样一些词，从文化上看，它们没有什么特别的存在理由；从形式上看，它可能是把当地的一个词作为了专有名词。近来的一个例子

---

① 核儿借词（core loans），将 core-loans 翻译成核儿借词而不是核心借词，是因为核心词、核心词汇在汉语中已经有了比较明确的意思，比如有：核心关键字，最关键的词，指"基本词汇"中最核心的部分，有较好的稳定性、历时变化比较缓慢等意思。从下文作者在解释 core-loans 的意思和所举的例子来看，它和核心词、核心词汇的意思没有关系，为避免错误的联想，将其译为核儿借词。——译者注

② Paella，西班牙肉菜饭；Komputer 来自英语的 computer，计算机。——译者注

是,法语中"crasher"这个动词的使用,它来自英语的"crash"。[①] 意译词(semantic loans)已被发现,双语人用对等翻译的办法(比如上文提到的 skyscraper 的例子)把语义借进来,只是借入整个词的语义,而不是接收这个词在原型上每个相关的表达。

4.5.3　语码转换与混合语码

不论这两个概念之间的区别是什么,两种语言是可以混合成一种语码的(mixed code),这种语码中两种语言单个的切换点并不明显。盖福然格(Gafaranga,2005)证实,许许多多的卢旺达人使用着一种卢旺达语−法语的交替语言,其精确程度就像一个单语人在使用单独一门语言。"在双语人的对话中,语码和语言不是等同的概念,已经转换的那个语码不必是语法意义上的语言,这样的语料也可以看作是双语。"(Gafaranga & Torras,2002:18)在下述例(4)中,法语和卢旺达语被放在一起,"半生不熟",是个"中间物"[②]。划线的句子是斯瓦西里语(2002b:8—9)。

　　(4) A:ubu rero ab(.)［C 帮 A 倒酒］buretse(.)abazayuruwa bagiye gutangira ngo(.)<u>fukuza munyarwanda</u>

---

① 英语 Crash 的动词义是:及物动词,打碎;使坠毁、撞坏;擅自闯入。不及物动词,摔碎;坠落;发出隆隆声;(金融企业等)破产。名词义是:撞碎;坠毁;破产;轰隆声;睡觉。*Crasher* 是一款大型多人在线角色扮演游戏,以北欧神话世界观为主题,描述三种族之间的激烈大战。从文化上看,Crash 这个词在法语中没有特别存在的理由,只是在形式上法语将英语动词 crash 借了过去。——译者注

② 原文是"the medium",作者将 the medium 放在引号中,medium 有"半熟的"意思,在此形容这种混在一起的卢旺达语、法语哪一个语言都不是,是个中间物。——译者注

B：**//avec raison puisque** turi imbwa

A：**//**xxx（笑声）ariko

C：**avec raison**（　）none se none wanzanira ibibazo iwanjye

A，B，C：（笑声）

A：（卢旺达语）现在，扎伊尔人扎伊尔①（。）【C 给 A 倒酒】（卢旺达语）等一下（。）扎伊尔人要开始说了（斯瓦西里语）把卢旺达人赶走

B：**//**（法语）理当如此，因为（卢旺达语）我们不配受到任何尊重

A：**//**XXX（笑声）（卢旺达语）但是

C：（法语）理当如此（　）（卢旺达语）如果你把麻烦带到了我跟前的话

A，B，C：（笑声）

阿尔瓦雷斯－卡卡莫（Alvarez-Caccamo，1998）给出更多的例子探 62 讨了在各种语境下这种"混合了的语码"（mixed codes）。他把这种语码称之为"合金"并警告说不要有这样的假设：认为双语人说的这种混合了的话是将我们定义的清楚分明的两种语言混在一起的。

4.5.4　语码转换与语码混合

现在有各种各样的术语用来称说语言接触的结果，语码转换（code-switching）是其中的一个，尽管有些人把它划在了子范畴里。例

---

① Zaire，扎伊尔，人名。——译者注

如,姆斯根(Muysken,2000)用语码混合(code-mixing)来概括三种主要的双语混合情况。他细分为:(1)语码转换(code-switching),他也称之为交替(alternation)。在这种组合中,两种语言都要保留其独自的身份特征。(2)插入(insertion),插入时,A 语言中只有短的元素嵌入到 B 语言中,B 语言的结构没有被改变。(3)词汇叠合(congruent lexicalization)①叠合时,在很大程度上共享一个结构,编入词汇的若干元素可以来自 A 语言也可以来自 B 语言。例如:

(5) *Weet jij* ②[*waar*] *Jenny is*?

你知道珍妮(Jenny)在哪?(荷兰语:waar Jenny is)

(来自 Crama & van Gelderen,1984,Muysken,2000:5 引用此例)

正如姆斯根所指出的那样,where 和荷兰语的 waar 很接近,③Jenny(珍妮)这个人名两种语言都使用,所以 where Jenny is 可能是英语也可能是荷兰语。

麦考密克(McCormick,2002:89)对相关概念做了详细说明。"只有当这种转换现象在一个语言社区成员当中呈现出显著的、具有一定指导意义的特征时,我才把语言和语言转换称作语码和语码转换。如果转换尚未引起广泛关注,我还是称它为'语言转换'(language switching)。我用'转换'(switching)来称说用一种语码或语言来替换另一语码或语言的那些短语或更长一些的语块。反之,'混合'

---

① 有人将 Congruent lexicalization 译作"词汇等同",congruent 有"一致的""全等的""叠合的""符合的"等意思,根据作者对 Congruent lexicalization 含义的解释,在此译作"词汇叠合"。

② Weet jij 是荷兰语,意为"你知道"。weet,知道;jij,你。

③ 英语 where 和荷兰语 waar 的意思都是"在哪里",发音也相近。——译者注

（mixing）被用来指单个词汇的并入，一个词从一种语言进入到另一语言的短语当中。"

麦考密克所说的"语言转换"（language switching）被盖福然格（见上文）称之为混合了的"中间物"（medium），她所说的混合（mixing）被帕普拉克（Poplack，1980）称为"借用"（borrowing）或"临时借词"（nonce loans）。

小结

- 从事双语语料库工作的研究人员总是试图用各种方式对手中的语料进行更为复杂、细致的分类。尽管我们在此已经争论过了语码转换（code-switching）和借用（borrowing）是一个连续统的两端，但是这两者还是常常被区分开来。

- 如果所涉及的两种语言在特点上相近，那么已经被观察到的、跨在双语之间可变的、易变的那部分，要想解释这个部分，用妥协形式（compromise forms）这个概念来解释也许比较有用。即或是两种语言非常不同，研究者也需要警惕混合语码（mixed codes）的出现，在每个转换处，对说话人来说没有什么特别明显的感觉，但对一个局外人来说是显而易见的。

- 姆斯根把双语语料分为语码转换/交替、插入和词汇叠合，他将这三种情况统称为语码混合。

- 麦考密克告诉大家术语的问题相当复杂，每一位著书立说的人都想从不同的角度使用一个可用的标签。针对这一问题，米尔罗伊和姆斯根（Milroy，Muysken 1995）和李嵬（Li Wei，2000）都曾有过很好的讨论可以找来看看。

63

4.6 对双语言语的分析与分类

当双语人同另一个人讲话的时候,最常见的结果之一就是语码转换或语码混合(取决于研究者用哪个术语)。我们将依据话语材料的长短、以转换的类型为单位对双语语料进行一个简单的分类,并用语法、社会语言学、会话体/语用这三种重要的方法对语料进行分析(详见本书 Turell 和 Moyer 撰写的第 11 章)。

4.6.1 单个词语码转换、多个词语码转换和话轮转换

以词和句子为单位,语码转换常常被划分成这样两对概念,单个词的语码转换与多个词的语码转换,句子内部(intrasentential)转换与句子间(intersentential)转换。在某些语境中,单个词的转换(这个词要在语音或形态层面进行改造)也是常见的(请看本章 4.5 关于借用的讨论)。在同一对话的话轮之间、在不同的说话人之间、特别是在一个特定的语境情况下,转换也是非常明显的。

即使是这些简单的区别,应用起来还是经常有问题。比如,讲话中断可分为被打断和自我中断,在单个词转换发生的瞬间,我们如何判断在转换之前讲话人处于哪种中断之中? 我们不知道,如果不被打断的话,说话人将会用哪一种语言继续他(她)的谈话。克莱恩(Clyne,1967)使用了术语"触发"(triggering)用于一个词或短语的转换,"触发"是指转换到另一种语言的某个词被触发了。

4.6.2 单个词语码转换中的词类

尽管动词的转换也很常见,但是正如我们所看到的,一般认为名词的转换最为频繁。像名词的转换一样,动词在出现时可能是光杆儿 64 形式或者是在形态上进行了整合,双语人的创造力把单个词语转换的词类进一步扩展,名词、动词、形容词、副词(可能是从一个语言里取了副词,捆绑上另一语言的中心词),通常来说,是"做"(make)或"做"(do)这样的动词,由"做"加上其他词组合成的结构在语言中非常广泛。例如希腊语-英语的例子"*kano* stretching",字面上的逐字意思是,"I *do* stretching(我做伸展)",意思是"我伸展一下身体",再如旁遮普语-英语的例子"*ple* kerna",字面上的逐字意思是"play I *do*"。[①] 这两个例子是爱德华兹和加德纳-卡洛斯(Edwards & Gardner-Chloros 2007)提供的。

虽然其他词类的转换不太常见,但在某些语境下仍常发生。比如一项关于旁遮普语-英语的关联词研究发现,像"or(或者)""but(但是)""because(因为)"常常是一句话中唯一转换的词。

(6)"It's nice when you've got a er good job and good money coming in par jidthor(*but when*)you haven't got a nice job and much money coming in then trying to make a living on one of you is very hard isn't it?"

(Gardner-Chloros,Charles,& Cheshire,2000:1331)

---

① Kano 希腊语的意思是"做"。Play I do 是一句不正确的英语,英语母语人不明白它是什么意思。可能说话人想表达"我玩一下"的意思。——译者注

（6）英语：如果你有一份不错的工作，钱也不少挣，那是不错。旁遮普语：可是当你（英语的关联词是 but when，但是当……的时候）英语：没有好工作，收入也不怎么样的时候，你想靠你们当中的某一位过活，这就很难，你说是不是？

这个转换的关联词用来突出强调把这个句子一分两半，引起注意，并为句子前后形成对比打下基础。

在语码转换的研究中发现还有一类标记转换（tag-switching）也常出现。比如在阿尔萨斯地区，人们在法语的句子中经常附加上阿尔萨斯语的问句标记"gel?"①和"nitt?（是这样吗?）"，即使是阿尔萨斯语说的不流利的人，他们的法语句子中也会出现这种转换，这是他们要显示自己的族群归属，通过这个标记宣示自己属于这个语言。

相交（crossing）是另一种表明身份所属的转换。这种情况出现在，有的人在说话时，采用了某个社区内部在语言使用上的一些元素，但是说话人与这个社区在族群和家庭关系上并没有关联。说话人这样做的目的就是为了在符号层面上表明他们自己和某个相关的群体已经结盟。例如，伦敦白人青少年说的话里夹一些克里奥尔语的元素（Rampton，1995）。

4.6.3　句子内转换与句子间转换

单个词的转换是一个主动的、一次性的插入还是一个被中断的、一个已经计划好的、比较长的语码转换的片段，这往往很难裁决。正

---

① 相当于汉语的"吗?"——译者注

如这个难题一样,句子内和句子间转换的区别也是非常复杂的,困难在于把非正式的口语切分成一个一个的句子有难度。[①] 奥尔(Auer,2000)用了一个德语-意大利语语码转换的例子说明了这个难题。

（7） **zum beispiel** due sbaglie cinquanta **an'anschläge abziehe**[②]

　　例如　　　二错误　　五十　　在攻击　减去

"例如,如果你犯了两个错,他们就会减去 50 分。"

这个例子至少可以有三种不同的切分方式:　　　　　　　　　65

1/zum beispiel /due sbaglie /cinquanta an'anschläge abziehe/

2/zum beispiel due sbaglie /cinquanta an'anschläge abziehe/

3/zum beispiel due sbaglie cinquanta an'anschläge abziehe/

上文所给出的切分建议没有一个是依据传统的语法单位。话语(utterance),是一个不同的单位,它将语法的和语调单位(tone unit)的标准结合在一起。话语为分析自然的口语提供了一个更为恰切的单位。

4.6.4　话轮转换

对语用和会话方面感兴趣的分析者们往往关注话轮之间的转换(Turn-switching)。这种转换可能是因为一个说话人的这一种语言能

---

　　① 比起发生在由两个子句构成的一个句子中的语码转换,在一个子句内部的语码转换看起来要比前者的转换程度更深。尽管如此,在一个子句内的语码转换和一个句子内的语码转换,这之间鲜有区别。

　　② 德语:zum beispiel(例如);意大利语:due（两个）,sbaglie（错误）,cinquanta（五十）;德语:an'anschläge（在攻击）,abziehe（减去、扣除）。——译者注

力更强,而另一个人另一种语言的能力强。比如在双语社区中,这种情况常常发生在祖父母那一辈和孙辈之间。但是这也常常反映出说话人之间的协调、合作程度。比如,瓦尔德斯－菲林(Valdes-Fallis,1977)发现,女性为了和前一位说话人协调一致,她们比男性更经常进行语码转换,这是有关合作行为在性别差异方面的另一证据。

小结
- 虽然语码转换的基本类别看似明显——单个词、多个词、句子内、句子间,但是在实践中把这些区分清楚往往是困难的。将一个数据集(dataset)做一个粗略的特征描述,这些分类是有用的。但是如果说,一个数据集里面很少有话轮内(within-turn)转换,大量的是说话人之间的语言转换,这些分类就用处不大。这些分类还可以强调两个可比的数据集之间的明显差异(Poplack,1988;Cheshire & Gardner-Chloros,1998)。

4.7　用语法的方法分析语码转换

正如"语言""语法"作为术语用于不同的感觉和语境下一样(Gardner-Chloros & Edwards,2007),下文列出了应用于语码转换的语法的主要类型。语码转换中语法描述的难题包括:

1. 可变性(variability)不只是在不同的社区,即使是某一个个体讲的一段话中都存在着语码转换的可变性。

66　　2. 语码转换的语言事实是在无意识的、自然的语料中发现的,它很少出现在完整的、所谓正确的、合乎传统的语法描写的句子中。转换发生在两个句子之间、话轮之间，并且常出现在并列（paratactic）的位置上。例如：
"*La cassette*,wie lang as se geht?"[①]（那盒磁带，它能转多久？）

4.7.1　约制

许多研究者（Lipski，1978；Pfaff，1979；Poplack，1980；Woolford，1983）都确切地阐释了语码转换在句子中可能出现的地方存在哪些约束和限制即约制（constraints），它们和表层语序有关。实际上是大多数人而不是所有人表示语码转换不可能出现在句子中两种语言表层结构不同的地方。例如，帕普拉克（Poplack，1980）提出了等值约制（equivalence constraint）条件，即转换只可能发生在两种语言句法语序相同的地方。不幸的是，有一种情况变得明显起来，就是收集到的语料越多，就越发现她所提出的约制条件适用不了别的数据集。如在例8中，希腊语和英语形容词的位置规则不一致。

　　（8）irthe **daskala** private[②]

　　　　　来了老师　　私人的

　　（A private teacher came 一位私人教师来了）

（Gardner-Chloros，尚未出版发表的例子）

---

　　① *La cassette*,wie lang as se geht? 是一句法语和德语方言混在一起的句子，法语 la cassette，盒式录音带；德语 wie lang as se geht? wie lang 多久？geht，去，不清楚 as se 的意思，这可能就是作者所说的语法上不那么正确的地方。Paratactic structure（并列结构）是指不用连接词而将句、分句或短语并列。*La cassette*,wie lang as se geht? 这个句子用逗号将前后分开，而不是用连接词将前后并列，这就是作者使用 paratactic（并列）一词的含义。——译者注
　　② 从这个例子来看，希腊语的形容词放在名词后面，"老师＋私人的"，而英语是形容词放在名词前，"私人的＋老师"。——译者注

　　然而帕普拉克等研究者仍旧对这些约制条件进行辩护,因为定量证据的比重对他们很有利。帕普拉克将自己的研究语料中出现的违反约制的若干实例解释为借用(borrowing),不是转换。许多人认为这是用循环论证而得出的观点。

4.7.2　辖制

　　有些研究者试图依据辖制(管辖、制约,government)的关系来解释语码转换,他们通常认为,在一个管辖和被管辖的元素之间不能进行语码转换。然而反证在许多常见的转换中被提了出来,比如作主语的名词性短语与它的主要动词之间("La plupart des canadiens scrivono 'c'"[1]意思是"大多数加拿大人写一个'c'"。Di Sciullo, Muysken & Singh,1986:15)后来这个结论被修正了,说它仅限于被非功能词[2]管辖的词汇。但是这个预测又一次被反证证伪,尤其是诺迪尔(Nortier,1990)举出的荷兰语-摩洛哥阿拉伯语的例子,例如"Wellit **huisman**"(我生来就是仆人)[3](Nortier,1990:131;参见 Muysken 的有关讨论,2000:23—4)。

---

　　① La plupart des canadiens scrivono 'c'是一句法语和荷兰语混合的句子。法语 La plupart des canadiens(大多数加拿大人)是一个名词短语管辖了主要动词荷兰语的 scrivono(写一个),按照前述结论,在管辖与被管辖的元素之间不能出现语码转换,但这个例子中出现了转换,这是一个反证。——译者注

　　② 功能词是指像"但是""如果"等词,本身并没有实际意义但表明句子中其他词之间的关系,非功能词与功能词相对,是有实际意义的词。——译者注

　　③ "Wellit huisman"是阿拉伯语和荷兰语混合的句子,字面意思是"我生来就是仆人"。阿拉伯语 wellit 的意思是"我生来就是",它含有第一人称、男性、过去时的意义。本书的英文翻译为 I-became(我成了),在 I 和 became 之间用一个连字符"-"连起来,以表明 wellit 是一个词,而不是一个主谓结构,wellit 这个词辖制了荷兰语词 huisman(男仆或男勤杂工)。这个例子用来说明非功能词 wellit(我生来就是)在辖制另一个词 huisman(男仆或男勤杂工)时出现了语码转换,这是对后来修正的结论(非功能词辖制另一个词的时候,在这种情况下不会出现转换)提出的一个反证。——译者注

4.7.3 原生框架①

　　玛胡提安(Mahootian,1993)和陈(Chan 1999)的理论倾向有些不同,但是两个人都提出了语码转换的语法"零值"(null)理论。意思是语码转换没有什么特定的手段或者约制,可以根据相关的单一语言的语法规则来描述它。比如,玛胡提安的研究得出,如果转换的地方选 67 择的是现代波斯语的动词,一种 SOV 的语言,来自波斯语的动词就会投射到 SOV 的结构上,这个结构就决定了宾语要置于动词前,而不用顾及那个宾语来自哪种语言。这个结论也由于反例的出现遭到了质疑(例如,Eppler,1999)。麦克斯旺(MacSwan,2004)专注于把语码转换的语言事实综合到一起,用极简主义方法来处理它们,这些理论本身还处在不断发展之中。

4.7.4 矩阵语言框架

　　迈尔斯-斯科顿(Myers-Scotton,1997,2002)基于所有的双语话语中都有一个占主导地位的基本语言或"矩阵"这一思路,专就语码转换语料库中的语法设计了一个"矩阵语言框架"(the matrix language frame)。它和两个概念紧密连在一起,一个是心理语言学的概念即一种语言在大脑中更多地被激活,另一个概念是迈尔斯-斯科顿(Myers-

---

　　① generative frameworks 直译为生成框架,依据原文对 generative frameworks 的解释,语码转换没有什么特定的手段或者约制,可以根据相关的单一语言的语法规则来描述它。相关的单一语言的语法,就是指某一种语言原本就有的语法。所以也可将 generative frameworks 译为原生规制或原生框架,意为受原本就有的语法规则或框架的限制,原生规制可以与前两个总结出的规则(约制、辖制)在形式上相一致。在此译为原生框架是为了和后面的矩阵语言框架形式上相一致。——译者注

Scotton,1993)研制的标记模式(markedness model)中社会上的那种无标记语言(unmarked language)①。在此之前,别的人(Joshi,1985;Klavans,1985)已经设想出了一个"框架"(frame),可以把另外一种语言的一些因素嵌入进去,但是迈尔斯-斯科顿的模式研究更进了一步。它规定,在转换了语码的句子中,除了有被植入的语言"岛"(比如,插入大块的被植入语言)之外,只有矩阵语言才可以填进封闭类的词(例如语法上的词)。

矩阵语言是指提供了大量形态语素的语言。莫耶(Moyer,1998)发现了一个疑难问题,由于研究者选择分析的语料数量不同,所得出的结果也不同。在此之上,很多双语会话中的矩阵语言还会出现若干次变化(Bentahila & Davies,1998:31)。

为了回应这些批评,这一理论已经被反复修正,争论也已经淡化了下来(Myers-Scotton & Jake, 2000; Jake, Myers-Scotton, & Gross, 2002)。现在这个框架允许矩阵语言随着会话的进程而变化,甚至可以是一个"混合成的矩阵语言"。这种混合的矩阵语言不再特指哪一种语言是矩阵语言,但是在某种程度上,它可能是"预混合"(pre-mixed),亦即预先就混合好了。

小结
- 运用语法的方法描写语码转换时,在应对下述三种情况时遇到了困难:语码转换语料所展现出的可变性、双语人说话时富有创造性的策略以及双语人说话时对传统句子结构的漠视。
- 矩阵语言框架用来描写语码转换中的语法事实,这个尝试性的框架具有处于演变中的、综合的、临时性的特点。它主张所有产出的语码转换语料都存在着一个某一单一语言的基本语法,但是现在已经被证明要坚持这一基本原则有困难。

---

①　参见4.8.3关于"不加标记的"解释。——译者注

4.8　用社会语言学和语用学的方法

　　社会语言学的方法要解决的问题是在什么环境下、什么原因导致双语人进行了语码转换。比如,在一个给定的环境下,女性比男性语码转换的次数更多吗? 在语言死亡的情况下,语码转换会出现吗? 从国家通用语转向使用一种地方方言,这种转换的重要意义是什么? 语用学的方法要探讨的是在会话中语码转换的意义,包括:是什么因素控制说话人在某个特定的瞬间进行了语码转换? 在会话中进行语码转换会对谈话带来什么影响? 这两种方法在很多方面目标一致,可以看作是从宏观和微观两个不同角度对同一领域进行发问(请看卡什曼撰写的本书第 16 章)。

4.8.1　社会语言学对语码转换的研究

　　甘柏兹和埃尔南德斯(Gumperz & Hernandez,1969:2)写道,"每当社会发生快速变迁的时候,说小语种的群体与说大语种的群体相接触"就会发现语码转换。但是它不像洋泾浜和克里奥尔语那样以通用语言的面貌出现。语码转换出现在大多数人都是双语人的群体中(Thomason,1997)。可能有一个颠覆性的边缘,当说话人为了表现出对那种国家认可的语言的反抗时,语码转换就出现了。正如我们所看到的,少数民族会接受、采用社会上主流群体的语言,但是反过来却不行。当少数民族群体变成了双语人,并且在自己的第一语言中接纳了第二语言的一些特征,语言变化往往在这种情况下就发生了。比如小亚细亚半岛地区的希腊人接受了土耳其语的一些特征(Thomason,2001)。

4.8.2　语域和双言[①]

在多语的语言环境中,人们会根据不同语言的使用语域(domains)而选择使用某一种语言(Fishman,2000[1965])。在这个社会舞台上,主要的领域有:教育、宗教、家庭等。如果这些领域在语言使用上严格地与某一种特定语言相关联,比如在严格的双言(diglossia)环境中(Ferguson,2000[1959]),那么根据语码转换的定义,就不会有语码转换发生。语域是由承担各种功能的领域构成的,但是语域作为包裹或包装袋很少是完整的、吸纳了所有的领域的。比如双言就常常会发生"渗漏","渗漏"时就允许语码转换出现。

4.8.3　标记性

在社交场合,说话人做出了一个让人意想不到的语言选择,这可以描述为"加标记的"选择("marked" choice, Myers-Scotton, 1983, 1993; Myers-Scotton & Bolonyai, 2001)。在任何一个特定的社会环境中,都有一种语言变体的使用是预想之中的或者是"不加标记的"(unmarked)。例如,当谈到家庭生活或家庭成员时,就会转用当地的方言,这就是"不加标记的"语码转换。但是如果是在一个公众演讲中

---

　　① Diglossia 被译为双语体或双言,是指在同一语言社会中,人们所使用的不同的语言变体,通常其中一种被视为书面语式的高层次变体,另一种则为口语式的低层次变体。高层次变体用于正式场合,如政府机关、大众传媒、教育部门、宗教团体等。低层次变体用于口头交谈,常见于家庭成员或朋友之间的交谈。比如瑞士德语区的标准德语和瑞士德语。——译者注

谈论同样的内容，这个演讲就是"加标记的"。只有在一个稳定的双语环 69
境中，语码转换本身才可能是一个真正"不加标记的"选择。比如，在阿尔
萨斯地区的情况就是这样，在非正式的场合，说法语还是说阿尔萨斯方言
由说话人自己决定，这个选择是"加标记的"，宛如一则政治声明。

对于不参加多个不同领域活动的人来说，比如说只在家庭范围内
与人互动的妇女，除了显示语码转换是一种时尚，她们可能真的没有
别的场合去做这件事（Romaine，1986）。有时，语码转换还是一种"妥
协"（compromise）的方式，某个族裔群体的广播电台和电视频道常常
用语码转换的方式来尽可能广泛地去延揽听众和观众。

4.8.4　我们的语码和他们的语码：会话型与情景型

布洛姆和甘柏兹（Blom & Gumperz，1972）主张语码转换常常是
"我们的语码"（we-code）与"他们的语码"（they-code）之间交替使用的
结果。前者通常是口语体的方言或土语，在家庭和朋友之间使用；后
者通常是国家通用语或官方语言。一项关于挪威村落的研究显示，两
个村民之间怎样用标准的挪威语（他们的语码）洽谈业务，切换到当地
方言（我们的语码）聊家庭琐事。在一个不变的情境下，这种语码转换
称之为会话型（conversational）语码转换，与情景型（situational）语码转
换相对。情景的语码转换与场景或者参与者的变化相一致。

例 9 是一个会话的语码转换的例子，该例子带有隐喻功能。一位旁遮
普—英语双语人在谈论旁遮普文化在英国的失去。这种逝去深刻地表现
在整个句子在半路上就转向英语，并且用了英语 culture（文化）这个词。

（9）**Culture** tha aapna...rena tha hayni **we know it**,

109

we know it，we know it's coming

　　文化［强调、重音］我们的……处于［强调、重音］是一不

　　旁遮普语：我们的 英语：**文化** 旁遮普语：正走在不能持续前

行的路上，英语：**我们知道，我们知道，我们知道这一切正在到来。**

（Gardner-Chloros，Charles & Cheshire，2000：1322）

4.8.5　语码转换与网络理论

　　李嵬、米尔罗伊和庞（Li，Milroy & Pong，2000）提出了社会网络理论，它适用于研究在更广大的社会、经济、政治背景下，个体的语码转换和语言选择。在英国北部泰恩河畔的华人社区，不论是第二代还是第三代，他们都能用汉语流利地交谈，交谈的程度取决于与其交谈的社区中那些最年长的成员的语言水平，这些老者往往都是汉语单语人。他们的社交网络局限在同龄人，这也是因为受到其自身语言能力的制约。他们和说英语或者说汉语的人建立起联系反过来也加深、加强了他们对这两种语言的偏好和能力（Milroy & Li Wei，1995；Li Wei，1998；详见徐、王和李撰写的本书第 15 章）。

⁷⁰4.9　语码转换的语用研究

　　语码转换具有双重作用，如前所述，它既可以反映出这两种语言的价值或两者的关联，也可以通过语码转换这种在形式上所形成的对比和变换，使大多数人更好地理解对话的目的。戈夫曼（Goffmann，

1979)称之为"立足点"("footing"),意即它是一种表意更稳当的形式,或者是一种"语境暗示",甘柏兹(1982a:131)把它注解为"言语的或非言语的线索,语码转换为某一个信息的传递提供了一个解释的框架。"

4.9.1 言语行动与偏好竞争[①]

奥尔(Auer,1998)认为语码转换属于言语行动(verbal action)。作为会话分析师,他先把句子切分成若干个单元,这当中有的单元所表达的语义可能超越了那个句子本身,他就在寻找这样的单元。他认为,分析师唯一可以证明的一点就是,会话的参与者感受到了已经给定的这一套语言的特色,意识到这是一套截然不同的语码。"在一个双语人的会话中,说话人以一种有意为之的方式,进行着这一套与另一套语码之间的转换。"(1998:13)因此,举个例子,如果一个问话人用一种语言提出一个问题,但是另一个说话人始终没有对这个问题做出回应,直到问话人用另一种语言重复这个问题时,说话人才回应。我们也许可以这样认为,很明显说话人在进行着语言选择。

(10) A 是一个 8 岁的女孩儿,C 是 A 15 岁的哥哥,B 是他们的妈妈,40 岁左右。

A:Cut it out for me(.)please 英语:请帮我把它剪掉

B:(2.5)沉默两秒半

---

① Preference organization,根据文中对这一概念的解释,将其译为偏好竞争,说话人为了实现自己的语言偏好而发起的一场有组织、有筹划的竞争。也有人译为优先组织或选择等级。——译者注

A：Cut it out for me(.)mum. 英语：帮我把它剪掉,妈妈

C：[Give us a look 英语：给我们看一看

B：[**Mut-ye**? 广东话：什么?

A：Cut this out. 英语：把这个剪掉

B：**Mut-ye**? 广东话：什么?

C：Give us a look. 英语：给我们看一看

(2.0)沉默两秒

B：**Nay m ying wa lei**? 广东话：你怎么不回答我?

A：(对 C 说)Get me a pen. 英语：给我拿支笔

（Li Wei,1998：171-2）

A 没有转换到妈妈偏好的语言(广东话),尽管后者反复尝试激励 A 说,这表明女儿缺乏合作。这种类型的对话"游戏"被称为偏好竞争。

71 4.9.2　语码转换与单语会话流相比较

在其他一些案例中,有的把对照(contrast)作为研究要素,而不是研究为什么要选择哪一种语言。比如,某个人确实用某种语言说了什么话,把这些话引用起来,这在语码转换中是很常见的。但是也有另一些转换的例子区分出了引语的种类,比如说话人并没有转向使用自己最初的语言。

语码转换表明说话人对谁讲话是定向的,宛如标记了一个旁白、一段深化主题、渲染气氛的复唱,或是一个援军,使得说出的话具体化、个性化(Gumperz,1982a;Zentella,1997)。所有这些功能在单语会话中也能实现,使用语码转换只不过为表情达意多提供了一个渠道

112

（Gardner-Chloros，Charles，& Cheshire，2000）。

小结

- 语码转换所涉及的双语语料多种多样,这些语料出现在多个迥然不同的社会语境之下。在发现语码转换的地方,研究者们试图把这些语言结果与社会的方方面面联系起来。在一个不同的语域需要选择使用不同的语言的地方,这个社会环境就决定了要有更加严格的、可预见的语言交替,而不是两种语言的内部分界更为不固定的状况。然而,即使是后一种情况,语言选择也会以"加标记的"(marked)或者意想不到的方式来吸引特定的社团或者有特定身份的人的注意力。

- 还常常有这种情况,在同一个社区、同样的语言组合,随着说话人的年龄、受教育程度、社会背景、语境、话题以及以上所有社会网络的变化,可能会发现不同的转换模式(Li Wei,1998)。

- 从语用层面来看,双语人通过利用两种语言之间的对照,构建起一个双语的会话空间,语码转换可能为此提供了一种手段。在会话的语境下,说话人和听话人的语言偏好,配合或者缺乏配合,这都常常要相互承受。

4.10　本章小结

双语语料可能来自某个社区、某个特定群体,或者若干个个体。影响这些数据类型划分的因素包括:说话人的双语能力是否均衡;在他们的社区中,两种语言是他们的母语还是只是学习了其中的一种;

72 说话人对两种语言的态度是积极的还是消极的;他们的双文化是不是也像他们的双语一样好;还有许许多多其他的因素(Hamers & Blanc,2000)。对双语语料进行分析时需要考虑到这些因素,在不同的个案中,还需要有所侧重。研究中可能需要以下全部或部分分析步骤:

1. 对双语人所说出的话进行描述和分类;从语言学的角度对语料中的特有形式进行描述和分类。

2. 把这些语料和它们出现的语境联系起来看,从尽可能广泛的意义上来解释这些语境,这包括社区的特点、所涉及的语言各自的地位、语言变化已经存在还是有发生的可能性、已经出现的借用(borrowing)或语码转换。

3. 要把这些双语混合的语料与说话人的语言能力、语言态度联系起来,与会话的特点联系起来。在一个给定的社区中,现有的语言可能被不同的(甚至相同的)说话人用各种各样的方式使用和组合起来。

由于有许多因素与双语相关,所以双语研究成果的取得还有赖于尽可能多地运用跨学科的方法。例如,即使一个人的研究兴趣主要在双语语法方面,其研究中也必须把社会语言学的因素考虑进来,因为这些因素影响着双语的类型和语言接触的程度。

正如单语的语料库一样,有关双语的所有语料都可以放在一个语料库里以备使用,它可以包括不同的方言或语体以及不同的语言,单独的或组合在一起的。它有助于查阅那些可用来进行对比的语料,从而更有效地深入探讨和比较这些不同的语码。现在,越来越多的计算机数据库能够提供最优的手段来检测更大容量的语料库(Gardner-Chloros,Moyer,& Sebba,2007)。多语言和多方言的语言互动系统(LIPPS)和语言互动数据交换系统(LIDES)(参见本书其他章节)已经在双语领域一步步实现了这一目标。

延伸阅读及相关资源

在有关双语和语言接触的专著中,有大量的章节论及双语言语,例如:Romaine,1995;Coulmas,1997;Hamers and Blanc,2000;Li Wei,2000;Thomason,2001;Clyne,2003;Winford,2003;Bhatia and Ritchie,2004。有些论文集和杂志出专刊探讨双语言语的方方面面,这包括:Heller,1988;Eastman,1992;Milroy and Muysken,1995;Auer,1998;Jacobson,1998,2001;Dolitsky,2000;Li Wei,2005c。

有关双语环境的专题个案研究有:Bentahila,1983;Agnihotri,1987;Gibbons,1987;Heath,1989;Nortier,1990;Gardner-Chloros,1991;Backus,1992;Treffers-Daller,1994;Haust,1995;Halmari,1997;Zentella,1997;Nivens,2002;McCormick,2002。

有两部专著致力于语码转换的语法研究(Myers-Scotton,1997;Muysken,2000)。迈尔斯-斯科顿写了一本关于标记模型(Markedness Model,1993)的书,后来基于更广泛的语言接触的语境,她又写了一本书,发展了她的语法理论(2002)。加德纳-卡洛斯使用跨学科的方法描述了语码转换(2008 年即将出版)。在两本双语学研究的期刊中,《国际双语学》(*International Journal of Bilingualism*)和《双语现象:语言与认知》(*Bilingualism:Language and Cognition*),定期发表有关语码转换的论文。

(关辛秋 译)

第5章　个体、群体与地点的选择

伊丽莎白·兰萨（Elizabeth Lanza）

5.1　导语

　　本章主要介绍选择说话人或研究参与者的过程,他们所提供的关于语言结构及(或)语言使用方面的数据是双语研究分析的对象。这些个体可能属于一个依据语言来界定的群体,比如,英国说汉语的群体(Li Wei,1994);或是属于一个依据地理来界定的群体,比如,开普敦第六区的居民(McCormick,2002);也可以属于一个依据语言障碍来界定的群体。而且在这些较大群体中,我们还可以根据个体变量,如:年龄、性别、社会经济地位、语言意识(language ideology)等进行更细致的划分(参见 Heller,本书第 14 章)。此外,在面向一个特定的群体收集资料时,地点的选择,比如,家里或者学校,也会对研究产生影响。研究问题一经提出(参见 Moyer,本书第 2 章),个体、群体和地点便会是相关资料的来源,它们的选择对研究的成功具有决定性的意义。为什么慎重选择个体、群体和地点如此重要? 这一章将梳理这个复杂的问题。

　　双语现象深植于社会,这也是本章的前提;无论研究是重在个体,例如,侧重心理语言学方面的研究,还是重在群体,双语研究必须考虑相应的社会语言学参数。卡梅隆、弗雷泽、哈维、兰普顿、理查森

（Cameron，Frazer，Harvey，Rampton，& Richardson，1992）甚至提出，如果我们进行语言研究，我们便是社会科学家。在社会科学中，更确切地说，语言的社会语言学研究中，一个重要的考虑事项就是研究者如何影响研究过程（参见 Milroy & Gordon，2003）。资料的收集不可能在社会真空中进行。对双语人语言使用情况的关注，并不排除对其中实际涉及的语言本体的研究兴趣，就像我们在调查语言转换时也会对语码的形式方面多加关注一样。就这一点而言，研究者所拥有的这些语言的能力会在研究设计中发挥作用。最后，所有的研究都需要遵守行业道德（ethical consideration），由于许多双语研究都会涉及移民这一尤为弱势的群体，所以更需考虑这一问题。

接下来的章节，我将讨论在双语研究中选择个体、群体和地点的 74 过程和其中所引发的各种思考和启示。我首先要强调选择过程的重要性。然后详细阐释研究者身份的问题，以及研究身份如何直接影响整个研究过程，特别是选择过程。接下来，我会着重讲述在以个体双语现象为中心的研究中，如何选择个体参与者。此后，我将讨论如何选择说话人的群体或者社区，这是选择个体参与者的起点。甚至在一个特定的社区或者地点中，也有必要考虑变异（variation）问题，并且选择过程必须要考虑这个问题。最后，我提出行业道德的问题，它与双语研究有特别的关系。

5.2　选择过程的重要性

参与者和地点的选择与课题的研究设计密切相关（参见祝华和戴维，本书第6章）。每个课题都以研究问题或者某一假说为导向，研究设计是重点解决这一问题的总体设计。这个研究设计要有一个理论理据(theoretical motivation)，其中包含一个计划：用来收集资料，它们是调查所要研究问题的基础；用来保证研究中的变量可操作，以便它们能够被测量；还可以用来分析研究的结果。研究设计也要提供以下方面的信息：哪些人构成了研究人群(study population)；如何确定并接触他们；如何寻求知情同意(参见 Kumar,1999)。在这里，保证后续的步骤能够为研究问题带来有效、可靠的答案是极为重要的。研究设计需要有一致性，这样理论、方法和资料在一个设计合理的研究课题中便是相互联系的(参见 Moyer,本书第 2 章)。

　　研究目的可以引导选择过程。比如，研究问题的起点可能是：在西方社会中，非西方的第二代移民，他们的语言选择模式是什么？对研究问题做进一步细化，有助于我们的选择过程。因此，我们继续提问：在丹麦，土耳其移民的孩子，他们的语言选择模式是什么？但我们还需要再一次界定研究问题，以便限制选择的过程。操作中可以使用以下条件：土耳其移民的出身是否有土耳其或者库尔德的背景；儿童的年龄；他们的语言使用模式是否与家里、学校或者社区俱乐部环境有关；性别是不是个问题；儿童居住在一个较大的都市区，还是农村地区，如此等等。一个理论观点，要映射出事物的变化，就要研究包含不同类型的说话人，还要包含同一说话人在语言使用中所生成的不同类型的语料。换句话说，研究问题将会帮助我们制定选择个体、群体和地点的过程，这三者是我们获得必要资料的来源。

75　　我们可以在多大程度上将研究中的调查结果推而广之，这在很大程度上取决于选择过程。我们向个体收集语料，如果这些个体能够代表他们所在的较大群体，那么我们才可能将关于个体的调查结果推广到更大的群体中去。这涉及代表性(representativeness)的问题,和一个被称为"抽样"(sampling)的过程。抽样将在5.4节详细讨论。这里要说的是,选择过程与研究设计有明显的关联,并且是研究设计的重要组成部分。而且,即使研究重点是个体的双语现象,说话人也需要根据精心描绘的关于双语能力、语言使用和社会变量的剖面图来进行选择。

研究参与者的选择可能影响研究设计的其他方面,比如,**所能够**收集到的资料的类型。如果研究对象的总体(population)是移民型的,含有年长的个体,他们可能不识字,那么,即使有人能够协助这个受访者在书面问卷上记录他的回答,口头访谈也要比书面问卷更好一些(参见 Kroll,Gerfen & Dussias,本书第7章)。因为这种干预可能危及资料的有效性和可靠性。清醒地认识到这些问题,对我们选择研究参与者和资料收集方法都非常重要。

上文提出的研究问题中,"在丹麦的土耳其移民"是对其上位问题"在西方社会的非西方移民"的举例。然而,有些人选择的说话人,可能是在荷兰说摩洛哥阿拉伯语的移民,也可能是在挪威的菲律宾人。具体到某个研究课题的选择过程,无不受到研究者身份的影响。这也是下一节的主题。

小结:为什么选择说话人和地点如此重要?

- 它是课题研究设计必不可少的一部分
- 它会影响我们能够在多大程度上推广调查结果
- 它可能影响研究设计的其他部分,比如,能够收集到的资料类型

5.3　选择过程中的研究者身份

　　研究者自己的身份,包括他本人特殊的兴趣爱好,都会极大地影响研究日程。这种身份通常隐含在双语研究中;然而,正如李嵬(Li Wei,2000:476)指出,我们需要意识到一些问题,比如,研究者的语言能力、种族、性别、年龄群体、教育程度、学科背景,以及对双语的态度。确实,一个人的性别身份可能是关键性的,比如,在穆斯林社区,只有女性才能接近穆斯林女性和他们的家庭。有个难题叫作"观察者的矛盾"(observer's paradox)(Labov,1972c):当人们被观察时,如果观察者在场,他们便会改变他们的行为。研究者作为一个社区的内部成员或者外部人员,他的身份可能帮助克服观察者的矛盾,也可能使其更复杂。一些例子将会说明研究者身份如何影响研究过程,包括参与者和地点的选择(参见 Heller 关于民族志的观点,本书第 14 章)。

　　笔者(Lanza,2004a)曾针对自己的两个孩子做过一项双语作为第一语言习得[①]的纵向研究。笔者是美国人,孩子们的爸爸是挪威人。作为一个英语-挪威语双语人,笔者具备分析这些孩子语言发展情况的能力。而且,作为这两个双语儿童的母亲,笔者有一定的洞察力,还和很多双语家庭有交往,所以,笔者选择了以语言和文化的结合作为研究重心。笔者对双语抱有积极的态度,而且,笔者个人很想弄明白在所谓的"精英"双语("elitist" bilingualism)(Harding-Esch & Riley, 2003)环境中,儿童是如何同时习得两种语言的。作为这个群体的内

---

　　① 从出生开始就接触两种语言的语言习得过程叫作双语第一语言习得。——译者注

部成员,笔者能够观察到父母们是如何与他们的双语子女交谈的。当
然,身为内部成员的劣势也是显而易见的,群体或者社区的其他成员
可能不重视你就研究关注的事项所提的问题和所进行的调查。此外,
笔者当时正在进行博士论文研究,所以,尽管笔者真的对母亲们的态
度和经验感兴趣,但是笔者的研究者角色很难隐瞒,人们都觉得笔者
知道该如何"成功"地培养一个双语孩子。

　　兹恩特拉(Zentella,1997)调查的是纽约的一个波多黎各社区,她
在文中指出,作为一个社区的内部成员会遇到各种各样的窘境,当一
个群体备受污名,"一些读者希望他们平反昭雪,其他读者希望他们得
到惩罚或修正"(p.8),这种情况尤其糟糕。她表示,虽然存在明显的
优点,但是"距离这个群体越近,研究者便越缺乏辨别力,越难以从群
体成员习以为常的日常行为中发现其重要意义"(p.7)。此外,权势
(power)①和等同(solidarity)的问题也可能会起作用。作为一个社区
的内部成员,有它的优点,也有它的缺点。因此,内部成员身份对研究
的成功并不是决定性的。莫耶(Moyer,1998,2000)在直布罗陀调查了
双语会话资料,并且也不是一个内部成员。然而,这位研究者不仅是
英语和西班牙语的双语人,而且她还熟知在社区交往中的语言使用模
式,以及与每种语言相关的社会意义。

　　一些研究者既不是所选社区的内部成员,也可能缺乏必要的语言
知识去从事研究项目,并且还没有来自群体内部的帮助。这类研究的
目的多半是针对一个特定社区,要获得更多的研究性知识,以便为这

---

　　① 权势,指的是交际双方在垂直方向上的距离,如果交际的一方在年龄、辈分、社
会地位、职位、财富等方面优于另一方,他/她就在权势上高于另一方;等同指的是双方的
横向社会距离,即交际双方在多大程度上具有共同性,以及两者之间的熟悉、亲密程
度。——译者注

些个体提供更好的社会支持和教育救助。因此它需要重视对群体的选择,而不是研究者的实际身份是不是内部成员,以及研究者使用某个小语种的能力。在研究过程中让一些内部成员参加进来,可以解决研究者缺乏语言能力的问题;然而,这需要采取一些措施。下面举个生动的例子。

在挪威,最大的少语学生群体来自巴基斯坦,他们有乌尔都语和旁遮普语(Urdu/Panjabi)的语言背景。据报道,这些孩子在学业上表现很差,但是,因为双语研究学者缺乏必要的语言能力,对这些孩子的语言发展和使用的研究一直都是空白。正如亚瑟(Aarsæther)(2004)所说,这种情况迫使我们诉诸其他手段弥补这个缺失。在一所奥斯陆的学校里,这类孩子能使用挪威语和乌尔都/旁遮普语进行有效交流,亚瑟调查了他们交流中的协商技巧(negotiation skills),调查的对象是这所学校原籍为巴基斯坦出身的 10 岁双语儿童。虽然研究者不会说这个小语种,但是对这类特殊背景的儿童,他积累了丰富的教学经验,这也使得他有机会在学校环境中,观察他们语言交替使用的现象。为了弥补相关语言能力的不足,亚瑟让这些孩子的母语教师,帮助誊写和翻译语言资料。这些翻译还会进一步交与其他乌尔都/旁遮普语母语人相互检验,以确保有效性和可靠性。因此,在这类情况中,研究者和被研究者的关系,就像卡梅隆、弗雷泽、哈维、兰普顿、理查森(Cameron,Frazer,Harvey,Rampton,& Richardson,1992)说的一样,是对研究群体中某些个体的赋权,它包含在研究过程和调查结果的翻译中(参见 5.5 章节)。

下面的例子能够更明确地说明在始终考虑研究设计的理论理据的基础上,研究者身份和语言能力是如何影响选择过程的。海纳克尔德和兰萨(Hvenekilde & Lanza,2001)曾针对奥斯陆菲律宾人的语言选择和社交网络关系做了一项研究。选择奥斯陆这个城市,实际上是因为笔者和同事都住在奥斯陆,这样,资料收集工作的管理和完成会更容易些。再者,我们非常了解这个城市。做这个选择也有理论上的支持。尽管挪威在形象上与斯堪的纳维亚文化同质,但挪威事实上已经越来越呈现出语言多元化、文化多元化的特征。而奥斯陆有着最密集的移民群体,它具有我们所寻求的多语、多文化特征(Lanza & Svendsen,2007)。

选择菲律宾这个具体的移民社区不是随意的决定。在研究方法中,许多研究手册都强调,客观性非常重要,这需要与研究对象保持一定的距离。然而近几年,随着语言学家试图去解决与语言有关的社会不平等问题,他们参与社会的机会也越来越多(参看 Wodak & Meyer,2001;Fairclough,2003a)。重要的是研究者要清醒地意识到他们的思想对研究目标有影响。正如李嵬(Li Wei,2000:479)指出的,"……双语研究绝不可能做到真正的不受主观价值影响的‘价值无涉’(value-free)"。我和我的同事都对双语现象持赞同的态度。我本人便是挪威移民,在挪威长大,虽然兰萨(Lanza,2004a:74)指出,"*innvandrer*"(移民)这个术语应该留给那些与挪威人在文化和语言方面有显著不同的人。因此,虽然我与核心社区的其他成员不属于同一民族,但是我们确实有一些共同特征。我和同事还担忧移民群体一直受到的媒体负面报道,它关注的是某些移民群体存在的问题。希望通过我们的研究,大家更加关注一个在那时候没有或者很少受到媒体重视的群体, 78 向人们展示这些移民富有光彩的一面。虽然当时有数个群体可以选择,但是我们选择了菲律宾人。这个选择也是受到我身份的影响,因为我以前就接触过这个群体,我加入了奥斯陆的天主教大教堂教区,菲律宾人在那里是最大的移民群体,并且菲律宾人符合我们预先设定的选择标准。他们保持着非常紧密的社会关系网络（Macdonald & Pesigan,2000），所以当我们要检验社交网络对语言保持（language maintenance）的影响（参见 Li Wei,1994；Xu,Wang & Li Wei,本书第 15 章）这个理论主张的时候，他们提供了一个有趣的例证。我们的理论动机是要调查社会网络中的种族和语言选择之间的关系，尤其是在有孩子的家庭中，着眼于语言和文化的保持。菲律宾人在来到挪威以前就是多语人，因此他们拥有一个很强大的语言资源库（linguistic repertoire）。虽然我和同事对菲律宾语一窍不通，但是英语是菲律宾的官方语言，大多数菲律宾人都会说。此外，这些菲律宾移民在不同程度上也能讲些挪威语。为了获得进入社区内部的机会，弥补我们在菲律宾语方面的不足，我们采用"朋友的朋友"实地调查程序（参见 Bossevain,1974；Milroy & Gordon,2003）。我同事的一个老同学是菲律宾人，而且还有广泛的社交网络，所以她便成为我们实地调查的助手。在后面的 5.4 节，我会提到这个课题，并讨论如何在社区中选择受访个体，还将讨论有关代表性的问题。

小结：选择过程中的研究者身份

- 研究者身份是研究过程中的一个基本方面，包括对个体、群体和地点的选择。
- 这种身份包括研究者的语言能力、种族、性别、年龄群体、教育程度、学科背景，以及对双语的态度，研究者是不是社区的内部成员。
- 成为被研究社区的内部成员有它的优点和缺点。
- 重要的是我们要清醒地意识到我们的思想对研究目标有影响。

5.4　选择双语的个体

许多双语研究课题关注的是双语个体,以及他们两种语言或在两种语言使用中的能力。在这类案例中,典型性并不是问题,因为我们正在考虑的人类特征都假定它是具有普遍性的。实验室设计非常重 79 视对个体的研究(参见 Kroll, Gerfen & Dussias; Abutalebi & Della Rosa, 本书第 7、8 章)。选择标准比说话人的数量更为重要。如果我们打算研究双语现象中某一特定方面的变化,并且想要对双语人进行比较,那么我们必须让这些双语人在其他个体差异方面保持一致。正如格罗让(Grosjean, 1998:132)指出的,虽然一些研究问题也许可以不必考虑个体差异,比如那些有关双语人语法的问题,但是大多数问题并不能这样做。因此我们选择说话人时,需要将这些差异考虑在内。关于基本的个体差异,格罗让提出了最详尽的列表,选择双语说话人时需要考虑。它们包括:个体的语言(习得)历史和语言使用模式,双语人几种语言之间的类型学差异。还有其他问题,比如,说话人的语言稳定性如何,是否正处在习得或丧失一种或多种语言的过程中。双语人每种语言的熟练水平,在听说读写四个方面达到什么程度? 还有一个问题与双语人的双语模式有关,双语人多久遇到一次能够触发语言处理中单语/双语模式的语境? 在双语模式中,语码转换多长时间发生一次? 最后,还要看这个双语人身上所呈现的传统的社会学变量,比如,年龄、性别、社会经济地位、受教育程度,等等。

选择双语儿童时,有一个至关重要的变量——儿童在几岁获得了两种(或多种)语言,这个变量对于选择研究中的成年参与者也非常重要(参考文章 Hernandez, Bates, & Avila, 1994; Guion, Harada, & Clark, 2004)。双语者的一语习得和二语习得是不同的,一种被称为"同时或幼儿双语",另一种被称为"连续或相继双语"(参见 De Houwer, 1995)。每个双语习得类型的研究要面对的问题是不同的。按照惯例,两个类型的分界点是三周岁,儿童在这个年龄基本上已经获得他的第一语言(McLaughlin, 1984)。然而,双语的一语习得研究在这个领域中的定义越来越严格:儿童被期望从早期,确切地说是刚出生时就应该接受两种语言的输入(De Houwer, 1990)。可能从婴儿出生起,就有来自家庭外部的谈话人对其进行语言输入,不过,从现有研究来看,家人是语言输入的首要来源(参见 Lanza, 2004a, 2004b)。罗曼(Romaine, 1995)为了选择参与双语习得研究的儿童,创建了一个筛选的框架,它包含家庭中语言使用模式的 6 种基本类型。这些类型的建立取决于双亲的母语,社区的语言,以及父母与孩子交流采取的策略。一些类型属于两种(或多种)语言的同时习得,其他类型属于相继习得。选择双语幼儿的时候,研究者需要注意,幼儿是在什么年龄开始接触第二语言的,以及语言输入中存在的变化。

关于幼儿双语的课题一般都是个案研究。对双语的失语症患者和其他脑损伤个体的研究有对个体患者的个案研究,也有多案例研究或者群体研究(例如 Gil & Goral, 2004,及 Paradis 的贡献, 1995)。如果我们想确定课题需要选择多少患者,以及选择标准是什么,那么我们首先要弄清这项研究的目的是什么。比如,研究目的是给受到某种损伤的患者描写简况,还是找到合适的治疗方法? 如果说,研究目的是为了发现布洛卡失语症（Broca's aphasia）患者一个典型的语言结构，那么一项群体研究便是必须的。然而，群体研究存在一个问题，就是在个体脑损伤患者当中缺乏同质性。换句话说，如果我们想要概括一个根据某种综合征定义而来的群体，我们必须认为这些差异是微不足道的。然而，这些差异已经证明是具有理论研究价值的。此外，各种综合征之间的边界可能是模糊的，极端的案例会被任何普遍化所掩盖。如果研究问题关乎一个普遍现象，诸如双语人失语症的康复模式（参见 Paradis，2004：ch. 3），那么语言熟练度和每种语言的习得年龄便会在区分参与者的过程中成为重要的标准。在双语病理研究中，单案例和多案例研究是很普遍的；实际上，在这类研究中，群体的规模一般都不大。大脑受损的个体可谓是一类特殊的人群，因此，一些实际问题在选择参与者时通常便成为决定性的因素，因为我们不可能总是能够找到理想中的说话人的类型。

　　无论是双语的脑损伤患者，还是其他双语说话人，我们都要在研究设计中决定，是否需要选择一个说话人的控制组。在一个因果研究设计中，我们将测量自变量（independent variable）对因变量（dependent variable）产生的影响（参见 Moyer，本书第 2 章）。然而，我们知道，还存在其他的无关变量（extraneous variable），可能会与自变量协同作用，或者与其相悖。为了降低这些变量的影响，让我们有足够的信心将因变量的改变归因于自变量，我们需要选择并创建一个控制组。例如，一项关于双语儿童语言的形式和功能发展的研究便非常得益于"青蛙故事"的使用（参照 Verhoeven & Strömqvist，2001）。在实验中，儿童的任务是浏览图片后，讲述这个故事，这个任务本身可能对词汇检索和犹豫的触发是个挑战。为了测量这些效果的影响，我们可以针对双语儿童的每一种语言,创建一个单语儿童控制组,让几个组的儿童也同样完成这项任务。利用这种方法,几个小组能够具有相同的社会变量,而只有双语变量是有标记的,能够将他们区分开。

小结:选择双语个体

- 选择个体时,选择标准比选择多少个说话人更重要
- 选择说话人的时候,一些基本的个体差异必须要进行考虑,详细如下:
  - 说话人的语言(习得)历史
  - 语言使用模式
  - 几种语言之间的类型学差异
  - 是否正处在习得或丧失(一种或多种语言)的过程中
  - 每种语言的四项技能都达到了什么水平
  - 个体在语言处理的单语(或多语)模式中,达到了什么程度
  - 最后是传统的社会变量,诸如,年龄、性别、社会经济地位、受教育程度等
- 我们的研究设计要确定是否需要选择一个说话人的控制组,以便测量无关变量的影响效果

5.5 选择群体或者社区

在关于地区性和移民性的小语种讨论中,埃克斯特拉和戈特(Extra & Gorter,2001)探讨了在多文化社会中定义和界定人口群体(population group)的某些标准的优劣,这些标准包括:国籍、出生地、自

我归类(self-categorization),以及家庭语言(参见 Xu,Wang & Li Wei,本书第 15 章)。在一个关注特定双语人口的研究中,我们首先要选择参与研究的群体或社区,接下来我们在这个群体或社区中选择个体参与者。个体选定后,选择实际收集数据的地点也非常重要,因为在不同地点的语言使用比个体与社会变量(如,年龄和性别)间的关联更能在不同方面反映社会。

我们为了能够对一个社区说些有代表性的问题,最理想的途径是对它的全部人口进行研究。然而,很明显,这样做会耗尽你的人力和财力。所以,我们需要利用样本或子群(subgroup),它来自我们的研究目标这个更大的总体。抽样是一个选择过程,它从群体中选择有限数量的个体,用来估量或预测这个群体的某些方面。我们可以说,抽样是在准确性和物力之间的折中。如果想在此样本基础上,对整个社区或人口做出评价并具有可信性,那么我们选择样本的标准是至关重要的。有两个因素会影响依据样本进行推断的确定性:样本的规模和抽样总体的差异度——差异越大,需要的样本量就越大。当然,也要根据实际情况来考虑样本的规模。为了避免选择的样本有偏颇,我们可能要利用两种取样的程序:随机/概率抽样设计和非随机/非概率抽样设计。

如果研究总体中的每一个个体都有相等且独立的机会出现在样本当中,那么我们的抽样设计就要用到随机(random)或概率(probability)样本(参见 Zhu Hua & David,本书第 6 章)。如果研究总体的差异特征存在重要的社会维度,诸如,年龄、性别、社会经济地位、教育程度,那么便需要一个分层(stratified)样本,它能够反映这些特征在社区中的变量。社会科学中,有很多方法能用来抽取随机样本,比如,抽签法(fishbowl draw),计算机程序(computer program),随机数表

82

(tables of random numbers)以及等距抽样(picking),也就是每十人抽一人的方法。恩姆(Ngom,2003)在塞内加尔的圣路易斯岛的多语社区,调查了词汇借用的情况,那里汇集了阿拉伯语、法语和英语,且每种语言都承载着不同的声望。所有参与研究的人都是沃洛夫语(Wolof)母语者。两百个参与者被分成两个显著的年龄组,每个年龄组包含50个男性和50个女性。恩姆(p.355)讲道:"样本中个体的抽取是随机的,他们来自位于20条主要街道上的家庭和聚会场所(整个岛的居民都会来这里打发空闲时间……)"因此,年龄和性别在这里就是用来给这些随机样本分层的变量。那么,为什么选取这些变量呢,这取决于研究者的判断,他们认为这些变量与要调查的社区是有关系的(参见下文)。

差异很大的研究可能会利用到随机抽样。然而,这种方法假定抽取样本的总体是已知的。如果我们面对双语少数群体社区的话,完成随机抽样可能存在点困难,因为还没有能将人口总体中所有双语个体界定出来的抽样的框架或列表。使用电话簿,给全体带有俄罗斯或中国姓氏的人打电话的方法不是个有效的方法。普查信息可能会尽力登记有某种移民背景的人数,但有时不太可靠。在移民国家,有些成员希望自己隐姓埋名,不愿向公众承认自己的身份。所以,想要在地图上标画出地理区域(如,较大的城市或地区)中的双语现象,原则上需要涉及所有的相关地点,但是,最终也只能利用那些实际做出回应地点的数据。由于政治的敏感性,多语普查数据一直较匮乏,根据德·霍尔(De Houwer,2004)的报告,他们与整个佛兰德地区荷兰语初级中学校长取得联系,并让他们合作参与一个关于家庭语言使用的大规模调查。那些愿意参与的校长,会让其学校所有的学生填写调查问卷,总共获得18,046份。尽管样本可能不具有代表性(因为任何理由都不能吸引一些校长参加），但是这次研究能够在经验主义上揭示一些"关于多语、所涉及的语言的影响程度的观点"（p120）。德普雷（Deprez, 1999）使用同样的方法去发掘巴黎学校中的双语现象。所以说，只有界定了双语人，后续的工作才能进行。

另一个抽样类型涉及非随机（non-random）或非概率（non-probability）抽样设计。它不遵循那种从抽样总体选择个体的概率理论。在不清楚或不能界定总体中人数的时候，这种抽样设计便会使用。因此，它非常适合双语研究。这种设计可能存在一个缺陷，由于它不是基于概率，因此，在原则上，我们不能将结论推广至整个抽样总体。然而，米尔罗伊和戈登（Milroy & Gordon, 2003）进行了许多涉及社会语言学变量的大规模研究，研究采用分层随机抽样，他们发现，每一个下位群体中的个体数量太小，以至于概括出的结论存在问题。而且，多半此类抽样会以一个非概率抽样类型——判断抽样告终。

在判断抽样或目的抽样中，研究者在参与和观察的基础上，对一 83 个群体或社区是否符合标准进行判断，然后再从其中选择个体（参见 Codó，本书第 9 章）。多数对双语社区的研究都采用这种选择方法。判断抽样同样可以用于信息量尤为丰富的个案研究中，并利用配额抽样对其进行补充。研究者先根据诸如年龄、性别等社会变量将说话人界定为几种类型，然后在符合大体要求的说话人中选择一定的配额。

判断抽样不但可以用于研究语言使用者，还可以在语码转换的语法研究中探求语言本身。图克（Türker, 2000）对土耳其语-挪威语语码转换中的语法进行了分析，她的数据来自 8 个双语说话人，3 位女性，5 位男性；采集数据的时候，他们的年龄均介于 16 至 24 岁；均出生于土耳其，但在不同年龄时被父母带至挪威，因此可以将他们这些中间代判断为积极语码转换者(active code-switchers)的代表。除了判断抽样,样本中还包含代表相关社会变量的个体的配额。尔兹(Eze, 1998)的研究是关于语言接触的,数据取自在尼日利亚的 20 名成人,他们能够流利使用伊博语(Igbo)和英语。根据尔兹的说明(p. 185),"这些人(9 位女性和 11 位男性)代表多样的职业群体,包括教师、商人、学生;并且,年龄跨度很大,从 18 岁到 45 岁,都有涵盖。他们都出生在尼日利亚,受过高等教育,伊博语是第一语言,并在学龄期学习了英语。"这样操作的目的,是令抽取的样本尽可能地具有代表性。在上述两项研究中,参与者的母语相同。其中较熟练的语言可能会对言语(能够表现出语言接触的言语)的语法结构产生影响。这两位研究者对参与者的选择,都以理论为指导。图克的理论框架是主体语言框架模式(亦译"矩阵语言框架模型"(Matrix Language Frame Model)。Myers-Scotton, 1997, 2002),她想弄清楚,作为主体语言的土耳其语是如何容纳作为嵌入语的挪威语的,所以她选择的参与者都是土耳其语熟练度更高的人。尔兹研究的关注点是,伊博语中的外来词,依据的理论是被应用于双语语料库(参见 Backus,本书第 13 章,数据库和语料库)的变异理论(variation theory)中的定量研究范式(quantitative paradigm)(Poplack, 1993; Poplack & Meechan, 1998)。

另一个非随机或非概率抽样类型被称为滚雪球抽样(snowball sampling, Scott, 2000)。这个抽样技巧是,让代表某个社会变量的个体做抽样的起点。滚雪球抽样作为一种抽样技巧,被用于调查社交网络,因此它会以既有群体作为起点。这个技巧在上文的菲律宾语研究(Hvenekilde & Lanza, 2001; Lanza & Svendsen, 2007)中得到了充分的体现。在田野调查助手的帮助下,我们联系到几个合适的人选并做了访谈。每次访谈后,我们都要求受访者为这项研究推荐其他的人。然后我们采访这些人,并让他们为研究推荐更多的受访者。这个过程不断重复,选择参与者的过程像滚雪球一样。通过这种方法选择参与者有利有弊。它的优点是容易锁定参与者,又因为是熟人的举荐,所以更 84 容易接受研究者的访谈。此外,研究社会网络,从访谈中收集的信息可以用来检验和交叉检验参与者报告的网络的结构。但另一方面,它的弊端是,整个样本的构成建立在第一阶段对个体的选择上。如果这些个体属于一个特别的小集团或者有强烈的偏见,那么这个研究便难免偏颇。而且,如果样本变得相当大,那便很难运用这种方法。在菲律宾语的研究中,尽管许多参与者是通过这样的过程取得上联系,但是为了使样本更多样化,研究者还使用了判断抽样方法对样本进行了补充。

我们从要研究的社区或者群体中选定了个体以后,就需要考虑那些可能导致双语人语言使用和语言形式产生变异的因素。比如,采集数据的地点,是在家里,还是学校,还是其他公共机构?约根森(Jørgensen,1998)研究的是,在学校背景下土耳其-丹麦语双语儿童为了行使权力进行的语码转换。他说(p. 242),"越是在远离孩子日常生活的地方,我们越是能够感受到对少数民族语言的敌意,这些语言越是会被认为是没用的甚至是不合适的。"然而,在学校背景下的交谈,只有偶然的情况才提及丹麦语的优势地位(参见卡什曼,本书第 16 章)。斯文内维格(Svennevig,2003)调查了一种确定的会话结构,它以公职机关中的咨询谈话为背景,使用本族语或非本族语。虽然这种结构不能说是罕有的,但是,发生在这样一个公共机构背景下的语言上的不对称,使得这种结构特别明显。因此,对数据采集地点的选择具有理论性的重要意义。它能够揭示双语人能力的各个方面,并且,比传统的语言和社会变量之间的关联,比如社会经济地位、性别、年龄等,更能在多个方面代表社会。

　　研究一个双语社区,研究者可能希望选一个特定场所,用以调查语言接触、习得,或语言使用,不过这仅仅是个起点。麦考密克(McCormick,2002)研究的是开普敦市中心的一个街区——第六区,这里以英语和南非荷兰语的语码转换为特征,为了进行她的研究,麦考密克最开始选择了一个幼儿园。此时,她对儿童的语码转换能力感兴趣,但是不久,她便意识到她需要彻底掌握这个街区中的语言态度和语言实践,以便充分理解儿童的语言使用。因此,随着研究的推进和我们探索更深入的问题,最初的样本可能需要扩充,甚至修改。对一个双语社区的研究,的确可以揭示出另一个双语社区(比如,使用同一种语言的社区)有趣的维度。莱恩(Lane,1999)在挪威一个双语的芬兰语社区调查语言接触,在加拿大的一个双语芬兰语社区调查双语转换模式(Lane,2006),这样做是为了理解类型学和社会因素在语言接触模式中的角色。

　　这一节主要论述,在有代表性的群体或社区中选择个体的问题,因其具有代表性,才能保证所得结果具有概括性。然而,在实践中,我们可能会对一个不具有代表性,但是却特别有意思的群体或社区进行案例研究,这个群体甚至不必代表所有同类的群体。比如,在一个特别的双语青年社区俱乐部中,它的语言使用可能会是一个有趣且合理的研究目标,尽管这个俱乐部与其他的双语青年社区俱乐部存在不同之处(参见 Kallmeyer & Keim,2003)。在一个特定群体的个案研究中,探求普遍性或概化性并不一定是一个问题。

　　小结:选择群体或者社区
　　• 抽样是一个从较大群体中获得一些个体的选择过程,用来评估或者预测这个较大群体的各个方面。

- 抽样设计可以是一个随机或可能性样本,或者是一个非随机或非可能性样本,比如判断抽样或者滚雪球抽样。原则上,你可以从前一个类型中进行概括,但是不能从后者概括。由于在双语研究中,确定一个从中进行抽样的总体有难度,所以非随机或者非可能性抽样更适合于双语研究。
- 样本可以分层,以便能够反映各种社会变量,比如年龄、性别、社会经济地位等。
- 在判断抽样中,个体的选择,个体是否合适,要由研究者判断决定。
- 滚雪球抽样在有关社会关系网络的研究中使用。
- 针对特别群体的案例研究,概括性不是重要的问题。

5.6 行业道德

作为一名研究人员,我们必须注意道德问题,它涉及很多方面,比如,我们如何对待选择的研究对象;如何收集资料;以及如何处理得到的结果。虽然所有研究都会涉及道德问题,但是,正如上文所说,少数群体是非常弱势的,因为我们的研究可能会被用来强化既有的刻板印象,或者在政治上或文化上被不当使用(参见 Zentella,1997;Li Wei,2000)。斯文森(Svendsen,2004)报告说,一些孩子的家长最初对她的研究持怀疑态度,因为他们之前参加过的课题最后给他们的工作环境带来了不利的后果。

许多国家会为研究项目的参与者提供法律保障。其中包括由参与者签署的知情同意书（同意书的形式，参见本章结尾的附录，摘自Lanza，2004a）。秘密地录制资料通常是违法的。参与者应该清楚地知晓课题的目的及相关情况。此外，必须担保他们是匿名的，并且他们能够获得这些录音。更重要的是，他们可以有权利随时从项目中退出，并且要求销毁数据资料。

86 　　很多原因可能会令有些人群感到不自在或者不舒服，比如，一个特殊的资料收集方法（如访谈），或者在问卷中表达自己的观点。实际上，一些人可能非常厌烦经常成为别人的研究对象，尤其是，如果他们觉得自己根本得不到任何关于研究结果的反馈，或者这些结果可能会给他们带来不利的影响。作为一名研究人员，对于这类问题保持敏感性是应有的责任。研究者对一个社区的责任心，现在的确已经成为很突出的问题，特别是在社会语言学的研究当中。卡梅隆、弗雷泽、哈维、兰普顿、理查森（Cameron, Frazer, Harvey, & Rampton, Richardson, 1992）指出，社会科学中的研究，经常会涉及权力关系，还要探讨让研究者和研究对象都从中受益的研究过程的可能性。他们提倡的做法是"赋权法（empowering approach）"，它将整个过程呈现为"对社会主体、为了社会主体与社会主体相关"的研究，通过这种做法赋予研究对象更大的权力。每位双语研究者都要有意识地去考虑，研究对象能以什么方式参与到研究过程中。这里提出的职业道德问题，应该是任何双语研究工作都不可或缺的一部分。

延伸阅读

　　关于社会科学的研究方法，有许多很好的入门书籍，特别是那些针对研究生的，还包括关于抽样的章节，诸如，库玛（Kumar, 1999）和纽曼（Neuman,2003）。米尔罗伊和戈登（Milroy & Gordon,2003）中的第二章"定位与选择对象"，专门论述了社会语言学的方法。约翰斯通（Johnstone,2000）在其社会语言学研究的第 4 章中讨论了"一些法律和道德的问题"。关于双语，更具体地说，参看格罗让（Grosjean,1998）的研究，它极好地概述了对双语人研究中的方法和概念的问题，其中包括选择个体，特别是从心理语言学的角度。李嵬（Li Wei,2000）针对方法论，特别从社会语言学的角度，进行了反思式的探讨。兰萨（Lanza,2004a）在第 3 章中，详细地探讨了如何为双语人第一语言习得的案例研究寻找并选择双语儿童及双语家庭。兹恩特拉（Zentella,1997）是对一个双语社区的综合研究；其第 1 章是个有意思的讨论，主要论及在社区语境中做双语研究，研究者的身份问题。法布罗（Fabbro,1999）和帕拉迪丝（Paradis,2004）对双语神经语言学研究中的方法提出了几点思考。

附录：同意书

（摘自兰萨,2004a:349）

我们同意参加，并允许我们的孩子参加，由兰萨（华盛顿特区乔治敦大学，博士研究生，挪威 NAVF 研究员）主持的，这项关于双语人语言发展的研究，我们的理解如下：

（1）此项研究的目的，是观察和描述来自双语家庭的幼儿在一般情况下，如何学习和使用语言。这个目的不是要改变我们的行为或者我们孩子的行为；

（2）将有连续几个月的时间，兰萨会在我们家里给我们的孩子录音,每月一次,每次大约一小时。在录音之后,我们要记录这个孩子与家庭成员(和/或朋友)的交流,时长需达到 90 分钟。这些录音将会录下这个孩子与家人(和/或朋友)日常交流中的言语及活动。每期的录音都会选择我们方便的时候进行;

（3）在研究过程中,由我们来写日志,记录我们孩子语言的发展。项目结束后,这本日志归我们所有;(参考下文第(7)条)

（4）所有录音带只能由兰萨及少数合作人进行收听和分析,并且只能以教育和科学研究为目的。这些规则也同样适用于日志中的材料。我们的身份会始终保密;

（5）在使用录音带和日志的过程中,我们和任何家人的真实名字都将不会被辨认出来;

（6）我们有权收听所有的录音带,有权擦除它们中的任何一盘或者其中的一部分;

（7）项目结束后,我们允许 E. 兰萨保存这些录音带,以及日志的复印件,以备将来教育和科学研究之用。

本课题收集数据的类型经过丹麦数据保护中心(Datatilsynet)授权(参见 *Personregisterlovens* §9)。同意书中的上述条件符合丹麦数据保护中心和挪威社会科学数据中心(NSD)的指导方针。

家长签名:

_____

研究者签名:

_____

（耿兴岩 译）

第6章 研究设计：横向、纵向、个案和小⁸⁸组研究

祝华(Zhu Hua) 安娜贝勒·戴维(Annabelle David)

6.1 导语

本章主要从实验心理学角度说明如何进行研究设计，其重点与第5章不同，与第7章密切相关。双语研究与其他有关个体及其行为的研究都需着重考虑研究设计，当然，具体怎样进行研究设计取决于研究课题的性质。特洛基姆(Trochim, 2000)界定了研究课题的三种基本类型：一是描述性研究，其首要目的是描述正在发生或存在的现象；二是相关性研究，其目的是观察两个或多个变量之间的关系；三是因果性研究，其目的是确定变量之间是否存在因果关系。

这三类研究课题之间并不互相排斥。例如，相关性研究通常需要先对各个变量进行描述，然后再考察变量之间关系；而因果性研究则需建立在各个变量具有相关性的前提下。

确定课题性质之后，需要考虑另外两个问题：研究持续时间和研究对象数量。本章从这两个维度出发来说明如何进行研究设计。具体来说，我们主要讨论横向和纵向、个案和小组研究。下文将举例说明这四种研究设计适用于哪些类型的研究课题以及每种研究设计的优缺点。需要注意的是，除了双语研究和多语研究，这些研究设计还

广泛应用于其他各种研究,不过,我们这里尽可能以公开出版的双语和多语研究为例。

6.2 概述

我们从研究持续时间和研究对象数量这两个维度来说明四种研究设计各自的特点:一项研究可以只关注某个具体时点上的情况,也可以覆盖一段时间;可以只考查一个研究对象,也可以包括一组研究对象,也就是说,这两个维度可以交叉组合,如,个案研究和小组研究都可选取具体时点或时段来进行。研究设计取决于需要解决的研究课题。如果一项研究旨在分析年龄、社会经济背景和教育水平不同的英语、西班牙语双语人的典型语言行为,那么时间跨度较短的横向研究就比较合适;如果一项研究旨在追踪随着时间推移而发生的行为变化或旨在对教育和临床干预效果进行评价,那么纵向研究就是必需的。

研究设计会影响所收集的数据的类型、最终的数据分析以及仪器的采用。例如,纵向案例研究往往需要记录大量对话(见第 10 章)和观察笔记,而横向小组研究通常需要在受控状态下进行访谈、问卷调查(见第 9 章)、实验室实验以及测试(见第 7 章)。值得注意的是,本章所关注的研究设计主要应用于心理语言学和临床研究领域,基本不适用于民族志研究、会话分析与互动分析研究(见第 16 章)。从一定程度上看,这些研究范式和研究方法从本质上对研究跨度和研究对象数量做了预设:谈话分析(第 16 章)通常倾向于分析为数不多的个体数据,而民族志研究(第 14 章)则通常需要跨越较长的时段。

6.3　横向设计

横向研究通常选取某一时点，从整个相关群体收集数据，或者，按照严格界定的标准，从该群体的某一子集中收集数据。横向设计的双语研究中，通常会涉及几个群体，考察不同年龄组或者是其它一些变量，比如接触第二语言的情况，语言的熟练程度等。横向研究有多种用途：首先，横向研究可用来探讨变量之间的关系并为今后的研究提出假设。在此类研究中，研究者通常需要根据变量的不同将受试者分组，对其言语表现或行为进行取样，从中分析出的异同点可用来解释变量对特定行为的影响。以研究 1 为例，研究者以语言背景（单语较之双语，法语较之英语）为变量一，以儿童的言语数据为变量二，考查了习得两种语言对音位系统的影响。 90

研究 1

帕拉迪丝（Paradis，2001）《双语儿童是否拥有相互独立的语音系统》，《国际双语杂志》，5(1)，19—38。

研究课题：两岁的双语儿童是否拥有相互独立的两套语音系统，其间是否存在跨语言影响。

研究对象：18 名英语单语儿童，18 名法语单语儿童，17 名法语-英语双语儿童（平均年龄两岁半）。

数据收集：在"无意义单词"重复任务中收集儿童言语数据（重点是四音节目标词）。

结论：两岁的双语儿童拥有相互独立但并非自主的两套语音

系统,其间存在有限的跨语言影响。

　　其次,在语言习得研究中,可借助横向设计分析不同年龄组的参与者的语言行为,从中获得的规范性数值(normative data)[①]可进一步用来进行跨语言比较或判断儿童是否存在言语和语言困难。典型的横向规范性研究通常的假设是,如果收集的数据足够充分,那么应该能从中发现典型的发展模式,因此,此类研究需从不同年龄段选取受试者并收集大量数据,即以年龄为基础变量。奥勒和艾勒斯(Oller & Eilers,2002)为了评估双语教育对在校生的语言和学术能力的影响,进行了多项横向研究,其中一项研究课题及其研究设计如下:

　　研究 2

　　D.K.奥勒和 R.E.艾勒斯(主编)(2002)《双语儿童的语言和读写能力》,英国多语出版公司。

　　研究课题:英语单语儿童和双语儿童在英语标准化测试中语言能力比较研究。

　　研究对象:乔治亚州戴德郡公立学校的 952 名小学生。

　　数据收集:通过一组标准化测试收集学生口头语言能力和学术能力方面的数据。

　　结论:在英语标准化测试中,单语儿童比双语儿童表现好,不过二者之间的差距趋向于随年级升高而逐步缩小。

　　第三,横向研究可以用来估算语言障碍患病率,即计算出具体时

[①] 又译为"一般正常数值"。——译者注

点上某一群体中存在的语言障碍病例数。例如,多德、霍尔姆、祝华、克罗斯比、布龙菲尔德(Dodd, Holm, Zhu Hua, Crosbie, & Broomfield, 2006)通过一项横向研究得出语言障碍患病率为6.4%。

横向研究具有很多优势:

91

- 节约时间和成本。横向设计可以在较短时间内收集大量数据,研究跨度可以很短,比纵向研究进行得快;

- 增加统计可靠性。数据量越大,越有可能得出统计学意义上较为可靠的概括和结论;

- 可涵盖多个变量以及大量位于不同地点的研究对象;

- 具有可复制性。这是横向设计在多语研究领域不容忽视的一个优势。在多语研究中,操不同语言的儿童或语言对(language pairs)的发展模式具有怎样的相似性和差异性,是一个重要课题。在这种情况下,确定可比性标准,将之与横向研究获得的规范数值进行比较,是描述各种发展模式的异同的方式之一;或者,像研究1那样,将语言背景作为变量,考查不同语言背景对发展模式的影响,这也是一个办法。

横向研究的缺陷:

- 无法描述顺序性发展的模式和变化。借助横向设计获得的规范数值可用于描述不同年龄组的典型特征,但无法追踪特定研究对象随时间变化而发生的顺序性发展模式或变化;

- 无法评估个体差异。横向研究通常关注的是双语或多语群体的典型模式,在概括过程中常会忽略个体差异;

- 不足以证明因果关系。横向研究可以探讨变量之间的相互关系,但不能证明这种关系具有因果性质;

- 受试者越多,错误机率越高;

- 受试者越多,研究成本越高;

- 数据收集过程中,需尽可能保持研究队伍的稳定性;

- 双语人样本有限。大规模双语研究所面临的问题之一是双语群体的异质性。要想使研究结论具有普适性,研究者需以一定数量的双语人作为研究对象,但这些个体往往在二语习得年龄、熟练程度等方面具有差异性,因此筛选研究对象有一定难度。

横向研究需要以下步骤:

1)界定研究课题

横向研究通常要回答现象"是什么"以及"什么时候发生"之类的问题。

2)选择样本、确定数据收集及分析技术

样本规模在横向研究中至关重要。横向研究既要增强结论的代表性,又要控制随着研究规模扩大而提高的成本和错误发生率,以实现平衡。理想状况下,研究规模越大,研究结论越具有统计学意义上的代表性,通过忽略个体差异得出的典型模式就越有可能具有通用性。但是,这其中存在两个限制因素:一是双语群体在两种语言的习得顺序、语言熟练程度、接触二语的年龄等方面具有异质性;二是大规模研究中需要大量时间和精力保持与研究对象的接触,以及进行数据收集。

横向研究可以通过调查、观察、测试以及借助仪器等多种手段来收集数据。

3)现场收集数据

横向研究通常涉及的样本规模较大,因此在数据收集过程中需尽量保持研究队伍的稳定性。

4)评价和分析数据

批判地解读数据至关重要。横向研究中最重要的问题是区分因果关系和简单联系。如上所述,横向研究可以用来探讨变量之间的相互关系而不是因果关系。例如,一项横向研究可能会发现家庭的社会经济地位(SES)和儿童的言语与语言障碍之间存在关联,其解释也看似合理:当儿童来自社会经济地位较低的家庭时,由于言语输入质量较差,可能会导致其在语言和言语发展方面的障碍。

横向规范性研究中的另一个问题是"倒退现象"。语言习得和学习过程不是线性发展的,可能会出现"倒退现象":一个孩子可能以前会发某个音、说某个词或正确运用某项语言技能①,但现在不会了。这种现象不仅会出现在个体层面,也可能出现在集体层面,当涉及群体趋势时,尤其是在规范性研究中,统计概率和样本代表性等其他因素可能会使情况更为复杂。例如,一项习得研究中可能会出现这种情况:某个较小年龄组中超过90%的人会正确运用一项语言技能,而较大年龄组中只有80%的人能正确运用。当这种情况发生时,需要至少建立三个符合标准的连续年龄组,才能确保所要考查的那些语言特征在不同年龄组中具有稳定性。

5)撰写研究报告

在横向研究报告中,可以先描述每个小组的典型模式,然后在数据分析和讨论中比较不同小组的数据,也可先做比较然后从每个小组中援引例子来进行具体说明。

一份好的横向研究报告,应该明确指出设计本身固有的缺陷或具 93
体研究条件导致的问题以及这些问题所造成的研究局限性。

---

① Language features,语言特征或技能,该研究考查了受试者对韵律、比喻、拟人、强调、反问、通感、夸张、联想等技能的掌握情况。——译者注

小结

横向研究收集的数据来自某一时点上的各个群体。其优势是：节约时间和成本；具有统计可靠性；可涵盖多个变量和多个研究对象；具有可复制性。缺陷是：无法描述模式或变化的顺序发展过程；无法评估个体差异；不足以证明因果关系；受试者越多，错误机率越高，研究成本也越高；数据收集过程中，需尽可能保持研究队伍的稳定性；双语人样本有限。

6.4　纵向设计

典型的纵向研究需要在较长一段时间内对数量较少的受试者进行持续观察或按预设间隔对其进行多次取样，它考查的是一组或多组参与者在几个不同时点上的行为表现，数据收集过程本身要求较高决定了其中包含的受试者数量通常较少。根据研究课题，取样的时间间隔从数星期到数年不等。

纵向研究可以在一定程度上解决横向设计无法解决的问题，采用横向研究无法使用的数据收集方法（见 6.5 节，横向研究和纵向研究比较）。纵向研究对于回答以下研究课题特别有价值：

1）探讨一段时间内发生的变化，如，语言行为方面的变化；

2）探讨与年龄相关的双语发展和变化，以研究 1 与研究 3 为例，针对同样的问题，前者采用横向设计，后者采用了纵向设计；

94　　3）估算语言障碍发病率，如，某一时间间隔内新增病例数；

4）探讨变量之间的因果关系，由于是对参与者自身在不同时点

上的数据进行比较,所以纵向设计能够有效规避参与者之间的差异对研究的影响;

5)在临床环境下评估治疗效果;

6)在双语教育背景下评估一项教学方法或项目的有效性。

研究3

克沙瓦兹和英格拉(M. H. Kesharvarz & D. Ingram,2002)《一个波斯语–英语双语儿童的早期语音发展》,《国际双语杂志》,6(3),255—69。

研究课题:双语儿童在语音习得过程中,是先习得一套语音系统还是同时习得两套语音系统。

研究对象:一个波斯语–英语双语儿童,时间跨度为一年(8个月起至一岁零8个月止)。

数据收集:通过记录常规观察笔记、定期录音以及偶尔进行语言理解和产出方面的非正式实验,来收集孩子的言语样本。

结论:该儿童已经获得了独立的两套语音系统,这两个系统相互影响,孩子偶尔在说英语时带有波斯语语音特点,在说波斯语时带有英语语音特点。

在纵向研究中,取样方式以及取样次数方面存在很多选择。进一步对纵向研究设计进行划分,可得出以下两套体系。

首先,根据在不同时期对相同参与者是否进行以及如何进行多次取样,可将纵向研究进一步分为趋势研究、专门小组研究或定群研究。

趋势研究(trend study)在不同时点上对同一群体不同子群的参与者进行取样,民意调查即属此种类型。趋势研究可以提供总体层面上的变化情况,但无法说明参与者个体的变化,我们无从得知有多少参与者改变立场,有多少参与者始终保持最初选择。

固定样本追踪研究(panel study)在不同时点上就多个参与者在相同层面上进行取样,所获得的数据适于比较,有助于预测长期效应和累积效应。美国收入动态专门小组研究(PSID)、英国家庭专门小组研究(BHPS)、德国社会经济专门小组研究(SOEP)是此类研究中最为突出的案例。

定群研究(cohort study)研究同一组参与者随时间推移而产生的变化。具体来说,小组由具备同等条件或接受同种治疗的参与者组成,对小组中各个成员进行长期随访,所得数据用于与不具备该条件或未接受该治疗的个体进行比较。英国教育部纵向研究中心进行的全国儿童发展研究就是很好的例子,其中包括三项出生定群研究:1958 年出生定群、1970 年出生定群、2000 年出生定群。定群研究通常用来评估治疗方案或教学方法的效果。

其次,根据取样次数可将纵向研究设计细分为重复取样和按时间序列取样两类,前者取样次数一般为两三次,后者取样次数较多。

95

纵向研究设计的优势:

- 能够捕捉到按照时间顺序发展的模式和变化。纵向研究追踪随时间推移而发生的变化,可用于研究某一双语群体中出现的顺序性发展模式以及一项治疗方案的长期效果;

- 能够研究个体差异。纵向研究通常涵盖的研究对象数量较少,因而对个体差异非常敏感;

- 增强数据的全面性和代表性。纵向研究允许在很长一段时间内对大量个体进行数据取样,这样就可以在更全面、更有代表性的图景中观察变量;

- 数据来源多。纵向研究可以利用定量数据与定性数据、原始数据与二手数据。原始数据可以用访谈、观察、调查、日记、测试、借助仪器等各种方式进行收集。二手数据库通常由第三方设计并收集，如，政府发布的普查和统计数据。

纵向设计也有缺点：

- 研究跨度长。纵向研究进行缓慢，非常耗时，需要在一段时间内多次收集数据；

- 成本高。由于纵向研究进行缓慢，非常耗时，因而所需成本非常高。与参与者保持长期接触，通常意味着时间、精力、经费方面的巨大投入；

- 研究对象流失。涵盖人数少、历时长，意味着受试者流失现象更易发生，原因可能很多，如，受试者缺乏兴趣或进行测试的能力，以及生病或死亡等不可预见的事件；

- 易出现"练习效应"（practice effect）。受试者在几次测试之后，其能力方面的提升可能是因为对测试的适应，也可能是因为测试提供了额外的练习机会；

- 缺乏统计可靠性。参与者数量少会降低统计分析的可靠性与可行性；参与者之间的明显差异会限制研究结论的普适性；

- 容易丢失数据或出现偶然性差错。小规模研究中，任何数据丢失或数据输入错误都可能危及研究结论的普适性；

- 对一致性的需求高。当需要在较长时间内多次测量受试者时，需要随时监控数据收集方法的一致性。

研究者需要对纵向研究内在的优势和缺陷有所认识，并按照以下步骤进行：

1）界定研究课题

纵向研究通常要解答一定时间内是否存在变化以及变化如何发

96

生之类的问题。

2）选择样本和确定数据收集与分析技术

根据研究课题，需要决定：

- 是随机选择还是按一定标准选择样本；
- 是否按照背景和条件对样本进行分组；
- 为达到研究结论的普适性与潜在的经费限制之间的平衡，需要选择多少样本；
- 是否在研究中包含极端或罕见样本。

社会学、语言和认知发展领域的纵向研究通常涵盖的受试者较少，所以有时也被称为纵向案例研究或纵向小组研究。

纵向研究为考查多个变量、使用多种来源的数据提供了可能。

3）现场收集数据

纵向研究需要最大限度地保持数据收集方法的稳定性，但出于以下原因，也会对数据收集方法做出调整：

- 研究进行过程中发现了更有效的测量方法；
- 数据收集过程中追加了研究课题；
- 资源方面的变化，一些资源原先可用现在不可用，或原先不可用现在可用；
- 为应对参与者流失现象和"练习效应"，启用新策略。

在纵向研究中，为了与参与者保持长期接触，研究者需投入大量精力。

4）评价和分析数据

通过使用纵向研究设计，研究者可以比较不同时期收集的数据，追踪随时间推移而发生的变化。如，语言习得研究中，在性别、社会经济地位等变量跨时期稳定的前提下，将不同时期对同一参与者所做的观察数据放在一起进行比较，如果存在变化，那么就可以据此评估年龄与语言能力变化之间的关系。

5）撰写研究报告

撰写纵向研究报告时，研究者需要在信息量和简洁性之间寻求平衡。一般来说，可用两种方法展示数据：一是以时间顺序排列不同时期收集到的数据，然后进行比较；二是先比较或总结，然后详细描述在不同时期收集的数据中出现的模式。

在比较纵向研究数据时，图形或图表对于描述不同时期的模式比 97
较有用。

小结

纵向研究在一段时间内对数量较少的参与者重复取样，它具有以下优势：能够追踪按照时间顺序发展的模式和变化；能够展示个体差异；数据全面；数据来源多。但也有缺陷：研究跨度长；成本高；易出现参与者流失现象与"练习效应"；缺乏统计可靠性；容易丢失数据或出现偶然性差错；对一致性的需求高。

6.5　横向研究和纵向研究比较

横向研究和纵向研究存在两个本质区别：首先，横向研究通过比较在某一时点上不同年龄的小组来描述群体基于年龄的不同，而纵向研究关注随时间推移而发生的变化；其次，横向研究只判断变量之间是否存在相关性，而纵向研究则进一步检验变量之间是否存在因果关系。

我们可以通过比较研究 1 和研究 2 来说明这些差异。两项研究课题相同,但采用的设计不同:研究 1 采用横向设计,通过无意义单词重复任务来收集数据;研究 2 采用纵向案例设计,使用日常观察、记录日记等多种方法收集数据,两项研究结论基本相同,即,研究中所涵盖的双语儿童拥有相互独立的两套语音系统,且其间存在跨语言的相互影响。鉴于本章旨在说明如何进行研究设计,我们批判地解读两项研究的结论以展示横向研究与纵向研究各自的优劣势:

98　　　首先,研究结论的普适性:研究 1 招募了一定数量的双语儿童(17名),而研究 2 只考查了一名儿童的情况,前者的结论相比之下更具普适性。研究 2 的作者在报告中对此做了说明,"其他儿童可能展示出与此不同的发展模式,这取决于儿童对两种语言的接触情况和优势语言所具有的影响。"事实上,研究 2 的结论属于尝试性的。

　　　第二,研究所涵盖的语音系统的方面:研究 2 比研究 1 数据来源多,涵盖的语音系统的层面多,其中包括重音、可用辅音数量和某些语音的替代模式等;研究 1 则只关注了实验条件下产生的言语中词的截短现象(例如,删去非重读音节)。

　　　第三,研究结论的可靠性。研究 1 通过使用控制组①进行对照和对定量数据进行统计分析来强化结论。相比之下,研究 2 比较了双语儿童与其他研究中所报道的同年龄的单语儿童的可用辅音数量,没有利用纵向研究的优势观察这个孩子的顺序发展情况。

　　　总之,研究 1 使用横向研究设计,通过对几组儿童进行测试,并使用控制组进行对照,其结论似乎更具有可靠性和普适性。不过,它只关注语音的特定方面(例如,弱读音节的删除),而双语语音系统其他

---

　　　①　控制组是相对于受试者实验组而言的,即不进行实验处理的组。如控制组与实验组结果不同,说明实验产生了作用。——译者注

方面是否按照相同方式运行还有待进一步观察。研究 2 是纵向案例研究,使用了多种来源的数据,因此其结论普遍适用于语音的各个层面。不过,只研究一名双语儿童确实有损结论的普适性。

6.6　个案研究

双语研究,尤其是双语习得研究,通常都是基于个案进行的,其中最早、最著名的一项个案研究是利奥波德(Leopold,1970)对其女儿(从小被培养为双语人)的言语发展情况所做的记录与分析,较新的一项是迪赫尔和奎伊(Deuchar & Quay,2000)对迪赫尔女儿的言语行为所做的案例研究。

个案研究是对一个参与者或一小群参与者的深入调查,它具有以下特点:

- 尽管个案研究理论上可以包括多个案例,但通常案例数量都非常少,一些研究者使用"单案例""双案例"或"多案例"的称法来对研究对象为单个、两个或两个以上的研究进行区别;
- 个案研究通常关注个体模式而不是群体的一般模式;
- 个案研究通常以定性方法而不是定量或统计方法来进行数据分析与解读;
- 在临床背景下进行的个案研究,为追踪语言障碍的自然发展过程或测试心理治疗的效果,通常会由研究者控制变量、个体参与的实验室方式来收集数据,但多数情况下,个案研究在自然场景中收集数据;
- 个案研究可以在任何时间跨度内进行。

个案研究适用于以下类型的研究活动：

1）描述双语群体中的个体或一组成员在认知、社会、语言或言语方面的行为；

2）描述语言障碍的自然发展过程或一项治疗方案的效果；

3）反驳某个普适性结论。如果，个案研究的结论与依据某项理论推断不一致，那么可用该案例来反驳其普适性。如，在语言习得研究领域，雅柯布森（Jakobson，1941/1968）提出音素习得的顺序与音素在世界语言中的使用频率有关，但后来很多案例研究表明，双语儿童习得其两种语言共有音素的顺序并不相同（相关研究综述可参见 Zhu Hua & Dodd，2006）；

4）揭示可能性，为进一步研究提出新的假设。个案研究可以开辟新的研究领域，为进一步研究提供新问题或新变量。研究 4 是使用个案研究探讨新的研究方法的范例；

5）如果在极端或独特案例研究中观察到一个极为突出的现象，那么可以推测该案例研究所得出的结论有可能举一反三适用于那些不太极端的情况。

研究 4

D. 弗雷和 N. 米勒（D. Friedland and N. Miller，1999）《双语阿尔茨海默氏痴呆症①患者的语言混用情况：会话分析法》，《失语症》13 期，427—44。

研究课题：会话分析法能否成功解释和描述语言混用问题。

---

①　神经系统退行性疾病的一种，临床表现为记忆障碍、失语、失用、失认、视空间技能损伤、执行功能障碍以及人格和行为改变等全面性痴呆，以 65 岁为界，此前发病者称为早老性痴呆；此后发病者称为老年性痴呆。——译者注

研究对象:4 名患有阿尔茨海默氏痴呆症的双语女性。

数据收集:收集自发和正式场景中的言语数据,进行神经心理学测试。

结论:在分析语码转换时,会话分析法比定量方法更具有洞察力。

个案研究具有很多优势,其中一个重要优势是允许借助多种数据来源,使用多种数据收集技术,这些数据既可以是定量的,也可以是定性的,既可以是原始数据,也可以是来自政府出版物、小说等的二手数据。数据收集方式可以包括调查、测试、借助仪器、访谈和观察。

个案研究允许使用多种来源的数据,并能准确识别出个体独特性,因而能够为观察个体或较小群体的行为提供丰富、深入的数据;此外,由于个案研究可以深入研究一个个案或一个群体,它对于那些通常在横向研究和小组研究中被忽视的、罕见、独特、极端案例尤其有用。

个案研究设计的缺点:

- 结论不具有足够的普适性。由于结论无法泛化,个案研究曾被认为不具有足够的科学价值。在大多数情况下,个案研究所得出的结论是试探性的,受个体差异制约;
- 易受偏见影响。较之其他方法,个案研究更容易出现偏颇,原因很多,例如,在密集研究中,研究者需要经常与研究对象接触,因而很难在数据收集和解读时保持超然态度;此外,"练习效应"也会影响数据;
- 不适于统计分析。尽管多数个案研究的数据可以用总数或平均数这样的定量形式来表现,但其中的绝大多数数据无法使用统计形式进行分析;

- 需要重复接触研究对象；

- 需要很多技术方面的能力。数据来源多要求研究者擅长各种数据收集技术。

个案研究、横向研究、纵向研究遵循类似的研究流程，下面列举了一些研究者在个案研究各阶段需要考虑的问题，可参见斯塔克（Stake，1995）和殷（Yin，2003a，2000b）以了解更全面的相关内容。

1）界定研究课题

个案研究一般需回答现象"如何发生"以及"为什么发生"之类的问题。

2）选择案例和确定数据收集与分析技术

根据研究课题，研究者需要确定以下问题：研究独特案例还是典型案例；选取一个案例还是多个案例；使用什么样的数据收集方法，这些方法是否有助于研究者始终围绕研究的初始目标来进行工作。

3）现场收集数据

考虑到个案研究容易受到研究者偏见的影响，为确保读者能够信任数据，可以用便于引用、分类的形式，系统全面地记录如何收集、存储和全面严谨地分析数据，这一点非常的重要。

4）评价和分析数据

根据研究中所包含的案例数量，可以按照案例内和案例间两种方式进行分析：采用案例内分析法，研究者需研究每个案例中的所有相关数据，进而识别出某个案例的独特模式；采用案例间分析法，研究者需考查类似案例的不同处或不同案例的相似处之类的问题。

5）撰写研究报告

研究伊始所建立的清晰的推理，对于撰写案例研究报告极其有用。由于个案研究的结论不适于泛化,研究者需要说明使用案例研究来探讨自身感兴趣的课题的理由。一份好的案例研究报告,应该充分说明研究中由于方法论本身缺陷或数据收集环境限制所造成的局限性,并提出可供进一步研究的问题,引入更广泛的理论背景。

个案研究中的数据应该以容易理解的方式展示,比如:

- 在比较各个案例之前,先在独立或并行章节对每个案例进行描述;
- 提供按照时间顺序记录下来的每个案例的详细信息,有时以故事形式进行描述;
- 以图形或图表形式展示案例中的特定因素或特定方面;
- 在可行的前提下,以附录形式列出全部或部分"原始数据"。

这样做有助于达到三个目的:一是通过向读者提供独立推断的机会来增加研究结论的可信任度;二是便于与那些使用不同分析方法或展示方式的类似案例研究进行比较;三是便于展示这样的模式,当前研究的课题现在认为不相关但后续可能相关,或者对当前的研究来说并不是核心问题,但却和持有不同观点的其他研究者的研究相关。

小结

案例研究从一个或几个案例中收集数据,其优势是:数据来源多;可提供丰富、深入的数据;使深入研究和考察极端案例成为可能。缺陷是:普适性有限;易受偏见影响;不适于统计分析;需要重复接触研究对象;需要很多技术方面的能力。

---

¹⁰² 6.7　小组研究

　　与个案研究不同,小组研究(Group studies)是新近独立出来的设计方式,两者之间的界限有时并不分明。小组研究是对并行考查的一组对象的密集型研究,而个案研究的参与人数可以是一个、两个或几个,因此小组研究可以被看作是个案研究的一个特殊类别。不过,多案例研究与小组研究还是有一些差别。如,当使用多个案例时,每个案例都被视为一个单例,单例的结论能够为整项研究提供有用信息,但仍是独立的,而小组研究则对群体趋势更感兴趣。

　　小组研究和定群研究(见6.4节,纵向研究的子类型)的主要差异是:

- 小组研究只考察一个组,定群研究通常包括几个组;
- 小组研究旨在比较组内的个体,定群研究涉及不同组之间的异同;
- 小组研究可以只关注一个时点也可以跨越一个时段,定群研究(从定义来看)是在一段时间内进行的。

　　小组研究和横向研究的主要差异是:

- 小组研究只考察一个组;横向研究(按照定义)包括几个组;
- 小组研究试图在不忽视个体差异的基础上描述群体趋势;横向研究重点在于捕捉普适性现象。

6.7.1　研究课题的具体类型

　　小组研究主要用于描述群体趋势发展模式。如果群体较小,则有可能强调个体差异。戴维(David,A. ,2004)进行了一项词汇类别发展异同的小组研究。

研究 5

戴维(David,A. ,2004)《双语词汇发展研究》,英国纽卡斯尔大学,博士学位论文。

研究课题:双语儿童前 500 个单词的词汇类别分布。

研究对象:13 名法语－英语双语儿童。

数据收集:对 1 岁到 3 岁儿童重复取样,收集定量数据(词汇清单)和定性数据(言语样本、社会人口统计学调查问卷)。

研究结论:尽管存在跨语言影响,双语人词汇类别发展遵循与单语人同样的模式。

由于研究对象多和关注点不同,小组研究与单案例研究相比的优势为:适于统计分析。研究对象越多,对定量数据进行统计分析越可行;不易发生参与者流失,个别数据丢失不会危及整个研究结论的正确性;样本较为平衡。由于谨慎控制变量,小组研究不易受到极端案例影响。

小组研究也有一些固有问题:不太重视个体差异。有时为了突显群体趋势或迫于增加受试者数量对有限资源造成的压力,不得不忽略个体差异;小组研究可能非常耗时和成本极高;因为资源有限,很难测量多个变量,而且往往不会报告个体结论;数据集合之间的一致性需要监控;

进行小组研究需遵循以下流程:

1 界定研究课题

小组研究通常关注群体趋势,解答现象"是什么"之类的问题。

2　选择样本和确定数据收集与分析技术

研究者需要决定一项研究涵盖的研究对象的数量,并同时考虑到,研究对象数量越多:

- 得出的群体趋势越具有普适性和可靠性;
- 越不注意到个体,越有可能忽略个体变异;
- 研究将越耗时,成本将越高。

3　现场收集数据

当针对同一个研究对象或不同研究对象反复收集数据时,需要对多次数据收集过程之间的一致性进行监控。

4　评价和分析数据

小组研究倾向于使用定量方法和统计分析,在特定研究背景下考查研究对象之间的差异和相似处。

5　撰写研究报告

有两种方法来展示数据:一是先展示群体趋势,再进一步展示个体详细信息;二是先以每个案例研究的方式展示个体,再比较整个群体,并梳理出该群体的趋势。

可使用图形或图表向读者展示整个群体根据各种变量的分布形势。

一份好的小组研究报告通常会对大规模研究所面临的难题进行说明,即在群体趋势和个体差异、普适性和实用性之间求得微妙但重要的平衡非常困难。

> 小结
>
> 小组研究通常针对同时研究的一组对象反复取样。优势是:适于统计分析;不易发生参与者流失现象;能够提供较为平衡的样本。缺陷是:不重视个体差异;时间和经费成本高;难以测量多个变量;数据收集过程中对一致性的要求较高。

6.8　组合设计

上述四种研究设计并不互相排斥，其中一些可以在一项研究中合并使用。例如，我们在前文引用和总结的研究中，研究2结合了纵向和案例研究，研究5结合了纵向和小组研究。表6.1是四种研究设计可能的组合方式。

表 6.1　四种研究设计之间可能存在的组合方式　　105

	横向	纵向	个案	小组
横向		可能	不可能	可能
纵向	可能		经常	可能
个案	不可能	经常		亚型①
小组	可能	可能	亚型	

此外，横向研究可以重复进行：即把时间维度纳入横向设计，在一段时间内重复收集横向数据。例如，下面两项研究，研究6采用横向方法调查早期顺序双语人基础语义生成和认知处理方面的发展和变化，探讨年龄和经验对单语和混用语言条件下的看图说词任务的影响。研究7是同一批研究对象一年后在相同实验任务中的表现。

研究6

科纳特、贝茨、埃尔南德斯（K. Kohnert, E. Bates, & A. E.

---

① 亚型或子类型（subtype），这张表说明个案与小组研究之间可以互为子类型。——译者注

Hernandez,1999)《平衡双语人:儿童学习西班牙语和英语过程中的词汇语义生成和认知加工程序》,《演讲、语言和听力研究期刊》,42(6),1400—13。

研究课题:词汇运用技能的发展变化模式,突出年龄、经验和基础认知处理(如干扰、抗干扰)对词汇能力的影响。

研究对象:100 名顺序双语人,五个年龄段(5—7 岁、8—10 岁、11—13 岁、14—16 岁和年轻成年人),每个年龄段 20 人。受试者从出生起在家庭内部自然习得西班牙语,5 岁起正式接触英语。

数据收集:通过限时看图说词任务收集数据。

结论:儿童早期的西班牙语优势发展为成年早期的英语优势,尽管在双语混用条件下反应较慢,但显示出抵抗认知干扰的能力。

研究 7

K. 科纳特(Kohnert,2002)《早期顺序双语人的看图说词的后续研究(间隔一年)》,《演讲、语言和听力研究期刊》,45(4),759—71。

研究课题:年龄和经验对单语和双语混用条件下的看图说词任务的影响。

研究对象:第一次测试对象为 28 名西班牙语-英语双语儿童,平均年龄 9.2 岁;第二次(一年后)测试对象为同一批儿童,平均年龄 10.2 岁。

结论:随着年龄增长和经验累积,L2 发展速度似乎快于 L1,这可能是负责双语控制的认知能力发展的结果。

6.9 本章小结

本章总结了横向、纵向、案例和小组四种研究设计的关键特征。每一种研究设计都有其优点和缺点,由于研究设计服务于不同类型的研究课题,因此,从根本上说,采用何种设计方式取决于研究课题。一般来说,所有研究项目都遵循本章所阐述的研究流程,不同设计相结合往往有助于弥补单一设计造成的缺陷。

延伸阅读

研究设计概论

Bryman, A. (1988)《社会研究中的质量与数量》(*Quantity and Quality in Social Research*). London and New York:Routledge.

横向研究

Baltes, P. B. , H. W. Reese, and J. R. Nesselroade (1988)《终身发展心理学:研究方法导论》(*Life-Span Developmental Psychology:An Introduction to Research Methods.*) Hillsdale, NJ:Lawrence Erlbaum Associates.

Creswell, J. W. (1998)《定性探究与研究设计:在五大传统中择定》(*Qualitative Inquiry and Research Design:Choosing among Five Traditions.*) Thousand Oaks, CA:Sage Publications.

Davies, R. B. (1994) From cross-sectional to longitudinal analysis. In

A. Dale and R. B. Davies(eds.),《解释社会与政治变迁:个案研究方法手册》(*Analysing Social and Political Change: A Case Book of Methods.*) London:Sage Publishers.

纵向研究

Menrad,S.（1991）《纵向研究》(*Longitudinal Research.*) Newbury Park: Sage Publications.

Ruspini,E.（1999）《纵向研究与社会变迁分析》收入《纵向分析:社会研究中定量与定性之间的桥梁》,质量与数量特刊(Longitudinal research and the analysis of social change. In E. Ruspini (ed.), Longitudinal analysis: A bridge between quantitative and qualitative social research. Special issue of *Quality and Quantity*,33(3),219—27.)

案例研究和小组研究

Gomm,R. ,M. Hammersley,and R. Foster (eds.) (2000)《个案研究方法:关键问题、关键文本》(*Case Study Method: Key Issues*, *Key Texts.*) Thousand Oaks,CA:Sage.

Stake,R. E. (1995)《个案研究的艺术》(*The Art of Case Study Research.*) Thousand Oaks,CA: Sage.

Yin,R. K. (2003a)《个案研究应用程序》(*Applications of Case Study Research.*) Thousand Oaks,CA: Sage.

Yin,R. K. (2003b)《个案研究:设计与方法》(*Case Study Research: Design and Methods.*) Thousand Oaks,CA:Sage.

附录：横向、纵向、个案和小组研究概览　　107

研究类型	持续时间	受试者数量	课题类型	优势	劣势
横向	快照式	几组	描述型关系型	节约时间和经费；具有统计可靠性；可研究多种变量和多个受试者；具有可复制性。	无法测量按时间顺序发展的模式和变化；无法评估个体差异；无法提供较强的因果关系证据；受试者越多，错误几率越高，费用越高；对一致性需求高；双语人样本有限。
纵向	一段时间	通常数量较少	描述型关系型因果型	可捕捉按时间顺序发展的模式和变化；展示个体差异；提供综合性数据。	时间跨度长；经费高；受试者流失；存在"练习效应"；缺乏统计可靠性；容易丢失数据；对一致性需求高。
个案	时间长短不定	一个或几个受试者	描述型关系型因果型	多种数据来源；数据丰富、深入；允许深度研究，允许对极端案例进行研究。	有限的普适性；易产生偏见；不适于统计分析；需要多次与受试者直接接触；需要多种技术方面的能力。
小组	时间长短不定	受试者数量很大	描述型关系型	适于统计分析；不易引起受试者流失现象；样本平衡。	忽略个体差异；耗费时间和经费；无法测量多种变量；对一致性需求高。

（董秀玲 译）

165

第7章　实验设计与范例：单词、声音和句子

朱迪丝·克罗尔(Judith F. Kroll)

切普·格芬(Chip Gerfen)

葆拉·杜斯亚斯(Paola E. Dussias)

7.1　导语

在过去的 10～15 年,有越来越多的课题将心理语言学和认知的方法运用到双语研究中来。虽然我们对一些问题已经进行了长期的研究,比如,二语习得是否存在关键期①的问题(相关综述参见Birdsong,1999a),但是直到最近认知科学家才开始看到,对于全世界的人口来说双语是一种常态。因为认知科学旨在确定思维的普遍性质,所以双语人已成为研究的典型主体,而不是一个有标记的案例了。研究者已经发现,对于限制或允许跨认知系统相互作用的原理,双语认知研究提供了关键性证据。同时,随着一套调查语言行为和其神经

---

① 指的是童年早期的一段时间,通常认为是在青春期开始之前,这个时候人们对语言的输入非常敏感,如果语言输入达到一定的程度,人们便能习得像母语一样的语言。虽然人们认同早期的接触能获得较好的语言习得,但很少有人同意它的基本原理。

认知基底的实验室工具的开发，由认知加工和脑功能研究提供信息的双语研究，除了传统语言学方法之外又迎来了它的新的实验方法。

　　关于认知，双语人告诉了我们什么？关于双语，认知的方法能够告诉我们什么？在接下来的几节，我们将为读者介绍在双语实验研究中经常使用的一些实验室设计和范式。我们介绍的方法已用于探求一位双语人如何用一颗心去控制两种语言的存在。如果两种语言都是完全独立于另一个，那么问题就简单了。然而，我们将在下面的讨论中看到，大量的证据表明双语人并不是两个单语人简单地合成一个人（Grosjean，1989）。相反，最近的实验研究显示，双语人的两种语言 109有紧密的相互作用。这些相互作用影响了：双语人对口语词的理解方式，以及使用每种语言的阅读方式；如何产生言语，有无外国腔；以及当两种语言的语法在一些方面近似，在其他方面相去甚远的时候，句子是如何被理解和产出的。值得一提的是，通过我们的观察，相互作用不只影响第二语言，也会影响母语。我们已开发的用于检测双语人语言加工的方法已被用来探索相互作用的范围，以及那些由特定语言本身结构施加的限制条件。虽然一个语言系统要应付两套竞争的备选语言看似会受损，但是，最近的证据显示，双语有益于认知，因为对两种语言活动的协调能导致认知技能的发展（参见 Bialystok，2005），证据还显示，双语甚至可能给脑组织带来结构上的影响（参见Mechelli，Crinion，Noppeney，et al.，2004）。

　　在这一章，我们将介绍实验心理语言学研究活动中的三个主要领域。7.3 小节调查了当双语人用一种语言说话或阅读时，或者用想要使用的语言产出词语时，双语人识别单词的方式是什么。7.3 小节针对言语，探求双语人在听、说时，他们每种语言的声音是如何加工的。7.4 小节针对句子，探讨了与双语人每种语言相关的语法结构和偏好,如何受到两种语言存在的影响。我们对每个主题的介绍都会力争简洁,但是我们希望能把实验方法的逻辑阐释清晰,为使用原始文献提供一个有用的指南。

7.2　单词

如果一位双语人,使用两种语言中的一种去听、读、说一个单词,那么,他的另一种语言也被激活了吗? 双语人的词汇库是一个跨越两种语言词形的共同表征形式(integrated representation),还是单词在每种语言中有分别读取的独立表征形式(independent representation)? 为了调查这个问题,学界进行了大量的视觉和听觉的词汇识别研究。这个问题在理论上存在多种争论,深入探讨势必会超出本章的视野,但是近期有很多文章和书中章节对学界所做工作进行了概述,以供我们参考(比如,Dijkstra & Van Heuven,2002;Kroll& Dussias,2004;Costa,2005)。简而言之,多数证据表明,词汇的读取是非选择性的,也就是说,在一种语言处理一个单词时,两种语言中的可选词似乎是同时被激活了。

我们是如何推断出词汇的读取是跨越双语人的两种语言同时发生的这个结论的? 下文将介绍三种用来阐释双语词库研究逻辑的范
110　例:(1)视觉词汇判断,(2)眼动追踪,(3)图-词斯特鲁普(Stroop)任务。三种范例分别用于调查视觉词汇识别、口语词汇识别以及口语词汇的产出。

7.2.1　视觉词汇判断

进行词汇判断时,电脑屏幕上会显示一串字母,被试需要判断它能否形成一个真词(real word)。典型的做法是:如果字母串是一个真词,被试按"yes"键,如果不是,按"no"键;然后,记录下判断的速度和精确度。如果字母串是真词,那么这个词一般具备以下特点:它可能是常见的、熟知的词(如,cat(猫)),或是很少出现的词(如,obtuse(钝角));它的拼写可能与许多或几个别的词看起来相似(比如,cat 看起来与 hat,mat,rat 等词相似);它是一个具象词,容易去想象(如,cat),或是一个抽象词,很难去想象(如,obtuse)。如果字母串不能形成一个真词,那它通常会是个可能词汇(possible word),因为它是可发音的,并且符合语言的拼写规则(比如,blart[①])。选择语言中的可能词汇来做非词(non-word),这确保了被试不能仅借助拼写或语音体系即做出词汇判断;他必须调动心理词汇,才能确定是否知晓某个词。这项任务已经广泛地应用于心理语言学研究,用以检查单语中的词汇存取(lexical access)(参见 Balota,1994)。

回到我们的问题,当一串字母呈现在双语人眼前时,它激活了双语人的一种语言还是两种? 我们可以利用词汇判断任务,通过控制其中的一系列因素来测定这个问题。许多双语研究是利用语言间相似的正字法和语音体系。在类似荷兰语和英语这样的语言中,有相当数量的翻译等价词(translation equivalent),它们的拼写模式(spelling pattern)有的相同,有的非常相似。这些翻译被称为"同源词";它为

---

① blart 是根据实验的需要而创造的符合发音和拼写规律但没有任何意义的一个词。——译者注

我们测定双语人在执行类似词汇判断这样的任务时能否只使用一种语言提供了一个巧妙的方法。在荷兰语和英语中，"床"（bed）、"旅馆"（hotel）都是同源词，因为在两种语言中，它们的拼写相同。还有其他同源词，比如，荷兰语的"tomaat"（土豆）和英语的"tomato"（土豆）拼写非常相似，但不是完全相同。如果一位双语人读取一个词，能够只使用他的一种语言，而不去调动另一种，那么在他执行词汇判断时，面对同源词和明确词的表现应该是没有区别的。因此，在英语的词汇判断里（如，这些字母串是英文中的单词吗？），其中的同源词与荷兰语拼写相似的事实，不应该影响到荷兰语-英语双语人的表现（图 7.1 是对这项任务的图解）。事实上，许多实验结果显示（如，van Hell & Dijkstra，2002），当字母串是同源词时，双语人判断那些只在一种语言中是真词的字母串要更快一些。

实验的一个相关类型是利用语际同形异义词，或者是在两种语言中有相似的正字法和（或）语音体系但意思不同的单词。比如，在荷兰语中，单词"room"意思是"奶油"，就是放在咖啡中的那个奶油。如果一位荷英双语人读英文的时候，能够有效地关闭他的荷兰语，那么处理像"room"这样的单词，或是其他跟荷兰语没有这种特殊关系的英文单词，都不应该有任何区别。单词"room"便不会受到其他可选意义的干扰。然而，许多实验显示，非目标语言（unintended language）确实会影响到词汇判断的表现（例如，Von Studnitz & Green，2002）。进行二语（L2）的词汇判断时，来自母语（L1）单词的非目标意义（unintended sense）会对判断存在干扰。然而，迪杰斯特拉、范·加尔斯维尔德、特恩·布林克（Dijkstra, Van Jaarsveld, & Ten Brinke 1998）的研究显示，如果将词汇判断稍作改变，调整为整体语言的任务，即他们所谓的"整体词汇判断"（generalized lexical decision），那么对同形异义词的判断就会更容易，因为在这种情况下，当字母串是一个真词时，根据这个词任何被激活的意思都足以做出"yes"的反应。

英语的词汇判断：这个字母串在英文中是一个真词吗？　　　　111

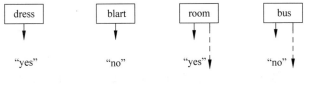

图 7.1　英语词汇选择

　　图中显示的是一个英语的词汇判断任务，其中包含两个与荷兰语难以区分的词。对于一个荷英双语人来说，单词 room 在两种语言中是同形异义词，意为"房间"或"奶油"。单词 bus 是同源词，在荷兰语和英语中意思相同。

　　有一种批评认为，在这些词汇识别的研究中，由于参与者知晓实验是有关他们的双语，所以两种语言必然会被激活。格罗让（Grosjean，2001）争论说，当双语人处于"双语模式"时，两种语言都活跃到一定的程度，必定会有证据来证明报告中所说的那种语言间的互动。许多新近的研究都试图去解决这个问题，他们让参与者将一种语言保持在仅有一种语言的完全"单语模式"中，用这种方法来评估参与者的预期对实验的影响。比如，范·赫尔和迪杰斯特拉（van Hell & Dijkstra，2002）招募荷兰大学的学生，参加仅荷兰语一种语言的实验。在参与者不知情的条件下，实验中设置了一些荷兰语和英语的同源词，或是荷兰语和法语的同源词。从实验可以看出，他们能更容易地识别控制词（controls）中的同源词，甚至英语和法语单词并没有出现在实验中，并且除了他们的母语荷兰语，也没有明确说明过任何其他的

语言。但是结果令人吃惊,因为荷兰语是他们的母语,是这些双语人
112 的主导语言,你可能会期待他们能够独立地使用自己的第一语言,然
而在任务中,二语和三语确实影响着他们的表现。

7.2.2　眼动追踪

这项任务是让一个人阅读视觉呈现的文本,并监控他眼球的运动
轨迹,此任务经常被用于推断那些支撑熟练阅读的过程(请参考下面
的章节7.4,关于句子的处理)。近期对口语词识别的研究,同样利用
了眼球运动;它让被试听一个单词,同时在他的面前展示一些物品,这
些物体的名称与这个口语词的读音具有一定相似性,在这种条件下,
来追踪眼球注视的模式。最初,这种范例的开发,应用在母语口语词
识别的领域,用来测试词汇选择机制的连续性(例如,Allopenna,
Magnuson,& Tanenhaus,1998);而现在它已经延伸到双语的领域,用于
调查当双语人听到一种语言中的单词时,他两种语言单词的平行激活
(parallel activation)情况(例如,Marian & Spivey,2003;Ju & Luce,
2004)。

参与任务时,被试需要佩戴一个头戴式眼动追踪仪,并坐在电脑
显示器前面,显示器会展示四种物品(实物或图片)。这个人会被告
知,在他没有听到口语目标词之前,只能注视屏幕上的中心点。在电
脑版的任务中,被试要点击与这个口语词相对应的图片。这些研究
中,操作的关键是展示那些在实验使用的语言中,或是在这个双语人
的另一种语言中,与口语目标词的读音相似的物品。下面我们从居和
卢斯(Ju & Luce,2004)的研究中抽取一个西班牙语和英语的实例来说
明这一点(参见图7.2)。

眼动追踪：点击表示 "playa(海滩)"的图片

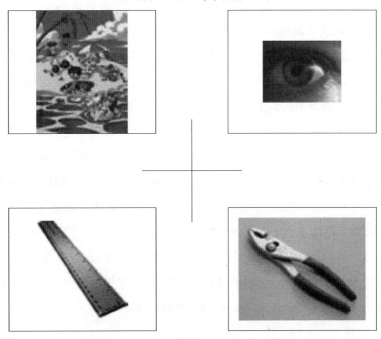

图 7.2　眼动追踪

　　图 7.2 是对眼动追踪范例的说明。在口语词识别过程中，使用这种范例研究双语人语言的激活情况。材料选自居和卢斯(Ju & Luce,2004)。在这里，一位西班牙语－英语的双语人听到单词"playa"，然后必须点击带有海滩风景的图片。这里的问题是，这个双语人会不会对表示钳子的图片有短暂的扫视？因为英语单词"pliers"（钳子）与西班牙语的"playa"发音非常相似。

　　这个实例中的口语目标词是 playa,在西班牙语中意为"海滩"）。正确的回应是点击海滩的图片。然而，误导选择之一是显示钳子的图片（在西班牙语中，"钳子"是 alicate）。如果一个双语人完成任务能够仅用一种语言，那么展示钳子的图片便不会对其表现带来影响,因为在西班牙语中单词"alicate"和"playa"没有相似之处。然而，如果两种可选语言是平行激活的，那么与"playa"读音相近的英语单词"pliers"将会有瞬间的侵入，眼球注视的模式会透露这个秘密，因为与其他控制图片相比，被试更可能去扫视那张读音相似的图片。一系列由 Marian 和其同事开展的实验已经显示（比如，Marian & Spivey，2003），俄英双语人似乎是激活了两种可选的语言。然而，居和卢斯修正了这种论断，认为能否获得平行激活的证据，取决于这个口语词的声学特性。如果使用适合西班牙语的嗓音起始时间（voice onset time）去读这个词，双语人就不太可能去注视那些在英语中有相似读音的图片。针对当前的问题，这个例子的主要目的，是证明认知系统在跨时间和跨形态的条件下揭示他们自己的加工敏感性。在这里，当听到一个口语词时，眼球注视的模式符合被激活的词汇信息的性质。当然，口语的感知过程可以仅在语音的领域内研究（参见下面关于语音的章节 7.3，以及 Grosjean & Frauenfelder，1997，综述）。

7.2.3 斯特鲁普图词测试

我们举下面的范例用来说明，如何对双语人的词汇处理（lexical processing）进行研究，范例侧重于探究双语人以何种方式用一种语言来组织话语产出一个单词。我们对语言产出的研究，远远落后于对语言理解的研究，部分是因为很难设计一种任务，能促使说话人产出一致的话语。因而，早期的关于语言产出的研究大多数都基于大型的语料库，依赖从言语失误（speech errors）中推断出的句子模式（参见 Poulisse，1999，对二语学习者言语失误的分析）。当言语精确产出之时，它的计划过程也正随着时间的推移慢慢展开，虽然言语失误对认识那些诱引言语计划（speech planning）的制约条件有启发，但是它却不能提供一种灵敏的方法去检验这个过程。要解决这个问题，就要创制一种任务，它能同时制约口头的话语，还能提供一种方法去弄清何种信息对计划过程（发生在言语发音前的不同时间点）有效用。

最近，我们对单语及双语的语言产出研究广泛使用了"斯特鲁普图词测试"（Picture-word Stroop）任务，用于调查言语计划的时间进程，114 并评定此计划过程的可选模式（如，Levelt, Roelofs, & Meyer, 1999）。这个任务是变体，它的原型是由斯特鲁普（Stroop, 1935）首次提出的"颜色词测验"。在"斯特鲁普颜色词测验"中，会出现一个印刷的词，被试须说出其印刷油墨的颜色。当一个颜色词出现，它的意义与其书写颜色不一致时（比如，颜色词 blue 使用红色油墨印刷），便会发生干扰，我们称之为"斯特鲁普"效应。图-词任务会呈现一张图片，被试须以最快的速度，大声地说出其名称。在图片刚好被呈现前或呈现后的某一时间点，还会出现一个语音或视觉的干扰词。事前被试会被告知，要忽略这个词，直接给图片命名。通过控制干扰词与图片名称的关联，以及设置图片的呈现时间，使我们描绘出言语计划的时间进程成为可能。一般情况下，如果语义相关的干扰词在计划过程的前期出现，会产生干扰效应；而语音相关的干扰词在计划过程的后期出现，便会产生促进效应。

在图-词干扰任务中，干扰效应的总体模式表明，在进行口语的语音编码以前，需要先形成想要表达的具体语义。这个研究领域争论的问题是关于序列规则的，言语计划从意义到音系进行着，那么这个序列是一个严格按顺序排列的和被封装的过程，还是一个处于不同层次的信息会相互影响的过程（比如，Dell & O' Seaghdha, 1991; Levelt, Roelofs, & Meyer, 1999）。虽然充分讨论理论背景会超出本章的视野，但是为了推广双语研究的方法,我们简要地考虑一下设计研究所要针对的中心问题。[①]

与双语词汇识别的研究一样,在双语词汇产出中,它的问题也一直是,非目标语(如,未说的语言)的可选词在话语的计划阶段是否被激活了(参见 Costa,2005,对这部分文献的综述)。但又与词汇识别不同的是,词汇产出是一个由概念事件(conceptual event)引发的过程(比如,命名一个图片,翻译一个词,说一个抽象概念),所以在构思目标话语的过程中,看似只有将要产出的语言才是活跃的。虽然,各类文献对语言产出的选择性存在争论(参见 Costa,2005),但是,大量证据显示,双语人两种语言的词汇至少在抽象词汇表征层面是活跃的,也许在翻译时,实际确定的那个要翻译的语音点是活跃的。

那么图-词斯特鲁普范式应如何运用才有助于解答“双语人打算单独使用一种语言时,他另一种语言的可选词是否被激活”这一争论?至今已有大量的研究用变换干扰的语言,变换给图片命名的语言(例如,Hermans, Bongaerts, De Bot, & Schreuder, 1998;Costa, Miozzo, & Caramazza,1999)来研究这个问题。图 7.3 是对这个范式的图解,选自赫曼斯等人(1998)。实验中,要求一位荷-英双语人给一幅表示山的图片命名,例如,命名为英语词“mountain”。启动干扰的时间点有三个,与图片的出现同时,比图片稍晚,比图片晚较多。图片出现和干扰启动之间的时间间隔,我们称之为“刺激启动异步”(stimulus onset asynchrony),或者称为“SOA”。在此例中,干扰词是荷兰语“dal”,它

①　语言处理的过程是不是封闭性的,这一争论由来已久,它涉及心理语言学的语言模块论(比如,Fodor,1983)。其基本的问题在于某些语言功能(比如,将句子解析为语法成分,或者检索一个词义)与其他认知表征和认知目标是不是相分离的,还是由它们来引导的。

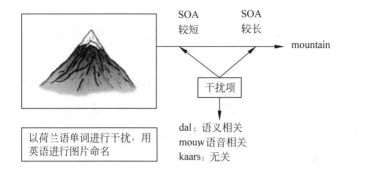

以荷兰语单词进行干扰,用
英语进行图片命名

SOA
较短

SOA
较长

mountain

干扰项

dal:语义相关
mouw语音相关
kaars:无关

图7.3 跨语言图片词汇干扰任务

图7.3是对跨语言图-词斯特鲁普任务的图解。素材取自赫曼斯、
邦盖茨、德·波特、施罗伊德(Hermans, Bongaerts, De Bot, & Schreuder,
1998)。在这里,一位荷-英双语人要用英语给图片命名,并尽力不要去
理会荷兰语干扰词。

等于英语词"valley"(峡谷),所以这个干扰词以非目标语形式出
现,在语义上与要说的词相关。如果伴随干扰,双语人命名图片需要
花些时间,比如,伴随出现语义相关的词"dal",语音相关的词"mouw"
(它听起来,与英语词"mountain"的第一个音节很像,但它的意思是
"袖子"),或者伴随一个无关的干扰词"kaars"(它等于英语的蜡烛
"candle"),所以,通过比较双语人所用时间,我们有可能判断出,在
"mountain"被实际说出前的任何给定时刻,是什么类型的信息被激活
了。不论干扰语言是母语还是二语,赫曼斯等人在二语命名图片的结
果中发现了一个相似的模式。较之无关干扰词,语义相关干扰词产生
干扰效应,而且,在言语计划的时间进程中,语义干扰是最早的。与无
关干扰相比,语音相关干扰词产生促进效应,并且,在言语计划的时
间进程中,这种促进是最早的。考斯塔、密奥左和卡热玛兹(Costa,

Miozzo, & Caramazza, 1999)针对加泰罗尼亚语-西班牙语双语人,也发表了与此相同的结论。使用非目标语的干扰词同样在图片命名时产生干扰和促进效应,这似乎在双语人的词汇识别中也是如此,这一发现表明,在双语人的言语产出过程中,词汇的读取最初是非语言选择性的(language-non-selective),可选词在两种语言中被同时激活。其他产出范式也得到了支持这些一般结论的证据。这些范式包括翻译单词(speaking the translation of individual words)(De Groot, 1992; Kroll & Stewart, 1994)以及监听图片名称的音位(Colomé, 2001)。

7.3　声音

在双语音位学研究中,一个长期存在的问题是:如何产出和感知第二语言的语音范畴?晚期双语人是许多研究的重点,它包括处于或超过青春期才开始学习二语的人,以及长期生活在二语环境中的人。众所周知,在产出和感知语音范畴方面,通常晚期二语者与母语者有所不同。从研究者的角度,双语的音位学和语音学为以下几方面提供了非常好的测试平台:探索语言习得关键期假说;检验贯穿整个二语熟练发展过程的神经可塑性问题;探查与母语学习相比,二语学习是如何受到母语音位系统制约的(相关综述参见 Flege, 2003);认识二语口语产出和感知中的一般复杂的口音问题(相关综述参见 Piske, MacKay, & Flege, 2001)。针对上述问题,有各种理论的可选方案,如果对其做冗长的讨论势必会超出本章范围,所以在本节剩余篇幅我们将介绍一些研究,它们用实例演绎了所采用的一系列技术,以及有关上述理论问题的资料。

7.3.1 产出

为了实现众多的理论目标，产出任务（production task）通常作为评估双语人言语的手段。这些任务在诱导技巧和所诱导出的言语样本规模方面，都可能有所不同。多数情况下，这个任务是让被试大声朗读目标短语（如，Flege, 1987；Moyer, 1999）、单字词（如，Flege & Eefting, 1987；Moyer, 1999），或是更大的语块，比如文章的段落（如，Moyer, 1999）；同时，录下他们产出的言语用来做后续的分析。有些研究还利用重复技巧（repetition technique）：让被试听那些由母语人产出的实验项目，然后让他们重复出来；有的任务要求被试立即重复（如，Markham, 1999），有的要求在一定的延迟之后再重复，从而尽量减少被试者凭借感觉记忆而直接模仿的机会（如，Piske, Mackay, 和 Flege, 2001）。最后，其他研究还采用半控制性技巧，以便在逐渐自然的条件下诱引言语标记（speech token），比如，让被试讲讲他们生活中的事件（如，Moyer, 1999）。从广义的角度，记录的数据可以进行两种类型的分析，这要取决于研究目标。第一种，对双语人产出的数据做声学分析，然后，与母语者控制组的测量结果做比较。第二种，让母语人对被试的二语产出进行评价，这种方法广泛使用于二语口音的评估中（参见 Piske 等人，2001（关于评级技术的概述））。

弗利奇（Flege, 1987）的研究是一个典型的产出研究，为我们提供了有用的范例，它说明如何使用声学测量方法去解决神经可塑性和关键期假说（the critical period hypothesis）的问题，关键期假说指的是语言学习（或者，语音学习，在我们的案例中）极大地受限于青春期阶段（个体成长过程）中的某个关键时期（见 Dekeyser, 2000, 评论）。弗利奇调查了英-法和法-英双语人母语和二语的产出,针对的问题包括,法语和英语的舌尖中塞音/t/,英语的元音/i/和/u/,以及法语的元音/y/和/u/。由于版面的限制,我们这里主要介绍关于/t/的产出结果。

法语和英语的音位系统中都有清塞音/t/。在英语中,/t/如果处于第一个重读音节(如,/t/two),那么它像其他清塞音一样,在语音学上体现为长时延(long lag),或是送气塞音[tʰ]。然而,在法语中,/t/在同样的位置(如,在 tous/tu/中,"全部的"),它体现为短时延(short lag),或者是不送气塞音[t]。"时延"(lag)这个术语涉及嗓音起始时间(VOT),它是指塞音除阻到后面的元音声带振动起始点之间经历的时间。通过显示声波波形,可以非常精确地测量出 VOT,如图 7.4 所示,它由声学分析软件 Praat 生成(Boersma & Weenink,2005)。

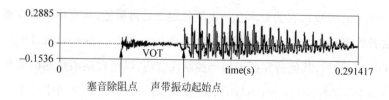

图 7.4　VOT 的测量

图 7.4 图解如何测量 VOT,它是塞音除阻(如左侧箭头所示)到这个塞音后面的元音声带开始振动的起始点之间经历的时间。图中的声波波形记录了英语的 CV 音节①[pʰo]的一个标记。

弗利奇(Flege,1987)针对三组晚期英-法双语人,测量了塞音/t/的 VOT 数值,他们的法语经历都不同(美国学生,来自为期 9 个月的海外项目,在法国已有 3~6 个月的经历;法语教授,英语为母语,一直生活在英语环境中;英语母语人,平均在巴黎生活 11.7 年),同时,本

---

① CV 即 consonant + vowel 辅音 + 元音。——译者注

次测量还针对一组生活在英语环境中的晚期法-英双语人（法国妇女，平均在芝加哥生活 12.2 年）。他们的数据将与在同样实验条件下采集的英语和法语单语人的产出结果做比较。按照这类语音研究的标准，每个发音人都要在严苛的环境下重复产出多次，以便针对每个人计算出可靠的 VOT 平均值。诱导数据的条件有两种。在第一种条件下，被试要朗读七个独立的短语。为保证每个短语的首个音素序列都是/tu/，所以初始单词是一样的。英语短语以单词"two"开头（如，two little boys"两个小男孩"），法语短语以单词"tous"开头（如，*tous les soldats*"所有的士兵"）。第二种条件，会提示被试使用每个短语造句，条件一中的短语会有书面提示。在每种条件下，要测量每个实例中词首/t/的 VOT 值，然后，根据条件计算出每个发音人的平均值。如果得出发音条件对 VOT 时长的影响并不显著，那么，就要针对每个发音人算出两个均值的均值，并使用于分析中。

在这里，有两个组的结果令我们产生兴趣，生活在巴黎的美国人，以及生活在美国的法国妇女。具体地说，弗利奇的结果显示，在英语发音时，英（L1）-法（L2）双语人的 VOT 时长，明显短于英语单语控制组。同样地，在产出法语塞音时，法（L1）-英（L2）双语人的 VOT 时长，明显长于法语单语控制组。也就是说，这些双语人的二语对/t/的 VOT 目标（英语稍长，法语稍短）正在重构他们各自母语中/t/的范畴。我们在这里可以看到双语如何再次为检验语言学习理论提供了一个基本工具。例如，强势关键期假说认为，晚期二语学习者不能重构母语的语音空间，但这个案例的论证逻辑证明了假说的错误。与之相比，那些不认为神经可塑性（它对言语或语言习得非常必要）会在关键期后陡然下降的理论认为，丰富的二语经历（如，在二语环境中长期居住，并且经常使用）可能影响母语的语音系统，甚至它的各个方面。

7.3.2　感知

　　与语言产出一样,对二语语音范畴的感知,尤其是晚期二语学习者,对同一范畴的感知常常与母语者相偏离。虽然各类理论模型对这个问题的解释在细节上有所不同,但是它们有一个普遍共识,那就是母语的音位系统会对二语的感知进行过滤(例如, the Perceptual Assimilation Model, 参见 Best, 1995; the Speech Learning Model, 参见 Flege, 1988, 2002)。许多研究指出为什么第一语言的知识会塑形对二语范畴的感知,原因之一就是母语习得将语言感知调节得适于产出和感知母语的音位特质。在成熟的过程中,这种调节将引起听觉空间的变形,也正是在这里,接下来的二语学习将被过滤(例如,《母语的磁力》(the Native Language Magnet), 参见 Kuhl, 2000)。

　　许多实验范式被设计出来,以便研究以下问题:二语的语音范畴是怎样被感知的,它被感知到什么程度? 例如,艾弗森、库尔、山田等人(Iverson, Kuhl, Akahane-Yamada et al. , 2003)利用三个不同任务考察了母语的语言经历如何影响对非母语范畴的感知。具体地说,他们调查了,日语听者和英语母语听者在感知英语的/l/与/r/对立时有何不同。艾弗森等人设计了一组刺激,它们包含 18 个 CV(辅音和元音)音节,通过有系统地变化两个频谱的性质,即首个流音辅音的第二(F2)和第三个(F3)的共振峰的频率,来人工合成由英语/ra/到/la/的连续统。他们测试被试有三种方式:通过收集识别(identification)和优度评分(goodness rating),通过相似性尺度(similarity scaling)以及通过一项辨别任务(discrimination task)。

　　识别和优度任务中,被试将听到一个刺激项——实验中,每个刺激项都在两个随机区组（randomized blocks）中呈现两次——然后，在他们的母语中找出一个与刺激项相同的语音范畴。识别中，同样要求被试者对每个标记（token）在 1（差）到 7（好）的范围内评分，以作为那个范畴的样例。在相似性尺度任务中，也要求受试进行评分。然而，这个情况下，呈现给被试的听觉刺激是成对的，并要求他们用从 1（不相似）到 7（相似）的尺度去评价两个刺激的相似度。刺激在一个单独的随机实验区组中呈现，它包括 306 次实验，这样 18 个刺激项都会得到两两匹配。最后一个，AX 式辨别任务，它会让被试听一对刺激，然后判断所听到的两项刺激是相同的还是不同的。在这个实验中，刺激被呈现在一个单独的随机实验区组，它包括 480 次实验，刺激项的每一对包含 48 个相同对和 48 个不同对。在这个任务中，不同的对子仅仅沿着第三个共振峰（F3）的维度呈现不同。

根据艾弗森等人（Iverson, Kuhl, Akahane-Yamada et al. , 2003）的研究，相似性尺度和辨别任务产生的结果是不谋而合的。日本听者错误地，却很好地沿着 F2 的维度调整，而美国听者则沿着 F3 的维度进行细致的调整，F3 维度正是英语/r/和/l/语音范畴的界限。艾弗森等人主张识别和优度评分是相关的，因为它们提出的方法能够解释为什么日本听者对刺激的频谱分量（spectral components）会有区别地调整。尤其是，随着 F2 的下降，日本听者开始将刺激识别为属于日语/w/的范畴，而不是属于/r/范畴。也就是说，日语的经历已经这样塑造了他们的声学空间（acoustic space），这使得他们会更加注意 F2 的区别，这一区别表示/r/和/w/的对立。相比之下，英语说话人会高度调整 F3 的变化，而在日语范畴/r/中，他们 F3 的变化则下降了，因此，日语听者对这个维度的变化则显示出较低的敏感度。

如果说对二语的感知受母语过滤的制约，那么一个问题就出现了:在二语学习过程中,这个系统有多大的可塑性？埃斯库德罗和博尔斯马(Escudero & Boersma,2004)测试了西班牙语说话人对英语/i/和/ɪ/音位对立的感知,他们人工合成一个从/i/到/ɪ/的连续统,考查这个连续统在元音第一个共振峰(F1)的频率和元音的时长变化,此实验的设计与艾弗森等人(Iverson,Kuhl,Akahane-Yamada et al.,2003)的设计相似。众所周知,对于学习英语的西班牙人来说,学习这组对立是不容易的(参见,Bradlow,1995;Fox,Flege,& Munro,1995)。有意思的是,埃斯库德罗和博尔斯马测试了两组生活在二语环境中、母语是西班牙语的说话人:一组住在苏格兰英语环境中,在那里,/i/和/ɪ/的辨别主要通过 F1 频率的不同——这个性质与元音的舌位高度是相反的;另一组住在英格兰南部,那里的方言主要利用元音长短的不同

120 来区别范畴。在埃斯库德罗和博尔斯马的研究中,被试需要听一个独立的刺激标记,然后完成一个被动的选择任务,选择的对象是两张图片,一张画着绵羊(sheep,表示/i/范畴),一张画着轮船(ship,表示/ɪ/范畴)。这个任务与艾弗森等人(Iverson,Kuhl,Akahane-Yamada et al.,2003)设计的识别任务不同,因为被试在这个研究中是被迫在二语的两个范畴中选择(间接地以图片形式),而不是判断是否与母语的范畴一致。重要的是,实验结果表明,虽然与英语母语控制组相比,他们没显示出母语似的感知,但是更多高级二语学习者采用的策略包括调整到他们所沉浸的方言的性质,因此,表明他们正在发展的敏感性对特定方言的声学信号有很好的可塑性。

音位/e/与/ɛ/的区别存在于加泰罗尼亚语,而西班牙语中则没有,我们在研究西-加双语人(西班牙语和加泰罗尼亚语)/e/与/ɛ/的对立时发现,它的研究结果与二语可塑性(我们在产出和感知的研究中都曾注意过)理论形成鲜明的对照。一系列实验(Sebastián-Gallés &

Soto-Faraco，1999；Bosch，Costa，& Sebastián-Gallés，2000；Pallier，Colomé，
& Sebastián-Gallés，2001）的研究者先后利用了许多技术，并发现熟练
但西班牙语优势的早期西－加双语人在完成包含处理加泰罗尼亚语
/e/ ~ /ɛ/的区别任务中，表现得远不如那些以加泰罗尼亚语为优势语
的早期加－西双语人那样地道。这两项研究是非常有用的，因为它们
允许我们去复审在双语感知文献中发现的那些附加上的实验方法。

赛巴斯钦－格里和索托－法拉科（Sebastián-Gallés & Soto-Faraco，
1999）调整了门控技术（gating technique，Grosjean，1980，1988），以熟练
且西班牙语优势（如，西班牙语－加泰罗尼亚语）双语人与熟练且加泰
罗尼亚语优势（如，加泰罗尼亚语－西班牙语）双语人为对象，研究了
他们在处理加泰罗尼亚语/e/ ~ /ɛ/区别（在其他对比中）的方式上有
哪些不同。在门控实验中，会向被试播放听觉刺激，通常是一个词的
逐渐加长的语音片段。从这个意义上讲，这种方法便控制了被试暴露
在刺激中的程度。在每次控制中，被试必须在几种可能形式中做出选
择，然后对刚才选择的正确性做等级评定。在赛巴斯钦－格里和索托－
法拉科的研究中，从两个加泰罗尼亚语区别极小的非词（non-word）中
提取一个构成被控制的刺激；刺激呈现的时候，被试把这些非词成对
地写下来，电脑屏幕上也把它们显示出来。每次实验，被试在屏幕显
示的几种形式中选择一种，并且以1 ~ 9分，评定自己选择的正确性。
被试依据这两个要点对结果进行分析：（1）辨别点（isolation point），指
被试正确辨别出目标词语音，并且听到更长的语音片段也不再改变答
案时的那一点；（2）识别点（recognition point），指被试对正确性的评分
达到8分或更高时的那一点。这个实验结果表明，尽管这些西－加双
语人全都是熟练加泰罗尼亚语说话人，从幼儿期就开始学习这种语
言，然而他们的效率并不高，比如，要成功地完成门控任务，他们比加

泰罗尼亚语优势双语人,需要更多的听觉信息。可以说门控任务提供了一个细密的方法,以一个相当精确的方式,让两个双语都十分熟练的群体去完成辨别任务。更重要的是,赛巴斯钦-格里和索托-法拉科主张,他们获得的结果证明母语范畴(这个案例中,在作为母语的西班牙语中没有/e/~/ɛ/的区别)对二语习得的影响很深刻,可能持续下去,即使这个人习得时间很早,接触量很大,使用得很多,情况也会这样。

121

除了门控任务(其地位还不太明朗;参见 Grosjean,1996),在双语语音感知研究中最常使用的技术是离线任务(off-line task)。在说明如何使用在线任务(on-line task)去解决母语音位系统过滤二语语音范畴感知的问题上,帕里尔、考罗梅和赛巴斯钦-格里(Pallier, Colomé & Sebastián-Gallés,2001)的研究是个有用的例子。在继续探究熟练西-加双语人感知加泰罗尼亚语/e/与/ɛ/区别的困难性的过程中,帕里尔等人采用了中期听觉重复启动技术(a mediumterm auditory repetition priming technique)。这一技术是在听觉词汇判断任务中变化而来的。具体地说,任务将向被试呈现两个口语词,一个真词和一个非词,然后让他们用最快的速度判断刚才呈现的刺激是不是真词。这个任务之所以被称为听觉重复启动技术,是因为刺激列表中的部分真词和非词将呈现两次。通过这个任务发现,当第二次呈现真词的时候,被试能更迅速地做出回应(比如,他们已经准备好的情况下),然而对于第二次呈现的非词,他们回应的速度却并没加快。帕里尔等人便利用这一效应,在实验中加进了加泰罗尼亚语单词的最小对立组,比如说,Peter [pere]和 pear [perɛ]。实验的逻辑是,如果听者认为这些最小对立组听起来是有区别的,是两个词汇项,那么在他们身上便没有发现启动效应。另一方面,如果听者将听到的形式判断为同音词,而没能感知到它们最后一个元音的区别,那么我们便看到了预期的启动效应。他们的结果与其他研究一致，西班牙语优势的西-加双语人也没能像加泰罗尼亚语优势的双语人表现得一样地道。具体而言，西班牙语优势群体与加泰罗尼亚语优势群体表现得明显不同，前者对加泰罗尼亚语形式的最小对立组显示出促进效应，这个促进效应和前述真假词重复启动实验的结果是相同的。这说明西班牙语优势的被试还没有适当地调整到那些提示对立的光谱区别，比如/e/和/ɛ/的对立。然而，总体反应时间（reaction-time）的数据印证了作者的主张——他们正在测试的是熟练双语人，因为无论是在反应时间，还是错误评价（对加泰罗尼亚语词汇的判断任务）方面，西班牙语优势群体与加泰罗尼亚语优势群体相比，并没有表现出明显的不同。针对我们的目标，这些结果在方法论方面很有意思，因为它们显示了如何使用多种任务来获得聚合的结果，这些任务包括行为型的、在线技术、门控任务以及离线任务，诸如，辨别和识别任务。

7.3.3　成像

成像技术的新成果也被用来解决上面的问题。虽然，彻底的回顾会超出本章的范围（深度讨论参见本书第 8 章），但是，我们可以在这里介绍一下温克勒、库扎勒、提特宁等人（Winkler, Kujala, Tiitinen, et al. , 1999）关于 ERP（event-related potentials，事件相关电位）的研究，它针对的是芬兰语的母语人、无经验非母语人、熟练二语者对语音范畴的感知（对 ERP 实验设计、方法和应用的综述参见 Handy, 2004）。概括地说，ERP 就是一种功能性脑扫描技术，它支持我们在意识处理过程中非侵入地测量大脑的活动。我们将电极附着在头皮上，以便测量持续脑电活动，获得脑电图（EEG）。计算脑电活动的平均值，得到事件相关电位,它与外部呈现或特定的刺激反应在时间上是相关联的(时间锁定,time-locked)。温克勒等人的实验方法采用的设计是这样的:向被试反复播放一个双轨立体声呈现的"标准"刺激(standard stimulus)(一个人工合成的芬兰语元音/e/,占全部时间的82.5%),偶尔插进两个"偏差"刺激(deviant stimulus)中的一个(芬兰语元音/æ/,或者芬兰语元音/y/,同样两个都是人工合成的)。在偏差刺激过程中,实验检测到的诱发的电位被称为"失匹配负波"(MMN,mismatch negativity event-related potential)。研究显示,MMN电位与自上而下的、前注意的(preattentional)语音加工相关(参见Näätänen,2001)。在这里最相关的是,诱发的MMN反映了大脑对特定语音维度变化的感知,在这个例子中,反映了大脑对不断重复的"标准刺激"到"偏差刺激"变化的处理功能。

温克勒等人(Winkler, Kujala, Tiitinen, et al., 1999)测试了匈牙利语者对芬兰语元音/e/ ~ /æ/对立的感知,这两个元音在匈牙利语中属于同一个元音范畴。考虑到诱发的MMN具有前注意的性质,他们推断对非母语对立感知的ERP研究,将会为探索晚期二语学习中大脑可塑性的问题提供一个有用的方法。具体地说,他们猜测,如果匈牙利语者没能感知到这个元音对立,那么他们面对偏差刺激应该也不会诱发MMN电位。与之相比,在偏差实验中诱导的MMN电位表明,被试对芬兰语两个元音声学区别的敏感度是一个深的、低的水平。重要的是,他们发现,当无经验匈牙利语者接触到芬兰语元音对立时,比如说,对偏差刺激元音/æ/做回应,并没有诱发MMN电位。ERP的数据说明,这些无经验说话人不但不能区别这两个芬兰语元音,他们甚至认为/e/和/æ/是同一个元音范畴的两个标记(token),这个结果与无经验说话人在离线辨别任务中的表现是一致的。相比之下,芬兰语相对熟练的匈牙利二语者,对偏差标记的 MMN 反应(一种回应模式)则非常清晰,实际上,这个反应与芬兰语母语控制组的结果没有显著区别。但这些结果是个难题,因为明显的非可塑性是早期、熟练西-加双语人在上述一系列任务中的表现特征。与无经验群体非诱发的 MMN 回应相比,对于晚期匈牙利二语者,这些结果强烈地显示出晚期二语学习中大脑保持可塑性,但保持在语音感知的最低水平。最后,从方法论的角度上,成像研究也很有意思,因为它为我们测试双语语音加工问题的实验范式中增添了非行为(non-behavioral)任务。

7.4　句子

当我们试图理解用我们的第二语言书写的句子时(用第一语言时所遇到的情形也是同样),我们面临着许多不确定的因素,即所提到的人和物是如何相互联系的。这是因为,当我们眼球沿着印刷文本从左向右移动的时候,在字符串间建立正确相关性的所需信息还没有出现。换句话说,我们需要等待。

所以,在这些不确定条件下,二语读者做了什么?假定二语说话人用取自一语的成熟加工系统来处理句子加工任务,你可能会问:说话人用二语加工文本时建立了什么表征,使用什么信息类型去构建它们,以及什么时候形成了这些表征?可以合理地认为,在二语学习前期,二语说话人依赖(至少是局部地)取自他们一语的信息资源(比如,动词编码的词汇信息,如,动词论元结构)去构造合法的二语句法结构(比如,对句子作语法分析)。而且可以预见,随着语言不断成熟,二语句法加工也会越来越接近目标语的单语人。

二语句子理解的实验工作已经研究了这些问题,使用了一系列的心理语言学技术,有非常简单的,也有更加复杂、强大的(Juffs & Harrington,1996;Weber-Fox & Neville,1996;Frenck-Mestre & Pynte,1997;Hahne & Friederici,2001;Dussias,2003;Felser, Roberts, Gross, & Marinis,2003;Fernández,2003)。这些快速增长的工作表明,当二语学习者用二语分析句子时,有时候他们的表现非常接近母语者,但其他时候却又不是这样。支持第一种主张(即,二语者的表现非常接近母语者)的证据令人无可争辩,它来自运用事件相关脑电位(ERPs)的研究,在研究中,说话人所接触的句子沿着特定语义特征系统地变化。当单语英语说话人和二语英语说话人同时面对"The scientist criticized Max's event of the theorem"①这个句子时,他们大体上对句中的语义异常都表现出了同样的敏感性(Weber-Fox & Neville,1996)。与此同时,我们在一系列句法加工中获得的一语和二语说话人之间的明显差异,却又支持了第二种主张。

心理语言学在方法上的进步,已经给有志于二语句子理解的研究者们提供了经常使用的实验技术,以帮助我们理解潜于句子理解之下的心理过程,它还提供了丰富并非常详细的评估,让我们了解到,关于理解过程每种技术能或不能揭示什么。在这一部分,我们将讨论最常使用的、调查二语句子理解的方法。因为研究者很多时候更青睐于在二语句子加工过程实时展开时去追踪它,所以我们的讨论仅限于那些被称为"在线"(on-line)的方法。

124

---

① 译者询问了英语母语人,这句话中令其疑惑的地方是,搞不清"event of the theorem"指的是什么? ——译者注

7.4.1　自定速度阅读

　　毫无疑问，在第二语言的句子理解研究中，自定速度阅读（self-paced reading）是最广泛使用的在线方法。在这个任务中，通常一个刺激句子被切分为几个词或短语，我们称之为"显示"（display），并在电脑屏幕上一一呈现。被试一般通过按动触发器（比如，一个踏板、一个按钮盒或电脑键盘上的按键）来开启实验。于是这个动作带出第一次显示。被试默读这次显示后，按动触发器请求下一次显示，然后继续完成同样的动作直到实验结束。在这个任务中，测量的对象是被试阅读关键显示（a critical display）所花的时间（例如，用于连续两次按动之间的时间），并与控制情况进行比较。

　　在二语分析研究中，自定速度阅读任务已经广泛用于调查，在没有附加短语（adjunct phrase）、修饰短语（modifier phrase）等词汇限制的情况下，二语分析是如何进行的。举个例子，杜斯亚斯（Dussias，2003；也可参考 Felser, Roberts, Gross, & Marinis, 2003；Fernández, 2003；Papadopoulou & Clahsen, 2003）使用这个方法研究了西班牙语-英语和英语-西班牙语双语人对结构"NP1-of-NP2-RC"[①]（比如，*El perro mordió al cuñado de la maestra/ que vivió en Chile/ con su esposo/*"这只狗咬了这位老师（阴性）的姐夫，这位老师跟她的丈夫住在智利"）的附着偏好（attachment preference）。所有句子都切分为三部分，如上面例子中的斜线所示。请求第一个句子的时候，第一个显示会出现在屏幕中央，此时计时开始。被试默读这个显示，然后按动按键请求第二个

---

　　① NP 表示名词短语，RC 表示关系从句。——译者注

显示。那么,从第一个显示开始到请求第二个显示之间的时间便是我们要记录的。并且,第一次显示被第二次显示替换后,计时又重新开始。这一系列事件自身重复着,直到句子结束。此次研究中的关键比较(critical comparison)是阅读最后一次显示的所用时间;然而,阅读第一次和第二次显示的所用时间也会比较,以便保证在它们之间没有显著的区别。根据所得结果,正如以往资料所报告的,控制组(西班牙语和英语单语人)分别显示了对高附着(high attachment)和低附着(low attachment)的传统偏见。英-西双语人在处理歧义句时,并未对高附着或低附着显示出任何偏好,但是,很明显西-英说话人无论用母语还是二语阅读都对低附着表现出一致的偏好,它表明用于处理二语的分析程序已经影响了一语的处理,并且,这个结论没有曲解我们正在研究的那个与探查句法歧义相关的意识加工过程。与前文回顾的词汇和语音的识别研究一样,这个结果显示出高度的可塑性,以及双语人两种语言之间积极的互动。

　　自定速度阅读任务的一个变体被称为“移动窗口方案”(moving-window programme, Just, Carpenter, & Woolley, 1982),它在屏幕上从左至右显示单词,按键点击一次,屏幕便出现一个单词,单词在屏幕上出现的位置不是随机的,是它在整句话中的位置。除了正在显示的单词的字母,其他所有字母都会由破折号替换(或其他等同的符号)。在阅读移动窗口范式中,文本的呈现形式有两种:非累加型(句中新词出现,前词即消失),和累加型(新词增加时,阅过的前词仍留在屏幕上)。因为累加型存在缺陷(被试可以连续按动触发器显示出句中所有词,然后才开始实际的阅读),所以研究者通常更青睐非累加形式。

　　移动窗口任务的优点之一是它可以收集单词级别的阅读次数,因此实验员能够判断在句子的什么位置是处理难点。为了得到证实,杰夫和哈瑞顿（Juffs & Harrington, 1996）采用整句呈现任务和非累积移动窗口任务，通过两个任务的对比来检验汉语母语英语学习者如何处理，诸如，"Who did Ann believe ＿＿＿ likes her friend?"和"Who did Ann believe her friends like ＿＿＿?"这样的句子。这两个句子有所不同，第一个抽取了主语位置上的 wh-成分（由下划线＿＿＿表示的），第二个句子从宾语位置上抽取。根据杰夫和哈瑞顿的预计，与抽取宾语的句子相比，抽取主语将给分析者带来更多的困难，因为抽取主语会迫使分析者在完整分析句子之前重复分析那个 wh-空位好几次。虽然，整体的实验结果支持这个主张，认为从主语位置上比从宾语位置上抽取更难，但是，采用不同的技术貌似会产生略有不同的结论。比如，在整句条件下，无论从限定性分句中抽取主语还是宾语并没有显著区别，然而在移动窗口条件下，这些效应便会显现。此外，汉语母语学习者与英语单语控制组相比，在判断不合语法的句子时，在移动窗口条件下比在整句条件下，会有成比例的更多的困难，这说明移动窗口任务会带来更多的处理要求，这给被试可用的认知资源带来更重的负担。

有一种批评对自定速度阅读的任何形式都表示质疑，因为存在这种可能性：实验者切分句子的形式可能会影响句子分析（参见 Gilboy & Sopena, 1996；驳论参见 Mitchell, 2004）。吉尔博伊和索佩纳（Gilboy & Sopena, 1996）发现，分析有歧义的关系从句时，将句子切分为大段（如，*El perro mordió al cuñado de la maestra/ que vivió en Chile/ con su esposo/*）还是小段（如，*El perro mordió/ al cuñado/ de la maestra/ que vivió en Chile con su esposo*）效果是不一样的。另一个反对看法认为，这个任务是企图依赖一个次要任务（一个按钮、按键，或是踏板）去获得那个相关的测量值。正是由于这些和其他因素（参见 Mitchell, 2004）使得研究者更青睐能够提供大量、丰富数据的方法，而不是在自定速

126

度阅读中获得的单一的潜在因素。在下一部分,我们将讨论一些方法,可以让研究者更准确地确定处理难点是否存在、它的位置和时间进程。

7.4.2　眼动

眼动记录(eye-movement records)在句子理解的研究中已成为一种非常流行的技术,因为它能对加工困难的阅读过程做实时的测量,具有高时间分辨率(high temporal resolution),而且不需要额外任务(如,按钮或踏板)去产生依赖性的测量。高生态效度(high ecological validity)是眼动记录的另一优势。比如,眼动是阅读的一般特征,读者可沿文本的印刷线向前向后地自由移动,而且,实验中的文本也不必切分为不自然的片段。

在实验心理学中,存在大量有关眼动的论著用以回答语言加工的问题,能帮助我们更好地理解有关阅读的认知过程。比如,我们知道阅读者从文本提取有用信息的范围是有限的,通常是注视点左侧约4个字符到注视点右侧约15个字符的范围(McConkie & Rayner,1975)。这个信息提取的最大区域被称为"知觉广度"(perceptual span)。我们也知道,眼睛不是沿着文本印刷线流畅地移动,而是向前做短途跳转,这被称为"眼跳"(saccades)。一个普通英语阅读者每秒有3～4次眼跳动作,每次持续20～40毫秒。当一个词被眼跳带入视网膜的中央凹处(fovea),它被注视的平均时间为225毫秒,但是一个阅读者在同一个文本上的注视模式差别很大,这要看单词的语言学特征(Pollatsek & Rayner,1990;Carreiras & Clifton,2004)。例如,即使在词长被控制的条件下,一个词的词频会影响它的首次注视时长(first fixation duration)和凝视时长(gaze duration)(Just & Carpenter,1980;Rayner & Duffy,1986)。一个词语从前文语境获得的可预测性也会影响首次注视时长和凝视时长,以及将它融入表征的时间,也就是读者构建一个特定句子的时间(Balota,Pollatsek,& Rayner,1985)。

那么,研究者收集眼动记录,可以获得哪些因变量? 对于任何关键区或兴趣区,都能区分出许多指标。第一个指标就是"首次注视"(first fixation),它指目光第一次落入一个区域(这个区域可以是一个词,也可以是一串词)。这个指标似乎容易受到词频的影响。下一个指标是"第一次通过时间"(first-pass time),指的是在一个区域中所有注视点的注视时间之和,即从目光落入一个区域之时到目光从这个区域的左侧或右侧离开之时。如果区域中只有一个词,那么第一次通过时间就等于凝视时间(参见 Rayner & Duffy,1986)。我们揭示探查歧义句的心理过程时,第一次通过时间一直被认为是最有信息量的指标。

我们这里需要注意的是,对于首次阅读跳过一个区域的实验,多数研究者计算这个区域的凝视时长和第一次通过时间的时候,都将其排除在外。另一个常用的指标是"第二次通过时间"(second-pass time),它指离开一个区域后再次阅读这个区域所用的时间(换言之,就是将第一次通过时间排除在外,或者是在首次跳过这个区域以后)。最后是"总体时间"(total time),它是一个区域中所有注视时间的总和(实际上,就是第一次通过时间和第二次通过时间之和)。除了时间维度的指标,另一个有用的依赖性指标是"回视率"(probability of a regression),它是指一个区域引发回视(比如在英语中,就是向左移动)的百分比。这个指标一般限于对该区域第一次通过的回视。

图 7.5 是一次实际的眼动记录,是一位熟练西班牙-英语双语人

127

A. 第一次通过的注视点

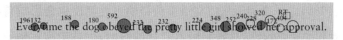

B. 关键区中的回视注视点

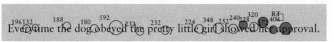

图 7.5　眼动记录。这是西-英双语说话人阅读歧义句时的眼动记录。材料摘自 Frenck-Mestre & Pynte（1997）。

正在阅读一个歧义句（参见 Frenck-Mestre & Pynte,1997,讨论了法-英和英-法双语人如何加工这处歧义）。图中为了简化图片,删去了表示眼睛轨迹的箭头（注视时间的数值显示在注视点的左侧）。这个句子有歧义,因为名词短语"the pretty little girl"（意为:这个可爱的小女孩）既可以是动词"obeyed"（意为:听从）的补足语,也可以是后面从句的主语。一开始认为名词短语是补足语的读者,当他的眼睛到达歧义消除区域"showed"的时候,他会被迫修正他的连接决定（attachment decision）。我们观察句中第一个词"比如,every",注视点在字母"r"上,持续时间 196 毫秒。由于这个词上再没其他注视点,所以首次注视时长和凝视时长都是 196 毫秒。在被试到达解歧区之前,如图中的"showed",他的阅读进行得相当顺畅。这个区域的首次注视点落在字母"s"上,持续 348 毫秒。后面的注视点从左到右依次落在字母"o"和字母"d"上,时间数值分别是 252 和 228 毫秒。因为这三次注视都发生在目光转向句中的另一区域之前,所以这个区域的凝视时间就等于三次注视时间之和（828 毫秒）。下一次注视发生在词语"her"上,持续 320 毫秒。然后,被试开始回视动作返回解歧区,注视落在字母"e"上,持续 228 毫秒。那么,此例中的第二次回视时间等于 228 毫秒,阅读此区域的总体时间是 1156 毫秒。有一点值得注意，正如第一次通过阅读时间所指示的那样，解歧区加工难点发生在认知加工的早期阶段。如果通过自定速度阅读的方法收集数据，这个调查结果很容易被漏掉，因为首次和再次分析不太容易区分开。返回我们的例子，我们注意到，这个句子的最后一个词被注视了两次，持续404 毫秒和 172 毫秒（共 576 毫秒）。一般情况下，句中的最后一个词被注视的时间会更长，因为在这一点上，句子将作为一个整体被理解（Just & Carpenter，1980）。因此，兴趣区不放置在句末位置才是标准的做法。同样地，句子的首词位置也不利于分析，因为这个区域比句子的其他区域更容易被跳读。

　　尽管眼动数据可以提供丰富信息，但是由于许多原因，眼动记录在二语句子分析中还没有广泛使用（Frenck-Mestre 及其同事所做的研究是个明显的例外）。原因之一是追踪设备非常昂贵，维护也很费钱，而且技术要求高。相比之下，自定速度阅读的研究容易开展，而且相对便宜。实际上，任何实验都可以建立在标准的桌面和笔记本电脑上，实验生成软件可用于不同的平台，并且成本适中。此外，使用眼动追踪发现的许多重要结果，也已通过自定速度阅读方法获得过。

7.4.3　事件相关电位（ERPs）

　　如前所述，ERPs 就是我们在头皮表面测到的微弱的电压变化，它反映了由感官刺激和认知加工引起的脑活动。一个 ERP 由正负电压峰值组成，我们称之为"成分"（component）。在 ERP 研究中，被试需要听或读一段文本，与此同时，脑电图仪从头皮的不同位置进行记录。

使用这种方法时,周围环境的变化需减至最低,比如照明,而且闪光是必须禁止的,因为这样得到的波形会遮盖语言加工的时间进程。使用不同任务可以改变信息加工要求,通过这种方法,我们已经发现一些性质不同的 ERP 模式,并已找到它们与语言加工特定方面的对应关系。比如,库塔斯和希利亚德(Kutas & Hillyard,1980)证明,如果句尾的单词与前文语境不符(例如,He spread the warm bread with socks,"他用袜子涂抹热面包"),便会出现一个负向波形,并在关键词呈现后的400 毫秒处达到顶峰;因此,语义整合的难点与这个 N400 成分相关。第二个成分是 P600,这个正向波形在大约 500 毫秒处开始,它与各类句法异常存在关联(Osterhout & Holcomb,1993)。

与其他那些仅基于阅读的技术相比,ERP 方法的一个特殊优势是,允许以自然的方式去研究双语人如何加工听觉模式中的语言材料(Mitchell,2004)。在这方面,ERP 方法已成功用于研究二语句子加工,判断二语说话人在语义和语法的下级加工中(这两种加工参与二语的语言理解)与母语者是否存在不同。比如,哈恩(Hahne,2001)在俄语母语的德语熟练二语学习者当中进行实验,比较了他们对语义和句法的加工。实验记录到 ERP 对听觉刺激(包含语义和句法异常)的反应。加工语义异常时,母语和二语者之间仅存在数量上的差别,这与以往的研究结果相同(Weber-Fox & Neville,1996);但是,至于句法加工,两个组却存在质的不同,这说明二语学习者并未像母语听者一样,将句法信息加工、整合进入既有的短语结构中。上文所述的阅读研究认为,一种语言的句子结构加工受另一种语言的影响,与之相比,ERP 的证据提出了限制条件,用于说明二语的句法在什么程度上可以像母语者一样进行加工(参见 MacWhinney,1997,它是对句子加工中跨语言相互作用的另一种观点,图克维兹与麦克惠尼(Tokowicz &

MacWhinney),2005,提供证据证明 ERP 记录是一个敏感的技术,可以用于研究在习得早期阶段二语句法形态的形成)。

7.5　本章小结

　　在本章我们介绍了一部分实验室方法,可以利用它们调查双语人和二语学习者是如何使用每种语言去识别词语,理解和产出言语以及加工句子的。如前所述,我们的介绍不可能穷尽所有,但是我们力图阐明那些有代表性的双语实验方法。在这样做的过程中,我们希望已经展示出如何使用这些方法去推断认知加工的本质,也就是,双语人使用两种语言去完成理解和产出任务时的认知加工。我们也努力一窥指导这个研究的理论论争。仅仅列举实验室设计,却没有理论支撑,势必会将人引入歧途,因为正是这些关于心智是如何调节两种语言的问题,引导我们找到使用的方法。我们欢迎读者尝试双语实验的基本方法。我们也在下面的小节附加了一些资源,希望给双语的实验室研究提供有用的信息。我们相信这种方式不仅对双语人心智的理论有用,还会更广泛地丰富认知科学和语言科学。

鸣谢

　　本章的写作部分得到了基金 NSF Grant BCS-0418071 和 NIH Grant MH62479 对 Judith F. Kroll 的支持,以及基金 NIH Grant HD50629 对 Paola E. Dussias 的支持。我们感谢 Natasha Tokowicz 对本章的初稿提出的有益意见。

130 **延伸阅读和资源**

作为一名学生,你可能对实验室研究不太熟悉,请不必焦急,有许多工具可以利用! 我们在下方列出许多程序,是心理语言学者经常使用的,我们在本章介绍过的实验范式都可以利用它们完成。我们还提供了关于数据库的信息,可能会有助于生成实验语料。如果你是有志于从事实验室研究的学生,建议最好选修一些关于实验设计和统计的课程。有许多介绍这方面的文章。下面所列资源希望能对研究设计和统计的方法补充一个基本的介绍。虽然,本章介绍的一些技术(如,眼动追踪和声学分析)需要额外的培训,而且这些培训需要沉浸在实验室环境中才能完成,但是,其他的技术(比如,词汇判断和图片命名)可以尝试,所需的网络实验程序都是现成的。

实验和分析程序

布尔斯马(Boersma, P. , D. Weenink, 2005)Praat:使用计算机研究语音学(版本4.3.22)。www. praat. org/。

Cohen, J. D. , B. MacWhinney, M. Flatt, 和 J. Provost (1993) PsyScope:一种用于设计心理实验的新型图形交互式环境。详见, *Behavioral Research Methods*, *Instruments*, *and Computers*, 25, 257—71。

Forster, K. I. 和 J. C. Forster(1999)DMDX(计算机程序)。Tucson: University of Arizona(美国亚利桑那大学开发)。

PST(Psychology Software Tools, Inc, 心理学软件工具公司)。*E-prime*(计算机程序名称)。www. pstnet. com/。

在线实验网站

有许多网站,你可以在上面分享具体的实验,也可以展示心理语言学的现象。下面列举一些:

psych. hanover. edu/research/exponnet. html

psychexps. olemiss. edu/

www. york. ac. uk/res/prg/

对心理语言学研究有用的数据库

美国实验心理学会最近建立了一个档案库,档案库中包含了许多有用的数据库,其网址为:psychonomic. org/archive/;荷兰马克斯普朗克心理语言学研究所的数据库中包含了相关语料库,其网址为:www. mpi. nl/world/corpus/index. html/。

Balota,D. A. ,M. J. Cortese,K. A. Hutchinson,等人(2002)的英语词库项目(English lexicon project):它是一个基于互联网的资源库,拥有40,481个英语词和非词,可用于这些词的描述和行为测量。其网址为:elexicon. wustl. edu/。

Buchanan,L. 和 C. Westbury(2000)Wordmine Database,提供英语中所有4~7个字母单词的概率值。其网址为:www. wordmine. org/。

Davis,C. J. 和 M. Perea(2005)。BuscaPalabras:这个程序包括西班牙语的派生拼写和音系学的邻域统计,以及其他心理语言学指标。参见:《行为研究方法、仪器和计算机》(*Behavior Research Methods*,*Instruments*,*and Computers*) ,37 ,665—71。

Prado,M. (1993)《西班牙语的假同源词》(Spanish False Cognates)。Chicago,IL:NTC Publishing Group。

Sebastián-Gallés, N. , M. Martí Antonín, 和 F. Cuetos Vega (2000)

131

Léxico informatizado del Español(《西班牙语计算机词汇》)。Barcelona：Edicions de la Universitat de Barcelona。

Snodgrass，J. G. 和 M. Vanderwart（1980）A standardized set of 260 pictures：Norms for name agreement，image agreement，familiarity，and visual complexity.（论文：《260 个图形的标准化资料：命名一致性、表象一致性、熟悉性和视觉复杂性》）*Journal of Experimental Psychology：Human Learning and Memory*，6，174—215.

Tokowicz，N. ，J. F. Kroll，A. M. B. De Groot，and J. G. Van Hell（2002）Number-of-translation norms for Dutch-English translation pairs：A new tool for examining language production.（《适于荷-英翻译对的数码翻译标准：一种用于检验语言产出的新工具》）*Behavior Research Methods*，*Instruments*，*and Computers*，34，435—51.

实验报告撰写指南

Publication Manual of the American Psychological Association（2001）（《美国心理协会出版手册（第五版）》）。5th edn。Washington，DC：American Psychological Association。

（耿兴岩 译）

第 8 章　大脑成像技术

132

朱宾·阿布塔乐比(Jubin Abutalebi)

帕斯夸莱·安东尼·德拉·罗萨

(Pasquale Anthony Della Rosa)

8.1　导语

　　有关语言的神经基础的研究主要集中在大脑如何处理语言方面。必须强调的是,语言是一种最为复杂的功能,由众多子流程构成,其中包括语音的产出与识别、话语和句子的产出与理解(见第 7 章)以及语言的实际使用。大脑的记忆功能与注意功能是这些子流程的基础,并与之相互作用。所有这些要素或多或少以组合的方式构成了我们处理语言的能力,事实上,大脑对每种要素的运用也可能各有不同。

　　大脑和语言关系的早期研究假设脑部损伤会造成既定语言功能丧失,进而借助精确的神经解剖对此进行验证。计算机断层摄影(CT)以及后来的磁共振成像(MRI)等脑部结构成像技术的出现,为更精确地对脑部受损型语言功能丧失进行解剖定位打开了通道。近年来,被广泛定义为"为大脑活动提供测量方法"的功能性神经成像技术,进一步提高了我们研究语言的神经基础的能力。功能性神经成像技术使得与"语言的脑组织基础"有关的一些关键研究得以进行。利用这些技术,我们可以在严格界定的语言背景下,聚焦健康双语受试者,通过使用精心设计的范式,尝试描述双语人大脑的神经结构。这些技术大致可分为两类:一类为"电磁"方法,即通过记录由特定神经元集群产生的电磁场来直接测量大脑活动;另一类是"血流动力学"方法,即通过检测间接与神经活动变化相关的"血流变量"来评估大脑活动。尽管两者在很多方面存在显著不同,但"同质性"与"相对精确性"是其信号检测的最重要的先决条件:我们依据"同质性"从大脑不同部位抽取神经活动样本,依据"相对精确性"来判断神经活动于何时何处发生。因此,运用这两类技术可互为补充验证神经活动的观点(见表8.1)。过去10多年间我们所获得的大脑功能方面的大量信息绝大部分来自对两者的运用。

　　本章将介绍这两类方法的基本要素及其在双语的神经基础研究中的运用。下面我们先简要回顾"大脑和语言的关系"是如何作为研究课题而出现的。

8.2　大脑和语言的关系

　　18 世纪中期以来,脑科学家提出大脑的一些不同区域与语言相关。19 世纪,脑科学家就特定脑区受损对语言处理的影响进行了系统研究,并获得了大量相关知识,人们开始明白脑部某些区域受损可能会造成特定语言障碍。随后的研究也被称为"临床解剖法",即假设某特定认知功能丧失,如失语症(语言功能部分或完全丧失),与大脑中某个解剖部位之间具有相关性。建立这种相关性的基本推理如下:如果患者因大脑某个区域受损而表现为失语,那么足以说明,该受损脑区是负责语言处理的。例如,法国外科医生布洛卡(Broca,1861)在对一位患有严重失语症的患者(该患者只能发出"tantan"音,因此被称为"患者坦坦")进行病理解剖观察后提出,大脑左半球第三额回(该患者脑区受损部位)在口头语言处理中具有重要性。10 年后,德国神经病理学家韦尼克(Wernicke,1874)观察到了类似现象,他发现大脑左半球颞叶上部受损会导致语言理解上的严重障碍,但不会引发语言表达上的障碍。布洛卡和韦尼克的观察表明,人类表达和理解语言的能力,取决于大脑左半球两个截然不同的区域。这些早期研究奠定了神经心理学的基础,接下来的十几年中,脑科学家确定了很多功能不同的脑细胞区域,如负责写作、阅读、计算等的各个脑区。一般来说,这些区域都处于左脑,左脑因此被称为"主导"半球。此外,这些发现使得科学家们首次瞥见语言功能在大脑中的分布式特性:大脑似乎不以单独区域来产生或存储语言,而是由不同部位控制言语和语言的不同层面。

在发现不同语言区域的同时,科学家展开了对双语失语症患者的研究,并就大脑如何呈现语言提出了很多不同看法。具体来说,人们发现,当双语人因大脑左半球病变导致失语时,其两种语言并不总是 134 受到同等程度影响,而且两种语言的随后恢复也并不总是同等的。研究者描述出了多种不同的语言恢复模式(Paradis,1983)。为说明双语失语症患者的语言恢复模式,神经学家使用了脑区差异定位来研究各种语言。如,斯考兹比-杰克逊(Scoresby-Jackson,1867)在对一位失语症患者大脑受损后选择性失去第二语言处理能力的个案进行研究后提出,左脑第三额回(布洛卡氏区)根部可能只负责母语处理,而该额回的其他部分则可能负责第二语言处理。

作为首位对双语失语症患者进行过多个个案研究的学者,皮特(Pitres,1895)强烈反对这种"不同语言分布于不同脑区"的观点。从那时起,有关多种语言是否分布于同一大脑中不同区域的假设激起了广泛讨论(Paradis,1998;Fabbro,1999)。一些研究者否认可从解剖学层面上对分布于大脑语言区域中的多种语言进行分离式定位(Penfield,1965),而多数研究者倾向于认同大脑呈现多语与单语的过程有很多差异,其中包括能以神经解剖学方式进行定位的明显的脑区差异。赛加洛维茨(Segalowitz,1983)认为,如果说个体的双语现象并未影响其大脑结构,这将是令人惊讶的,很多证据表明,多语人与单语人的脑细胞在语言处理过程中的表现并不完全相同。还有一些研究者提出,因大脑右半球能够促进双语中的一种语言,所以双语人比单语人较少偏向利用左脑(Albert & Obler,1978)。作为该领域最具影响力的研究者之一,帕拉迪丝对此持反对观点(Paradis,1987,1998),他否认多语在大脑语言区域中存在解剖学上的可分离性,到目前为止,他的学说似乎仍占上风。

应该指出的是,传统的临床解剖法作为方法论存在明显缺陷:首先,它并非基于大脑功能的解剖,而是基于对脑部血管组织受损(如,脑梗塞或脑出血)情况的观察,由于动脉分布区域较大,这种损伤通常面积较大,并可能导致多个脑区受损。再者,在实际案例中,局部脑区受损的患者可能幸存多年,解剖病理学家不可能在第一时间进行解剖检测,也就是说,只有通过尸检才能精确判断导致语言丧失的病变的解剖位置。计算机断层摄影和磁共振等结构成像技术已经突破了这些局限,并自 20 世纪 70、80 年代早期得到了广泛应用。"结构"或"形态学"的神经影像技术,在临床解剖学研究模式的基础上,大大推进了我们在神经解剖学领域的研究,而且在诊断由大脑病变部位引起的疾病方面具有巨大优势(Press, Amaral, & Squire,1989;Damasio,1992)。

不过,失语症研究数据并不完全适用于神经健康的个体。临床解剖学方法和结构神经影像学方法都存在一些局限。如,两者都无法确定特定语言功能丧失与脑区受损是否存在直接对应关系,因为,受损脑区也有可能只是负责传递语言的更大的神经网络的一部分(Abutalebi, Cappa, & Perani, 2001, 2005; Green & Price, 2001; Vaid & Hull, 2002)。显然,语言处理这样复杂的智力活动不可能只依赖局部脑区,它应该是受分布式神经系统控制的(Mesulam, 1990),而了解这些系统如何工作是神经科学研究的先决条件和首要任务。

正电子发射计算机断层扫描技术(PET)和功能性磁共振成像技术(fMRI)等功能成像技术以及下文介绍的"事件相关电位"记录(ERPs)等电生理学技术,将有助于增进人们对"语言功能的神经网络基础"的认知。

> 小结
>
> 失语症研究是首次针对大脑和语言的关系而展开的研究,它为双语人语言障碍和语言恢复模式提供了丰富的证据来源。不过,这些数据并不完全适用于神经健康的个体。对双语失语症患者的研究,为语言障碍和语言恢复的性质和过程引入了诸多有趣见解,反过来也激发了研究者运用功能性神经成像技术来研究双语人语言处理过程的兴趣。

8.3　"电磁"方法

8.3.1　事件相关电位(ERPs):锁定时段的脑电图记录

在过去 30 年中,针对健康受试者所进行的事件相关电位(event-related potentials,ERPs)信号记录在对人类认知活动所进行的研究中扮演了越来越重要的角色。下面将着重介绍通过测量双语人的大脑电流活动,我们已了解以及可能了解的相关知识。

　　ERP 技术相对比较直观,主要是通过在头皮上放置电极来测量由大量脑细胞(神经元)活动产生的电压波动。神经元被激活会产生电流,头皮上的电极可测量这些电流;而且,只有大量激活神经元所产生的电流才能通过大脑皮层记录到。测量到的电流活动脑电图即 EEG,它反映了大脑在时间上自发的电波活动,也被称为大脑基线活动。而 ERPs 则是与实验条件下特定刺激相关的电波活动。如,以"语义异常型句子"为刺激,大脑在接收到这一刺激时,其后部区域会产生一种 ERP 信号(即 N400,见下文)。

8.3.2　如何提取 ERPs 信号

　　ERP 信号较弱(5～10 微伏),它嵌入在较强但较为嘈杂的 EEG 信号(50～100 微伏)中,所以有必要从后者中进行提取,并进而求得平均值。这就需要记录足够数量的 ERP 信号,而且每个信号都与锁定时段的、同一类型的"事件"或"刺激"相关。EEG 基线中每个时间节点上的 ERP 相平均,产生一个代表"与刺激相关"的电波活动的平均值,即 ERPs 平均值。通过这样的分析技术,基本消除了 EEG 基线活动或背景活动,从而保留因特定刺激而产生的电波活动信号。平均值分析过程中所包含的"刺激"越多,ERP 信号就越明晰(就 ERP 波形而言)。

　　ERP 平均值波形由具有正负值的曲线波动组成,我们通常称之为"波峰"和"成分"(components),并以"P"表示正相、"N"表示负相;当正相波在刺激发生后 600 毫秒出现时,我们将之命名为"P600";此外,

ERP 平均值波形的振幅也是一项重要参数,它间接与特定刺激引发的脑电活动相关。因此,极性(又称"位相",分正相和负相)、延时(以毫秒为单位)以及振幅(以微伏为单位)是 ERP 波形的三个主要特征。

8.3.3　ERP"成分"

　　研究者在提取信号后普遍关注的是由此产生的 ERP 波形的具体特征(如,波峰和波谷),因此,具有特征的 ERP"成分"成为研究者的兴趣点。例如上文提到的 N400 就是一个与语言处理相关的 ERP 成分。唐钦、里特、麦卡勒姆(Donchin, Ritter, & McCallum, 1978)认为,"成分"是 ERP 波形的一部分,它与外接的头皮分布(内接产生 ERP 的神经元)和外接的实验变量(内接为认知功能服务的神经元集群活动)有关。

　　值得强调的是,由特定神经元集群产生的电波活动,可能通过脑组织传播,在大脑其他位置上被检测到。例如,在某个时间节点上,从放置在特定脑区的某个电极上测量到的一伏电压,很可能是由一些处 137 于不同位置的不同神经元活动引起的。这可能会引起"重叠波",即,我们通过测量头皮上的电压而得到的 ERP 波形可能是几个不同脑区产生的电波活动的总和。例如,一个延时 200 毫秒出现的 ERP 波峰,反映的可能不是当时激活的某一个神经集群的活动,而是两个或多个在这 200 毫秒之前或之后达到最大限度激活的神经集群,其电波活动在延时 200 毫秒处交汇达到了最高峰值。为克服这种明显的模糊性,一些研究者倾向于从基础性神经功能(the underlying neural function,如,具体的认知功能)的角度、依据从头皮上记录到的神经元活动的功能来界定 ERP 成分,这种方法也被称为"功能性成分研究法"(见

Donchin,1979）。

我们能从 ERP"成分"概念中获得什么？尽管对之进行识别和测量存在着很多困难，但这一概念至少可服务于三个目的：首先，它提供了不同实验、不同模式以及不同科学领域之间进行沟通的语言；其次，它提供了一个整合 ERP 数据与其他大脑活动测量方式的依据；第三，它可以作为特定认知过程的生理标记，如 N400。

8.3.4　ERPs 和语言研究

一些与语言处理相关的、具有不同时间和空间特征的 ERP 成分已经被识别出来，它们可能表明至少语义处理和语法处理的机制是不同的（Hagoort,Brown,& Osterhout,2000）。

在语言研究中运用 ERP 技术，始于库塔斯、希利亚德（Kutas & Hillyard,1980）在书面语语义处理方面所做的开创性工作。他们测试了受试者阅读以"语义一致或不一致"的词结尾的句子时的 ERP 信号，并观测到，当受试者读到语义不一致的词之后约 400 毫秒，出现了一个波峰，库塔斯、希利亚德将这一显著的、滞后出现的负相成分命名为 N400。

可能影响 N400 振幅的因素有以下几个：（1）关键词的完形概率：可预测度低的词比预测度高的词 N400 振幅大（Kutas & Hillyard,1984）；（2）词频：高频词比低频词的 N400 振幅大（Rugg,1990；Van Petten,& Kutas,1990）；（3）词的具体性：抽象词比具体词的 N400 振幅大（Paller,Kutas,Shimamura,& Squire,1987）；（4）词类：实词比虚词的 N400 振幅大（Besson,Kutas,& Van Petten,1992）；（5）词与词之间的语义关系：无相关铺垫的词比语义导向明确的词的 N400 振幅大（Bentin,

McCarthy,& Wood,1985);(6)单词重复率:首次出现时比后续出现时的 N400 振幅大(Besson,Kutas,& Van Petten,1992)。

N400 普遍存在于各种实验条件下:在英语、荷兰语、德语、法语以及意大利语等不同语言中,在视觉、听觉甚至手语等不同形式中,在不同实验过程中,研究者都观察到了这一成分(Kutas & Van Petten,1994)。因此,如果要测试受试者在上下文中整合词义所遇到的困难的类型,考查 N400 的振幅可能是比较合适的方法。

有趣的是,当实验中出现违反句法规则的形式时,如违反动词次范畴化规则时,研究者并未观察到 N400(Osterhout & Swinney,1989;Osterhout & Holcomb,1990),而是观察到了一个延时 600 毫秒在双顶径区域(脑部中后区)有积极反应的阳性率增加,研究者将这种效应称之为 P600(Osterhout & Holcomb,1992)或"后期正向句法移位"(late positive syntactic shift,见 Hagoort,Brown,& Groothusen,1993)。

一些研究者认为 P600 并不是和特定语言处理过程相关联的,而是从属于 P300,后者通常可在"意想不到的刺激重复出现"时被观察到;另外一些研究者(Osterhout,Holcomb,& Swinney,1994)认为这个后发性正相波峰的振幅可能只是与"(语言)处理成本"相关。研究者比较了更多类型的违反句法规则的情况,在所有此类实验中都记录到了 P600。更有趣的是,一些研究还记录到了伴随不规范用法而出现的前发性成分。具体来说,研究者(Friederici,Pfeiffer,& Hahne,1993)发现,在违反基本短语结构规则的词出现后 200 毫秒到 400 毫秒之间,左脑前部会出现一个"前发性负相成分"(ELAN)。该成分在视觉模式(Osterhout & Holcomb,1992)和听觉模式(Friederici,Pfeiffer,& Hahne,1993)中都能被观察到。ELAN 的出现表明,对词的语法类别的处理先于对其语义的整合处理(N400),这是一项重大发现。

综上所述,研究者在考察语言刺激的处理过程时观察到三个 ERP 成分:N400 由语义异常引起,P600 与句法再分析以及对不规范之处进行修复有关,ELAN 则反映了构建局部短语结构所需的初步解析阶段。

8.3.5　如何创建 ERPs 实验

ERPs 必须可靠地记录、正确地分析以及创造性地对信号进行解读。ERPs 研究应遵循这些科学的一般原理,因此实验设计至关重要。要想将 ERP 波形用于语言处理研究和双语研究,就必须在充分满足此类研究需求的实验中记录信号。

8.3.5.1　实验范式

ERP 实验中以往最常用的是"oddball"范式,即在一连串标准刺激中检测非标准刺激,如以字母为标准刺激,其间夹杂数字,那么数字就是需要被检测出来的非标准刺激。这种范式产生了大量 ERP 成分,为大脑如何区分刺激提供了有用的信息。"oddball"范式略经调整可用于很多认知流程(包括语言处理和双语现象)的研究,但最好创建更适合研究语言处理过程的范式,如,口头分类任务(见下文)。

确定好实验范式,需进一步根据研究的基本推理确定实验条件并对之进行严格控制。同一实验组块中可以单独或搭配出现不同的实验条件。如,组块设计,可以让双语受试者在组块 A 中听一种语言的句子,在 B 组块中听另一种语言的句子,而混合设计则可以让受试者在同一组块中听两种语言的句子。无论采用哪种设计,都应控制好每个实验组块所需时间及其顺序安排。举例来说,人类行为的很多方面以及很多 ERP 成分是随时间而变化的,在实验操作中应排除这种干扰。因此我们建议,根据时间,平衡每位受试者及其之间的实验条件。

由于认知行为非常灵活,且深受语境影响,所以需要控制的要素很多,时间仅是其中之一;此外,应明确刺激序列生成的规则(完全随机或按概率出现),因为受试者可能会找出刺激序列生成的规律或规则,而由此引起的细微变化可能会影响 ERP 信号效果。

当使用复杂刺激时,如选择两种不同语言的单词或句子为刺激时,应考虑这些单词或句子的哪些属性可能影响对其所进行的语言处理。例如,选择单词时,其熟知程度、词频和意义等至关重要。如果在非实验室条件下进行,就更需要严格控制这些要素,并保持实验条件的稳定性和语言之间的可比性;刺激的持续时间和间隔时间也应加以控制。

8.3.5.2　ERP 波形的测量

如上所述,对记录到的 ERPs 加以测量以识别其成分,最简单的方法是将 ERP 波形作为一组波动量来考查,识别其波峰、波谷,并测量其振幅及延迟,进而求得平均值以便将数据与不规则电波区别开来。求 ERPs 波形平均值时,应确保其与诱发机制(即刺激)相关,即应将 ERP 信号有效锁定在时段内并确保其与事件相关。求平均值的过程中需要注意一些重要事项。其中,首要的问题是确定 ERP 是否至少是在"当下"出现的,这是识别信号诱因或区分不同诱因引起的信号的先决条件(又称阈值)。

第二个问题是确定不同条件(如,语义不一致和语法不一致)下记录到的 ERPs 是否存在明显不同。我们可以使用一个简单办法来分析 140 不同条件下记录到的 ERP 信号之间的差异,即,用某一条件下记录到的波形减去另一条件下记录到的波形,由此获得的"差异波形"可视为两种条件下生理过程的差异。这种办法存在的缺陷是,生理过程通常不是简单叠加的,因此,差异波形的解读方式并不直观,它只能说明由特定生理过程引起的额外脑电活动在一种条件下出现而在另一条件下未出现,但并不排除两种条件下都可能存在这一生理过程。所以,当使用差异波形时,必须考虑两种条件下信息处理的认知方式,以及原始 ERPs 信号中一个或多个成分在延时层面的变化等因素。上述所有变量都可能影响两种条件下的差异波形计算。

有关"认知减法"(cognitive subtraction)的这些问题不仅出现在 ERP 研究中,在 PET 或 fMRI 等其他技术中也存在,本章也将详细讨论。

8.3.5.3　信号来源分析

正如前面提到的,ERPs 信号是在时间和空间中记录的。因此,有两种主要方式来展示这些数据。一是随着时间推移而变化的电压,即上文描述的 ERP 波形;二是跨越空间而变化的电压,即 ERP 头皮分布图(见图 8.1 语义不当任务中 N400 的头皮分布图)。

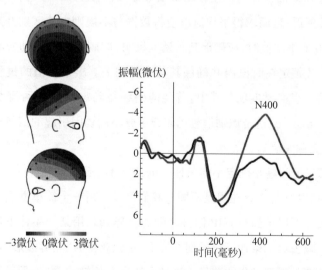

141　图 8.1　语义任务中 N400 效应的头皮地形分布图。改自 Hagoort 等,2004。

通过电极采集到的 ERP 波形在头皮上的分布具有变化性,这种变化为了解 ERP 成分的数量及分布提供了重要证据,而且对于比较不同受试者之间的实验效果至关重要。这一信息还可将 ERPs 信号与由眼动(如,眨眼)或肌肉活动(如,皱眉)引起的"伪差"区别开。此外,比较处于不同脑区的 ERP 波形的结构,有助于确定某个时间节点上采集到的电压值是由一个还是多个 ERP 成分引起的。事实上,如上所述,不同 ERP 成分可能与处理某一类型信息的特定神经元集群相对应。因此,ERP 头皮分布图能够使研究者将神经元集群所产生的电场的分布可视化,即,分布图中两个不同的平面极有可能是由不同的神经元集群产生的(Fender,1987)。如果我们承认,通过观察特定神经元活动可对认知功能进行识别,那么就可以这样认为,源于不同神经元集群的 ERPs 信号反映了不同的心理过程。研究 ERP 成分的头皮分布图,为识别在特定认知任务中被激活的神经元集群提供了可能。

8.3.5.4　统计分析

在对 ERP 数据进行统计分析时,研究者可不受某个特定或常用的统计方法限制。除了参数统计这种以其优势而占据首要地位的方法,还有很多其他统计推断方法。在很多情况下,非参数统计法、排列组合置换统计法(Blair & Karniski, 1993)、自举法(bootstrapping)[1](Wasserman & Bockenholt,1989)等技术可能更合适,因为它们无需对数据分布进行"假设"。这些技术对于分析多通道头皮分布图更有用(Fabiani,Gratton,Corballis,Cheng,& Friedman,1998)。图克依(Tukey,

---

[1]　在已知数据的基础上,通过用计算机来模拟 N 趋近于无穷大时候的情况,把已知数据不断地重新取样,从而在新的数据中得出原始数据的信息。例如,已知 100 个数据,但研究者认为 100 个数据没办法真实反映样本的全貌,把这 100 个数据重新随机取样 1000 次,这样就有 100 * 1000 个数据点了。样本量就增大很多。——译者注

1978)指出,统计分析既可作为决策的工具,也可用于数据分析。可以说,研究者并不将统计分析视为获取"方法论层面的重要性"的惯常做法,而是将其视为"与数据互动"的途径。

此外,受试者数量应足以使数据说明实验效果;而抽样数量也应足以代表实验结果所类推到的群体。不同受试者之间的 ERP 数据差异可能很大,因此,我们建议(尤其是当受试者数量较少时),从年龄、性别、受教育程度和用手习惯等方面尽可能抽取均质的样本。

8.3.6 重要问题:受试者的行为和 ERPs 的局限

使用 ERPs 评估认知过程时,监测与大脑电生理反应同步发生的行为反应,有很多用处。在很多感知任务中,受试者在检测到目标时所做的简单动作反应(如按下反应盒的按钮),可以为测量大脑反应速度及精确度提供行为反应方面的数据。一般来说,测到的行为数据越多,越能够对信息处理模式下的心理和生理过程进行评估。收集何种行为数据,取决于研究所假定的相关性的类型。不过,使用 ERPs 技术对大脑反应过程进行相对无意识监测的一些实验是无需记录行为反应的。典型的例子如,测量大脑处理"无意刺激"(unattended stimuli)时的 ERP 信号。由于要求大脑对无意刺激做出明显动作反应很容易扰乱注意力焦点,运用这种无意识监测方式,可避免扰乱注意力,并说明大脑在未被要求做出明显动作反应时是如何处理这些刺激的。不过,在与语言研究相关的实验中,对受试者的行动进行监测是有好处的。大多数研究者认为如因技术条件不能进行同步监测,应增加额外环节来专门记录行为反应,这有助于确定认知过程发生的时间和性质。但是,在一些语言研究中,记录同步行为反应可能会适得其反

（Kutas & Van Petten，1994；Kutas，1997）。例如词汇判断任务[①]，这种任务可能引出与决策相关的 P300，并掩盖其他 ERP 成分（如，N400）。由于舌头与肌肉活动会引起伪差，包含动作反应的词汇判断任务与命名任务[②]本质上与 ERP 技术要求是不兼容的，如需要将 ERP 数据与这些任务中的数据进行比较，可采用如下策略：先进行单纯的行为反应研究，随后在同样的刺激条件下进行 ERP 研究。一些研究对"听""读"等基本任务中的 ERP 数据与那些明确要求注意力集中到"刺激"特定方面的任务中的 ERP 数据做了比较。这种比较揭示了大脑如何自动处理或选择性处理"刺激"的特定方面。例如，大脑对句子语义一致性的处理独立于指定任务而存在（即，自动处理，参见 Connolly，Stewart，& Phillips，1990），而对看到的词群的押韵配对处理则只在韵律监测为指定任务时才进行（即，选择性处理，参见 Rugg & Barrett，1987）。

　　ERPs 技术存在一些局限，其中必须重点说明的是，我们通常不能依据 ERPs 信号对特定认知过程所引发的神经活动进行准确的空间定位。而且，头皮上观测到的电场与引起该电场的脑区之间并不存在直接、透明的对应。例如，某个 ERP 在额头部位信号最强，并不一定意味着是额叶皮质活动产生了这一信号。显然，如果能从大脑内部辨别 ERP 数据来源，将有重要价值，它将改善我们对 ERP 数据所进行的功能性、神经性解读，极大地方便与通过其他实验（如，fMRI）得到的结果进行整合。目前，我们仍将任何在头皮分布上存在的显著差异视为可能存在的功能差异的证据。不过，随着 ERP 头皮取样的空间分辨率的

143

----

　　① 词汇判断任务（lexical decision task）：基本过程是测量受试者区分一连串刺激中"词"与"非词"的速度。——译者注
　　② 命名任务（Naming）：基本过程为信息的输入、存储与检索、提取，常以"图片展示""提问—回应"方式进行。——译者注

不断提高,其检测头皮分布上的细微差别的能力越来越强。

8.3.7　ERP 在双语研究中的应用

　　针对双语群体使用 ERP 技术进行的研究并不多,不过,所有已有数据都表明大脑对母语和二语的处理在性质和数量上都有差异。例如,库塔斯和库伦德(Kutas & Kluender,1991)发现,双语人在处理出现在其非优势语言中的语义异常现象时,N400 成分出现得较晚且振幅较小。同样,韦伯–福克斯、内维尔(Webber-Fox & Neville,1996)在各个汉英双语受试小组中都观测到了 N400 成分,不过,该成分在那些 11 岁至 13 岁后学会二语的受试群体中出现得更晚;更为重要的是,他们发现,双语人与单语人对短语结构异常的反应模式明显不同,而 4 岁前习得二语的个体则与母语者没有差异。哈恩和弗里德里西(Hahne & Friederici,2001)测试了母语为日语、在相对较晚阶段习得二语德语的人对短语结构异常和语义异常的反应,他们证实了与语义异常相关的 N400 的延迟出现,同时也发现受试者在处理二语时大脑右前中央部位出现了一个负相成分,而不是像以德语为母语者那样产生 ELAN 信号。哈恩和弗里德里西(Hahne & Friederici,2001)认为,对于较晚习得二语的人来说,词汇内容独立于形态形式,他们会直接基于概念信息进行表述。

　　小结

　　ERP 是从头皮上记录到的 EEG 基线中提取出来的,它反映与特定刺激(即实验条件)相关的神经电流活动。研究者在考察语言刺激的处理过程时观察到三个 ERP 成分:N400 由语义异常引起,P600 与语法再分析以及对不规范之处进行修复有关,ELAN 则反映了构建局部短语结构所需的初步解析阶段。

> ERP 已经成功运用于双语研究,多数证据指出在较晚习得双语的个体身上存在波形性质差异(如,无 ELAN)和延迟时量差异(如,N400 出现较晚)。

8.4　"血流动力学"方法

　　一个多世纪以来,人类都在寻求理解大脑功能组织、运用技术来评估脑循环变化的途径。威廉·詹姆斯(William James)的两卷本巨著《心理学原理》(1890 年,卷 1:97)曾提到在智力活动中大脑血流量会发生变化,他介绍了意大利生物学家安格鲁·摩梭(Angelo Mosso,1881)对神经外科手术后颅骨缺损的患者的大脑脉动情况所进行的研究。摩梭发现,在智力活动区域脉动加速,他因此得出结论,脑循环选择性地随着神经活动而变化。尽管拥有良好开端,但这一领域的研究兴趣几乎停滞了 25 年,直到 20 世纪 70 年代计算机断层摄影(CT)和后来的磁共振成像(MRI)等大脑结构成像技术的出现,才为这一研究打开了通道。正电子发射断层扫描(PET)开启了大脑功能成像时代,近年来,功能性磁共振成像(fMRI)因具有超越 PET 的诸多优势,迅速成为认知研究领域的一项非常强大的技术。

　　目前有很多方法能够将活的人类机体内的大脑活动可视化。PET 通过使用放射性物质来测量脑代谢、脑血流、神经受体与神经递质的活动,而 fMRI 不需要使用放射性物质就可以获得有关神经激活情况的高空间分辨率图像,这些技术使得我们对神经活动的研究得以实现。众所周知,大脑中很大一部分的代谢需要(消耗葡萄糖)是用来维持神经突触活动的,大脑本身不具有储存氧气和葡萄糖的能力,从脑部血流中摄取这些能源对于维持恒定的神经活动非常重要。研究者已经证实,在通常情况下,能量代谢和区域性脑血流量之间存在着高度匹配(Sokoloff,1975);一些实验表明,区域性脑血流量的增加超过局部能量需求(Fox & Raichle,1986),这一重要发现表明,与直接测量大脑新陈代谢相比,测量区域血流量变化可提供更有意义的参数。

8.4.1 正电子发射计算机断层扫描技术(PET)

8.4.1.1 基本原理

PET 技术使用中空环形扫描仪对辐射范围进行拍照。其扫描的目标是测量区域性脑血流量和葡萄糖消耗量等功能性参数,这需要结合使用三项基本要素:一是正电子发射断层摄影装置,二是用来产生发射正电子粒子的回旋加速器,三是数据分析方法。放射性物质,又称示踪剂,用来对脑血流量或葡萄糖消耗代谢等不同生理过程进行造影。PET 大脑三维图能够显示在测量葡萄糖消耗时示踪剂中的正电子附着到脱氧葡萄糖分子上的情况以及测量区域性脑血流量时正电子附着到水分子上的情况。在后一情况下,血流量更高的区域,放射性示踪剂数量更多,所发出的信号更强。如上文所述,血液流动是一种间接测量局部神经突触活动的方式。

就认知功能而言,最常见的是研究脑激活即区域性脑血流增加的情况与语言、记忆、注意力等认知任务之间的关系。这些研究通常使用的放射性示踪剂是"标记氧":从氧原子中移除一个电子,构成一个能够发出正电子的不稳定化合物,然后将这种标记氧融入水中,再经静脉注射到人体内。使用这种示踪剂的优势是其衰减时间较短,约为两分钟。这意味着研究者可以在衰减期内进行多次扫描(最多 16 次),从而研究受试者在不同的实验条件下执行不同任务时的情况。在 PET 扫描开始前,受试者需将头部置于 PET 扫描仪中,再经静脉注射小剂量标记水,约 30 秒后,大脑中开始出现示踪剂,其数量在随后 30 秒达到高峰,经影像设备形成关键视窗,我们可以从关键视窗中得到区域性脑血流的图像,并进一步利用数据分析方法获得通过放射性物质的分布所反映出来的大脑三维图像,这一图像能够反映大脑活动与认知任务之间的关联。

8.4.2　功能性磁共振成像技术(fMRI)

8.4.2.1　基本原理

功能性磁共振成像技术是基于氢原子(人体内最丰富的物质"水"的组成部分)和血红蛋白(血液中氧的载体)的磁性发展起来的(Howseman & Bowtell,1999)。其主要信号的产生途径是,先利用磁场人为使氢原子附着在一个主磁极上,然后利用瞬间脉冲能量使磁化的原子离开主磁极,并通过一个放置在封闭管道中的无线电波源(检测设备)来测量原子重新附着到主磁极上所释放的能量。这个检测设备可以向其所连接的计算机传输信号从而生成大脑磁信号分布图像。

8.4.2.2　血氧浓度相依效应

血液流动相关图像的生成,利用了血液系统的另一特性:血红蛋白在携带氧气与未携带氧气时具有不同的磁性,前一种状态下我们称之为氧合血红蛋白,后一种状态下我们称之为脱氧血红蛋白。依据血氧浓度相依效应而进行的功能性磁共振成像,对大脑血容量和脱氧血红蛋白浓度的变化很敏感。其成像原理为:区域性脱氧血红蛋白数量增多,能够导致血氧浓度信号减弱,而神经活动伴随血流量增加,血流量增加会稀释脱氧血红蛋白浓度,并相对增强血氧浓度信号(Ogawa,Lee,Kay,& Tank,1990;Hoge,Atkinson,Gill,et al.,1999)。大脑中某个区域的脑血流量增加,该处的氧合血红蛋白数量也会增加。事实上,在神经功能所激活的区域,血氧消耗量与血红蛋白增加量并不同步,所以我们能观察到的只是激活部位脱氧血红蛋白百分比下降的情况。脱氧血红蛋白的磁性会破坏氢原子产生信号的强度,脱氧血红蛋白数量减少时,脑组织中氢原子所产生的信号会相应增强。基于此,我们才能够借助脱氧血红蛋白百分比的变化来间接测量血流量的变化,并生成相应图像(Howseman & Bowtell,1999)。

与 PET 不同的是,血流量变化图像是以秒为单位创建的,为时两小时的大脑成像通常会产生超过 1000 个图像(PET 为 10 个)。不过,由于其中单个图像的信噪比(信号与噪声干扰比)非常低,我们需要对很多图像进行平均,才能生成一个能够可靠反映变化的大脑图像。

8.4.3　PET 和 fMRI 的潜在局限

8.4.3.1　空间限制

PET 和 fMRI 的空间测量范围存在一定的局限性。PET 空间分辨率较低,因此无法对大脑中神经活动集中的部位进行实验测量,如,它无法对那些负责接受图像的视觉皮层细胞进行测量。fMRI 空间分辨率非常高,但在人体组织与空气接触区域,这种高分辨率反而会导致图像扭曲,如,在中耳和乳突相邻处、眶额、前颞区以及颞极等处,存在较多空气,会对磁场产生严重干扰,因此 fMRI 无法对这些区域的大脑活动进行成像。

伪激活区域也会影响 PET 和 fMRI 成像。这些区域并非是由神经活动激活的,其来源有很多种,但都会干扰 PET 和 fMRI 成像。fMRI 比 PET 更易受"噪声"影响,如,它会检测到伴随心率和呼吸等生理过程而产生的信号变化。此外,由于空间分辨率非常高(小于 1 毫米),受试者极小的动作也可能改变功能成像的结果。不过,目前研究者所使用的图像同步记录演算法似乎能够减少此类问题。

8.4.3.2　时间可辨度和试验框架

147

PET 和 fMRI 的另一个重要局限是数据采集的时间可辨度。PET 和 fMRI 的测量对象不同,所使用的时间尺度也不同。PET 需要计算脑区排放的放射性物质的数量,所以至少需要等 30 秒才能收集到足够多的放射性样品,也就是说 PET 精确扫描到的图像比实际发生的认知活动滞后了 30 秒,对于大多数认知过程(短于 30 秒)来说,PET 图像的滞后,使得其时间可辨度偏低。fMRI 的时间局限在很大程度上是因为神经活动引起的血流动力学反应存在延迟、持续等情况。也就是说,神经活动与血管反应的关联并不是非常紧密,通常,神经活动发生几秒钟后,血流量变化才能达到波峰。

8.4.3.3　工作周期

PET 和 fMRI 的最后一个局限与神经活动的工作周期有关。当神经活动所持续的时间在某个测量周期内占据相当比例时,其所引起的血流动力学反应才能被测量到。一些神经活动只能激活少量神经元,或者,与测量技术的时间可辨度相比,其持续激活时间较短,此时,由于信噪比过低,我们很难使用现有技术检测到这些神经活动。

8.4.3.4　可重复性

fMRI 不需要放射性物质,是一种非侵入性技术,可以对受试者及认知活动进行多次测量。这显然不同于 PET 成像。此外,因为需要使用放射性示踪剂,后者的成本比前者要高。

> 小结
>
> PET 和 fMRI 是测量大脑活动的两个强大工具。它们主要通过测量局部脑血流量(区域性脑血流量)来进行大脑成像,所以其方式是间接的。由于区域性脑血流变化可以显示某个脑区在工作,因此,我们可借助这些技术来研究神经活动。与采用放射性物质的 PET 成像技术相比,fMRI 利用了血红蛋白顺磁性,除了具有非侵入性,还能够提供具有极高空间分辨率的图像。

¹⁴⁸ 8.5　如何进行神经成像实验

功能性神经成像实验中的基本推理是假定脑结构与神经功能之间存在关联。要对复杂的心理过程进行描述,通常需要先弄明白其中的基本功能。这些基本功能不太可能只局限于单一脑区,它们往往是神经元网络共同运作的结果。神经影像学的这些理论假设,引导着我们去探索那些伴随基本心理过程而产生的大脑激活情况,并进一步分析一项认知任务中可能包含哪些基本过程(Hernandez, Wager, & Jonides,2002)。

认知活动具有分布式特性,因此,包括语言在内的认知功能,不太可能只发生在单个脑区中(Berns,1999)。大多数证据表明,大脑的各个区域以网状连接形式、按照特定方式运行,从而产生了认知活动。因此,要研究认知活动的神经基础,我们需要一种可以测量整个大脑中同步发生的所有神经功能的技术。精确测量大脑中每个神经元的状态也许是个永远无法实现的目标,但 PET 和 fMRI 以足够的空间分辨率和时间分辨率,为我们理解特定脑区在认知活动中所发挥的作用提供了有意义的结论。下面,我们将说明如何设计、执行、分析和解读功能神经成像实验。在进行神经影像学实验前,我们必须做几项重要选择:首先,选择理论假定;第二,选择适当的方法;第三,实验的开展、分析和解读方式必须合理。这些选择受制于所要测试的任务的性质、可用的成像技术及其局限,预期从研究中得出的推论的类型。

8.5.1 任务设计

数据的最终解释力取决于我们如何进行任务设计。我们必须选择那些既能够为理解神经和心理过程提供深度理论见解,又能够免除滋扰变量(nuisance variable)影响的任务。滋扰变量是由与研究无关的神经过程产生的,这些神经过程可能既不是任务所引起的,也不是与任务相关的,它们可能是技术原因引起的电流,也可能是心率、呼吸、眼部动作等易干扰区域性脑血流变化的生理活动引起的电流。滋扰变量达到一定程度会影响我们检测一项任务的大脑激活情况,会降低数据解读的真实性。选择恰当的任务是一项极具挑战性的工作,有些情况下这几乎是不可能完成的工作。

确定恰当的任务后,我们必须为任务选择一个合理的实验框架,即,实验范式。这一选择同样取决于我们所使用的技术以及这些技术在信号检测过程中所具有的优势和劣势。

就一些认知范式而言,当多次重复一项任务时,大脑系统并不总是保持恒定。而一项新奇任务则有可能引起其所触发的神经系统产生显著变化。就设计和解读认知激活实验而言,这些变化具有实践和

149

理论价值。

我们运用 PET 或 fMRI 来分析与任务相关的变化时，通常可以使用"组块"和"事件相关"模式。

8.5.1.1　组块设计

组块是 PET 研究中的标准实验模式，这是因为 PET 需要较长时间间隔（30 秒及以上）才能收集到足够的数据并生成较为清晰的图像。组块设计中，不同实验条件以单独的组块形式出现，如，在一个组块中用母语命名物体，在另一组块中用二语命名物体，每个组块扫描一次。PET 实验中，研究者感兴趣的是那些在整个记录时段中扫描到的激活。如果对一些短暂心理过程引起的神经效应感兴趣，如，对瞬间光刺激引起的大脑激活感兴趣，那么需要在同一实验组块反复进行这一刺激，从而保证在扫描时段内引起多次激活，然后将扫描到的激活与某一适当基线（不存在该刺激时进行的扫描）进行比较。不过，考虑到 PET 存在时间限制，这种技术不适合测试时间进程较短、在几秒或几分之一秒内就可能改变的大脑活动。组块的结构对实验结果的解释性具有重要影响，大多数由缓慢变化因素（如，在一个范式中交替出现物体命名或重复单词等不同任务）引起的激活都是通过组块模式获得的。

很多 fMRI 研究也充分利用了组块设计。在这一类组块模式中，我们需要使不同主题短时间内（30 秒）在活动任务（用二语命名物体）和控制任务（休息状态）中交替出现，然后将活动任务组块中获得的图像与控制任务组块中获得的图像进行统计学上的比较。组块设计为 fMRI 研究带来的优势是，它能够从统计层面增强 fMRI 解读其所检测到的变化的解释力度。

8.5.1.2　事件相关设计

事件相关设计能够充分利用 fMRI 快速数据采集的功能，即，使用

fMRI 生成与特定刺激或认知活动相关的神经活动图像。在这一模式中,我们需要保证刺激出现的间隔足够长,以便在下一刺激或事件出现前,因前一刺激或认知活动引起的血流动力学反应能够回到该刺激出现前的基线水平。大多数研究者认为应间隔 14 秒至 16 秒(Dale & 150 Buckner,1997;Aguirre,Zarahn,& D'Esposito,1998)。使用这种模式,对同一任务(如,用母语读单词)进行多次测试所获得的信号,可以累加并求得平均值,从而确定单次测试中血流动力学反应的时间历程(time course)。这种模式允许我们对不同条件下(如,母语和外语刺激交织进行)的多次测试进行随机安排,对于一些任务而言,这种随机化是必要的;此外,它还允许研究者只分析混合测试组块中某些类型的测试以及那些只出现在某些测试环节中的认知过程。

事件相关设计的局限性与 fMRI 的时间分辨度有关,这一问题并不是由数据采集速度引起的,而是因为底层血流动力响应神经活动的速度通常会滞后 5 秒到 8 秒才能达到峰值。不过,在最近出现的"fMRI 快速事件相关"模式中,连续的刺激或认知活动能够以最短 750 毫秒的间隔出现(Dale & Buckner,1997)。这种新模式的一项重要作用是,将那些由于测试间隔较长而带来的疲劳、无聊以及与任务无关的思维模式所产生的影响最小化。使用"fMRI 快速事件相关"模式时,需要不断改变测试之间的间隔,否则,会因神经活动出现过快而无法有效取样。

8.5.2 数据分析

数据分析包含两个重要的子阶段:对图像的预处理和对所产生的激活的统计分析。在对图像进行预处理时,需要将一组数据中的各个图像排列对齐,以纠正图像采集过程中随时都可能产生的头部运动。排列对齐之后,图像通常被归一化到一个标准大脑模板上(通常在数据分析软件中实现),以便将不同受试者的数据进行合并平均,为了与其他研究进行比较,我们还需要将这些数据绘制到标准的大脑三维坐标图中。很多研究者选择对这些图像进行平滑去噪处理,以便使图像中的噪声呈现出更多的"高斯分布"(正态分布 Gaussian distribution)。这种平滑的图像能够有效地得出邻近体素(voxel,又称三维像素)的加权平均信号。平滑处理降低了图像的空间分辨率,经过处理的图像外观较为模糊,但它有助于估算和控制杂乱噪声。

值得注意的是,神经影像学以体素(三维空间中最小的单位)形式来呈现各个脑区,我们通过神经影像学实验所获得的数据是以矩阵形式存在于各个脑区中的信号强度值。我们需要先进行预处理,然后才能对数据进行统计分析。

8.5.3 如何对比实验条件

通过神经影像学数据推断认知过程,存在这样一个问题:几乎任何独立执行的任务都会在大部分受试者大脑中引起变化。要将大脑活动变化与特定认知过程(如,二语单词流利程度)关联起来,我们需要把这个过程引起的变化与另一过程(如,母语单词流利程度)引起的变化区分开。简单地说,fMRI 实验可以被认为是一个"减法实验",我们需要把在母语和二语两种条件下获取的图像进行减法运算以确定其间的"差异"。不过,这种过分简单化的研究设计存在很多限制因素,我们将在下文详细讨论。

"减法"运算的逻辑是:如果两种实验条件之间只有一个子过程不

同,那么用一种实验条件下获得的大脑激活图像减去另一实验条件下获得的图像,就能凸显出与所要研究的认知过程相关的脑区图像(图 8.2)。

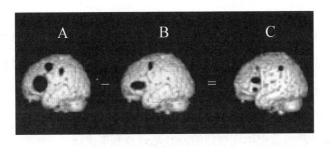

151

图 8.2　功能性大脑成像实验中的减法,改自 Perani 等,2003。

　　在最简单的实验条件下,我们可以假定"A 组块"接收刺激或执行任务,"休息组块"不接收刺激、不执行任务,这种设计通常被称为"A 组块对照休息组块"。尽管可以从理论上假设 A 组块存在"一些"活动,而休息组块不存在任何活动,但我们很难确保休息组块确实不存在杂乱的大脑活动,告诉受试者"不要去想任何东西"并不足以保证其大脑中确实不产生任何神经活动。为解决这一问题,我们可以在"休息组块"设置一些条件帮助受试者减少杂乱回忆、想象或其他持续性的神经活动。事实上,"A 组块对照休息组块"这种设计模式可以被视为"A 组块对照 B 组块"模式的特例,两个组块中的预期任务不同,如,在 A 组块用母语命名物体,在 B 组块中用二语命名物体,而分析的目标是确定这些差异。显然,这加重了我们选择适当的"B 组块"的负担,它既要能够做 A 组块的补集,又不能(即便无意)模糊或抵消两者可能共同存在的脑区激活。

　　确定实验条件的目的是充分突出不同认知过程所引起的激活,之后按照体素逐一进行减法运算。单个体素相减的结果就是两种实验条件所激活的脑区的差异的三维矩阵图。

8.5.4　fMRI 数据的统计方法

152 就上文所讨论的组块设计而言，我们可以使用很多分析策略来研究"休息组块"或"A 组块"获得的多个图像。原则上，我们可以从体素层面对从 A 组块中获得的平均强度信号图像和从"休息组块"或"组块 B"中获得的图像进行比较。然后用"t‑检验法"（Student's t‑test）来判断实验中所观察到的差异是否具有重要性。

还可以将休息组块中获得的数据用"负 1"表示，A 组块中获得的数据用"正 1"表示，进而计算每个体素的信号强度的时间历程的相关系数，这样就可以在体素层面上描述量级及其重要性，并以此为基础绘制色彩覆盖图，在源图像（灰色）之上以彩色标示其中的"激活像素"。

不过，选择相关系数阈值来区分"重要"激活和"假信号"很可能导致分析方面的武断。由于大量的多重比较是在上文所述的"简化"的基础上进行的，因此后续的统计分析并不足以论证所观察到的差异是否具有真正的"重要性"。以一个 128×128 像素的图像矩阵（大于 10000 像素）为例，假定 p 小于 0.05 被认为是"重要的"，那么很明显 p 大于 500 的像素因为超出了阈值而被剔除掉。但是单个像素的信号强度既不真正独立也不完全依赖于其他像素。我们可以假定"邻近"像素反映的是类似的神经解剖学底层和类似的生理反应，这种想法是有一定道理的，但邻近像素的范围是多大，它们所反映的神经或生理活动的相似值有多高？要回答这两个问题，我们显然需要采用其他方式来对 t‑检验法进行校正。

最简单的方法是邦弗朗尼校正法（Bonferroni correction method），使用这种方法，我们得出的是 N 倍放大后的实际概率的近似值，即，将任意体素的 P 值放大 N 倍后获得的近似值。未经校正的 p 值表示图像中偶然被激活的像素的比例，而经过校正的 p 值表示伪激活像素在图像中任意点出现的概率，换句话说，前者代表体素层面的图像，后者代表绘图层面的图像。这两种图像代表了两个完全不同的视角，其中最关键的问题是伪激活体素的比例，我们可以据此来判断伪发现率，这一做法目前在相关文献中还未得到普遍认可，但近来有一些研究者已经开始将之纳入标准分析方式之中。

小结

创建功能性神经成像实验可能是颇具挑战性的。一般来说，应先设定一个具体的实验假设。实验范式的选择受制于所要测试的任务的性质、可用的成像技术及其局限、预期从研究中得出的推论的类型等因素。"减法"是目前最常用的统计分析方法，即，用相关实验条件下的大脑活动图像减去另一实验条件下的大脑活动图像，反过来，用后者减去前者也可以。

8.6 双语领域的 fMRI 研究

153

我们先举例说明神经成像技术在双语研究中的运用，并简短评价迄今为止该领域出现的研究成果。以沃特博格、赫克润、阿布塔乐比、卡帕、威尔林格、佩拉尼（Wartenburger, Heekeren, Abutalebi, Cappa, Villringer, Perani, 2003）所进行的实验为例，研究者希望从神经学层面了解二语表述中习得年龄和外语熟练程度哪个因素更重要。从心理语言学方面看,围绕这个问题存在着一些争议。研究者提出了一些理论,如,假定语言的某些层面(如,语法处理)存在生理上的"关键期",婴儿和成人学习环境具有差异,等等(Lenneberg,1967;Johnson & Newport,1989;Birdsong,1999b)。一些研究者认为,至少从词汇语义层面来判断,对二语内在表述而言,语言熟练程度是更为重要的因素(Kroll & Stewart,1994)。为进一步推进这一领域的研究,沃特博格等人试图通过神经生物学实验来论证大脑处理二语表述的过程。运用fMRI方法,他们研究了习得年龄、熟练程度与语法加工、语义加工的神经活动之间的相关性,受试者为意大利语-德语双语人,其二语习得年龄不同、熟练程度也不同。

8.6.1　受试者

为评估习得年龄和熟练程度的作用,沃特博格等人考察了三组意德双语人:

- 1 组(EAHP 组,早年习得,高水平):从出生开始习得二语,娴熟两种语言;
- 2 组(LAHP 组,较晚习得,高水平):较晚习得二语,娴熟两种语言;
- 3 组(LALP 组,较晚习得,低水平):较晚学会二语,二语熟练程度较低。

使用神经成像技术时,为使实验设计具有足够的统计力度,需要保证实验中包含足够数量的受试者,这样,实验结果才可能具有普适性。在这项实验中,每 10 个受试者组成一组,研究者先对其语言能力

和语言接触情况进行了调查,可以说,这是双语成像研究的先决条件
(Abutalebi,Cappa,& Perani,2001,2005),这些变量信息对于解读实验
结果非常重要。

8.6.2　刺激材料

刺激材料包括 180 个短句,其中 90 个德语短句,90 个意大利语短
句。它们中各有 44 个句子语义和语法正确,剩下的 46 个句子存在语
义或语法错误(各 23 个)。因此,实验中包含了四种实验条件:德语语
法判断、意大利语语法判断、德语语义判断、意大利语语义判断。为达
到满意的效果,研究者在每种实验条件下都使用了大量刺激。

8.6.3　实验范式和任务

研究者采用了组块设计,将这些句子分为 12 个组块,每个实验条
件各含 3 个组块,全部进行完需要 128 秒。实验开始时先有 60 秒静止
期,之后,各组块中的句子以随机方式出现。两个组块之间会出现一
个持续 32 秒的"十"字符号来表示休息时间。每一组块由 15 个伪随
机正确和不正确的句子构成,先给出指令(如,德语语法判断),然后开
始出现句子。句子出现之后,会有一个持续 4 秒的"十"字符号。受试
者处于扫描仪下,被要求判断句子在母语和二语中是否语义或语法正
确,当他们认为句子正确时要按下右手边的按钮。

8.6.4　数据采集和分析

研究者先使用 1.5TfMRI 扫描仪进行测量,随后对图像重新排列、

归化(normalized)、平滑处理,从而创建每种实验条件下的对比图像。
每位受试者在母语和二语条件下的不同图像也被绘制了出来,并就相
应差异进行了计算。此外,研究者还对这些对比图像进行了随机效应
(random-effects)分析,并计算出群体效应,以便使研究结果具有普适
性(Friston, Holmes, Price, Buchel, & Worsley, 1999)。采用单样品 t 检
测法,分别对每个小组的取样进行了组内分析。以便确定在组内取样
中,哪些受试者在运用二语时所激活的脑区面积大于运用母语时所激
活的脑区面积(例如,在组内比较中,以母语为基线条件)。研究者以
p 小于 0.005 为统计阈值,采用双样本 t 检测法进行了组间比较,以便
确定哪一组受试者的脑区激活面积更大。换句话说,研究者可以运用
这种办法来比较在两种语言的语法、语义判断任务中,习得年龄对 1
组和 2 组的影响,熟练程度对 2 组和 3 组的影响。

8.6.5　结论

语义判断的大脑活动模式很大程度上依赖语言熟练程度,而语法
过程中的大脑皮质表现则主要受二语习得年龄影响(图 8.3)。具体
而言,在语法层面,母语能力和二语熟练程度分别与不同的神经模式
相关。这一发现可用来支撑前文所提到的那种假设:语法参数在早年
某一关键期即被设定下来,这种设定与一种不同寻常的大脑活动模式
相关联,它非常独特,一经设定就不可能被后天获得,即使对于在较晚
阶段习得二语并达到高度熟练水平的受试者来说也不可能。这一点
并不适用于语义加工,对语义加工而言,在处理母语和二语时,大脑活
动模式的唯一不同似乎与受试者所达到的熟练程度相关。因此,这些
发现支持了语言习得存在关键期的观点,而语法处理与习得年龄密切

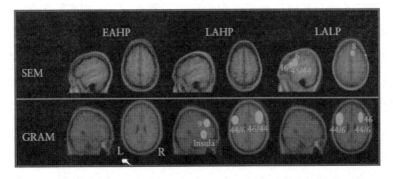

图 8.3　大脑模板上显示的三组不同双语人的语法处理的大脑活动模式：
下面一行是语法判断，上面一行是语义加工。改自 Wartenburger 等，2003。

　　相关，它依赖一种被"连线"到神经系统的能力。这个实验很好地
说明，通过功能神经影像学获得的神经生物学证据可以丰富语言学和
心理语言学研究，因此，功能成像技术可能会对语言表达和语言处理
理论做出显著贡献。

8.7　本章小结

　　研究者就双语人大脑功能的神经影像学研究做了大量文献综述
（Abutalebi，Cappa，Perani，2001；Vaid & Hull，2001；Abutalebi，Cappa，&
Perani，2005；Perani & Abutalebi，2005；Paradis，2004）。总的来说，功能 156
性神经成像技术为我们进一步理解二语处理的神经机制、二语与母语
的关系等问题提供了新的线索。首先，长久以来有关母语和外语必然
处于双语人不同脑区甚至不同脑半球的假想（Albert & Obler，1978）并
未得到证实。相反，功能神经影像学已经充分展示了母语和外语具有
相同的神经处理机制。由于不同语言共享相同的大脑语言系统，所以

157 与语言处理的具体层面相关的大脑活动模式,在不同语言中是一致的,不过,这些相对固定的大脑模式受到多种因素的调控。熟练程度、习得年龄、接触情况与语言能力模式存在着复杂的互动,并影响大脑对母语和二语的处理。以第二语言习得的复杂过程为例,我们可以将这个过程视为一个早期需要额外神经资源的动态过程,这些额外的神经资源大多可在比传统上界定的语言区域更靠前的左侧前额叶皮层发现,大脑在处理"较弱的"二语时,为防止母语对二语不必要的干扰,似乎更需要进行控制(Abutalebi & Green,2007)。不过,当学习者进入二语熟练阶段后,二语处理的神经机制与母语趋同(Green,2003)。心理语言学证据表明(Kroll & Stewart,1994),在这个阶段,我们可以假设大脑是以与母语相同的方式在处理二语。目前,很多功能性神经成像研究并未考虑语言学和心理语言学方面的证据(Paradis,2004),不过,我们应该将神经影像学的发现与心理语言学成果结合起来(Grosjean,Li,Munte,& Rodriguez,2003),以便充分发挥这两个学科传统的优势,证明不同语言处理模式在生物学上的一致性,重组现有研究成果,进一步推动双语人大脑组织领域的研究。

表8.1 脑成像技术总结

属性	ERP	PET	fMRI	MEG	TMS
生理信号	脑电活动	脑组织血氧含量	脑组织氧含量	脑电磁	非生理信号推断技术
对信号源的空间定位精确度	10~15毫秒	4毫秒	1.0~1.5毫秒	5毫秒	2~3毫秒
时间分辨率	很高 小于1毫秒	低 45秒	低 3~5秒	很高 小于1毫秒	高 5~200毫秒

续表

属性	ERP	PET	fMRI	MEG	TMS
实验方法	实验心理学设计发展完善	组块设计	组块和事件相关设计	和 ERP 技术一样成熟但应用有限	技术成熟但需要预知和预想
应用	非侵入性	侵入性,注射放射性示踪剂	非侵入性	非侵入性	侵入性
成本	低	高	中	高	低

本表总结了本章涉及的测量大脑活动的各项技术的优缺点,并增加了一些双语研究曾使用过的脑磁图(MEG)和经颅磁刺激技术(TMS),这些技术各具独特性,非常适用于特定类型的实验。

延伸阅读

Abutalebi,J.,S. F. Cappa,and D. Perani(2001)《由功能性神经影像所揭示的双语人的大脑》载于《双语现象:语言与认知》4,179—90,(The bilingual brain as revealed by functional neuroimaging. *Bilingualism*：*Language and Cognition*,4,179—90).

Abutalebi,J. and D. W. Green(2007)《双语的产生:语言表征与控制的神经认知》载《神经语言学》杂志 20,242—75(Bilingual language production：The neurocognition of language representation and control. *Journal of Neurolinguistics*,20,242—75).

Green,D. W.(1998)《双语词汇语义系统的心理控制》载《双语现象:语言与认知》1,67—81(Mental control of the bilingual lexico-semantic system. *Bilingualism*：*Language and Cognition*,1,67—81).

Kroll,J. F. K. and A. M. B. De Groot(2005)《双语手册:心理语言学的方法》牛津大学出版社(*Handbook of Bilingualism*：*Psycholinguistic Approaches*. Oxford University Press).

Mechelli, A. , J. T. Crinion, U. Noppeney, J. O'Doherty, J. Ashburner, R. S. Frackowiack, and C. J. Price(2004)《双语人大脑结构的可塑性》载《自然》杂志, 431, 757(Structural plasticity in the bilingual brain. *Nature*, 431, 757).

Paradis, M. (1998)《多语人的语言与交际》收入《神经语言学手册》加州圣迭戈学术出版社, 417— 30 页(Language and communication in multilinguals. In B. Stemmer and H. Whitaker (eds.), *Handbook of Neurolinguistics*. San Diego, CA: Academic Press, pp. 417—30).

Paradis, M. (2004)《双语的神经语言学理论》阿姆斯特丹/费城: 约翰·本杰明出版(*A Neurolinguistic Theory of Bilingualism*. Amsterdam/Philadelphia: John Benjamins).

Perani, D. and J. Abutalebi(2005)《第一语言和第二语言处理的神经基础》收入《神经生物学研究现状》15, 202—6(Neural basis of first and second language processing. *Current Opinion in Neurobiology*, 15, 202—6).

Price, C. J. (2000)《语言解剖学: 功能性神经影像的贡献》载《解剖学》杂志 197, 335—59 (The anatomy of language: Contributions from functional neuroimaging. *Journal of Anatomy*, 197, 335—59).

（董秀玲 译）

第9章 访谈与问卷

伊娃·科多(Eva Codó)

9.1 导语

本章详细讨论了在多语研究和语言接触研究中使用访谈和问卷调查来收集数据的相关问题。

研究工具是否合适要看一项研究的具体目标。问卷主要用于收集受访者的个人信息及其语言能力、言语行为、语言态度方面的可量化数据。问卷调查可以提供特定群体的语言使用概况。例如,针对特定群体,可使用问卷调查了解受访者在什么时候、什么场所、选择哪种语言以及对不同语言的态度;以移民群体为例,可使用问卷调查了解其家庭语言保持的程度。如果想要深入了解特定双语环境或特定受访者,解答特定环境中作为双语人意味着什么等较为复杂的问题,采用访谈更合适。

通过访谈,我们可以获得较长的谈话内容,也可以对访谈数据进行量化,例如,可以计算受访者进行语码转换的次数;但对于收集散于各处的信息来说,访谈不如问卷高效,而且,访谈成本较高,耗时较长。不过,访谈不仅能收集到语言使用方面的陈述型数据,作为言语活动,访谈是在真实背景下自然发生的交谈,因此,它既是一种社会互动形式又是真实语料的来源,这是语言学研究有别于其他社会科学对访谈的独特运用。

本章分两个部分。第一部分为访谈法(参见 Nortier,本书第 3 章),主要探讨访谈在收集信息和自然语料方面的运用及注意事项:如何设计访谈,如何措辞,如何组织问题,实际操作中有哪些技巧等;第二部分为问卷调查法,主要介绍问卷调查的不同类型和操作模式;此外,我们还列出了多语研究中设计问卷调查可能会涉及的一些话题,并在本章结尾部分对访谈和问卷进行了比较,提供了相关参考书目。

9.2　访谈是语言接触数据的来源

访谈在收集多语数据方面具有多种用途。我们可以通过访谈获取双语人、多语人的言语数据以及背景信息,后者主要包括受访者的个人信息、受访者对自身和他人言语行为的看法、观念、态度及其他相关语境信息。这些信息属于自我陈述型数据,即,说话人对自身言语行为的评估和评价,作为语料的一种类型,它不能替代自然发生的会话语料。自我陈述型数据能够提供不少深刻见解,有助于增进我们对多语使用问题的理解,但我们也应充分认识到,受访者在表达见解时受多种因素限制,这些见解本身就是语境化的产物。分析从受访者那里收集到的自然语料,我们很可能得出与其自我陈述相差甚远的结论。

值得强调的是,访谈中收集到的背景信息和语言使用数据之间不存在排斥。通常,访谈的主要目标是收集语料,同时,也可以收集受访者的个人信息、语境信息以及其他与语言相关的信息。反过来,以收集背景信息为主,从中摘取语料的做法尽管不普遍但也行得通。例如,普约尔(Pujolar,2001)借助从小组讨论中得到的语料,研究了巴塞罗那地区工人阶层中年轻人的语码转换行为。

9.2.1 将访谈用于语言学和会话分析

通过访谈来收集口语语料的优势有两点:首先,寻找合适的受访者并进行访谈比获得授权来记录自然对话要容易得多;其次,较之自然发生的社会互动,访谈内容与场景更易控制,便于研究者针对特定语言形式来收集数据,如,研究者可通过访谈来收集西班牙语-英语双语人口语中一般过去时的用例。不过,访谈的半自发性质也可能限制双语会话中某些形式的出现,尤其是当这些形式在群体中受歧视时。通常,采用小组访谈形式可以解决这一问题。在一些情况下,同辈互 160动可能会促成语码转换行为;不过,在另外一些情况下,小组中的社会层级结构也有可能会限制语码转换行为。对研究者来说,了解所要调查的群体所处的社会环境,理解语言使用的社会得体性与权力等级之间的关联,是非常重要的。

拉波夫等人(Wolfram & Fasold,1974;Wolfson,1976;Labov,1984)开创了社会语言学研究中使用访谈法来收集自然语料的方法,其基本要求是,访谈所得数据必须尽可能接近自然谈话。因此,有必要与受访者建立和谐关系,尽量让受访者觉得舒适,不去过分关注自己的谈话;否则,受访者可能会刻意避免进行语码转换,或者避免使用那些受社会歧视的语言变体或语言形式。研究者所使用的语码及其在受访者心目中的形象,都可能限制受访者的语码转换行为,在这种情况下,挑选群体内部成员来做访谈是一个比较好的解决办法。

选择与受访者所使用的特定语言相关的话题也可激发语码转换行为,如,让受访者回忆以前在国外的生活,描述过去的生活方式,讲述童年故事等。我们在9.2.2节和9.2.3.1节介绍了在访谈中缓解紧张气氛的一些技巧。在访谈中,当受访者逐渐放松时,可以忽略掉刚开始时所记录的谈话数据,将重点集中在最自然的谈话部分,也可以对受访者自我意识较强与较弱时的谈话进行比较。为鼓励受访者扩大谈话内容,在设计访谈时应尽量采用那些能够引出较长语句的形式,如,请受访者进行叙事、描述、解释等。

　　一些研究者比较关注词法结构、句法结构层面的语码混用现象,他们通常会借助访谈来收集双语语料并进行分析(Treffers-Daller,1994;Backus,1994;Eppler,2004;Gardner-Chloros,本书第4章);关注语码借用和语码转换现象的一些变异语言学家也充分利用了访谈数据,相关文章可参见帕普拉克和米尚(Poplack & Meechan,1998)主编的《国际双语杂志》特刊。

　　除了这些正统的语言学流派,互动主义者学派也很关注以谈话形式出现的访谈。那些由访谈者充当"把门人"角色,即,访谈者控制重要社会经济资源的访谈活动,一直是许多解读性的社会语言学著作特别偏爱的研究对象(Roberts & Sayers,1987;Sarangi,1996;Kerekes,2006)。互动主义者学派既关注如何在整体层面上展开访谈,如,选择访谈模式和处理角色关系;也关注访谈所引起的对话的细节,如,会话推理(Conversational inference)、语境化线索(contextualization cues)、语域、风格等。从严格的对话视角来看,访谈也为我们研究身份认同和群体归属感的构建过程提供了一个富有成效的互动平台(Widdicombe,1998)。

161
　　小结:将访谈用于语言学分析和会话分析
　　● 小组访谈可能促成或抑制一些语码转换现象;对研究者来说,深入了解所调查的群体的社会背景是非常必要的。

- 应避免使受访者过度关注自己的谈话,研究者有必要与受访者建立亲近、和谐的关系,使受访者能够自然、舒适地进行表达。
- 要想促成双语会话形式的出现,可以挑选群内成员来进行访谈或者挑选能够促成这些形式的特定话题。
- 访谈者所提的问题应有助于引出较长语句。
- 研究者分别从结构、变异、互动视角对作为真实语料来源的访谈进行了研究。

9.2.2 将访谈用于内容分析

这是双语研究中使用访谈最常见的目的。访谈既可以用来获取以其他方式难以得到的信息,如,一些花费较长时间做田野调查仍很难获取的个人细节信息;也可以用来获取某些只能通过间接询问才能得到的互动型数据,如,语言态度、语言意识形态等。布莱克利奇(本书第 17 章)和帕夫连科(本书第 18 章)介绍了内容分析法的相关内容。事实上,作为研究工具,访谈非常有效,它允许研究者在相对较少的时间内收集到大量数据。

研究者通过访谈可获取的内容方面的信息有两类:一类是"事实性"细节,如,年龄、受教育年限、就业情况等;另一类是由哈默斯利和阿特金森(Hammersley & Atkinson,1983)界定的"观点性"信息,即,受访者如何理解其双语会话行为的价值和意义。这两类信息都属于陈述型数据。除此之外,研究者还可以对访谈中受访者回应问题的方式进行分析。

需要强调的是,陈述型数据自身虽具有一定价值,但不能用来代替受访者的实际言语行为。由于言语行为中的许多现象，如语码转换等，是在潜意识层面运行的，所以受访者就自身或他人双语行为所做的陈述可能与实际观察到的言语行为并不匹配。这种不匹配还与语言意识形态有关，一些受访者会否认自己在使用某些社会声望较低的语言变体。这种现象本身具有分析价值（Pujolar, 2001），它有助于揭示在多语社会背景下言语行为所蕴含的冲突和矛盾。

162　　　　在定性研究中，研究者通常会使用三角推断法（Triangulation）[1]对访谈数据进行校验（Heller, 2006），即，将受访者所表达的观点与访谈中观察到的现象、数码设备记录下的互动数据等进行排比对照，以加深对所观察的双语现象的认识。受访者的观点和态度在数据解读过程非常重要，这些观点和态度既有可能改变研究者对受访者的双语行为中所包含的价值和意义的理解，也可用来佐证研究者对数据的解读。此外，访谈数据也是受访者参与研究并保留其"声音"的一种形式。受民族志学科的影响，当前的研究趋势是允许受访者更多地掌控解读过程，并保留其对文本的最终解释权（Pavlenko & Blackledge, 2004a）。

　　对访谈数据进行内容分析时，通常会涉及"真实性"的问题。研究者常担心受访者在某些话题上的回应可能与其"实际"观点不符，通常出于以下原因：受访者试图"取悦"研究者；访谈场景限制受访者表达观点；受访者试图维持被固化的自身形象及群体形象，等等。受访者的"不真实"回应可能会导致研究者就其所调查的双语环境或受访群体得出错误结论。尽管可以尝试使用多种方法来使受访者尽量感觉舒适，能够自由表达观点，但我们也需要明白，终极"真相"并不存在，

---

　　① 对同一现象采用多种研究方法、汇总多种数据，进行对比和相互验证，以确认新的发现。——译者注

人们所传达的信息和观点是在交际过程中逐步被构建出来的。

访谈法存在一个重要缺陷,它可能会限制研究者所能收集到的信息的数量和细节。主要原因是:首先,使用直接提问方式来获取信息在西方社会是标准做法,但在其他文化中可能行不通(Eades,1982;Briggs,1986)。因此,研究者不能高估直接访谈法的作用,有时,用其他方式来收集信息可能会更有效,如,布里格斯(Briggs,1986)尝试过与群体中的长者一起参与教育讨论来收集所需信息。要想判断出是否需要采用其他方式来收集信息,需要在研究前期进行大量田野调查,以便了解所调查的群体的基本交际规范和模式,而这样做非常耗时;其次,在一些语境中,"直接询问"受访者可能并不合适,一些人会感觉自己受到了胁迫。我曾去移民局进行过一次访谈,在这种非常敏感的机构中,如果直接询问,任何政府官员都不会愿意提供机构"内幕"信息。尤其是刚开始,他们对我的来访意图并不清楚,在这种情况下,直接提问的方式会极大影响实地考察的成效(Codó,2003);第三,研究者所要了解的价值观、态度、信仰和动机方面的细节,往往难以用言语表达,而且,在语言意识尚未达到一定高度时,受访者也很少会以明确的形式反思这些问题(Heller,1988)。就内容而言,访谈这种模式可能会限制受访者所能提供的信息的数量和类型(Briggs,1986)。"一问一答"话轮结构加强了谈话内容的"相关性",对受访者自由表达是一种约束。 163

9.2.2.1 如何克服困难

我们可以尝试一些不同方式来克服上述问题。对受访者所处的社会环境进行实地调查、花时间了解受访者,一方面,有助于受访者克服拘谨,减少对自身及其群体形象的过度担心;另一方面,有助于研究者寻找比访谈法更有效的、替代性的、较少有冒犯性的信息收集方式。

　　如果无法事先接触受访者,那么在访谈开始时,应尽量营造轻松、友好的气氛,与受访者建立亲近、和谐的关系。对于促进交谈双方的密切关系而言,语言变体、语气、谈话风格、访谈风格、年龄、民族、着装风格、基本行为举止等都是较为重要的因素。其中一些因素是可以调整的,如,访谈风格;而另一些因素则无法改变,如,性别和民族,当此类因素对受访者有明显负面影响时,最好请他人代做访谈。

　　一对一的访谈形式难免会带有紧张气氛,而小组访谈则能够缓和气氛。受访者在同辈中会表现得更自由、更坦率。小组互动可能会促成一些双语形式、民族语对话以及研究者事先未想到的主要话题的出现。此外,当一组受访者就一些问题(如,语言选择动机)持有不同观点时,小组讨论的形式有助于激发大家参与讨论、互相补充或展开辩论。不过,一般来说,小组讨论的录音质量较差,比较难确定哪个受访者在发言、使用了哪种语言,一些受访者会一直在讨论中掌握主导权,而另一些受访者的参与会相对缺乏力度。当然,小组讨论和一对一访谈并不相互排斥,我们可以将两者结合起来使用(Pujolar,2001)。

　　采用这些方法尽管能够促进不同观点之间的碰撞和交流,但我们并不能因此认为我们从中获得的数据就是受访者的"真实"想法。这种起源于典型的实证主义的观点中包含了两个错误假设:首先是假设信息独立于表达方式而存在。就事实性信息而言,是可以这样认为的,但这种观点并不适用于其他类型的信息,特别是双语研究所关注的那些信息,如意识形态、信仰、态度等,这些信息通常是在表达过程中构建出来的,受到那些由访谈激起的观点和思想的影响。其次是忽视回应性,即否认访谈所引起的谈话是受访者以某种方式对访谈者的回应。这一做法是不可取的,访谈是访谈者和受访者共同构建的活动。西尔弗曼(Silverman,1993)视访谈数据为"情景叙事";布里格斯

（Briggs，1986）认为访谈所引起的对话与产生这种对话的社会背景和 164
顺序性语境（sequential context）之间具有高度的"指向性"。访谈所引
起的对话总是因特定听众而产生的，它是遵从受访者按照自身对情景
所做的得体性定义而展开的。研究者在一定程度上可以左右受访者
对事件的正式程度的判断，并调整自身与受访者之间的关系，但无法
启发出独立于情景而存在的对话。因此，诚实的做法是尽量说明外部
环境对访谈数据的影响，并据此进行解读。

　　那些明显影响访谈对话的因素不一定就是研究中的干扰。它们
可能会提供一些非常有趣的研究线索。例如，当研究者在访谈中使用
特定社会领域中的主导或首选语言、语言变体时，受访者就会明白这
项研究可能与该社会领域（如学校）相关，受访者是否随之转用该语言
与访谈者进行对话，对于我们理解受访者所在的双语群体对两种语言
各自关联的社会功能和价值来说，是一条重要线索（Cots & Nussbaum，
2003）。

小结：将访谈用于内容分析

- 我们可以通过访谈来获取事实和/或态度方面的信息，并且
  和受访者提取出一些数据进行讨论。
- 最好将访谈数据与其他类型的数据结合起来进行分析（三
  角推断法）。
- 我们的目标是尽可能获得受访者的"真实"回应，但也需要
  认识到信息本身具有构建性和语境性。
- 访谈场景限制受访者所能提供的信息。
- 将面对面的访谈与小组讨论相结合有利于促进不同受访者
  就各自的想法进行交流。

- 影响受访者"回应"的语境性因素可能会为研究提供一些很好的线索。

9.2.3　规划访谈

　　我们在规划阶段首先需要做的是深入思考收集访谈数据的必要性、适用性和可行性。克莱门特(Clemente)在本书第10章中提供了技术方面的细节。从逻辑上讲,我们有必要先获得一些与多语人或多语群体有关的一手资料,以便对收集访谈数据的可能性及可行性有一个准确的认识。在做最终决定之前,最好先进行一些试点访谈(Redmond,2000)。当研究对象是自身所属群体之外的受访者时,有必要考虑以下问题:就这一群体而言,在一些社交场合进行提问是否妥当,不宜询问哪些话题,哪些人有资格接触信息,是否只有"知识渊博的人"才能提供特定类型的信息(Eades,1982;Briggs,1982),等等。这些都是研究者在规划阶段需要考虑的问题。

　　研究者需要考虑的第二个方面是采用哪种类型的访谈以及如何选择访谈问题的形式。当然,这些都取决于研究目的、研究对象以及研究者打算采用的数据分析方式。

　　访谈形式通常有两种,一是非结构化、非指令性的提问模式,二是指令性提问模式。我们可以在一项访谈中结合使用这两种形式。访谈刚开始时,可以问一些指令性问题,如语言使用情况方面的问题,然后逐步转向结构化程度较低的问题;反过来也行。

　　通常,受访人数越多,他们对访谈内容和访谈节奏的影响越大,所能提供的信息量也就越大,而信息的差异程度也就越高。民族志语言调查的首选形式是非结构化访谈,但通过这种形式获得的数据不适合进行比较。因此,即使不需要使用一套标准化问题,也应准备一份详细的、涵盖所有问题的清单,这样至少能够就某些问题展开比较。如果需要对受访者的回应进行量化,那么采用标准化问题是绝对必要的。在这种情况下,多项选择题可能是最合适的形式,我们将在本章9.3.2 节进一步说明这个问题。

与非结构化访谈非常接近的一种形式是个人生活经历自述。这是一种以自我为中心的、特殊形式的访谈(Pavlenko,本书第 18 章)。它的优势是允许受访者按照主题和时间顺序自由组织"影响其个人生活的故事"(Linde,1993),确定其生命中的重要阶段以及重要事件(Denzin,1989b,称之为转折点,或"顿悟")。我们可以通过请受访者讲述个人生活经历来了解受访者的身份认同、成长历程及其生活中发生过的具有决定意义的事件和经历等。考虑到语言在认识自我和他人的过程中发挥着根本作用,个人经历自叙是理解双语人的移民经历、安顿经历的一个重要方法(Hoffman,1989;Dorfman,1998;Pavlenko,2004)。

我们在选取访谈形式时还应考虑自身与受访者之间的关系。通常,对陌生人进行访谈时,使用指令形式比使用非指令形式更容易,开放性问题可能会让受访者觉得困惑。访谈活动所关联的社会文化预期是:访谈者就感兴趣的问题进行提问,受访者对此做出回应。可以说,访谈者的角色在相当程度上具有指令性。沃尔夫森(Wolfson,1976)指出,如果访谈者不经解释就放弃这种文化特权,受访者可能会感到困惑或者急躁,表达时会犹豫不决,甚至最坏的情况会猜测访谈者是否有什么隐藏意图。所以,在访谈开始前向受访者解释访谈形式和访谈目的是十分必要的。

166　　　评估一种访谈形式是否适用时,最好先弄明白受访者对访谈这种会话形式的熟悉程度。通常,移民子女在学校会定期被要求参加一些半正式的访谈活动,他们在访谈中的表现会被用来评估其语言能力和学术能力(Cots & Nussbaum,2003),他们很有可能在访谈活动中比其他群体表现得更自在。我们在规划访谈时需要对这些情况有所了解。

　　第三个需要思考的问题是在哪个阶段进行访谈。和访谈形式一样,何时进行访谈取决于研究类型。如果研究者打算使用访谈数据解决一项定量研究问题,而且目标调查群体的规模相当大,那么可以按照9.2.4节的建议,先简单介绍研究性质和研究目标,然后快速进入访谈阶段;如果研究者打算将访谈、现实生活中的互动数据和人类学观察数据结合起来,那么应在调查后期进行访谈。在这种情况下,访谈主要用来进一步讨论在谈话分析过程中出现的话题,或者向受访者求证研究者从社会语言学视角对受访者言语行为所做的解读是否合理。此时,最好先分析小规模的互动数据样本,以便对需要关注哪些问题有个清晰的认识。另外,在完成人类学观察并充分了解所调查的社会环境和社会角色之后再进行正式访谈,研究者对于需要采访哪些人、询问哪些问题会做出更明智的判断。

　　第四个需要考虑的方面是受访者类型和数量。如何选择受访者是访谈研究中的一个基本问题。精心挑选受访者,可以避免收集错误数据。兰萨在本书第5章对这一问题做了详细说明。我们将在下文详细讨论如何组织访谈问题以及在访谈中如何措辞。

9.2.3.1　措辞和组织问题

　　就多语研究而言,研究者首先需要考虑的一个问题是:使用哪种语言来进行提问。语言是关键因素,因为它可以传达出访谈者的民族、语言归属、教育背景、谈话正式程度等方面的信息。这些信息将影响受访者对访谈场景的理解,并以多种方式影响受访者的回应。如果想要受访者不受约束地自由表达,最好让他们自己选择使用哪种语言。研究移民群体时,可能还需要一名群内成员来帮助进行访谈、转录、翻译受访者所提供的信息,等等。这种做法会使数据收集和分析过程变得更复杂,但有助于提高数据的价值以及分析的深度。

正如上文所述,在某些社会环境中,直接进行访谈既没有效率也 ¹⁶⁷ 不得体。而且,通过标准问题得到的信息量是有限的。伊迪斯(Eades,1982)在对澳大利亚土著群体的研究中发现,要想获得关于某些情况的解释,最好通过“触发”形式:访谈者先说明自己就相关话题所做的了解,然后停下来等知识渊博的受访者开始谈论这一话题。通过使用感叹词和重复前面的谈话也能起到同样效果,布里格斯(Briggs,1986)对墨西哥人的研究证明确实存在与此相似的行为。他发现,在收集传统知识方面的信息时,重复老年受访者的部分谈话以及在句末使用上升语调,能起到很好的触发作用。对研究者来说,了解如何以土著群体的方式来获取信息是非常重要的,在西方文化基础上所形成的问答模式并不具有普适性。

研究者还需要认识到:措辞方式将引导受访者如何回应。最好能够避免出现这种情况。厄尔、马科斯和法拉斯(Erill,Marcos & Farras,1992)在访谈中要求受访者就加泰罗尼亚语的地位发表意见时,使用了如下措辞(本章作者译):“既然西班牙语是西班牙语区唯一的官方语言,那么,你认为加泰罗尼亚语是否理所当然地应成为加泰罗尼亚语区唯一的官方语言”。与那些更为中性的措辞相比,如,“你认为加泰罗尼亚语是否应成为加泰罗尼亚语区唯一的官方语言”,这种以西班牙语的官方地位为参照的提问方式更容易引导受访者做出肯定回答。

结合使用不同类型、不同形式的问题会避免访谈过分单调,并有助于保持受访者的兴趣。我们的基本原则是,避免使用是非问句,这样才能从受访者那里获得扩展型解释。另一个需要注意的方面是,访谈问题应简短易懂,要充分考虑目标群体的情况。应尽量避免使用那些有双重含义、语义模糊、有歧义的措辞,尤其是当访谈中使用的语言对访谈者或受访者来说是第二语言或外语时。布里格斯(Briggs,1986)认为,这样做的目标是建立一个"共同参考框架",使访谈中的双方就所寻求的信息类型达成一致意见。

要想降低访谈问题的理解难度,可以设法使这些问题接近受访者的真实生活。通常有两种方式:一是使用受访者可以快速接受的语言风格、语言变体或语码,避免使用术语、行话,这样能够降低问题的理解难度并有助于访谈双方确立较为融洽的关系;二是向受访者展示文本或图片,要求他们讨论具体的而非假设的事件、动作或个体,询问受访者"你会用什么语言跟陌生人说话",比问受访者"跟一个陌生人说话时,你会用什么语言"更为可取。特里夫斯-达列尔(Treffers-Daller,1994)提供了另一种方式,她请来自布鲁塞尔的受访者说出各自定期交谈的 6 个人的名字。显然,研究者对这些名字并不感兴趣,但这个问题有助于使受访者将注意力转向现实的、具体的个体而不是模糊的群体(如朋友们或邻居们)。

168　　　还有一个问题与措辞相关,即,如何提出敏感问题。基本原则是,敏感问题不要在访谈一开始问,不要在确立基本的互信气氛之前问,也不要留到访谈最后阶段问,最好是在互动谈话中间问。这样,如果敏感问题导致访谈双方的关系趋于紧张,至少在后续阶段还有机会进行弥补、修复。在提出敏感问题时,要允许受访者与所讨论的话题拉开距离,可以借助一些有用的措辞,如"有些人说/认为""你认识的人中是否有人会那样说、那样认为",等等。此外,研究者可以在访谈开始时向受访者说明,如果受访者对访谈中的任何问题感到不舒服,可以不做回答。

　　如何对访谈问题进行组织,主要取决于访谈的类型、研究目标、访谈参与者之间的关系。一般来说,我们可以按照不同的话题将访谈问题分组。在每个话题小组中,开头应设置一些相对容易回答的问题,以简单问题为铺垫,有助于研究者随后询问一些更有价值的问题。

　　研究者还需要考虑访谈问题的涵盖幅度,是想要收集特别具体的信息还是相对开放的信息。我们通常按照两种方式来设置访谈问题。一是从宽泛到具体,二是从具体到宽泛。使用第一种方式时,研究者的目的是获得非常具体的信息,同时避免左右受访者的观点;使用第二种方式时,研究者更关注受访者如何对周围世界进行反思、解释和理解。访谈阶段不同,话题不同,问题排序方式也不尽相同。

小结:规划访谈

- 在开始之前,研究者需要评估在特定多语环境中进行访谈的可行性和适用性。
- 研究者需要充分了解特定文化对于询问对象、询问内容、询问时机的限制。
- 访谈的指令性越弱,受访者越容易提供细节信息。
- 访谈所使用的语言对访谈活动有重要影响,最好由受访者决定在访谈中使用哪种语言。
- 访谈者应避免使用是非问题或引导受访者的回应。
- 结合使用不同形式、不同类型的问题能使得访谈不那么单调。
- 访谈中的问题应简短、明确、容易理解。
- 不要在访谈一开始就提出敏感问题,应允许受访者与所讨论的话题拉开距离。

169 **9.2.4　进行访谈**

　　正式访谈之前,先进行试点访谈是必不可少的,在这个阶段得到的反馈越多越好。我们很可能发现访谈中存在的一些问题,如持续时间过长、问题措辞含糊、访谈问题容易干扰受访者就特定话题做出回应,等等。

　　访谈时间和访谈地点通常由受访者决定。一些受访者可能会倾向在家里接受采访,另一些受访者可能会选择比较公开的场所,如公园、餐厅、图书馆等。如果要在公共场所进行访谈,最好提前去看看环境,尤其是需要对访谈活动进行录制时,有可能受访者所选的地点过于狭小、嘈杂,或者根本没有可供录制设备充电的插座。

　　研究者还需要考虑访谈当天的着装问题,要让受访者觉得舒适,因此,着装方面既要与受访者保持协调,又不能与自己所要表现的形象产生冲突。在一些情况下,着装过分随意可能会让受访者质疑研究者的严肃性和可信度并影响受访者的回应。

　　遵从学术研究的道德规范是研究者在访谈前需要考虑的另一个重要问题。我们不仅需要从受访者那里获得授权书,还需要注意自身在访谈中的行为道德。也就是说,除了确保对受访者进行匿名保护外,还需要避免在访谈中以任何有意无意的方式损害受访者,同时,也要认识到一些问题可能会给受访者带来痛苦。

　　访谈刚开始时,研究者和访谈者所进行的对话是对这一交际活动的界定和定调。研究者应主动利用这个时段为访谈营造融洽气氛,不过,更重要的是,研究者要在此时尽最大努力向受访者说明,访谈将如何展开以及研究者期望得到哪些类型的信息。从逻辑上讲,研究者应尽量避免影响受访者的行为，当然，如前文所述，由于自然口语语料本身具有语境性，所以有些影响是不可避免的。

研究者要注意自身的举止，要密切关注双方正在进行的谈话，我们一般没有办法预料那些重要的主题会在什么时段出现。研究者需要顺着受访者提供的线索继续追问，而且，及时对受访者做出回应也很重要，受访者可以据此判断研究者是否理解自己所说的话，或者自己所说的内容是否契合研究者的关注点。

记录访谈笔记是对受访者所说的内容表示关注的方式之一。不过，研究者记录笔记的行为，会促使受访者对研究者所关注的主题进行推断，并将谈话引向这些主题。如果能对访谈活动进行同步录像，也可以事后记录笔记。不过，我们建议随时进行记录，尤其是在无法录制访谈活动时。即使有条件录音或录像，研究者也可以用笔记下那 170 些有趣的、可继续追问的话题，以及其他在互动中产生的、可能有助于后期分析的想法。记下对受访者的印象和互动展开的方式也是值得推荐的做法。访谈结束后立即回放录音或转录访谈内容有助于加深对访谈过程的理解。当没有条件对访谈活动进行录制时，我们至少可以通过记录笔记的方式，按照预先分配好的空间，分门别类来收集信息。

9.2.5　分析数据

在解读访谈数据时，我们必须充分认识到这些数据具有语境化的特征，它们是在特定谈话活动框架中产生的，与前面的谈话具有顺序性关系（Heller，本书第 14 章）。访谈所引起的对话具有暂时性、空间性、经验性和社会性，也就是说，它是在特定时间、特点地点由拥有特定背景、置身于一定的社会文化系统中的具体说话人产生的。当研究者评估和理解受访者所提供的信息时，这一点非常重要（Briggs,1986）。

就数据的呈现方式而言，研究者可以选择将受访者的谈话简单带过，也可以提供较长的引文。第一种做法会使读者很难评估研究者所做的解读的准确性。第二种做法能使读者"听到"受访者的声音（Mills,2004），这样做当然特别有意义，尤其是涉及语码转换现象时。不过，这样做也存在风险，即一些研究者误以为数据本身就足以说明问题，并因此回避对原始数据进行解读。这种回避是错误的，因为访谈数据和其他任何数据一样，对观察者来说都不是透明的，需要细致和深思熟虑的解读。

小结：进行访谈和分析数据

- 试点访谈有助于发现访谈设计中可能存在的问题，是不可缺少的一个环节。
- 研究者必须考虑其着装风格和他们想要展示的形象。
- 研究者必须注意与受访者的交谈并及时进行回应。
- 数据必须在其产出的背景下进行解释。
- 提供受访者回应的摘录，能使读者核查解释的准确性，也给了研究对象一个发言权。

---

171 9.3 问卷调查

对于迅速、系统地收集可量化的、有关双语人或双语群体的信息来说，问卷调查是一种非常有效的方式。如访谈一样，问卷调查有助于收集说明性数据,但无助于收集表现类信息;此外,提问的指令性和答案的封闭性都会严重限制所得信息的深度。如果想要对双语现象的语言背景进行全景式描写,最好结合使用问卷调查、深度观察、录制社会互动活动、记录田野调查日志以及通过访谈获得的数据。

如果研究目标是获取关于大型受访群体及其语言使用情况的可量化数据,那么问卷调查是最合适的形式。厄科斯特和雅格马(Extra & Yagmur,2004)的多语城市项目(Multilingual Cities Project)就属于这种情况,研究者在欧洲 6 个城市进行了这一项目,目标是收集欧洲少数民族语言使用情况方面的数据,确定各种母语的活力程度并进行跨国比较。

问卷调查所得数据可用于不同用途:了解特定群体语言使用的概况并制定进一步的研究计划;为所研究的社会角色提供语境信息(Boix,1993;Treffers-Daller,1994);从庞大的样本群体中识别、挑选目标对象,如,从学校系统中筛选出能说多种语言的学生,在这种情况下,问卷调查所收集的信息是数据采集的第一步,它能帮助研究者识别目标受访者。德普雷(Deprez,1999)和维拉德利(Vilardell,1998)的研究即为这一类型。当所需处理的问卷数量很多时,有必要使用筛选型问题来区分受访者。

我们在访谈部分所谈到的措辞、组织和试测题,大多数同样适用于问卷调查,因此下文不再赘述。

9.3.1 规划问卷调查

研究者在规划问卷调查阶段,首先需要确定的是抽样方式和数据收集模式。抽样非常重要,它将决定我们需要收集哪些类型的数据,本书第 5 章就抽样程序进行了深入探讨。抽样也会影响问卷调查的进行模式。如，采取随机拨号方式进行抽样的话，使用电话调查方式会比较容易。不同的数据采集方式各有优缺点（Fowler, 1984），但它们都会影响问卷的形式和问题的数量。

172　　　问卷可分为自我管理式和访谈者管理式。自我管理式问卷通常为书面形式，受访者可以单独或分组填写，可以在现场填写并马上交回，也可以事后邮寄给研究者。自我管理式问卷对阅读和写作能力的要求比较高，所以当调查对象不具备一定的读写能力时，不宜使用这种方式，以移民群体为例，其中有很多人不具备读写其母语或定居国家语言文字的能力。官方发行的自我管理式书面问卷，如，普查问卷等，还存在另一个问题：一些受访者可能不太愿意合作。自我管理式问卷通常不要求受访者在"现场"填写，因此研究者无从了解填写人的具体情况，这个问题可能会导致研究结论出现偏颇。最后，在多语环境中，还需要将问卷翻译成不同的语言，即使这些语言是不同于标准语的方言或变体。这将加强与受访者的密切关系，并鼓励受访者积极参与。

　　就优势而言，自我管理式问卷比访谈者管理式问卷的成本低，受访者很有可能会避免在访谈者面前承认某些被认定为具有消极性质的行为表现，所以自我管理式问卷在询问敏感问题时可能更有效，不过，研究者对此各持己见（Fowler, 1984）。要有效地使用自我管理式问卷，我们需要确保问卷内容简短、方便受访者填写。在问卷封面附上说明书，详细解释研究目标、填写要求及返回程序等，有助于激发受访者的参与动机并提高响应率。采用邮寄方式进行问卷调查时，需建立后续程序以保证问卷的返回率。通常，在学校或工厂等人口集中的场所"现场"填写并收回问卷的响应率最高。

　　访谈者管理式问卷主要是口头管理，可以当面进行，也可以通过电话进行。通常,我们可以先通过电话形式确定目标受访者,然后对这些受访者进行深入访谈。访谈者管理式问卷调查的程序与访谈类似,但其中的问题往往更封闭,为避免访谈结果出现偏差,访谈者必须遵循标准化访谈程序来进行提问。访谈者管理式问卷的优点是,访谈者可为受访者澄清疑问、鼓励受访者积极参与。在访谈者管理式问卷调查中,我们可以将部分问题设置为自我管理式模式。通常,访谈者管理式问卷是否具有可行性,还取决于抽样过程和项目资金。

9.3.2 问题和备选答案的形式

我们首先需要注意的是,问卷不宜太长,最多不超过 4 页,最好能够在 30 分钟内完成(Dornyei,2003)。否则,受访者容易感到厌倦并胡乱作答,这样会降低问卷的可靠性。措辞方式是另一个需要考虑的基本问题,一般来说,提问最好简短、易于理解,并适用于所要调查的群体。

由于要对问卷调查所获得的数据进行分析处理,问卷最好采用封闭式问题。也可以提一些开放式问题,受访者在回答开放式问题时往往可能为研究者提供一些意想不到的重要话题和备选答案。为便于量化,我们建议使用多项选择题形式。研究者需要谨慎地根据受访者的实际情况来提供备选答案。例如,当我们询问双语人在特定情况下使用哪种语言、和特定对话人交谈时使用哪种语言时,他们的答案可能是"混合使用 AB 两种语言"或"不使用 AB 两种语言,使用 C 语言",那么问卷的备选答案中就需要体现这种情况。对于某些方言变体来说,研究者还应该了解当地人如何指称这一变体,并在问卷中使用同样的指称。我们可以在试点阶段使用开放式问题,然后根据收集

173

到的信息来设计封闭式问题。

等级量表是多项选择题模式的一个变体，即，就有关现象的程度做出选择。一般来说，五级量表已经涵盖了足够广泛的答案范围。例如，"用 A 语言进行非正式交谈时，你的理解程度是——"。备选答案可以是：非常好、很好、好、不太好、不好。如果使用数字来表示量级，一定要标出每个数字代表哪个量级，如，"5"代表"非常好"，"4"代表"很好"，"3"代表"好"，"2"代表"不太好"，"1"代表"不好"，等等。此外，我们需要在进行问卷调查之前确定，每个问题有几个可以接受的答案。以多项选择题为例，是否可以同时选择两个答案，等等。

一些商业软件能够自动处理数据，效率非常高（Extra & Yagmur，2004），如果要借助这些软件来进行研究，那么在问卷设计环节就应考虑所用软件的技术要求。

我们可以用三种不同形式来组织问题：疑问句，如，"你小时候上的是哪种学校。"；指令句，如，"请写出你常收听的三个电台"；陈述句，如，"说巴斯克语能帮助人们找到更好的工作"。使用不同形式来组织问题可以使问卷看起来不那么单调。前两种问题主要用于收集事实信息，第三种问题则要求受访者说明自己对一些观念的认同程度，其目标是了解受访者的信仰、价值观和态度等，最好采用间接方式提问，也可以通过使用口头刺激来进行。如为人们所熟知的"变语配对法"（matched-guise technique 匹配伪装技术）①。这种方法最初是为加拿大法语区设计的，伍拉德（Woolard，1989）在研究西班牙加泰罗尼亚自治区的语言情况时曾使用过，具体做法是请双语人朗读以两种语言撰写的内容相同的文本并进行录音，目的是在保持性别、年龄、民

---

① 参见本书第 3 章，美国心理学家兰伯特（Wallace E. Lambert, 1967）创立的一种实验方法，也称"配对变语"。——译者注

族、语调、音质和文本等所有变量恒定的情况下,只改变所读文本的语言,以此来考察受访者的语言态度。

对双语研究而言,哪些问题更适合,最终取决于研究性质和研究目标。表9.1 提供了一些常用话题。

表9.1 双语研究问卷可能涉及的话题 174

话题	次话题
个人信息(关于受访者及其父母、伴侣、孩子)	年龄 出生地 居住地(目前/曾经) 教育(年限、学校类型、授课语言、语言水平) 职业(目前/曾经) 休闲活动(是否是俱乐部成员、协会会员等)
语言的使用和选择	使用何种语言与不同对话人交谈(父亲、母亲、伴侣、孩子、朋友、同事、邻居、政府官员、陌生人) 不同对话人与受访者交谈时使用何种语言 不同对话人在其群体内部使用何种语言 特定社交场合/社会域所使用的语言 选择某种语言的理由 通常阅读哪些报纸 最喜欢的广播电台/电视频道 最喜欢的电视节目 是否使用外国语言
语言熟练程度	自我宣称的语言能力(书面和口头理解能力、表达能力、风格) 对外语的了解程度
占主导地位的语言	阅读、理解、写作能力最强的那种语言 占据主导地位的原因
习得或学习的语言	习得或学习某种语言的时间、方式 动机 社会环境对此如何反应 习得/学习某种语言所遇到的困难类型和原因 对学习起促进或阻碍作用的因素

续表

话题	次话题
语言态度和首选语言	对某种语言使用者的态度、对语言行为规范的态度；对提倡某种语言的态度；对各种语言态度的评价；对特定社会领域所使用语言的态度 对语言和文化的认同程度 首选语言(说、读、听、写)
语言的社会地位和价值	语言的社会声望(低/高) 个人语言选择的消极/积极结果 促进语言知识和语言使用发展的措施

175　### 9.3.3　管理问卷

在进行大规模问卷调查前,我们有必要先进行试点调查,以便判断问卷能否有效满足研究目标。试点阶段可以获得改善问卷所需的关键信息。

发放问卷时,要向受访者解释清楚需要收集哪些类型的信息,并鼓励受访者就问卷的任何方面进行提问。如果问卷不是在"现场"发放、填写并收回,那么有必要附上一份明确的说明来指导受访者填写并返回问卷,此外,赛巴(Sebba,1993)建议向受访者表达感谢。

> 小结:问卷调查
> - 问卷调查有助于获取大量受访者的相关信息。
> - 通过问卷调查获得的信息的深度有限。
> - 应认真规划问卷抽样和发放模式。
> - 问卷内容应简短。

- 问卷措辞应考虑目标群体,其中的基本原则是力求所提问题明白易懂。
- 多项选择题的各个选项必须与双语人在实际语境中存在的分类情况相匹配。
- 必须为如何填写问卷提供准确的指导。

9.4 访谈和问卷调查的比较

本章介绍了访谈和问卷调查的主要特征及其在双语研究中有效运用的一些方式。访谈和问卷调查有一个共同的核心目标:收集双语人、双语群体在语言使用方面的自我陈述型与他人陈述型信息。访谈和问卷调查所收集的信息类型和深度不同,对这些信息的处理方式也不同,前者以定性分析为主,后者以定量分析为主。我们可以用书面形式或口头形式来进行问卷调查,以口头进行的问卷,实际上是以访谈者与受访者互动的形式进行的指令性访谈。我们这里所讨论的访谈,是一种倾向于启发受访者做出扩展回应、尽量淡化结构的互动活动。这种"扩展型"访谈活动也会在互动情境中自然发生,可用来收集 176 真实的双语会话样本。

鸣谢

感谢主编 M. 莫耶和李嵬为本章定稿前的各个版本所提供的准确深刻的建议。文中所存错漏由本人负责。琼·普约尔教授在巴塞罗那自治大学开设的《社会语言学研究方法》课程为作者写作本章提供了许多灵感。

延伸阅读

关于访谈

Briggs, C. L. (1986)《学习如何提问：社会科学研究中访谈在社会语言学评价中的作用》(*Learning How to Ask: A Sociolinguistic Appraisal of the Role of the Interview in Social Science Research.*) Cambridge: Cambridge University Press.

Gubrium, J. and J. Holstein (eds.) (2002)《访谈研究手册：语境与方法》(*Handbook of Interview Research: Context and Method.*) Thousand Oaks, CA: Sage.

Labov, W. (1984)《语言变迁与变异研究项目的田野调查方法》(Field methods of the project of linguistic change and variation.) In J. Baugh and J. Sherzer (eds.), *Language in Use: Readings in Sociolinguistics.* Englewood Cliffs, NJ: Prentice Hall, pp. 28—54.

Redmond, M. V. (2000)《沟通：理论与应用》(*Communication: Theories and Applications.*) Boston/New York: Houghton Mifflin, chs. 8 and 9.

关于传记体叙述和双语人的身份认同

Pavlenko, A. and A. Blackledge (eds.) (2004)《多语语境下的身份协商》(*Negotiation of Identities in Multilingual Contexts.*) Clevedon: Multilingual Matters.

关于问卷调查

Dörnyei, Z. (2003)《第二语言研究问卷调查表：设计、实施、整理》(*Questionnaires in Second Language Research：Construction, Administration and Processing.*) Mahwah, NJ：Lawrence Erlbaum.

使用问卷调查做的一次大规模语言调查

Extra, G. and K. Yagmur (2004)《欧洲城市多语现象》(*Urban Multilingualism in Europe.*) Clevedon：Multilingual Matters.

（董秀玲 译）

第 10 章　音频和视频录制

伊格纳西·克莱门特(Ignasi Clemente)

10.1　导语

　　本章主要论述录音录像技术在双语研究领域的优势。10.2 节主要论述在研究中录制音频视频时需要重点考虑的一些问题;10.3 节介绍设备采购方面的注意事项以及其他准备工作;10.4 节主要讨论一些实用技巧;10.5 节说明了后期处理及数据分析对软件和硬件的要求。

10.2　为什么要录制?

　　录制会话活动一直是双语研究领域一项重要的数据收集方法(Myers-Scotton,2006),在采用社会语言学、社会学、人类学方法进行研究时更是如此(Heller,1995a)。以语码转换、语码混用、语言趋同等研究为例,进行语法分析和进行互动分析的理论基础是不一样的,但它们都依赖录音录像技术(Myers-Scotton, 1993a; Li Wei, 1994; Auer, 1998;Moyer,2000)。对社会阶层和语言形式之间关系的宏观研究也是如此,少数民族身份认同(Gumperz & Hymes, 1972; Gumperz, 1982b)、语言意识形态(Schieffelin, Woolard & Kroskrity,1998)、语言转用（Hill & Hill, 1986；Kulick, 1992）、多语人的社会化过程等研究（Slobin, Gerhardt, Kyratzis & Guo, 1996；Zentella, 1997；Garret & Baquedano-López, 2002），通常会对诱导型口头语料、访谈、自然发生的谈话进行录制，并结合其他方式收集的数据进行综合分析。

因此，尽管理论取向和关注层面可能不同，但双语领域的研究者对录音录像数据的使用价值是普遍认同的。录制技术的广泛应用有以下多个原因：首先，它允许其他研究人员对一项研究中使用的数据进行考察和独立判断，录制行为在本质上具有选择性，任何数据背后 178 都存在"动机"，但与民族志田野调查笔记不同的是，录制技术为其他研究者对数据进行相对独立的观察提供了机会；其次，通过录制技术创建的音频视频数据库可用来进一步对双语现象进行细致的比较分析；第三，录制技术允许对数据进行重复观察和后续观察，能够以展示数据的方式来支撑分析论断，这一功能对微观定性研究来说非常有价值，因为微观定性分析的复杂性和有效性十分依赖对言语和非言语行为所进行的详细转录；最后，录制技术能够捕捉双语现象发生的瞬时场景，其中那些伴随言语行为而出现的非语言和副语言行为对于理解双语现象的意义和功能非常重要。就研究自然发生的双语现象而言，这种瞬时场景与实验室场景有本质区别，它无法进行人为复制。

10.2.1　音频与视频：研究的目的是什么？

在选择录制形式时，研究目的是首要指导因素。我们需要先确定一个清晰的研究推理，然后才能进行技术、设备资源、经费、人力和研究伦理方面的工作。选择录像或录音时，要对研究现象和用以支持研究结论的数据类型有一个清晰认识。例如，如果说话人和听话人的行为在研究中具有同等相关性,那么使用视频格式来录制同时发生的行为就是必不可少的。就多模式双语现象而言,当言语交际和非言语交际同时进行时,或者说话人一边和听话人沟通,一边指示听话人行动时,也有必要选择视频格式。不过,如果不需要采集非言语数据,在研究中关注谈话内容,分析说话人的言语行为,只对分析有兴趣(如,如何启发归纳术语,如何分类,进行内容分析和对比分析等),或者,只对言语行为进行狭义的定量分析,那么单独的录音可能是必要的。录音较之录像的优势是便宜、简单。当需要一个普通视觉意义上的背景时,可以用照片之类的静态视觉信息来代替视频。总之,当确定无需分析交谈活动中的非言语数据时,可以选择使用录音形式。

其次,研究人员过去更多地选择录音形式是因为它具有低干扰性。但现在情况有所不同,摄像机已经变得如此之小,并不比录音机更容易分散参与者的注意力,而且参与者通常已经习惯了这些设备的存在(Duranti,1997:345)。摄像机和研究人员的存在可能会使参与者不时调整他们的行为,但正如杜兰蒂等人所强调的,"包括语言在内的社会行为,通常并不会毫无缘故地出现"(Duranti,1997:118)。参与者以及研究人员可能还是会对视频录制有所顾忌。不过,我(Clemente,2005)曾录制过癌症儿童及其与家人的互动,事实证明,参与者是否适应摄像机的存在,更多取决于研究人员自身的行为,并不取决于它是音频形式还是视频形式。

另外一个问题是,参与者是否觉得有必要保护自身身份。尊重参与者的意愿不仅是一种道德义务,也是一项良好的研究的判断标准之一。如果参与者拒绝视频录像或照片拍摄,单独使用录音也可以。当必须采集非言语数据时,可以在研究中排除此类参与者。此外,有些录音可能是在未经授权或参与者不知情的情况下获得的,但这并不代表研究人员可以免除获得参与者授权的义务。像所有其他收集数据方式一样,人类保护研究和伦理委员会①(特别是在美国大学)要求那些依赖秘密录音的研究也必须遵循相同的审批流程和行为监管。

10.2.2　依据经费和设备资源进行选择

我们在这里需要考虑的最后一个方面是经费和设备资源。录音机、摄像机的价格相差极大,从最便宜的到最昂贵的,依次是模拟音频、模拟视频、数字音频、数字视频②。价格越高,质量越好,商用业余模拟音频录音机的音质最低,专业数字录制设备的音质最高。最近研制出的高清视频摄像机(HDV)和闪存音频录音机(CFC)将早期录制技术的质量提升了一倍。研究人员并不需要最新最贵的设备,如果预算较低,完全可以从大学数字化实验室借用设备。因为选择余地很大,所以研究人员应该能够在负担能力和质量之间找到平衡。

无论是音频还是视频,数字技术有很多优势:成本适中、方便使用、质量高。它不仅方便数据传输和复制,而且能够在文件复制或上传时保持音质和画质不变。通过模拟技术录制的音频,在每次配音或复制时音质都会有所减损。此外,由于数字技术已取代模拟技术,今后会很难找到模拟磁带、播放设备和维修服务。因此,我们推荐使用

---

①　人类保护研究和伦理委员会(REB)以及 10.3.2 节中机构审查委员会(IRB),是美国审批、监督、审查生物医学研究和行为学研究的独立机构。——译者注

②　模拟技术是先把图像信号分解为电压值不同的三种信号,然后混合发送到接收器上,后者接收到信号后重新将其分解,通过驱动显像管合成图像,其缺陷是传输过程中容易丢失数据,造成图像失真;数字技术是直接把图像信号转换成 0 或 1 编成的数字信号,传输过程不易丢失数据,能够避免图像失真。——译者注

数字设备。如果经费和人力资源允许，可以考虑在录像的同时进行录音，这是一种既便宜又安全的备份方式。如果活动时长超出了单个视频磁带所允许的时长，那么使用录音进行备份就很有必要。录像带、录音带、记忆卡的录制时长是不同的，同时使用这些设备，将确保在更换磁带时不会漏掉任何活动片断。当然，使用的设备越多，操作时的难度就越大。因此，采购设备时需要重点考虑以下因素：（1）所有参与录制工作的研究人员的数量；（2）所录制事件的长度；（3）备份一个音频和物流方面的难题相比，前者的益处是不是超过了后者。

> **小结**
>
> 录制技术的主要优势是能够重复并延续观察自然发生的双语现象。决定是否使用音频或者视频，还是要将两者结合起来使用，取决于三个重要标准：（1）为什么要采集数据？（2）研究人员和录制设备对所要进行的研究活动将产生怎样的影响？（3）经费和设备资源方面受到哪些限制？

10.3　准备录制

录制中的大部分工作主要集中在准备阶段。主要包括：（1）采购设备；（2）确定设备兼容性，如，考虑是否同时使用麦克风和摄像机，是否需要将录制到的数据传输到电脑上；（3）决定数据操作方式，如何进行编码和转录，等等；（4）分别从大学制度审查委员会和参与者那里获得法律许可。我们先介绍采购设备时需注意的事项。

10.3.1　采购设备

目前的技术更新速度很快,制造商不断推出更好更廉价的设备,所以我们很难就采购某些具体设备提供建议。最好在采购前借助以下资源做一番调查:(1)互联网,包括用户网站和制造商网站;(2)咨询技术人员和销售人员;(3)咨询使用某设备做过类似研究的同事。

10.3.1.1　摄像机

摄像机的质量决定了声音和图像的质量,在预算许可范围内可以优先考虑购买高质量的摄像机。录制工作结束后很难在质量方面进行改善,即便可以也很有限。对于大多数研究目的来说,非专业数码摄像机就足够了。不过,如果负担得起,专业摄像机将是物有所值的选择。 181

什么是最高质量? 一般来说,数字视频录像的质量取决于像素数量,扫描每个水平和垂直的线,扫描到的像素越多,分辨率越高,图像就越清晰。大多数 NTSC 制式①的迷你 DV 的标准分辨率是 720 × 480,即,水平 720 个像素,垂直 480 个像素。PAL 制式的迷你 DV 的分辨率是 720 × 576。高清数字摄像机的分辨率至少是 1280 × 720。除了分辨率,录制格式也会影响质量。录像格式主要有:Hi8 数字格式、迷你 DV 格式(这种格式使用的磁带大小约为 Hi8 数字磁带的一半)、迷你 DVD 或标准 DVD 格式、硬盘格式(微硬盘、小型快速闪存卡或内置硬盘)。Hi8 数字格式是在 Hi8 传统磁带的基础上,以数字方式来进

---

①　NTSC 是美国国家电视标准委员会开发的美国标准电视广播传输和接收制式。世界上其他国家主要使用的是 PAL 制式(逐行倒相)和 SECAM 制式(顺序存色电视系统)。NTSC 信号与计算机系统不兼容。——译者注

行录像,图像质量较差。其他录像格式的质量大致相同。高清数字摄像机所使用的磁带和普通数字迷你 DV 使用的磁带是一样的。硬盘摄像机和 DVD 摄像机无需使用磁带。

就缺点而言,目前可用的硬盘摄像机在存储方面存在局限。录像质量越高,录像时长就越短,此外,为了腾出空间进行录制,需要把文件下载到新光盘上。DVD 摄像机为了减少内存占用需要对文件进行压缩,这样就会降低原始录像的质量;而且,DVD 摄像机通常以 MPEG-2 为默认格式。在这种格式下,音频和视频是作为两个单独文件保存的,有时可以在事后将两者合并为单一文件,但通常不能。高清数字迷你摄像机的价格较高。综合考虑,标准迷你 DV 摄像机的性价比最高,既不会过度压缩文件,又没有存储限制,而且很容易将视频数据传输到计算机上。

除了录制格式不同之外,各种数字摄像机在其他方面的差异也比较大,在选择设备时至少要满足一些最基本的要求:

- 分辨率最低为迷你 DV 标准,即,NTSC 制式 720×480,PAL 制式 576×720;
- 光学变焦至少为 10X ~ 16X,光学变焦优于数字变焦;
- 图像稳定,光学图像优于数字图像;
- 液晶显示屏至少为 2.5 英寸(65 厘米);
- 能够在弱光下进行操作,并能够减少图像模糊;
- 三色传感器(3-CCD)成像系统,这种成像系统能够提供较高的分辨率,色彩再现力强,这一点对于拍照或从视频中截取照片非常重要;
- 允许使用火线连接将视频数据实时传输到电脑上,即,对迷你 DV 摄像机来说,要能够使用 IEEE 1394a 数据线或与 DV 兼容

的 ILink 数据线；对 DVD 和硬盘摄像机来说要有 USB2.0
端口；

- 电池时效长（至少能够连续录制 4 到 5 个小时）；
- 可用来连接外置麦克风和广角镜头的附件。

为确保电池寿命，最好购买长效锂电池。对大多数研究目的来 182
说，摄像机附带的电池电量都不太够用。由于录像现场不一定有电源
插座，靠内置电池来操作视频摄像机是很有必要的。在美国购买的摄
像设备会随机附带 100 到 240 伏交流电源适配器，但如果在其他国家
进行研究，可能仍需配备一个插座适配器。

10.3.1.2 录音机

录音机可单独或结合摄像机使用。为获得便于复制和存档的最
高质量的音频，需考虑三个因素：物理记录介质、录音质量、后续格式
转换的可能性。

录制音频的三个主要介质是：磁带（模拟或数字）、磁盘（小型磁
盘和光盘）、计算机内置硬盘及外接硬盘。模拟磁带是传统的磁录音
带，有标准格式和迷你格式。数字磁带类似于迷你磁带，比较小，也被
称为数字音频磁带（DAT）。根据数据分析的类型选择录音介质：频谱
图、语音分析和韵律分析需要的音频质量较高，而内容分析对音频质
量的要求比较低。

理论上，模拟技术和数字技术能捕捉到相同的音频质量，不过非
专业使用者在实际操作中很难达到这一水准。模拟技术捕捉的是真
实的声音，而数字技术是以特定采样率捕捉声音，大多数非专业使用
者用模拟技术获得的音频质量低于数字技术。选择数字音频录音机
时需要考虑的因素有：(1)单声道或立体声道；(2)采样率高低，一般
来说，CD 的采样率为 32 千赫兹(kHz)或 44.1 千赫兹，数字音频录音

机的采样率为 48 千赫兹;(3)数据大小,12 位或 16 位。采样率越高,数据样本及其范围越大,音频质量越好,音频文件越大。对于大多数研究人员来说,48 千赫兹、16 位的立体声就足够了。应尽量避免对数据进行压缩,那样会造成音质下降以及无法进行数据传输或格式修改。

数字音频录音机多年来是获得高质量音频的首选,但最近 CD 和 MP3 的录音质量越来越具有竞争力。闪存音频录音机的音质为 24 位、96 千赫兹,是数字音频录音机的两倍,可选择压缩或不压缩数据,无需使用磁带,可通过 USB2.0 端口或直接从闪存音频录音机传输文件,不过闪存音频录音机比其他设备体积大,成本高。尽管如此,因为音频质量极佳、存储能力强大、可选择压缩或不压缩文件、容易无带传输,加上计算机内存价格下降,闪存音频录音机已成为一个非常可取的选择。当研究人员既不需要高音质也不需要未经压缩的文件时,无带 MP3 和小型磁盘录音机也是很好的选择。最后,数字录音机,特别是那些具有高采样率(44.1 千赫兹以上)、能够过滤噪音的机型,有很大前景。

我们的忠告是,永远不要使用原始数据进行分析,原始数据最好只播放一次,目的是复制和备份,之后应妥善保存起来,使用复制带或计算机文件来进行重复播放。

10.3.1.3 麦克风

麦克风分为内置、外置有线或无线、定向或全向。森海塞尔和铁三角是高品质麦克风顶级品牌。外置麦克风并不一定与所有录制设备兼容。要想保证声音质量,需要进行测试并确认兼容性。联系厂家或认真阅读厂家的在线机型规格介绍以确认拟使用的麦克风与录制设备是否兼容。购买后要测试麦克风与录制设备,及时发现问题并尽早更换。远离本土机构工作的研究人员应在准备前往目的地时先对设备进行测试,应尽可能模拟活动现场。有条件的话,可以模拟研究环境并在一系列条件下对设备进行测试,如,模拟一个包含不同数量的参与者及其活动的场景。注意外部噪声,考虑当参与者面对或背对麦克风时的不同情况。找到放置设备的最佳位置。最后,在计算机或其他将在分析时使用的设备上进行试听。这些步骤有助于确保在录制现场得到预期数据。

外置麦克风的首要使用法则是越接近说话人,声音质量越高。因此,如果可以将录制设备始终放在距离说话人较近的地方,那么内置麦克风就足够了。除此之外,建议使用外置麦克风。环境噪声是常见问题,解决方案包括使用定向有线麦克风(枪式)和分离式(发射器和接收器机)全方位领夹式无线麦克风。后者的优点是能够提高录音质量,目标说话人可以戴着它自由活动,能够避免有线连接存在的一些安全问题,并保证麦克风始终接近说话人;缺点是无法清晰捕捉到未佩戴麦克风且不靠近目标说话人的参与者的声音,易受其他电子设备和磁场干扰,发射器和接收器距离较远时会造成传输损耗,此外,还有一些其他问题,如,会录制到说话人衣物发出的沙沙声或说话人触摸麦克风时产生的噪声。虽然大多数问题都可以通过重新定位接收器,调整天线方向,尝试使用不同频率来解决,但最好尽量在开始录音前解决这些细节问题。

如果预算允许,购买两个外置麦克风是最安全的选择,一个定向 184 有线枪式麦克风和一个全向无线领夹式麦克风。如果预算不允许,而且参与者在录制过程中可能有大量肢体活动、远离录制设备、环境噪声较大,那么可以选择全向无线领夹式麦克风。在其他情况下,选择定向有线枪式麦克风可能会得到更好的效果。使用哪种麦克风取决于要录制什么样的活动,所以,最重要的是尽可能熟悉活动现场的声学条件。

最后,外置麦克风需要维护和监控。电池需要经常更换。一些研究人员会在每次录制工作开始前装上新电池。此外,我们还需要在录制过程中使用耳机对麦克风进行监控,以确保其正常工作。

10.3.1.4　磁带

磁带价格低廉,批量采购将进一步降低成本。可利用互联网、朋友和同事寻找批发商。当决定购买量时,考虑是否需要在存档、备份或制作分析副本等多个研究阶段使用磁带。

10.3.1.5　附加设备

一是说明书和用于储存、运输的设备包。当设备出错时,说明书就是救星,随身携带并经常翻阅说明书是有好处的。如果说明书丢了,可以从制造商网站免费下载。设备包方便我们快速翻找东西,避免将重要的设备或昂贵的器材遗留在家里或野外调研地。小型行李推车可以用来携带较重物品。

二是用来监控声音质量的耳机和广角镜头。当活动场所空间较为狭小时,如,在医生办公室或会议室进行录制时,需要用广角镜头以保证把房间里的每个人都录进来。

三是用于固定摄像机的配件,如,三脚架、魔术臂(magic arms)和天地柱(auto poles)。录制时尽可能使用三脚架,手持拍摄具有很高的挑战性。最近研发出的摄像机具备了更稳定的拍摄功能,不过,这种稳定性与三脚架所能提供的稳定性相比还差得比较多。轻微振动的图像在随意的家庭录像中是完全可接受的,但对于需要多次回放来进行详细转录和分析的研究人员来说,这是个比较令人恼火的问题。在一些情况下,三脚架可能并不实用,如,参与者需要进行较远距离移动,或者,没有足够的放置空间。在这种情况下,我们需要判断准备录制的活动以静为主还是以动为主,然后确定解决方案。

对动态活动进行手持录像的挑战性更大。研究人员需要尝试各 185 种办法来应对录制动态活动时可能出现的一些具体问题。小型的支架和三脚架既可提供稳定性又可保证灵活性。它们通常由一个或三个小支架构成,需要的放置空间很小,很轻,可以收缩,方便移动。如果没有空间放置三脚架,而要录制的活动又以静为主,可使用魔术臂。魔术臂是一个由长短臂、球头组成的装置,可承受重约 5 磅(2.25 公斤)的摄像机。我们通常需要将魔术臂和蟹钳夹组合使用,这样就可以把摄像机挂在门、桌等支撑结构上。魔术臂有助于将摄像机固定在一些比较难的位置上,不过固定之后,我们很难再站到摄像机后面进行操作,所以,要在安装时调试好镜头和拍摄角度。

天地柱重约 5 磅,是一个轻量级的可调节金属杆,能延长到 145.7 英寸(3.7 米),通常用于照明,可以与魔术臂结合使用。它有一个杠杆操纵的锁定系统,两端有楔形橡胶吸盘,调节金属杆长短,可将其水平支撑在墙与墙之间或纵向支撑在地板和天花板之间。当找不到支撑物来固定魔术臂时可使用天地柱。在狭小空间录制以静为主的活动时,魔术臂、超级夹和天地柱是非常有用的工具。

10.3.1.6　计算机数字实验室

计算机是研究人员处理数据的主要工具。购买设备时需考虑连接功能、计算机内存和处理能力。首先,计算机是与录音机、外接硬盘、打印机、扫描仪和数码相机等外围设备进行数据传输的中心。连接功能是特别需要着重考虑的因素,在国外进行研究更需要准备好所有设备。要确保连接功能,笔记本电脑应该至少有两到三个 USB2.0 端口和一个 iLink 端口,这种火线端口的传输速度为 400MB(也被称为 Firewire 400MB)、IEEE1394a 或 IEEE1394 标准端口。台式电脑应该至少有两个火线端口和 4 到 6 个 USB2.0 端口。笔记本电脑和台式电脑的 iLink 火线端口用于从摄像机向计算机传输文件,最好有两个 iLink 火线端口,这样可以避免摄像机与其他设备使用同一个端口。iLink 端口的数据传输速度为每秒 400MB,有 4-PIN 和 6-PIN 两种配置,都可将 DV 摄像机或视频随身听、数字磁带摄像机连接到计算机,6-PIN 还可将外接硬盘等设备连接到计算机上。IEE1394b 标准端口使用的是 9-PIN 接口,传输速度为 800MB,可用于连接外接硬盘。USB 端口有两种类型的:USB1.1 传输速度为每秒 12MB;USB2.0 传输速度为每秒 186 480MB。数字音频录音机有 USB 端口,没有火线端口。由于 USB2.0 的传输速度略高于传输速度为 400MB 的火线端口,所以一般没问题。不过,最好确保电脑和数字音频录音机都配备 USB2.0 端口。最后,除了特别定制的机型外,一般来说,苹果电脑有火线端口而其他品牌的电脑不一定有,外接硬盘通常既有火线端口也有 USB2.0 端口。

当处理视频数据时,计算机的内存和处理能力头等重要。内存不够则处理速度较慢,完成一个任务将需要很长时间。在项目中需要多人协作时,还应购买一台可存储大量数据并允许从多台计算机进行访问的服务器。

10.3.2　获得知情书

在美国境内及其境外所属机构进行研究时,必须经过相关机构和参与者授权才能进行录音录像。在美国以及有类似要求的国家,这种审批流程比较缓慢,最好早点着手准备。可以从大学制度审查委员会的网站下载知情书模版,如,加州大学洛杉矶分校的网站就提供了一些模版(www.oprs.ucla.edu)。另外,也可以向已经通过机构审查委员会审批程序的同事索要申请表副本。其他国家可能没有正式的法律制度要求,但最好是获得参与者的知情同意。我们建议研究人员在做田野调查时花时间介绍自己并向参与者解释研究的要求,鼓励参与者尽可能多花些时间了解知情书内容并鼓励他们提问。

> 小结
>
> 采购设备的注意事项:(1)数字技术的优势;(2)寻求质量和负担能力的平衡点;(3)检查不同设备之间的连接组件。在录制工作开始之前获得知情同意并在录制中始终尊重参与者也是非常重要的。

10.4 现场录制

避免出现问题的最好办法是确保现场人员做好充分准备。操作录制设备所需的技能要求是比较低的,所以准备工作中更重要的部分是如何提高对研究对象、活动的观察技能以及尽快熟悉录制现场的物理环境和社会环境。古德温(Goodwin,1993)和杜兰蒂(Duranti,1997)就如何提高录音质量列了一个综合表,我们在这里只简单介绍一些实用技巧。 187

录制当天可以列出任务清单和设备清单并逐一检查;去掉空白磁带的塑料包装纸,确保设备包里有额外的空白磁带;由于磁带起始和结束部分最容易受损,将空白磁带插入录音机或摄像机后,可以预先录制 30 秒;合理计划行程并提前到达研究地点,留出足够时间安装调试设备。尽可能将设备安装在干扰较少的位置。如果条件允许,可以关闭门窗,减少周围噪音,减少过度强烈的光源,使用耳机检查声音质量;教会参与者如何对着麦克风说话;必要时可以安装广角镜头以便把所有参与者都录进来,根据需要调试镜头。

目标活动开始前几分钟进行录制,避免过度移动摄像机,谨慎使用变焦,关闭液晶屏并使用较小的取景器以延长电池寿命。当不需要操作设备时,可以记录观察笔记,这是提高观察能力的最好办法,而且能够进一步提高录制工作的质量。活动结束后继续录制几分钟。然后,打包设备并用这段时间继续观察参与者的行为。要尽可能快地保护数据不被擦除,在盒式磁带上扣紧安全标签或在其他类型磁带的底部滑动红色标签。此外,按照研究方案编写标签和代码。建议在每天录制结束时给电池充电、备份和回放磁带,这样做能够检测出错误并在下次录制时避免出现类似问题。最后,将磁带存储在黑暗、干燥、安全的地方。

小结

为了避免出现问题,录制当天应提前开始准备。提前到达录制地点,留出足够的时间安装设备并解决安装过程中可能出现的任何问题。录制结束时,查看并备份音频和视频文件,及时发现问题,确保录制到的数据与数据收集过程中逐步形成的分析目标相匹配。

10.5　数据后期处理

备份可能是后期维护工作中最重要的任务。数据备份的副本应尽可能保持最高质量。可以考虑做两个备份,一个用于安全存储,另一个用于重复回放分析。可以考虑同时使用两台摄像机或两个音频录音机来制作备份文件,也可以不经压缩将数据传输到计算机或外接硬盘上。不过,这两种设备都可能出问题,所以备份到磁带上更明智。打算备份到 CD 或 DVD 上时需要注意,刻录光盘的过程需要压缩数据,并造成质量损耗。

每次录制工作完成后及时创建内容日志也是一个好办法(Goodwin,1993;Duranti,1997)。通过这种索引方式,研究人员可以很容易地在语料库中找到某一项具体活动的录像。

最后,当在本土机构进行研究时,我们可以尽量使用数字实验室。即使项目提供了设备,研究人员也可以从数字媒体实验室的技术人员那里获得很多支持。在国外工作时需要考虑设备保修服务是否通用。数字视频领域也区分了 NTSC 制式、PAL 制式和 SECAM 制式,研究人员可以在摄像机、笔记本电脑或 DVCR 视频随身听上查看录制内容,但很可能无法在当地的电视机上查看这些文件。NTSC 制式和 PAL 制式的划分也使备份工作复杂化,我们可能无法使用其他国家的设备。因此,就设备准备而言,在国外工作时需要自给自足,可以使用两个摄像机来备份数据或在调查地自己刻录 DVD。返程前务必备份,特别是当一些国家海关的物品携带法规较严时,备份是对研究数据以及研究人员的敏感神经的额外保护。

受篇幅限制,我们无法详尽讨论数据分析前需要做的编辑工作,所以在本节结束前简要介绍其中的主要任务:捕捉音频或视频;分割;回放;注释和突显数据段;添加字幕;通过格式转换、压缩将数据储存到硬盘、CD 和 DVD 上。执行这些任务不需要高级软件,也没有哪一个软件可单独完成所有工作。

我们可以从大学网站上下载免费软件,如,阿姆斯特丹大学的 Praat 可用于分析谱图和距轨道,加州大学圣芭芭拉分校的 VoiceWalker 和 SoundWriter 可用于添加字幕以及将图画与声音对齐,此外,还可使用荷兰马克斯普朗克心理语言学研究所的 Elan 软件和威斯康辛－麦迪逊大学的 Transana 软件,后者需要支付 50 美元授权费。面向专业人士或高端消费者的编辑软件相当昂贵,研究人员也许能够从大学网站和电脑商那里以折扣价购买。苹果用户和个人电脑用户可以折扣价购买 Adobe Premiere 和 Avid Xpress Pro,苹果用户还可以使用 Final Cut Pro 及其廉价版本 Final Cut Express。其他可用于研究目的的软件是 Pitchworks、Soundforge、BIASPeak 和 InqScribe。操作系统免费预装的软件如 Windows Movie Maker、iMovie 以及 QuickTime Pro 之类较为便宜的软件,都能胜任大部分编辑工作。最新的字幕添加软件通常可兼容 USB2.0 端口的脚踏板,研究人员无需把手从电脑键盘上移开就可以执行 189 播放、停止、倒带等任务。Express Scribe 兼容脚踏板,下载是免费的,只需要额外购买一副脚踏板。

10.5.1　转录准备

准备工作本身就是分析过程的一部分,它涉及对数据的取舍问题。转录是一个反复过程。既不需要也没有理由把所有数据都转录出来。在定性分析中,分析过程会影响转录方面的一些决定。

不过,如何转录以及转录多少信息仍是研究人员必须做的重要决定。我们建议在做决定时遵循以下指导方针:首先,根据分析目标确定是否对言语或非言语行为进行转录,并相应地选择转录软件。然后,决定转录哪些层面上的数据。录像机和录音机不加选择地收集了大量数据,因此,最好从沟通行为的某一层面开始转录并逐步添加其他相关层面的信息(如,可以从某个参与者的谈话开始转录,逐步添加谈话中的搭接、目光、手势、身体姿势、噪音等非言语行为)。转录本身

是一种分析工作(Ochs,1979),而且没有止境,由研究人员来决定何时
终止对一个片段的阐释。研究者们就如何转录连续的言语数据和与
之同步的非言语数据展开了大量讨论(Edwards & Lampert,1993;
Duranti,1997;Bucholtz,2000;Poyatos,2002)。要解决这个问题,可以
借助大多数编辑软件从视频中抓取静态图像,在转录文本中插入柱形
图、实物照片、表格、图解等,以较为直观的形式来表现数据。古德温
(Goodwin,2002)的研究,特别是他近期的一些项目,是这方面的典范。
也可以将转录的文本上传到网上,在这种情况下,如果数据中含有参
与者的照片,我们还需要获得参与者的额外授权。

> 小结
> - 录制工作完成后有很多例行任务,其中,备份数据特别重要,建议为每盒磁带创建内容日志。
> - 在本土和在国外进行数据处理工作时,我们可能面对的设备资源不同,解决问题的方案也会不同。
> - 单个软件无法完成所有任务,所以我们可能需要结合使用不同软件。
> - 准备阶段本身就是分析过程的一部分,它涉及从哪个层面开始转录以及如何在文本转录中整合多种数据模式。

10.6　本章小结

190

本章论述了录音录像技术在双语研究领域的优势。录制过程及
数据分析过程相当复杂。需要时间和资源保障,其中包括采购设备、

决定何时以及如何录制、对数据进行分析处理等。最好是把录制中的所有任务视为一个学习过程,没有人能一次学会所有东西,随着时间推移,不断尝试和犯错,我们会加深对录制工作的理解。古德温(Goodwin,1993:194)认为,"这是一个反复的、渐进的过程。第一次录制并使用收集到的材料时,你会同时发现你所做的事的美妙之处和问题所在。每到这个时候,我愿意尝试着回头去寻找我起初错过的东西。"

尽管录制工作充满挑战性,但仍是一项值得努力付出的任务。确立了明确的理论目标后,我们就能使用技术来收集新形式的数据,而这些数据又能反过来扩大并加深我们当前对双语现象的理解。

鸣谢

感谢主编 M. 莫耶和李嵬,感谢 M. H. 古德温,C. 古德温,A. 杜兰蒂,C. Álvarez Cáccamo 和 A. Maestrejuan 的建议,感谢 J. Heritage,J. D. Robinson 和 T. Stivers 教会我使用魔术臂、天地柱,感谢加州大学洛杉矶分校斯隆家庭中心数字实验室主任 P. Connor 耐心解答我提出的每个问题。最后,特别感谢 M. Katz 的精心编辑,文中所存错漏由本人负责。

延伸阅读

使用音频和视频设备对会话互动进行录制的道德准则、方法与技术、数据分析等,可查阅以下书籍:(1)杜兰蒂(Duranti,1997)《民族志方法》第四章以及斯皮尔和霍其贝(Speer & Hutchby,2003a,b)、哈默斯利（Hammersley，2003）讨论了录制设备对所要研究的现象的影响；
（2）奥克斯（Ochs，1979），爱德华兹和兰普特（Edwards & Lampert，
1993），博克尔兹（Bucholtz，2000），杜兰蒂（Duranti，1997）《转录：从写
作到数字化图像》第 5 章讨论了转录作为分析过程的组成部分；（3）杰
克逊（Jackson，1987），古德温（Goodwin，1993），杜兰蒂（Duranti，1997）
《录制互动活动的实用技巧补遗》等提供了如何进行录制的具体指导；
（4）古德温（Goodwin，2002），Payrató（2002），Poyatos（2002）提供了对
非言语交际进行转录的技巧。

　　互联网是了解电脑、视听技术和数字电子产品的最好资源，因为 191
相关书籍往往很快就会过时。常用网站以及网络杂志，如
crutchfieldadvisor，ehow，camcorderinfoVideomaker，pcworld，macworld 等，
通常会面向非专业使用者介绍有关最新录制设备和技术的基本信息、
评论和比较，方便研究人员购买时做出明智选择。

　　　　　　　　　　　　　　　　　　　　（董秀玲 译）

第11章　转录

玛丽亚·特雷莎·图雷利（Maria Teresa Turell）

梅丽莎·G. 莫耶（Melissa G. Moyer）

11.1　导语

转录是对双语、多语口语语料进行分析的一个重要步骤,从本质上说这是双语研究的方法论选择的问题,也是一个常被忽视的问题。本章主要讨论转录过程中需要考虑的一些关键要素并就转录多语数据时可能出现的问题提出一些处理建议。对口语语料进行转录的过程中并不存在唯一正确的方法,选择哪种方法取决于我们在一项研究的决策阶段和实现阶段所做的决定(图11.1)。如何对数据进行甄别和转录取决于我们在研究开始时设定的问题和假设(见 Moyer,本书第2章)。换句话说,无论采用哪一种方法或理论视角,我们最终需要依赖在实现阶段早期所做的研究设计,也就是说,在确定语料库和样本时,数据收集工具也确定下来了。

193　　如图11.1所示,实现阶段的各项活动与决策阶段设定的研究目标和研究假设、研究问题、理论方法直接相关。图11.1是对研究框架的总结,我们以粗体字标明了转录在研究过程中的位置。

一些研究者就如何对口语语料进行转录、标注(tagging)、赋码(encoding) 提出了建议 (Edwards & Lampert, 1993; Leech, Myers &

决策阶段 ⟹	实现阶段 ⟹	执行阶段
初步观察 研究问题 研究目标 理论和分析域 分析单元 语言水平 分析变量 研究假设 内部效度	实验研究 社区 对象 样品 语料库和数据库 仪器 外部效度	数据收集 **转录** 标注 编码 可说明性 可靠性 分析方法 统计过程

图 11.1 转录在研究过程中的位置

Thomas,1995),但其中很少涉及如何就双语数据中特有的语码转换、借用、句法和语义仿译等语言互动现象进行转录。我们将在本章介绍转录和分析双语、多语数据所需要的背景知识。在进行这项工作前,我们需要了解:(1)可以使用哪些转录方法;(2)转录过程中需要面对的各种选择和决定;(3)最适合回答特定研究问题的转录和赋码惯例。研究者也可以根据特定类型的数据或新的研究背景开发新的转录系统或对现有转录系统进行调整,但必须保证转录过程的可靠性,确保研究结果的内部和外部效度。

11.2 节主要涉及将言语转录为文字时可能出现的一些问题,讨论转录过程作为解读和分析工具的内涵,如何决定转录多少数据以及相关细节和方法;11.3 节涉及转录的一些实用信息:如,使用数字录音设备、数据存储方式、适用于标注任务的各种软件程序;11.4 节介绍借助 LIDES 系统对双语数据进行转录、赋码、分析的一些基本信息;11.5 节以一些实例来说明如何组织不同类型的分析单位(词类、句子、话轮)以及如何为之赋码的实用信息;11.6 节具体讨论如何使用 LIDES 系统对多语数据进行标注:该系统支持在转录中标注语种以及其他研究者认为有必要体现出来的音频或视频元素;11.7 节介绍赋码以及针对具体研究进行赋码的一些方法;11.8节主要涉及转录的可靠性。

11.2　从言语到文字

转录是借助拼写惯例再现口语语料的过程。这种再现并不是一个中立的过程。文字是一种标准化了的语言形式,可以表现词汇、语音和句法方面的偏差(deviation)。而我们表达话语的意义和结构时,194 实际上还借助了口音、说话人之间的重叠、停顿、犹豫、强调、眼神、副语言现象等附加元素。此外,口语互动中所包含的其他典型特征,如,亲近、隐密或敌意的表达,通常并不存在对等的语言形式。这些特征与带声手势(vocal gesture)之类的副语言现象既类似又相关。

开始转录前,要确定除了说话人的话语外还需要录入哪些附加言语信息。转录双语数据或语言习得数据时,需要参照语音实现形式(Poplack & Meechan,1995)、出现频率来判断一个词属于借贷现象还是语码转换现象。必须有意识地、明智地决定是否将口语语料规范化,即,是否忽略口语中的迟疑和停顿,当某个发音只是大致近似于一个词时,是否将之转录为标准拼写形式。为保证研究结果的有效性,研究者在转录过程中需要充分理解这些问题。

转录是数据解读和分析的第一步。罗伯茨(Roberts,1997:168)指出,转录者所面临的问题是如何提供准确、可读的文本,这些文本同时也能反映出转录者如何以书面形式向分析者展示言语数据的结构性质。转录者在解读数据过程中决定转录哪些内容、包含多少细节,这些决定不但影响同一项目中的分析者针对这些数据展开的分析,也影响其他研究者针对这些数据进行的后续分析。奥克斯(Ochs,1979)和博克尔兹(Bucholtz,2000)就口语语料转录过程中所包含的数据解读与再现问题进行了详细、深入的讨论。

转录多少细节与采用哪些方法对口语语料进行转录同等重要,两者都最终取决于我们在研究的决策阶段和实现阶段所做的选择(参见图 11.1)。就转录多少细节而言,最简单的方法是把所有话语转录为文字,不借助任何转录惯例来标注言语信息、停顿和其他在言语活动中共现的元素。以这种方式,我们可以再现语音、形态、句法、语义或语篇结构等各种言语信息。我们可以在 www.ldc.upenn.edu/annotation/网站上找到就语言的特定层面进行标注的具体信息,如,自动语音识别系统和自动音位转录系统的语音校正(Kvale,1993;Black & Campbell,1995;Kohler,1995;Rapp,1995)、形态校正(Schmid,1995)、词法校正(Kohler,1994;Baayen,Piepenbrock & Gulikers,1995)等方面的信息。

如果要在转录过程中对双语谈话进行分析,那么,我们需要在转录系统中确定:(1)所关注的语言互动;(2)语言互动现象的类型(借贷、仿译、同源);(3)产生这些语言现象的结构和功能语境。Gardner-Chloros(本书第 4 章)提供了就双语数据进行分类的相关信息和建议。

双语言语数据通常会反映出说话人驾驭语言、社会语言学的和文体风格的能力。我们也可以从中识别并转录出地域方言、社会方言、年龄变体、语域合适度①(庄重、正式、商议、随意、亲密)等方面的附加信息。刚开始转录时容易出现的一个典型问题是把口语转录为标准书面语。我们需要认识到,说话与写句子性质非常不同。口头话语的 195

---

① 马丁·琼斯(Martin Joos,1967)根据语言使用的正式程度提出了五种语言变体:庄重文体(the frozen style);正式文体(the formal style);商议文体(the consultative style);随意文体(the casual style);亲密文体(the intimate style)。——译者注

结构不同于书面语的结构,后者通常必须是完整的句子。但在口语中,说话人有时话到一半就不说了,有时会回到一句话的开头对这句话进行修正。转录过程需要识别出不同的结构单元,我们通常以停顿、语调和副语言现象作为区分话语单位的关键要素。转录双语或多语数据,如果涉及的两种语言关系非常密切且拼写法则相似甚至相同,那么,可以借助语音实现形式(实际发音)来确定一个符号归属于哪一种语言。我们通常可以按照自己的方式来转录数据,不过,考虑到一些转录系统能够兼容具有统计和相关性分析功能的数据分析程序,且允许通过计算机程序与其他数据集进行比较,采用这样的转录系统更有优势。

小结

- 标准书面文本不是对口语的客观再现。
- 转录是数据解读和分析的第一步。
- 转录双语数据时需要区别:(1)互动中语言;(2)双语现象的类型;(3)上下文的结构脉络;(4)功能意义或语境意义。

11.3　转录的实用技巧

转录是一项非常耗时的高强度工作。为了使这项工作取得最佳效果并满足质量要求,我们需要认真考虑那些经常被忽略的问题,如,转录所用的设备、物理环境或背景、转录过程以及所需时间。

对数据进行数字化处理是一项基本原则。将音频或视频数据存储到计算机(硬盘或光盘)上,我们就能够以更容易、更简单的方式查阅一段互动内容。一些研究机构开发的计算机辅助音频和视频分析

软件中包含对数据进行数字化处理的功能。其中,马克斯普朗克心理
语言学研究所的计算机辅助视频分析软件(CAVA)是一个非常强大的
工具,这一软件中包含了能够自动分析录音录像数据并进行相应转录
和标注的组件;Transcription Editor(TED)生成的转录文本中包含视频 196
计时,Media Tagger(MT)是苹果公司为用户开发的视频转录工具,可以
生成多媒体文件并能够将转录文本与数字音频、视频同步关联起来。
装有 UNIX 系统的服务器能够使用分行存储机制(Hierarchical Storage
Mechanism)来存储数字视频。Media Tagger 可以将这些视频与数据库
中与之相关的转录、赋码信息组合起来,方便用户通过检索生成器,生
成按时间排序的、直观、生动的检索结果。更多信息可参见:www.
mpi. nl/world/tg/CAVA/CAVA. html。

　　双语数据通常是在自然的语言互动过程中产生的,一次自发的会
话可能涉及好几个说话人,我们不可能为了优化转录效果,要求说话
人到实验室来配合进行合乎技术标准的录音或录像。因此,要想利用
数字自动转录功能,必须使用数字录音机,这种技术比模拟技术先进
得多,也更容易操作(参见 Clemente,本书第 10 章)。不过,就转录和
标注双语数据而言,目前任何系统都无法达到完全自动化的程度,因
此,分析双语数据时还是有必要使用书面文本,即,需要转录者使用传
统方法进行人工转录。最好使用那些允许对音频视频数据进行慢镜
头播放的转录设备,此外,我们还需要耳机和可以连接到计算机、转换
器或录制设备上的控制踏板。

　　我们需要在开始转录前确定采取哪种转录形式。换句话说,我们
需要以清晰连贯的方式来组织转录出来的信息,以便自己及其他研究
者对纸质材料或电子材料进行查询分析时能快速找到所需信息。所
有转录文本都应包含标题部分,其中包括互动活动中的参与者信息、

所涉及的语言情况以及图 11.2 所示的其他要素。

参与者	性别
	年龄
	受教育水平
	职业
场所	
涉及语言	
说明	
记录日期	
研究者	
转录日期	
转录者	

图 11.2　转录中应包含的信息

197　　由转录者将录音录像转录成文本是一回事,决定转录惯例和转录格式是完全不同的另一回事。转录惯例和转录格式决定所创建的数据库是否可用于比较不同语境中的双语数据以及是否有助于以协作方式进行双语研究。我们的看法是,转录格式将决定我们所生成的双语数据文本只是一份孤立的数据还是被收入机读语料库,并方便那些研究目标相同或不同的个人或研究小组有效利用。我们在单语数据的转录过程中所遇到的理论问题、方法论问题以及实际困难在双语或多语数据的转录过程中会更突出。

小结

- 转录所需设备:数字录制设备、转录机、计算机软件、耳机和脚踏板。
- 对数据进行数字化处理,能够在录制、存储和查阅时获取最佳质量。

- 录制时机以及活动发生的物理环境是重要的。
- 务必为转录文件贴上包含关键信息的标签。

11.4　语言互动数据交换系统（LIDES）

"语言互动数据交换系统"一般缩写为 LIDES(Language Interaction Data Exchange System)。这一系统中包含了一套对多语数据进行转录、赋码和分析的工具。LIDES 系统改编自麦克威尼和斯诺(MacWhinney & Snow,1990)、麦克威尼(MacWhinney,1995)为方便研究者就成人与儿童语言数据进行研究和交流而创建的儿童语言数据交换系统(CHILDES)。LIDES 系统致力于解决转录、分析多语数据过程中可能出现的一些具体问题。更重要的是,就双语研究领域而言,它是第一个可供研究者共享数据的系统。尽管研究者仍以使用自己研发的转录惯例为主,但是当前的双语研究提出了很多必须通过对比数据库和多种语言的结构才能解决的一些问题。只有采用共同的赋码标准和转录标准,我们才能可靠地进行这些比较研究。我们将在本节简要论述 LIDES 的一些主要特征。巴内特、科多、埃普尔等人(Barnett,Codo,Eppler et al.,2000)的 LIDES 赋码手册以及麦克威尼(MacWhinney,1995)的 CHILDES 手册就如何使用这一系统提供了大量实用信息。采用 LIDES 系统,研究者在对双语、多语数据进行转录和赋码时,应使用具有以下功能的标准格式:

198

- 允许以不依赖文字处理软件的格式进行转录。如,LIDES,该系统采用人工录写文本分析赋码体系(CHAT, Codes for the human analysis of transcripts)进行转录和赋码,这套赋码系统非常灵活,允许研究者展示自然双语数据中出现的很多类型的语言事实和语言现象;

- 允许囊括大量信息类型,这样的转录和赋码系统有助于研究者实现分析目标,它应该具有"主动"性,足够灵活,允许我们采用不同分析视角来进行研究;

- 允许研究者在不同研究阶段,就不同研究问题,有选择地激活一些不同的功能和赋码规范。

CHILDES 还有一个优势,这个系统非常正规,并在 2003 年做了一次改进,建立了 CHAT 和 XML 格式的接合界面。XML 是一种互联网标记元语言(markup metalanguage),其中包含可在互联网上进行数据分析的强大工具。它能够不依赖任何文字处理软件或计算机系统,以标准方式来标注口语和书面数据。CHILDES 网站(http://childes.psy.cmu.edu/)提供了将 CHAT 文件转换成 XML 格式的程序。LIDES 为 CHILDES 增加了一项新功能:Unicode 赋码系统,CHILDES 项目开发的计算机语言分析程序(CLAN)能够识别这个新系统。Unicode 在多语数据研究中很重要,它允许语言互动领域的研究者通过计算机键盘敲出不同的书写系统和字符集,如,阿拉伯语、汉语、国际音标(IPA)等。单一码(Unicode)还有一个优势,它允许话语和会话分析领域的研究者使用 CLAN 的会话分析程序(CACLAN)来分析话语、话轮、话语重叠以及其他言语现象(参见 Atkinson & Heritage,1984)。近年来,研究者开发出了将原始数字化音频、视频与转录文件同步链接的技术。这一技术影响深远,我们在转录的同时可以进行同步链接,它为分析口语材料提供了新途径,更方便对转录文本进行检查和修改。有关同步链接的更多信息可查阅 CHILDES 网站。此外,博尔斯马和文尼克(P.

Boersma & D. Weenik，2001）开发的 Praat 程序，可用于对言语数据进行分析、合成和处理。该程序对于将简短音频文件拼接成较大文件特别有用。CHILDES 目前正在进一步调整 CLAN 系统以便发展支持 Praat 程序（Gardner-Chloros，Moyer & Sebba，2007；95）。

显然，将言语转录为文字时，不可能再现所有元素。转录哪些内容、如何进行转录以及如何存储转录结果都将取决于研究所设立的目标。采用 LIDES 系统转录双语数据能确保辛苦工作得到最优效果，它允许包含进行数据分析所需的所有信息，允许具有相似或不同视角的其他研究者利用这些数据。使用 LIDES 时有必要就以下方面做出决定：（1）转录选择，即，如何在转录时对双语数据进行组织，如何对作为言语产物的文本进行标记；（2）标注选择，即，如何在转录时识别互动中所涉及的语言、语言互动现象，如何对不同的语言特征进行规范并将之纳入主要转录行（CHILDES 和 LIDES 系统称之为主行）对，而不是单独对与主行存在关联的附属行进行标注；（3）赋码选择，即，如何在附属行对与研究目标、研究假设直接相关的代码进行规范。

使用 LIDES 进行转录时，最好使用现有的 CHAT 转录和赋码惯例。CHAT 非常灵活，允许研究者展示发生在自然语言数据中的各种现象。CHAT 也允许研究者在连续使用以及恰当定义的前提下添加任何类型的代码。CHAT 数据文件必须满足 LIDES 赋码手册指定的要求。CLAN 工具可用于对 CHAT 格式的文件进行分析，尽管不能代替研究者的分析和解读，但它能够提供很多自动分析功能。LIDES 赋码手册提供在多语数据分析中使用 CHAT 和 CLAN 的详细信息。

LIDES 采用了 CHILDES 系统的 CHECK 程序，用来为使用规定格式创建的文件进行错误检查和比较，这一程序会运行两次：第一次检查文件标题、主行和附属行等基本层面是否存在错误；第二次检查是在 depfile 文件中对转录符号和代码进行了说明。depfile 文件具体是指 depfile. cut、depadd、00depadd. cut,这些文件用于对数据的语法和结构进行校验,罗列合法的行头、附属行,罗列主行、附属行中允许出现的字符串。Depfile. cut 是由 CLAN 生成的标准文件,而 00depadd 是由研究者创建的文件,目的是允许 CLAN 和 CHECK 程序能够对数据分析过程中出现的任何新的符号、行头、代码进行检查。

所有使用 LIDES 进行转录的数据集都应包含 readme 文件(00readme. doc),它用于提供数据集的基本信息以及鸣谢、研究者、研究群体、样本、录音时长、转录时长、转录和赋码参数、互动活动的类型、语言互动现象的界定、所使用的软件以及 depadd 文件中所做的更改等大量细节信息(LIDES 赋码手册:162)。

200

> **小结**
>
> LIDES 为转录双语数据提供了方便;该系统中包括改编自 CHILDES 的语言分析工具(CHAT、CLAN);以主行、附属行的方式展示如何对数据进行转录和赋码;允许研究者对标注符号和赋码信息做出说明和解释;可使用 CHECK 程序来检查转录文件中的错误;LIDES 必须包含 depfile、depadd、readme 文件。

11.5　转录中的组织、结构和分析单位

CHAT 转录格式是围绕语素、词和话语等基本语言单位进行赋码的,但研究者可以根据分析需要来界定其他语言单位,如,话轮,我们将在本节详细说明。

11.5.1　语素

在转录语素和单词时,我们需要考虑如何合理地表现这些语言单位。本节主要讨论切分这些单位时出现的一些问题:首先是如何在主行(the main tier)表示比词小的单位,即,语素。CHILDES 系统使用的 CHAT 格式用五种符号对不同类型的语素进行赋码(Mac Whinney (1995)):"+"表示合成(mountain(山)+bike(自行车));"-"表示后缀(like-ed(喜欢-动词过去式后缀));"&"表示融合(sing&ed 唱 & 动词过去式后缀①;"#"表示前缀(un#tie un 为前缀表否定,tie 动词系上,untie 意为松开);"˜"表示附着,如,西班牙语的 da˜me˜lo,当其中的附着语素需要被视为单独的词时,可以空一格,将之转录为 da ˜me ˜lo;当词中出现撇号"'"时,转录时可在其后空一格,如,可将法语中的 *l'avocat* 转录为 *l' avocat*;一些词本身含有破折号"-",可将之替换为空格,如果该词是复合词,可用"+"号来表示;缩写形式可用两种方式来表现:*was-'nt* 或 *wasn't[was-' nt]*;当写成 wasn't 时,CLAN 会自动将其改成括号内的形式。在转录过程中标明语种,能够更好地表现语素的处理方式。以例(1)②中的前缀语素为例:

(1)曼丁卡语/英语:Haust,Ditmar(1998:88),适用于 CHAT。

(语种行)@ Languages:Mandinka(1),English(2)

(转录字符串)*S09:ì@ 1 ka@ 1 ì#@ 1 rectify@ 2.

(对译行)% glo:they usually you- rectify

　　　　　　他们　通常　你　纠正

---

① 唱的过去式应为 sang,不必加"ed",所以此为融合。——译者注

② 为方便阅读,我们在以下各行开头添加汉字予以说明。——译者注

（翻译行）% tra：they usually rectify you（他们通常会纠正你）

（LIDES 赋码手册：170）

201 11.5.2　话语

CHAT 需要将言语切分成句子。如何对一句话的起点和终点进行界定并没有固定要求。研究者可以根据自己收集的数据来选择界定话语单位的标准。最自然的方式是通过语调来界定话语单位，不过，很多研究者仍倾向于使用语法标准。我们可以使用"说话人转录字符串"INTROS（INformant's TRranscripiti On String）在主行对一句话进行界定和转录。话语中可能包括一个词、一个短语、一个复杂成分以及其他有别于语法标准下的句子的单位。因此，就言语数据而言，以转录字符串为基本单位在主行进行转录是一种非常直接的方式，能大大方便后续分析。例（2）在主行中以黑体形式展示了一个包含复杂句子（话语［小句组成］）的转录字符串单位：

（2）加泰罗尼亚语/西班牙语：Pujadas, Pujol Berché 和 Turell（1988-92），适用于 CHAT

（转录字符串）* **INF：diu@1 no@2 lo@2 conociamos@2 esto@2.**

（翻译行）% tra：she says：we didn't know you're up to this.（她说：我们不知道你能胜任这个工作）

（LIDES 赋码手册：174-5）

如上所述，转录时按照什么语言单位来切分数据在很大程度上取决于围绕双语口语数据展开的分析研究。我们在转录双语数据时，通常是以语素、词和话语为单位，尽管也可以将语调识别和切分为单位。一些语言互动研究需要以话轮为分析单位，而 CLAN 不能分析以话轮为单位的 CHAT 格式文本，要解决这个问题，可以通过主行来表现话

轮,如例(3)所示:

(3)加泰罗尼亚语/西班牙语/英语:Turell 和 Forcadell(1992),适用于 CHAT。

(开始行)@ Begin

(文件名行)@ Filename：prgaed6. asa

(参与者行)@ Participants：BRO Brown 成人,SMI Smith 成人,FER Ferrer 成人。

(语种行)@ Languages：Catalan(1),Spanish(2),English(3)

(录制日期行)@ Date:30/06/92

(赋码日期行)@ Date of coding:14/05/95

(赋码人行)@ Coder:Turell,Forcadell

(转录字符串)＊SMI:England@ 3 is@ 3 very@ 3 simple@ 3

(转录字符串)＊BRO:mechanisms@ 3 # a@ 3 sort@ 3 of@ 3 # discourse@ 3 # not@ 3 at@ 3 the@ 3 technological@ 3 level@ 3 ## that@ 3's @ 3 one@ 3 problem@ 3!

(转录字符串)＊SMI:like@ 3 the@ 3 fenomenos@ 2 tormentosos@ 2 ["] #what@ 3 have@ 3 you@ 3 instead@ 3 of@ 3 a@ 3 tormenta@ 2 ## fenomenos@ 2tormentosos@ 2 y@ 2 viento@ 2 con@ 2 componente@ 2 norte @ 2 ["] or@ 3 something@ 3

(转录字符串)＊BRO:and@ 3 just@ 3 call@ 3 it@ 3 north@ 3 wind@ 3

(转录字符串)＊SMI:north@ 3 wind@ 3

(结束行)@ End

在这个例子中,＊SMI 的第二个话轮(主行)占据了四行。

11.5.3　话轮

另一个切分话语、标注话轮的方法是使用 GEM 行(@ G)和数字来

表示话轮的起始点,此时,CLAN 程序会优先运行其中的 GEM 程序,将
@ G 所标示的话轮部分作为一个分析单位。如例(4)所示:

(4)加泰罗尼亚语/西班牙语/英语:Turell,Forcadell(1992),适用
于 CHAT。

（开始行）@ Begin

（文件名行）@ Filename:prgaed6. asa

（参与者行）@ Participants:BRO Brown 成人,SMI Smith 成人,FER
Ferrer 成人

（语种行）@ Languages:Catalan(1),Spanish(2),English(3)

（录制日期行）@ Date:30/06/92

（赋码日期行）@ Date of coding:14/05/95

（赋码人行）@ Coder:Turell,Forcadell

（转录字符串）*SMI:England@ 3 is@ 3 very@ 3 simple@ 3 .

（话轮）@ G:001

（转录字符串）*BRO:mechanisms@ 3 # a@ 3 sort@ 3 of@ 3 #
discourse@ 3 .

（转录字符串）*BRO:not@ 3 at@ 3 the@ 3 technological@ 3 level@ 3 .

（转录字符串）*BRO:that@ 3 's@ 3 one@ 3 problem@ 3 !

（话轮）@ G:002

（转录字符串）*SMI:like@ 3 the@ 3 fenomenos@ 2 tormentosos@ 2 .

（转录字符串）*SMI:["] what@ 3 have@ 3 you@ 3 instead@ 3 of@
3 a@ 3

tormenta@ 2 ## fenomenos@ 2 tormentosos@ 2 y@ 2

viento@ 2 con@ 2 componente@ 2 norte@ 2 ["] or@ 3

something@ 3 .

（话轮）@ G：003

（转录字符串）＊BRO：and@3 just@3 call@3 it@3 north@3 wind@3 .

（话轮）@ G：004

（转录字符串）＊SMI：north@3 wind@3 .

（话轮）@ G：005

（结束行）@ End

当话轮中包含研究者所感兴趣的语言现象时，使用这个赋码系统非常便利。

11.5.4 对译行

对译行（％glo）是用来对主行内容进行逐字对译的附属行。在转录双语数据时，我们需要认识到，对译行所使用的语言（通常为英语）和主行所转录的语言之间可能并不总是存在直接对应关系。这种不对应性可能涉及两种类型：一种是主行所转录语言中的一个词对应对译行所用语言中的两个词；另一种则刚好相反，即，主行所转录语言中的两个词对应对译行所用语言中的一个词。

西班牙语中的缩写词 al（介词＋限定词）就属于这种情况，它对应英语中的 *to the*，为表现出这种对应关系，可在对译行使用下划线将两个词"to_the"连起来，如例（5）所示：

（5）西班牙语／英语：Moyer（1992：307）

（语种行）@ Languages：西班牙语（1），英语（2）

（转录字符串）＊TEA：porque@1 como@1 no@1 les@1 cuesta@1 nada@1 tampoco@1 al@1 employer@2 .

（对译行）％glo：because as not them cost nothing neither to_ the employer

（翻译行）% tra：because it doesn't cost them anything, nor the employer

（LIDES 赋码手册:159）

如果一种语言使用一个词来表示不定式,那么也可以在对译行中使用下划线将"to"和原形动词连接起来(to_inf),如例(6)所示:

（6）加泰罗尼亚语/西班牙语：Pujadas, Pujol Berché 和 Turell (1988-92),适用于 CHAT。

（转录字符串）*INF:hacemos@2 cosas@2 yo@2 ## estoy@2 en@2 un@2 grupo@2 #para@2 **hacer@2** cosas@2 del@2 pueblo@2 .

（话轮行）% trn:852

（对译行）% glo:we_do things I am in a group for **to_do** matters of_the village

（翻译行）% tra:we do things I'm in a group to take care of village matters

此外,还可以使用下划线构成"形容词_名词"的形式来表示指小名词(diminutive① nouns),如(7)所示:

（7）加泰罗尼亚语/西班牙语：Pujadas, Pujol Berché, Turell(1988-92),适用于 CHAT。

（转录字符串）*INF:vull@1 dir@ teniem@1 un@1 banquet@1。

（话轮行）% trn:134

（对译行）% glo:I_want to_say we_had little_bench

204　　就句法功能而言,在对译行中单纯使用动词就可以完全表明主语

---

① diminutive,指小词缀,例7的加泰罗尼亚语 banquet,对译行标注为 little(小)_bench(板凳)——译者注

为第一人称单数时,不需要再标出主语,如(8)所示:

(8) 加泰罗尼亚语/西班牙语:Pujadas, Pujol Berché 和 Turell (1988-92),适用于 CHAT。

(转录字符串) *INF:que@1 no@1 **soc@1** tan@1 jove@1 com@1 aixo@1。

(话轮行) %trn:109

(对译行) %glo:that not **am** so young as this

在其他情况下,对译行所使用的动词形式不足以表明人称时,可以使用下划线,如(9)所示:

(9) 加泰罗尼亚语/西班牙语:Pujadas, Pujol Berché 和 Turell (1988-92),适用于 CHAT。

(转录字符串) *INF:mhm@1 home@1 com@1 **vols@1** dir@1。

(话轮行) %trn:138

(对译行) %glo:mhm man how **you_want** to_say

对译行不使用英语介词"to"来标注宾语,如例(10)所示:

(10) 加泰罗尼亚语/西班牙语:Pujadas, Pujol Berché 和 Turell (1988-92),适用于 CHAT。

(转录字符串) *INF:ahora@2 **le@2** hablo@2 en@2 catalan@2 # # ahora@2。

(话轮行) %trn:100

(对译行) %glo:now **her I_speak** in Catalan now

当主行所转录的语言中的一个词对应对译行所使用的语言中的两个词时,可使用连字符"-"来凸显这种对应性,如(11)所示:

(11) 西班牙语/英语:Moyer(1992)

(转录字符串) *ELI:ahora@2 verás@2.

（对译行）％glo：now will-see

（LIDES 赋码手册：159）

在其他情况下，尤其是诸如土耳其语这样的黏着语言时，主行中的语素与对译行中的语素基本是一对一关系，如（12）所示：

（12）土耳其语：Backus（1996）

（转录字符串）＊Ⅲ：saat@1 onikide@1 yatarsak@1 ne@1 olacak@1.

（对译行）％glo：hour twelve-at go-to-bed-if-we what be-will

（翻译行）％tra：if we go to bed at twelve o'clock then what's gonna happen

205　　当主行所转录的语言中的两个词对应对译行所使用的语言中的一个词时，为表明主行中的两个词中只有一个具有实际意义，可在对译行使用星号＊将对译的两个词连接起来，如，西班牙语的 hay que 对应英语的 must，在对译行可表示为 must ＊ that，其中 that 不具有实际意义。

小结

本节主要涉及语素的赋码惯例，如何使用 CHAT 转录话语，如何使用@ GEM 标注话轮以及如何使用％glo 进行对译。

11.6　标注选择

转录包括标注和赋码，两者之间并不存在截然区别。既可以在主行也可以在附属行对双语文本进行标注和赋码。通常，在主行你会发现（1）标注所观察语言和不同语言的互动现象，这有赖于相关的分析变量;(2)当研究者不打算使用独立的附属行来标注时,那些与言语的物理生成有关的符号也可以在主行对此进行标注。当然,也可在独立的附属行对转录文本进行标注、赋码,并对这些语言互动现象进行微观语言学分析。

语种标注符包括在每个词或语素后面使用@加上数字来标注双语转录文本中涉及的语种。在标注混合词时,可以使用不止一个数字;在任何语言背景下,使用数字来标注混合词的语种来源都是一种非常直观的做法。不过,当涉及的两种语言中一种是黏着语,另一种是非黏着时,我们需要调整 LIDES 赋码系统、开发特定程序才能解决相关问题。语种标注符@可用于标注单个借词、仿译词以及所有其他语言互动现象,无需使用下文将描述的其他惯例。当然这取决于研究者的目标。

语种标注符@还可使用两套(或更多套)数字系统,即,LIDES 赋码手册中的"涡轮式分层语种标注法":用第一套数字标注出一个词属于哪种语言,用第二套数字标注该词的词类。不过,为了在不同的数据库之间进行对比分析,对译行中也必然会包括此类信息,这样就会造成信息冗余。LIDES 赋码手册(166-8)对此做了举例说明。

11.6.1 标注语言互动

206

在一些双语数据集中,某个语言互动现象可能包括了比词大的单位,因而无法确定其范围。

(13)撒丁语(sardinian)/意大利语:Rindler-Schjerve(1998:243),适用于 CHAT。

(语种行)@ Languages:撒丁语(1),意大利语(2),撒丁语仿译意

大利语句法(3)

（转录字符串）*GUI：ca@1　sa@1　veridade@1　happo@1　accontentadu@3　su@3　cliente@3.

（对译行）%glo：because the truth I_have satisfied the client

（翻译行）%tra：the truth is I satisfied the customer（事实是我满足了那位顾客的需求）

（注释行）%com：Italian：accontentato il cliente[①]；"satisfied the client"（意大利语："使那位顾客满意"）；Sardinian：accontentadu a su cliente，"satisfied 'to' the client."（撒丁语："对那位顾客满意"）

（LIDES赋码手册：181）

在例(13)中，如果不使用%com注释行，就无法确定accontentadu@3 su@3cliente@3到底是三个连续的句法仿译现象还是一个由三个词组成的句法仿译现象。为解决这个问题，LIDES系统在标注文本时，使用了两种符号（LIDES赋码手册：181）：(1)用尖括号＜＞。当某个语言现象包含不止一个词时，运用尖括号"＜＞"来表示其范围；(2)用方括号[ ]。当一个语言现象紧跟着"＜＞"所包含的一个词或一个短句出现时，可以先用$符号加上下述类型代码来表示该现象，再放入用方括号"[ ]"中，将之与"＜＞"涵盖的内容纳入到一个分析单位。LIDES赋码手册对四种基本语言互动现象做了如下赋码：语码转换＝c；借入（词）＝b；句法仿译＝y；语义仿译＝e。使用时，必须在depadd和readme文件中对这些代码进行说明和解释。

LIDES(LIDES赋码手册：附录1)继承了CHAT（参见MacWhinney，1995)的一些有意思的标注和赋码惯例，其中涉及如何使用拼写符号

---

① 意大利语accontentato il cliente中没有介词，对译成撒丁语accontentadu a su cliente中有介词"a"，accontentadu su cliente是仿照了意大利语的句法。——译者注

来识别和再现说话人的以下表现：（1）说错时或没说完时的重复、重申；（2）说话人和听话人之间的互动及双方对结果的控制；（3）所需要测量的停顿长度。

当一种语言中的一个词所属的词类与英语中现有词类划分情况（英语词类：动词、形容词等）不存在对应关系时，可在对译行 % glo 使用一个特定符号来标注。以动词为例，例（14）在对译行使用［auxpast］来表示加泰罗尼亚语中存在的迂回完成式"anar + a + 动词原形"，避免使用"to go"这种无法传达出 vam@1 精确意思的对等直译方式：

（14）加泰罗尼亚语/西班牙语：Pujadas，Pujol Berché 和 Turell 207（1988-92），适用于 CHAT。

（转录字符串）＊INF：mira@1 **vam@1** buscar@1 aixo@ ．

（话轮行）% trn：009

（对译行）% glo：looks **we_[auxpast]** to_search it

以代词为例，当人称代词的尊称形式以隐性方式或显性方式出现时，如：加泰罗尼亚语的 Voste、西班牙语的 Usted、葡萄牙语的 Vocé，可以使用［courtesypro］来标注，如例（15）所示：

（15）加泰罗尼亚语/西班牙语：Pujadas，Pujol Berché 和 Turell（1988-92），适用于 CHAT。

（转录字符串）＊EN4：quan@1 ［／］ quan@1 # **voste@1** va@1 arribar@1 aquí@1 ．

（话轮行）% trn：010

（对译行）% glo：when when ［**courtesypro**］［auxpast］to_come here

例（16）展示了如何对语法功能进行赋码：如，在对译行中使用［impers］来标注从句主语的非人称特征：

（16）加泰罗尼亚语/西班牙语：Pujadas，Pujol Berché 和 Turell （1988-92），适用于 CHAT。

（转录字符串）*INF：hi@ 1 havia@ 1 una@ 1 casa@ 1 al@ 1 costat@ 1 de@ 1 l'@ 1 Orfeo@ 1##que@ 1 encara@ 1 hi@ 1ha@ 1 un@ 1 magatzem @ 1 alli@ 1 que@ 1es@ 1on@ 1 **es@1** va@ 1 fer@ 1 aquella@ 1 vetllada@ 1tambe@ 1.

（话轮行）% trn：041

（对译行）% glo：there was a house at_the side of the Choral_Society that already there is a warehouse there that is where [**impers**] [auxpast] to _do that evening party also

例（17）中使用了[idiom]来标注惯用表达法，并对之逐字转录。

（17）加泰罗尼亚语/西班牙语：Pujadas，Pujol Berché 和 Turell （1988-92），适用于 CHAT。

（转录字符串）*INF：llegaron@ 2 ya@ 2 rumores@ 2 de@ 2 que@ 2 yo@ 2 chivataba@ 2 #a@ 2 las@ 2 [/] a@ 2 las@ 2 madres@ 2 de@ 2 [/] de@ 2 ellos@ 2 de@ 2 que@ 2 # algunas@ 2 veces@ 2 **hacian@2 manitas** @**2** con@ 2 las@ 2 chicas@ 2 que@ 2 se@ 2 veian@ 2 .

（话轮行）% trn：592

（对译行）% glo：(...) arrived already rumours of that I told XXXxxx to the mothers of of them of that sometimes [**idiom**] **they_did little_hands** with the with the girls that [pronominal] they_saw

> 小结
> - 主行和附属行的标注标准
> - 为更大范围的语言现象赋码
> - 主行与附属行之间的非对应情况

11.7 赋码

为了使转录文本更自然、更具可读性,主行应尽可能简单,这样附属行就需要承担更多赋码任务,即,在附属行对语言互动现象进行微观语言学分析。附属行的另一个优势是能够使主行上的信息更容易阅读。我们需要尽可能使用现有的 CHAT 附属行,以便在不同的双语数据集之间进行平行的对照分析。也可以针对研究的具体目标创建新的附属行,此时,要在 depadd 和 readme 文档中对所有新添加的附属行以及赋码方式进行说明和解释。

为便于比较,附属行中的赋码信息应尽可能保持独立。研究者可根据数据分析的性质来决定是否将一些分析程序合并在一起。使用过多附属行也可能带来问题。合理的做法是将所有相关赋码安排在一个附属行上。附属行可以与词、话语、话轮相关,如以下例句所示。

11.7.1 词相关附属行

对译行是最典型的词相关附属行,我们在上文讨论了这一附属行与语言单位切分相关的一些性质和特点。使用对译行可以展示附属行和主行的一对一关系,当主行与该行的词存在一对二、一对多或二对一、多对一关系时,我们可以考虑使用连字符和下划线来表现这种对应现象。例(18)则使用了词法标注行(% mor)来表现其中的形态赋码:

(18) 沃洛夫语(wolof)/法语:帕普拉克和米尚(Poplack &

Meechan 1995:215),适用于 CHAT。

（语种行）@ Languages:沃洛夫语(1),法语(2)

（转录字符串）*S02:fexeel@ 1 ba@ 1 nekk@ 1 ci | tête@ 2 de@ 2 liste@ 2 bi@ 1 rek@ 1.

（词法标注行）% mor:V | try&IMP CONJ | until V | be&INF PREP | at N | head PREP | of N | list DET | the&DEF ADV | only①

（翻译行）% tra:Try to be only at the head of the list

（LIDES 赋码手册:184）

关键符号和代码：

% mor 行的格式：

词类 | 源语言的句法类别:源语言的下位句法类别

"&"用于标注合为一体的融合关系

"#"用于标注前缀

"-"用于标注后缀(MacWhinney,1995)

209　　针对主行上的部分信息在附属行上进行赋码时,应在词法标注行将主行上所有未赋码的内容标注为";",以便维持主行与各附属行之间的对应关系,如例(19)所示：

（19）沃洛夫语/法语:帕普拉克和米尚(Poplack & Meechan 1995:215),适用于 CHAT。

（语种行）@ Languages:沃洛夫语(1),法语(2)

（转录字符串）*S02:fexeel@ 1 ba@ 1 nekk@ 1 ci | tête@ 2 de@ 2

---

① 将此标注行依次翻译:V(动词) | try & IMP(尝试的祈使式)CONJ(连词) | until(直到)V 动词 | be & INF(动词 be 的不定式)PREP(介词) | at(在)N(名词) | head(头) | PREP(介词) | of(介词,……的)DET(限定词) | the & DEF(限定词中的定冠词)ADV(副词) | only(仅仅)。——译者注

liste@2 bi@1 rek|@1.

（词法标注行）% mor：；；；N|head PREP|of N|list ；；

（翻译行）% tra：Try to be only at the head of the list

（LIDES 赋码手册：184）

翻译行(% tra)是典型的话语相关附属行,用于解释主行上的惯用法或主行的意思。话语指向行(% add)也是一个非常有用的话语相关行,用于表明会话指向哪些对话人或注明对话人是否为母语人；% add 还可以与 GEM 行头结合,作为话轮相关行来使用,它十分有助于展示话语层面的信息,如例(20)所示：

（20）意大利语/意大利方言：马特（Ramat，1995：50）,适用于 CHAT。

（开始行）@ Begin

（参与者行）@ Participants：MMM：店主妻子,DDD：顾客,CHI：顾客带的孩子

（语种行）@ Languages：意大利语(1),意大利语方言(2)

（转录字符串）* MMM：oh@1 che@1 bel@1 bimbo@1 !

（话语指向）% add：DDD

（翻译行）% tra：oh，what a nice little baby

（转录字符串）* DDD：l' @2 è@2 'l @2 bagaj@2 d' @2 la@2 Lice @2 .

（话语指向）% add：DDD

（翻译行）% tra：it's Lice's child

（转录字符串）* MMM：ah@2 sì@2 ?

（话语指向）% add：DDD

（翻译行）% tra：Oh really?

（转录字符串）＊MMM：ma@2 l'@2 è@2 zamò@2 gnit@2 grand@2 .

（话语指向）％add：DDD

（翻译行）％tra：but he has grown up so much

（转录字符串）＊MMM：l'@2 è@2 tyt@2 la@2 facia@2 d'@2 so@2 maar@2 .

（话语指向）％add：DDD

（翻译行）％tra：he looks like his mother

（转录字符串）＊MMM：prendi@1 pure@1 lepatatine@1 caro@1 .

210 （话语指向）％add：CHI

（翻译行）＊tra：take the crisps，dear

（转录字符串）＊MMM：te@1 lo@1 regalo@1 io@1 quelle@1 .

（话语指向）％add：CHI

（翻译行）％tra：I'm giving them to you

（转录字符串）＊DDD：sù@1 rigrazia@1 la@1 signora@1 .

（话语指向）％add：CHI

（翻译行）％tra：come on，say thank you to the lady

（结束行）＠End

（LIDES 赋码手册：185-6）

％pho 为语音分析附属行，其中也可以编入语调模式，如（21）所示：

（21）语调模式：瑟尔特林等人（Selting et al.，1998：14），适用于 CHAT。

（转录字符串）＊A：／／hier fängt der transkriptext ／ an .

（语音分析行）％pho：｛TF ＼   ＼｝

（对译行）％glo：here starts the transcription_text

（翻译行）% tra：the text of the transcription starts here

（LIDES 赋码手册：180）

关键符号：

// 用于标注主重音

/ 用于标注次重音

T 用于标注整体音高

F 用于标注下降语调

⌠⌡用于标注范围

\ 用于标注降调

此外，还有一个很有用的话语相关附属行是句法分析行（% syn），它允许对句法组合（从句和短语）和句法功能进行赋码。这一附属行在 CHAT 格式中可写作：

（语法分析行）% syn：< functions of words < roles ［XP］ > ［XP］ >①

以主语、述语为例，可在% syn 中具体表现为 < subject，predicate < ［NP］ > < ［VP］ > >。②

LIDES 赋码手册（188-93）还就对语法功能进行赋码提供了其他一些建议。我们在这里讨论最后一个值得一提的附属行：语用信息行（% spa），该行可用于展示一些语用信息。麦克威尼（MacWhinney，1995：101-3）对语用信息行做过描述，例（22）展示了该行的实际用法，这个例子也展示了话轮指向行的实际用法：

（22）粤语/英语：米尔罗伊和李嵬（Milroy & Li Wei，1995：149），适用于 CHAT。

---

① 此行翻译为：< 词语的功能 < 角色［某类短语］> ［某类短语］> ——译者注

② 此例翻译为：< 主语，谓语 < ［名词短语］> < ［动词短词］> >。——译者注

（开始行）@ Begin

（参与者行）@ Participants：：MOT 妈妈，DAU 女儿，SON 儿子

（语种行）@ Languages：Cantonese（1）广东语，English（2）英语，undetermined（0）语种未确定

（女儿年龄）@ Age of DAU：9 岁

（儿子年龄）@ Age of SON：11 岁

211　　（转录字符串）＊MOT：who@ 1 want@ 2 some@ 2 ？

（话语指向）% add：DAU，SON

（转录字符串）＊MOT：< crispy@ 2 a@ 1 > ［ > ］.

（语用信息行）% spa：$ i：yq

（转录字符串）＊DAU：< yes@ 2 > ［ < ］.

（语用信息行）% spa：$ i：aa

（转录字符串）＊MOT：yiu@ 1 me@ 1 ？

（语用信息行）% spa：$ i：yq

（对译行）% glo：want some

（转录字符串）＊DAU：hai@ 1 a@ 1 .

（语用信息行）% spa：$ i：aa

（对译行）% glo：yes

（…）

（结束行）@ End

（LIDES 赋码手册：147）

关键符号：

$ i：用于表达语力的办法是：

yq：是非问句

aa：对是非问句的肯定回答

an:对是非问句的否定回答

cl:通过叫名字或发出惊叹来全力关注听话人

使用 CHILDES 系统的 CHAT 格式进行转录时,可以添加附属行来表现语言互动过程中发生的话轮转换现象。话轮及其范围可用 GEM 行头来标注,也可使用专用话轮行(％trn),在该行中标注话轮中所使用的语种,或者,标注某个语言互动现象发生的具体节点,是发生在话轮范围内还是发生在两个话轮之间。

如果倾向于在一个附属行中对语言互动现象的所有层面进行赋码,那么可以使用通用行(％cod)。这样做的方式有很多:可在赋码方案中使用便于理解的字母代码,也可使用较为抽象的代码,不过在解读 CHILDES 系统中的 CLAN 程序所生成的结果时,需要随时参考代码信息表。CHAT 格式中可用其他附属行来标注非语言活动。例如,可以使用％act 行来说明说话人所涉及的特定活动,使用％gpx 行来标注面部动作、肢体语言和身体距离方面的信息。

> 小结
> 本节介绍了就词汇、话语、语调和语音特征、句法类别、言语行为及其相关信息进行赋码的一些方法。

11.8　本章小结:转录的可靠性

212

为确保双语/多语转录文本的可靠性,原则上要求转录者必须具备足够的语言学知识。同样重要的是,要将转录惯例明示所有转录者以保证转录文本的一致性。

我们可以使用统计程序对双语转录数据的一致性进行测量,但前提是,在转录中将同一转录者不同时期所做的工作、不同转录者所做的工作中可能存在的不一致性控制在最低限度内。如上文所述,采用清晰规范的转录惯例有助于保持一致性。不过,一些个人因素,如,学习速率、疲劳程度都可能影响转录的可靠性。为保证转录的可靠性并为检查转录文本的一致性提供必要前提,我们通常有必要对语料进行二次转录。当只有一个转录者负责这项工作时,可以请转录者间隔足够长一段时间、基本忘掉初次转录的情况后再转录一次,以此来保证转录信度;当有另一位转录者可以参与进来时,这个人应该按照同样的惯例把语料重新转录。

需要对多少语料进行二次转录取决于可用的数据的总量。1993年里特韦尔(Rietveld)和范豪特(Van Hout)建议随机选择10%的材料进行二次转录以避免任何偏差。也有不同的方法来计算两份转录文本在注解、切分、标注、赋码方面的一致程度(Rietveld & van Hout, 1993)。理想的一致度是95%到100%,不过接近80%就可以接受。一致度较低时,有必要对误差来源进行分析并找出最佳的改善方法。有的时候我们可以通过提高转录惯例的明确性来解决问题;有的时候由于所做的相关研究和所要分析的有争议的问题等原因,出现的难题可能与注释或赋码带来的具体问题有关。

第一次对双语数据进行转录时,需要注意另一个原则:建立问责制。宽泛来说是就语言学研究而言,具体来说是就语言接触分析而言,确定某个变体或某种语言互动现象是什么时候、在哪一种情况下发生的,与确定它们不会在何时何处发生一样重要。通常,某个孤立发生的不突出、不明显的语言互动现象,对双语口语语料的定性定量分析来说,是一个挑战,现有的对语言、语言行为进行自动化研究的方法还不能解决这一问题。

延伸阅读

对双语数据进行赋码和转录的更多详细信息可参见:加德纳-卡洛斯、莫耶和赛巴(Gardner-Chloros, M. Moyer & M. Sebba)的《对多语数据进行赋码和分析:LIDES》,该文收录于琼·C.比尔等人主编的《创建数字化语料库:第 1 卷,同步数据库》,伦敦:帕尔格雷夫出版社,2007;LIPPS 出版社以《国际双语杂志》特刊(4-2:139,2000)的形式发行了《LIDES 赋码手册:语言互动数据(库)的筹备和分析》;LIDES 系统改编自 Brian Mac Whinney 设计开发的 CHILDES 系统。CHILDES 手册提供了所有转录惯例和分析工具(包括 LIDES 所采用的)的详细目录。可从 http://childes. psy. cmu. edu/下载 CHILDES 使用指南及其他相关信息。

www. ldc. upenn. edu/annotation/提供了其他一些对转录文本进行标注的方法,该网站还提供了就语言的特定层面进行标注的具体信息,如,自动语音识别系统和自动音位转录系统的语音校正(Kvale, 1993;Black & Campbell, 1995;Kohler, 1995;Rapp, 1995)、形态校正(Schmid,1995)、词法校正(Kohler,1994;Baayen, Piepenbrock, Gulikers, 1995)等方面的信息。

(董秀玲 译)

第 12 章 量化和统计分析

娜塔莎·图克维兹(Natasha Tokowicz)

特莎·沃伦(Tessa Warren)

12.1 导语

不同学科以不同方式对双语现象所进行的研究,极大丰富了这一领域的研究课题,目前,人们越来越从多个视角对双语现象进行研究。本章旨在提供一个更广泛的视角,使用量化和统计方法来研究多语问题的多样性。当然,我们的目的并不是列出详尽的清单,而是想证明在双语研究领域,量化和统计方法适用于各种各样问题的研究。

对双语现象的结果、产生的基础感兴趣的研究人员,要面对一些挑战,而其中最大的挑战是语言行为及其他感兴趣的现象的可变性。影响语言行为的因素有很多,包括阅读技巧、动机、社会地位和社会状况。就所有这些因素而言,每个双语人的特征不同,其语言学习经历和文化背景也是不同的。不同双语群体所使用的语言对子(language pairs)不同,而这种不同也会增加语言行为方面的可变性。虽然这种可变性本身就是我们的研究对象(例如,有些研究关注个体差异),但它也使得我们很难识别双语人之间真正的差异和共同点。

为应对这些挑战,我们通常先考察不同因素对语言能力或语言行为的影响,之后使用统计方法来确定研究结果是否普遍适用于不同个体(如,早期双语人和晚期双语人)和/或不同语言单位(如,单词和句子)。本章将回顾使用统计分析来验证研究假设的好处,并简要介绍一些与双语研究密切相关的统计工具。我们将首先复习正规的实验室方法(参见第 6 章和第 7 章),并将之与语料库分析方法进行比较(参见第 13 章)。我们将使用实际收集到的双语数据来举例说明如何使用统计技术①,并请读者参考文献中的相关例子。

12.2　正规实验法 215

12.2.1　实验设计

进行实验设计之前,研究者需先确定问题并尽可能了解相关的前期研究成果。文献综述对于提出适合的进行研究的问题、选择适合的解决问题的方法十分关键。我们将在 12.5 节讨论选择适当的研究问题时需要规避哪些错误。确定问题后,研究者进而会就操作方式如何影响语言行为提出假设,并根据这一假设来预测数据类型。检验预测结果是否正确的一个办法是使用正规实验,这是唯一可以让研究者得出显性(强)因果关系结论②的方式。因此,虽然正规实验有局限性,但当研究目标是得出显性因果关系结论时,它优于其他研究方法。实验设计的第一步是确定考察哪些变量。

---

①　本章所提到的这些例子是从心理语言学角度进行的研究。因此,尽管"双语人"这个术语有时仅指那些在儿童期自然获得两种语言的人,但本章示例数据来源于一项研究,该研究中的术语"双语"泛指熟练掌握两种语言的人。

②　在假设满足特定条件的基础上进行预测(见 12.2.10 实验控制部分)。

12.2.2 变量类型

"变量"（variable）指所有具有可变值的项目，如，学习第二语言（二语）或母语的年限。各种变量所属的类型是不同的，一些属于连续变量，如，二语学习年限。一些属于分类变量，其选项构成了不同类别，如，母语或词性。变量所属类型将决定在数据分析中使用何种统计工具。

12.2.3 描述性统计

对一个群体进行描述时通常会用到一些统计数字，其中最常用的描述性数值是"平均值"（mean）和"中位数"（median），前者指测量全部个体所得数值的平均数，后者指一组数值的中间数。"标准偏差"（standard deviation）可用来显示每个数值偏离平均值的程度；"范围"（range）可用来说明观测值的范围，即，从最小值到最大值。通常，我们会在一项实验的各种条件下对平均值或中位数进行比较，从而确定一种操作方式是否影响到了数据呈现，但要想确定观察到的差异是由特定操作引起的还是出于偶然，必须将可变性（如，标准偏差）纳入考虑范围。

216 12.2.4 相关系数

"相关系数"（correlation coefficient）也是一个常用的统计数值，这一数值可用于表现两个变量之间的关联。相关系数的范围是 −1 到 1；相关系数为 0 时，表示变量之间不存在关联，相关系数绝对值（不考虑正负)越大,变量之间的关联就越强。一般来说,绝对值在 0.70 以上表示强关联,绝对值在 0.30 到 0.70 之间表示中度关联,绝对值低于 0.30 表示弱关联。不过,我们需要先对所观测到的那些用来确定是否存在相关性的数值进行检测,以确定据此获得的相关系数是否具有统计意义(statistically significant),即,并非出于偶然。相关系数的正负符号表示关联方向。相关系数为正,表示顺向关系,数值 AB 同增同减;相关系数为负,表示逆向关系,数值 A 增 B 减或 A 减 B 增。

本章引用的一些例子来源于图克维兹(Tokowicz,1997)的一项实验。在这项研究中,我们请参与者使用二语执行图片命名任务,将母语单词翻译为二语单词或将二语单词翻译为母语单词,并请他们填写了语言学习经历问卷。这项研究共涉及 38 位英语-西班牙语双语人和西班牙语-英语双语人(母语为英语、精通西班牙语,后者母语为西班牙语、精通英语),实验请这些双语人尽快、尽量准确地大声翻译出电脑屏幕显示出的单词。我们采用了一项单独的二语图片命名精确度任务,以精确度作为衡量第二语言熟练程度的客观标准。在填写语言学习经历问卷时(样本见 Tokowicz,Michael & Kroll,2004),每个参与者需要回答其二语学习年限,我们据此来确立二语学习年限与熟练程度之间的相关性。我们得出的相关系数为 0.50,正向中度关联,该关联具有统计意义,即,二语学习时间越长,二语熟练程度越高。需要注意的是,相关系数只能用于描述变量之间的相关关系,不能用于确定变量之间的因果关系。出于这个原因,研究者经常将之与正规实验方法结合使用或者干脆以正规实验方法代替相关系数研究。

12.2.5　确定变量

在正规实验中,研究者通过操作变量来观察其对数据模式的影响。自变量是按照一定方式变化、由研究者控制或挑选出来的变量。参与者变量也是由研究者挑选的,但与个体相关。因变量是实验中要测量的变量。在正规实验中,自变量和参与者变量通常被称为"因子"(factor)。就分类变量而言,每个变量所代表的级别都是可以确定的。

217　　　　例如,在上述实验(Tokowicz,1997)中,我们考查了二语熟练程度不同的双语人用二语翻译母语单词时的精确度。在这里,二语熟练程度是参与者变量,分为两种:更熟练或不太熟练。我们的假设是,通过水平测量可以识别出两个截然不同的双语群体(不太熟练和更熟练)。不过,如果使用这种测量方式无法识别出两个截然不同的群体,那么就不能将之视为一个具有两种不同水平的因子,而应将其视为沿着一个连续统的连续变量(参见 12.2.9 有关这个问题的论述)。

　　　　我们选择的自变量是同源关系,即,从翻译的程度上看,在两种语言中有大致相同的词义,有共享的词汇形式,其中包括拼写和发音(以往同源关系的界定研究,可参见 Friel & Kennison,2001)。例如,我们将英语的 color(颜色)和西班牙语的 color 视为同源词,因为两者的意义、拼写形式和发音相同;将英语的 bed(床)和西班牙语的 cama 视为非同源词,两者虽然意思相同,但拼写形式和发音不同。这项实验中我们所关注的问题是:(1)同源词比非同源词是否更易得到准确翻译("同源优势");(2)随着第二语言熟练程度的提高,同源优势的大小是否会产生变化。

　　　　基于双语语言处理模式研究方面的成果(De Groot & Kroll,1992;Stewart,1992),我们就上述问题做了以下预测:同源词比非同源词更易得到准确翻译(如 De Groot & Nas,1991);我们还预测熟练双语人通常比不熟练双语人翻译得更准确;最后,我们预测同源状态对不熟练双语人的语言能力产生的影响大于其对熟练双语人所产生的影响,即,不熟练双语人翻译同源词的精确度高于其翻译非同源词的精确度(同源优势较大),而熟练双语人的同源优势较小。

因子设计实验需要对所有可能存在的各个自变量和各个级别的组合形式进行考察。上述实验中,双语参与者需翻译同源词和非同源词,因此研究中就包含"2(第二语言的相对熟练程度:不太熟练与更熟练)×2"(同源状态:同源与非同源)个因子设计;二语熟练程度与同源状况之间共存在四种不同条件(见表 12.1)。

表 12.1　L2 熟练程度与同源状态交叉因子设计　218

同源状态	L2 相对熟练程度	
	不太熟练	**更熟练**
同源词	L2 不太熟练使用者进行同源词翻译	L2 更熟练使用者进行同源词翻译
非同源词	L2 不太熟练使用者进行非同源词翻译	L2 更熟练使用者进行非同源词翻译

重要的是要考虑,就任意一组给定的变量来说,我们都可以采用各种不同的范式来进行研究。例如,就双语人如何处理同源词而言,可以使用上述实验中的翻译产出范式,也可以使用视觉词汇决策范式,即,由参与者来说明某些以视觉形式呈现的字符串在特定语言中是否是正确的单词(如,Dijkstra, Grainger & van Heuven, 1999)。有关从心理语言学角度研究双语的实验室范式,可参见 Kroll, Gerfen & Dussias(本书第 7 章)。

通常,将一些范式结合起来是最为理想的,这样做有助于为语言处理过程提供更为完整的画面。提供复合型证据具有相当大的重要性,就双语人记忆力呈现模式展开的前期研究就是一个非常经典的例子:关注词汇层面任务(lexical-level task)的实验得出的结论是,双语人的两种语言分别储存在不同记忆空间（如, Gerard & Scarborough, 1989），关注意义层面任务（meaning-level task）的研究则认为，双语人的两种语言共享同一个记忆空间（如, Chen & Ng, 1989）；而随后的复合型研究得出的结论是，双语人的两种语言在词汇层面是分开运行的，在意义层面则基本上是共享同一个运行空间（如, Snodgrass, 1984）。如果没有这种来自不同任务的复合型证据，我们可能无法完整确切地理解双语人记忆模式呈现两种语言的方式。

小结

- 正规实验是唯一可以让研究者得出显性（强）因果关系结论的方式。

- 相关系数表示两个变量之间的关系。相关系数研究法只能用于描述变量之间的相关关系，不能用于确定变量之间的因果关系。

- 实验中包含因子（析因）设计时，需要对所有可能存在的每个自变量和每个层次上的组合形式进行考查。

- 结合使用一些范式比只采用一种范式进行研究更为理想，这样做有助于更完整地描述语言处理过程。

12.2.6 统计工具

研究者需使用统计工具来测算数据方面存在的差异是由不同自变量引起的，而不是出于偶然。试想，当我们进行一项实验时，我们会尽力收集与所有可能的参与者、语言项目有关的所有数据的样本（或子集），以便在此基础上将观察结果普遍化（generalize）。如果一项操

作对语言行为所产生的的影响真实可靠,那么操作程度不同,观察到 219
的相应效果也会有所不同。例如,翻译精确度的数值(集合的值)分布
可能因双语熟练程度的不同而呈现差异,这意味着,更熟练双语人和
不太熟练双语人的翻译精确度的平均值不同。不过,即使所得出的均
值或中位数不是从不同的基础(或总体)分布中获得的,也有可能发现
均值或中位数之间的差异。例如,让我们假设同源状态不影响更熟练
双语人的语言处理过程。在任何给定的实验中,即使同源词和非同源
词翻译的真实精确度数值分布是相同的,但熟练双语人在翻译同源词
时的平均精确度也可能高于其翻译非同源词时的平均精确度。这是
因为收集数据时,研究者是从基础(或总体)分布中随机选取了一个样
本,而这个样本恰巧包含了不平衡的数据分布情况,即,从分布区的某
一段截取的数据点多于从另一段截取的数据点。为避免发生这类情
况,最好的办法是通过将大量参与者和语言项目纳入进来尽可能扩大
样本量。

　　两个样本来自相同或不同的基础分布区,统计检测(statistical
tests)可以用来衡量样本发生的概率。默认的假设(零假设(Null
hypothesis))是指样品来自相同分布区,实验因子的级别不同对数据模
式没有影响。如果统计检测表明,样本来自相同分布区的概率很低。
那么研究者有理由拒绝采用零假设,或者得出结论说他们的实验操作
对数据模式产生了真正的影响。

　　研究者在决定是否拒绝采用零假设时,需要规避两种可能出现的
错误。第一类情况是零假设是正确的,但研究者不予采用,并得出两
个样本的平均值有差别的错误结论。与之相对照,第二类情况是零假
设不正确,但研究者予以采用,并得出两个样本的平均值没有差别的
错误结论。第一类错误出现的概率被称为显著性水平(significance

level），由实验者设定。心理学的惯例是解释样本之间的差异，如果样本来自相同的底层分布，得出的结论是样本之间差异的几率少于5%；这显示出它们之间的真正差异，相对应的统计学显著性水平为5%。

　　只比较两个平均值时，可以使用 t-检验法（t-test）。用于比较的两个平均值可以来自对同一群体所进行的两次测试（基于一项实验的两个条件），也可以来自对两个不同群体所进行的测试（基于参与者变量），还可以一个是观测到的平均值，一个是用来比较的平均值（如，假设的总体平均值）。虽然研究者可能希望多比较几组平均值，但使用多次 t-检验来比较从同一个实验中收集的几组平均值是不合适的；因为每次 t-检验都带有一个第一类错误的机率，进行多次 t-检验会将整个实验的错误率抬高至无法接受的水平。整个实验的错误率等于5%乘以统计检验的次数。如果使用了10次 t-检验，你出现第一类错误的机率将达到50%。

　　由于使用 t-检验所能比较的平均值在数量上有局限性，因此，方差分析（Analysis of Variance，简称 ANOVA）可能是更为常用的分析工具，它没有这方面的限制。研究者可使用方差分析来考察分类变量（如，同源状态）对数据模式的影响。当某种分类变量对因变量的程度产生影响，而其他任何分类变量都不起作用时，就是说存在着一个主效应（main effect）。方差分析计算可得出 F 统计数值，该数值可用于确定这些效应是否具有统计意义。

　　例如，我们在上述样本实验中使用了方差分析来确定同源关系和熟练程度对翻译精确度的影响。我们发现无论二语是否熟练，翻译同源词的精确度都高于非同源词（见表 12.2），因此，存在一个同源关系的主效应。我们还发现了一个二语熟练程度也有一项主效应：熟练程度高的参与者翻译同源词和非同源词的精确度都高于不熟练的参与者。

表 12.2 L2 熟练程度与同源状态交叉实验中的样本精确度数据

	非同源词(%)	同源词(%)	
不太熟练 L2 使用者	52	72	不太熟练 L2 使用者的同源效应为 20%
更熟练 L2 使用者	62	82	更熟练 L2 使用者的同源效应为 20%
	非同源词的熟练效应为 10%	同源词的熟练效应为 10%	

　　方差分析之所以常用,是因为它能够揭示出变量之间可能存在的互动。互动通常有几种形式,当一个变量所起的作用取决于另一变量级别时,互动现象就会发生。有时候,一个变量对处于某一级别的另一变量产生的作用会更大。同源优势对不太熟练双语人的作用较大而对更熟练双语人的作用较小,就属于这种情况。有时候,当另一变量处在两个级别时产生的效应完全相反,正如不太熟练双语人翻译同源词时更准确而更熟练双语人翻译非同源词时更准确,就属于这种情况。最后一种情况是,只有变量 B 处于某一种水平时,变量 A 才会有效应。例如,不太熟练双语人显示出同源优势,而更熟练双语人在翻译同源词和非同源词时没有显示出差异,就属于最后这种情况。因此,当各个因素之间可能存在互动时,方差分析非常有用。我们在上述实验中没有发现变量之间存在具有统计意义的互动。

12.2.7 语言项目的影响

　　在使用语言项目(linguistics items)做普遍性的研究中,一个常见的做法是推测调查结果。在某种程度上来说,该方法可以确定研究所

221 得出的这些效应对诸项目、对参与者们是否具有普遍性。在这样的分析中，需要报告两个 F 数值：与参与者有关的 F1，与语言项目分析有关的 F2（或将两者合二为一，记为 minF1；克拉克（Clark），1973）。如果在参与者之间观察到一种显著效应，在不同语言项目之间观察不到该效应，很可能是由这些语言项目的一些附属特征引起的。这些信息就可以用来识别哪些语言特征会引起这种变化。在我们的研究中，就不同参与者展开的分析和就不同语言项目展开的分析没有矛盾之处。研究者们对于是否有必要计算 F1、F2 或 min F1 存在分歧。感兴趣的读者可以参见热梅克（Raaijmakers，2003）对这一问题所做的评述（也可参见 Raaijmakers，Schrijnemakers & Gremmen，1999）。

12.2.8　方差分析设计及其效力

使用析因因子设计的研究人员应注意使实验设计保持简单。要想比较第一语言对于识别二语语法违规的影响，理想的办法似乎是选择不同的母语和多种不同类型的二语语法违规实例，然后把它们全部进行比较。用于比较的语言种类和违规种类越多，所得结果就越具有普遍性。但是，选择的因子越多、因子水平划分越细，数据的可变性越大，实验效力也就越弱，由此也就越难以发现具有统计意义的数据模式。如果打算在一项实验中测试 5 种不同的第一语言和 6 种第二语言的语法违规，那么需要进行 5×6 次方差分析来解读数据，而且需要涵盖大量参与者和很多语言项目以便观察到可靠的效果。一个更好的做法是缩小预测范围并进行多个个体实验。例如，为了验证第一语言的差异将影响双语人检测二语语法违规的假设，研究者可以只比较两种第一语言（如，Fender，2003）和 3 种二语语法违规。在实验规模一样时,这样设计对得出具有统计意义的效应更敏感。如果研究者针对不同的第一语言做了不同的结果预测,那么可以将之分解为多次实验。将大实验分解为小实验还有一个优点,把大实验中一个因子的多个级别化分为几个小实验来测试,把大实验中一个因子的多个级别化分为几个小实验来测试,即,更小、更简单的实验更容易产生简单、易判断的结果。

研究者可通过多种方法来确保一项实验具有足够效力或对于检测目标足够敏感。理想情况下,研究者可在实验之前进行效力分析,以确定需要多少语言项目和参与者才能检测出预期效果。但是,进行效力分析计算前,需要先掌握与实验效果的规模和差异性有关的信息。如果不可能从前人实验中得到相关信息来进行效力分析,那么可以在实验之后,使用已观察到的效力或者实验效果的规模,来验证实验是否具备足够效力。科恩(Cohen,1988)提供了如何处理这一问题的更多信息。

12.2.9 回归分析(Regression)

当研究中的自变量具有连续性时,不宜使用方差分析。这条指导原则存在一个例外:连续变量呈"双峰分布",或者连续变量具有两个明显不同或性质不同的集群(即,连续变量的分布呈现出两个"凸起")时,仍可使用方差分析。需要注意的是,一些变量既可以定义为分类变量也可以定义为连续变量。同源状态就是这样一个变量,既可以被翻译成拼写完全重叠或不完全重叠(即,同源和非同源),也可以按照双语人评定的级别,即重叠的相对程度(如,De Groot & Nas,1991;Tokowicz,Kroll,De Groot & van Hell,2002)。因此,在上述实验的二语熟练程度部分,由于二语熟练程度的数值并未呈现双峰分布,所以我们使用了回归分析,反之则应使用方差分析。运用非此即彼的二分法或归类法处理连续变量将会导致我们得出虚假的统计意义或无法发现具有重要意义的效应。运用二分法来处理多个连续变量会增加这一问题的出现概率,而这种做法在统计学上是不明智的(Cohen,1983;Bissonnette, Ickes, Bernstein & Knowles, 1990a, 1990 b; Maxwell, Delaney,1993)。因此,当研究涉及像二语学习年限之类的连续变量时,应使用回归分析法,因为它允许同时考查连续变量和分类变量(也可考虑使用协方差分析(analysis of covariance))。

回归分析法能够使研究者根据从一次或多次测量中得到的信息来预测出可能得到的测量值。像相关系数一样,回归方程式呈现的是变量之间的关系。德·格鲁特、丹那博尔、范·赫尔(De Groot, Dannenburg & van Hell,1994)曾使用回归分析来判断当研究中包含各种与语言项目相关(如,单词长度、使用频率和具体性)的因子时,翻译反应时间的偏差在研究中的解释力度。使用回归分析法的优势是,实验中涵盖了那些能够被采用的更具代表性的语言项目,但又不需要按照严格匹配的标准来找出一组组词语。此外,分层回归分析还可进一步来解释统计中的那些随着自变量而变、但与研究兴趣无关的混淆变量(有关这一方法的描述可参见 J. Cohen, P. Cohen,1988;有关双语研究对这一方法的运用可参见 Tokowicz, Kroll, De Groot & van Hell, 2002;Tokowicz,Michael & Kroll,2004)。我们将在实验控制部分(12.2.11)进一步讨论混淆变量(confounding variables)。

12.2.10　修剪数据

研究者将那些过度偏离所观察到的数值分布区的数据称为离群

值(outliers),这些数值要么过高,要么过低。我们需要关注离群值,因为它们可能并不反映研究中要观察的语言处理过程。反应极快的数 223 值可能是由说话人的(提早处理过程)引起的,而反应极慢的数值则可能是因走神造成的。此外,语言能力模型(如,Dijkstra & van Heuven, 1998,提出的双语单词视觉识别激活模式)通常只能预测典型数值而不是极端数值。因此,使用这样的模型来测试那些包括极端数值的样本可能是不合适的。拉特克利夫(Ratcliff, 1993:511)认为,"我们构建模型和进行实证研究的目标是,使之可以用来解释我们所观察到的数值分布区内 85% 到 95% 的中间值;这些数值最有可能反映出我们所关注的真实的语言处理过程,对研究假设和模型的验证来说,这些数值也最有可能是关键数值。"因为离群值增加了方差,同时也降低了统计效力,这也带来了检测到现存差异的可能性。

此外,远离数值分布中心的离群值即使有效,也会极大影响到某些统计数据,如,影响平均值。例如,一位比较熟练的双语人将其母语单词翻译为二语单词时需要的平均时长为 1 秒。但有一次,她用了 9 秒才完成翻译。我们可以假设这种极端情况是因为走神引起的,而实际情况是,她在这 9 秒里就是想不起来该怎么翻译。一些人会说,这个数值应该保留下来,因为它反映了翻译时可能需要的时间。另一些人则认为,尽管它反映了真实的翻译时长,但并不反映研究者所关注的典型的翻译时长,所以应该剔除这一数值。可以说,根据什么标准来识别离群值取决于研究者自身设定的目标。

一般来说,理想的做法是尽可能剔除所有离群值,同时尽可能保持所有有效值。要做到这一点并不容易,尤其是当观察对象呈现极端分布时,有些数据是离群值抑或是有效值。研究者从 150 多年前就开始关注异常分布现象(Pierce, 1852)。尽管多年来对这个问题有兴趣,但至今仍未就识别、剔除或替换离群值的任何一种方法达成共识。选择何种方法,基本上取决于研究者的目标以及这一领域通常的做法。

　　其中一种常见做法是以中位数替代平均值,这样可以减少离群值对数据分析的影响,因为中位数对于极端数值不是十分敏感。但是,如果极端数值在一个方向上的分布多于在另一个方向上的分布,使用中位数可能就不合适了。例如,双语人有时候可能需要比正常情况下长得多的时间来考虑该怎么翻译一个单词,但通常不会在比正常情况短得多的时间内就完成单词翻译。因为要想成功完成翻译一个词,某些前期处理过程是无法免除的(阅读所要翻译的单词、确定准确的对译词,等等)。

　　另一种常用的识别双语研究中的离群值的方法是计算"限制平均值",即,计算出一个数据样本的平均值和标准偏差,然后考虑在任一方向上每一个离群值的得分(数值),这个得分超过一定数量的标准偏差,远离平均值。使用这种方法来识别离群值时,研究者通常采用的固定倍数为 2 或 3。如果一位双语人通常会在 2 秒内翻译出一个单词,标准偏差为 0.5 秒,那么,使用的固定倍数为 2 时,我们可以剔除任何长于 3 秒、短于 1 秒(2 ± 1 秒)的数值。此外,还有一种方法与此相关,我们可以将离群值替换为平均值或替换为不那么极端的数值,如,平均值加减 2 倍的标准偏差所得的数值①。

12.2.11　实验控制

　　当试用数据来解答研究问题,我们需要将一切影响数据模式的因

_____

　　① 尽管不是特别针对双语研究,Ulrich、Miller(1994)统计了 1992 年发表在《实验心理学杂志:人类感知和表现》上的文章;他们发现当年所有关于反应时间的论文中,15% 的文章使用了中位数来弥补离群值,15% 的文章使用了限制中位数,26% 的文章设置了上下位标准,即,进行了"截断",9% 的文章使用了其他方法。令人吃惊的是,37% 的文章根本没有提及观察中的极端数值。

素都考虑进来,这一点非常重要。在实验中,研究者一般会操作一个或两个自变量,来确定其对因变量的影响。不过,如果实验中所用的刺激物(stimuli)的其他属性的变化方式与自变量相同,那么这些混淆变量也可能会导致因变量的变化。例如,要想通过实验来测试双语人翻译同源词的速度是否快于其翻译非同源词的速度,我们需要确保用于测试的同源词和非同源词具有相同的使用频率和拼写长度。这一点很重要,因为处理长度较短、使用频率较高的单词所需的时间一般少于处理长度较长、使用频率较低的单词所需的时间(如,De Groot, Dannenburg & van Hell,1994)。如果测试中的所有同源词翻译都比非同源词翻译短或者使用频率高,那么双语人在处理同源词时反应更快的这种现象既可能是同源优势(自变量)引起的,也可能是这些词的使用频率较高或词形较短(即,刺激物的其他属性)引起的。

　　确保数据模式只反映实验所进行的操作的最好办法是尽可能缩小实验条件之间的差别。在一些双语实验中,为了考察语境或句法结构对双语人理解力的影响,我们可以采用完全相同的单词来测试因变量。例如,要考察双语人的母语是否决定其理解二语(英语)中某个结构的难度,可采用的测试方法是比较他们阅读两种英语结构(一种类似于其母语,一种有别于其母语)所需的时间。理想的做法是使用那些允许研究者测量阅读同一个单词所需时间的结构,以确保单词之间的差异不会引起数据产生意想不到的变化。例如,允许研究者测量出阅读不同结构中同一个动词所需的时间。

　　有时候,在实验设计中确保刺激物的大部分属性都完全相同是不太可能的。例如,在上述实验的同源关系部分,一组翻译对子要么是一对同源词要么是一对非同源词,但不能两者兼有。这意味着需要比较两个不同的翻译对子,在这种情况下,我们可以使用两种方法,其中一种是尽量从所有可能对因变量产生影响的维度出发来匹配不同的刺激物。在上述实验的同源关系部分,选择使用频率和拼写长度相同的同源词和非同源词是很有必要的。此外,要想使研究更为谨慎,最好也考虑所选词的词义具体程度(见 De Groot, 1992; De Groot, Dannenburg, van Hell, 1994; Tokowicz & Kroll, 2007)、参与者在第一语言和二语中获得该词的年龄(Bird, Franklin & Howard, 2001; Hirsh, Morrison, Gaset & Carnicer, 2003; Izura & Ellis, 2004),因为这些因素也会影响单词的处理速度。匹配刺激物时,研究者需要识别所有那些可能影响数据的潜在因素,并尽量控制这些因素。

在有些情况下,控制所有可能存在的混淆变量是不太现实的。例如,当研究对象为初级的二语学习者时,用于测试的二语词汇可能非常少,以至于不可能找到足够的、只在一个维度上不同、在其他所有维度上都很均衡的词语对子。在这种情况下,我们一般可以使用回归分析来考察多个因素对因变量的作用,我们可以计算出每个刺激物(词)的使用频率和拼写长度,然后将这些结果和实验所操作的因子一起输入到回归方程式中。回归方程式将显示出,实验所操作的因子对数据模式的影响是否能够超出使用频率、拼写长度和其他可能存在的混淆变量对数据的影响。

进行一个控制良好的实验设计时,既要控制或从统计上排除刺激物本身所携带的混杂因素,也要考虑个体差异也可能引起的混杂效果。大多数研究者通过语言学习经历问卷来尽可能多地了解参与者的语言背景(如 Li, Sepanski & Zhao, 2006,在其网站上提供了相关版本:http://cogsci. richmond. edu/questionnaire/L2_questionnaire. html)。这些问卷通常会问及参与者会说多少种语言,这些语言分别是什么,什么时候学习了这些语言,在什么环境下使用这些语言,语言熟练程度,以及其他一些与语言学习经历有关的问题。如果语言学习经历是实验需要的操作变量,那么从这些问卷中得到的数据可用于对参与者进行分组。或者,这些数据可用来解释那些可能会影响数据的参与者属性。例如,二语熟练程度可能会影响参与者在翻译任务中的表现,如果要确定同源状态是否在熟练程度之外仍对翻译表现有所影响,可以使用回归分析,将二语熟练程度和同源状态同时作为预测数据模式的因子。

正规实验对于解答很多双语问题来说可能是最好的方法,但还有一些与双语有关的问题无法通过实验来解答。例如,如果对那些促使 226 双语人进行语码转换的、微妙的社会或语言环境特征感兴趣,就无法使用实验来解决问题,其中一个原因是,参与者在实验室中很少会完全放松,他们的行为可能不太自然。研究者所提问题的类型以及人为设置的社会环境,都可能会影响参与者的语言行为。而精心收集的自然语言样本可以避免这些问题。因此,一些研究者可能会发现,比起实验方法,语料库分析方法更能满足他们的需求。

> 小结
> - 研究者使用统计工具来证明实验数据的不同并非出于偶然,而是由不同自变量引起的。
> - t-检验可用于两个平均值之间的比较。多次 t-检验会抬高整个实验的错误率,因此不宜用来检测多对平均值。方差分析可用来比较多个平均值,也可用于揭示不同变量之间可能存在的互动。
> - 在使用语言项目的研究中,一种常见的做法是计算实验结果,以此来确定这些效果在不同项目和不同参与者之间是否具有普遍性。
> - 运用二分法或归类法处理连续变量会导致我们得出虚假的统计意义或无法发现那些重要效果。

- 混淆变量是那些随着自变量而变、但与研究兴趣无关的变量。应尽可能在实验设计或统计过程中对可能存在的混淆变量进行控制。
- 过高或过低偏离所观察的数值分布区的数据被称为离群值。离群值可能并不反映研究中要观察的语言处理过程。研究者的研究目标是识别和取舍离群值的标准。

12.3　语料库分析方法

12.3.1　语料库

　　对自然语言行为感兴趣的研究者一般会使用语料库分析方法。使用这种方法,研究者需要收集大量自然语言使用样本,以便开发出的语料库能够最大限度地代表所调查的语言变体。许多语料库可免费或以较低成本获取。如果要使用现有语料库作为数据来解决研究问题,务必先考虑这些语料是何时、何地、以何种方式收集的,因为这些因素将影响语料库的适用性。

　　一些语料库由书面材料构成。例如,卡拉翰(Callahan,2002)的语码转换中的语法制约的相关研究,采用了由当代小说和短篇故事构成的语料库,其中包含西班牙语—英语(以下简称西英)语码转换。还有一些语料库是由经许可而录制、转录的言语社区成员之间的自然互动构成的。许多语料库是经过细致访谈获得的,可用于调查语言接触、语言转用和语言变体。(双语的)群内成员之间进行非正式互动时,最有可能发生语言接触现象,因此,调查者很有必要融入所调查的言语社区(Poplack,1993)。

12.3.2　儿童语言数据与交换系统(CHILDES)

对语言研究者来说,最重要的语料库首推麦克威尼(MacWhinney,2000)指导创建的儿童语言数据与交换系统(CHILDES Child Language Data and Exchang System),该系统可从互联网上访问(http://childes.psy.cmu.edu/)。CHILDES 是专为帮助研究语言习得的研究人员而开发的,其中包括从英语到葡萄牙语、泰米尔语言多种语言的互动会话转录文本。这些互动会话来自正常的单语儿童、双语儿童、二语学习者以及患有语言障碍的儿童和成人。CHILDES 中大多数转录文本以特定方式进行编码,能够使用专用软件(CLAN)对特定词汇或语法结构甚至语义环境进行检索。在 CLAN 命令窗中使用一些指令可以导出统计数据汇总,其中包括话语总数和话语平均长度(MLU),还可以使用一些更复杂的选项对两个话语之间的重叠进行分析,如,分析父母和孩子之间的重叠谈话(Sokolov & MacWhinney,1990)。

使用 CHILDES 测试过的一个研究问题的实例是,接触两种语言是否会导致双语儿童倾向使用一些特定的句法结构。帕拉迪丝和纳瓦罗(Paradis & Navarro,2003)利用 CHILDES 研究了西英双语儿童说西班牙语时使用零主语的现象,研究者关注的问题是该现象是只和父母与孩子谈话时的零主语输入行为有关,还是同时与两种语言之间的语法干扰有关。两位研究者研究了一个双语儿童与其父母之间的谈话,特别关注了父母和孩子用西班牙语交谈时明显或不明显使用句子主语的语境,并对这一语境的语用功能/话语属性进行了分析。他们发现父母的语言输入和儿童语言行为之间存在一定关系。因为这是一

228 项相关性研究,研究者无法就此认为:父母语言输入行为的特定属性的确引起了儿童的零主语使用模式。不过,这种相关性的存在表明,语言输入模式应该是影响儿童语言模式的潜在因素。如果要研究语言学习者所接收的语言输入的类型,CHILDES 特别有用,它能够提供大量真实的语言输入样本,这样,研究者就不必依赖孩子父母或观察员的那些未必准确的描述来进行判断。

12.3.3　量化在变异研究范式中的重要性

　　语言变体研究极为依赖语料库数据。我们可以依据变体语言学家所开创的范式(如,Poplack,1993),就正常的语言使用过程中同一语言结构的不同形式(如法语中的 ne...pas 和 Ø...pas)①的使用频率,进行量化和研究。这种量化十分重要,因为语言使用方面的差异既可以反映在类型上(如一种方言使用某个词,而另一种方言不使用该词),也可以反映在数量上,即,某些群体的成员可能更常使用某些特定的词或结构。这种倾向可能是语言接触和/或语言转用的证据来源(Silva-Corvalan,1994)。例如,席尔瓦-科瓦兰(Silva-Corvalan,1986)的研究表明,在洛杉矶的西英双语人中,较早习得英语的人和/或西班牙语不太熟练的人,更倾向于在某些环境中使用动词 estar,而标准现代西班牙语一般只允许或强烈倾向于使用动词 ser(这两个动词都可译为英语的"to be")。这一结论的支撑数据来自席尔瓦-科瓦兰对洛杉矶一个社区中 27 位西英双语人所进行的 40 个小时的采访,她计算了其中 estar 这种非标准用法的出现频率。席尔瓦-科瓦兰假设,这可能

---

　　①　ne...pas 和 Ø...pas 是法语中的否定形式。——译者注

是因为西英双语人在语言习得早期接触了英语,其所说的西班牙语才发生了这种变异,但这种变异是由英语的某种特定属性还是由语言进化的普遍过程引起的尚无法推断。她指出,英语只用一个词来表达"to be"之类的概念,这种语言事实可能引起另一种本来使用两个词来表达这一概念的语言也趋向于只使用一个词。但也可能是,语言本身就倾向于使用一个词来表达一个概念,习得早期接触多种语言可能会加速这种自然演变。

　　语料库数据所适用的统计方法与实验数据所适用的统计方法类似。语料库研究通常需要测量频率,而频率是连续变量,因此许多语料库研究会用到回归分析。对话语进行分类并比较某类话语形式是否多于另一类话语形式时,通常会使用方差分析或卡方检验(Chi-square)①中的"拟合优度"(Goodness of Fit)②。当数据呈正常分布(即,钟形分布),总体方差为均质,而且测量的单位是按间隔或按比率时,才可以使用方差分析。任何不能满足这些标准的情况都可以使用卡方检验。例如,如果我们假设社会环境影响双语人的语言选择,并 ²²⁹ 预测在某些情况下双语人绝不会使用相对来说更边缘化的语言,那么我们可以使用卡方检验来测试这种边缘化语言在不同语境中的使用频率,我们预测会存在零出现率,也就是说数据不会呈正常分布,所以,这种情况适合使用卡方检验。

---

　　① 卡方检验是检验研究假设的一种方法,主要考查理论频数和实际频数的吻合程度或拟合优度。——译者注

　　② 拟合优度指回归直线对观测值的拟合程度,所使用的统计数值为可决系数 R。R 的取值范围是[0,1]。R 值越接近 1,说明回归直线对观测值的拟合程度越高;R 值越接近 0,说明回归直线对观测值的拟合程度越低。——译者注

12.4　个体差异

　　研究双语和二语学习时,最有趣的问题之一是个体差异。一些个体比另一些个体更容易学好二语的原因是什么,个体的哪些方面影响其学习或使用第二、第三或第四种语言的能力(DeKeyser,1991;Tokowicz,Michael & Kroll,2004),等等。如果想用小组研究的方式来考察这些差异,我们可以选取在特定维度上不同的一些个体来组成小组。研究者曾使用过一些维度来测量个体的认知技能差异,如,工作记忆持续时间(working-memory span)(使用该维度的有:Michael,1998;Tokowicz,Michael & Kroll,2004;参见 Michael & Gollan 2005,对这一话题所做的研究综述);个体差异还可以通过使用那些偏重案例分析的方法来进行考察(如 DeKeyser,1991)。

12.5　选择研究问题时需规避的情况

　　研究问题、数据和统计方法一样重要。例如,在同源状态研究中,通过仔细查阅文献,对此感兴趣的研究者会发现,过去的研究从不同视角对同源状态做过界定(Friel & Kennison,2001)。例如,一些研究者认为只有拼写形式完全相同的词才能称为同源词。但如果对重叠形式是否加速语言处理感兴趣,采用对同源状态的这种狭义界定,就可能无法完整地考察这一问题。以西班牙语和英语为例,两者之间存在一些对等的固定结尾,如,西班牙语的"-dad"和英语的"-ty",如果将这些形式纳入考虑范围,那么就可以将"universidad"和"university"这样的一组翻译对子视为同源词;而是否将这些类型的词看做同源词将影响研究的最终结论。当然,这只是一个例子,但足以说明,在明确界定变量或考虑变量的可操作性时,将研究目标纳入考虑范围具有相当大的重要性。

除了与实验操作有关的那些问题,我们还可以运用统计方法来处理一些出于各种原因、不能解答研究问题的数据。例如,如果要比较两个城镇的人口死亡总数,我们可以运用 t-检验法来考察两者之间的差异是否具有统计意义,但前提是必须先考虑两镇各自有多少人居住,否则,这种检验就完全没有意义。我们可以再举一个与双语研究更相关的例子:如果要研究两个言语社区的语码转换情况,我们可以使用语料库量化这两个言语社区各自的成员对话中所出现的语码转换现象,然后运用 t-检验法,考察其中一个言语社区的语码转换发生 230 率是否高于另一个言语社区;但前提是必须先了解这两个言语社区的双语情况或其成员的双语精通程度,否则就没有必要提出这样的研究问题。

全面的文献综述是获得有价值的研究课题的最重要途径。我们只有深入了解前人对某一课题所做的研究,才能识别出一项研究中可能存在的大部分混合变量,才能最清晰地阐明所要研究的问题并使用本章所介绍的定量和统计方法来进行操作和处理。

小结
- 对自然语言行为感兴趣的研究者通常会使用语料库分析方法。使用这种方法时,我们需要收集大量自然语言使用的样本,以便使创建出的语料库能够最大限度地涵盖所要研究的语言变体。

- 许多语料库可免费或以较低成本获取,如,CHILDES 数据库,该数据库包括多个语种的会话互动,并能检索特定的词或语法结构。
- 语言变异研究非常依赖语料库数据;使用这种范式时,我们需要量化或考察常规对话中一些语言结构的不同形式及其出现频率。

12.6 本章小结

总之,对双语研究来说,大量的实验和统计方法可用于研究者感兴趣的问题。如何将这些方法组合运用并使其最适合所要研究的问题,取决于数据和可能存在的混杂变量的性质。本章提供了一些双语研究中最常用的统计方法;不过,我们并未详尽列出数据库为了符合不同的统计检验所应达到的全部标准。因此,我们建议读者参见水平更高的统计文献以了解更多、更适合研究双语问题的方法。

延伸阅读

针对本章的参考书

Cohen, J. (1988)《行为科学的统计学强度分析》(Statistical Power Analysis for the Behavioral Sciences.) Hillsdale, NJ: Erlbaum.

Cohen, J. H. and P. Cohen(1988)《实用行为科学多元回归/相关分析》(*Applied Multiple Regression/Correlation Analysis for the Behavioral*

Sciences.）2nd edn. Hillsdale，NJ：Lawrence Erlbaum.

MacWhinney，B.（2000）《国际儿童口语语料库：谈话分析工具》（*The CHILDES Project：Tools for Analyzing Talk.*）3rd edn. *Vol. 2：The Database.* Mahwah，NJ：Lawrence Erlbaum Associates.

一般性参考书

Ritchie，W. C. and T. K. Bhatia（eds.）（1996）《第二语言习得手册》（*Handbook of Second Language Acquisition.*）San Diego，CA：Academic Press.

Doughty，C. J. and M. H. Long（eds.）（2003）《第二语言习得指南》（*The Handbook of Second Language Acquisition.*）Malden，MA：Blackwell.

Fabbro，F.（1999）《双语人神经语言学导论》（*The Neurolinguistics of Bilingualism：An Introduction.*）Hove，Sussex：Psychology Press.

Kroll，J. F. and A. M. B. De Groot（eds.）（2005）《双语现象心理语言学研究方法指南》（*Handbook of Bilingualism：Psycholinguistics Approaches.*）New York：Oxford University Press，pp. 389—407.

（董秀玲 译）

第 13 章　创建数据库和语料库

Ad. 巴克斯(Ad. Backus)

13.1　导语

　　本章主要介绍语料库在双语研究领域的运用。基于语料库进行的双语研究,精确地将我们的兴趣限定在双语现象中那些能够通过考察语言的实际使用来研究的方面。因此,这一领域大致上对应的是接触语言学,即,研究一种语言与另一种语言接触时发生了什么变化。这一领域排除了许多有用、有价值的研究问题,如,围绕双语的社会问题和教育问题、双语人自身的社会心理态度以及他人针对双语人所持的社会心理态度、双语人进行语言选择时的决定因素,等等。这些问题通常建立在对问卷、文献资料或访谈等其他类型的数据进行分析的基础上。本章是通过考察人们在日常交际中如何说话来进行的研究。卡什曼(Cashman,本书第 16 章)提供了从对话角度进行双语研究的详细信息。本章关注的重点是语码转换和语言干扰现象。

　　我们将首先解释为什么应该借助语料库来研究这些双语现象。语料库语言学本身就是一个研究领域,但最好将其视为接触语言学的支撑学科。本章 13.2 节介绍语料库语言学的一些强项,13.3 节介绍创建语料库的方法论要求以及一些实用的方法,13.4 节举例说明如何使用语料库,援引了笔者借助语料库就语言接触引发的变化(contact-induced change)所做的研究,该语料库是荷兰的土耳其移民社区所使用的土耳其语。

13.2　可借助语料库研究的双语现象

在双语研究领域,大多数研究的问题是基于话语展开的,即,通过考察人们在实际生活中的语言使用情况,而不是调查问卷上的答案来进行的研究,这需要借助某种语料库。不过,几乎所有这些语料库都相当不成熟:针对某个特定研究项目,收集与特定研究问题相关的数据,通常资金很有限。这些语料库的规模往往很小,其他研究者很难利用,缺乏标注(annotation),基本上缺乏优质语料库应该具备的所有特征。以笔者创建的土耳其语-荷兰语口语双语语料库为例,该语料库是为撰写博士论文(Backus,1996)创建的,很难为他人所用,这并不是因为笔者拒绝共享这些数据,而是因为迫于按时完成论文的压力,我当时根本没有时间为这些数据添加翻译等基本信息,更不用说进行标注了。此外,因为我的研究问题("土耳其语-荷兰语结构的语码转换")不需要太多定量分析,因此我在转录时并未采用标准格式(如,CHAT),而是采用了自己设计的转录和标注系统,这套系统很适合我所需要的数据处理工作,但对于其他研究者来说则很难加以利用。我相信这种情况对于很多读者来说并不陌生。

关键是你把收集到的数据做成一个语料库至少有两大优势:一是为你自身的研究提供更多可能性,整个研究团队将从中受益。你应该首先问自己一个重要问题:以语料库方式组织数据能在多大程度上改善我所要做的分析工作? 这个问题取决于你的研究目标,你可能没办法直接回答它,但我认为以语料库作为工具既能够改善你所需要的定量分析,也有助于你所进行的定性分析,我将在 13.4 节详细解答这一问题。

以语料库方式组织数据的第二个优势与整个研究领域相关。理想情况下,一个语料库应该是完全转录、完全标注的,拥有一套可以就其中的各种属性进行轻松检索、统计计算的语料库软件。不过,这种情况不会自动出现,主要是因为没有人有时间去做这一切。双语领域的许多语料库都是研究者进行博士阶段工作的一部分。其中的数据通常只是针对某个非常具体的研究问题。研究者既没有时间也没有雄心将自己的语料库完善到可以在更大的学术圈内发布的程度。如果导师建议你或职业发展机会需要你将发表一篇好论文作为优先事项,那么标注自己并不感兴趣的数据就是在浪费时间。转录 1 个小时的谈话内容大约需要 10 个小时,而添加语音或语用方面的细节需要的时间更多。标注是一项非常耗费时间的工作。而时间是有限的,我们通常只能转录对自己最有用的那部分数据。

234　　不过,我们可以并应该做的是,学习并遵循一些创建语料库的指导方针,让其他研究者能够在我们所创建的语料库上进行后续工作,能够调整我们所创建的语料库以适应他们的需求。当不同研究者不断来完善一个语料库时,原始的语料库会变得更大更好,我们所收集的数据通常是适合其他研究者来进行分析的,但如果这些数据不具有可访问性,那么其他研究者只能去收集新的数据。虽然所有从事语言学研究的人都应该进行田野调查,但让所有这些已经收集到的数据白白浪费似乎太愚蠢了。解决这个问题的一个长期方案是请同一领域的研究者通力协作将各个单独的数据集链接成更大的数据库。从长远看,这个方案对于一些已经获得了充分关注的语言接触情况而言是可行的,如美国的西班牙语,英国的旁遮普语或孟加拉语,欧洲西北部的土耳其语或阿拉伯语与法语的接触,等等。不过,这需要高度的协调一致:互不相识的各个研究者必须遵循相同的指导方针,遵守那些确保数据具有可访问性的标准;与此同时,不能让语料库的创建者承担太多额外负担。不管怎么说,后续建设中通常都有必要不时进行额外的田野调查以补充数据,而每一次补充都会使语料库更完善。最终,我们将获得一个经由很多研究者使用过的语料库,人们在使用过程中所进行的调整将使语料库不断得到完善,从而吸引更多人来使用。本章13.3节将重点论述创建语料库需达到哪些最低标准,本节剩余部分将用于介绍一些可以借助语料库来分析的问题。

双语人的谈话与单语人的谈话具有以下不同:(1)使用两种或两种以上语言的词汇材料(语码转换);(2)所用语言结构上的一些特征(如语法、语音、语义上的)在单语人身上没发现或不典型,有的也许来自双语中的另一语言(干扰)。

就语码转换和语言干扰现象展开的研究通常是彼此隔离的。研究者往往是不同的,使用的数据、方法和理论也不同。不过,我们有充分理由将两个研究领域合并起来,因为其中所涉及的所有现象都属于语言接触引发的语言变化(Backus,2005)。语码转换带来了新词,替换了原有词,因此引起了词汇变化。语言干扰模式可以成为一种语言的惯例并在干扰过程中成为新的语法规范。到了这一阶段,干扰就不再是干扰:语言的自身结构改变了。此外,事实表明,双语人的谈话数据中通常同时包含语码转换和语言干扰现象。一般来说,任何一个双语数据语料库都可能包括以下内容:

- 一定数量的、句子之间的语码转换(交替)
- 一个从句中的两种语言的混用(插入)

- 其他模式的混合/转换
- 偏离常规的词序结构模式
- 偏离单词常规义项的用法
- 有悖惯例的词汇组合方式
- 偏爱使用某一些组合从句的方式(减少对另一些从句组合方式的使用偏好)

后面四个属于结构干扰,这种例子在数量上可以随意叠加。

尽管如此,大多数时候我们的兴趣局限于上述现象中的一到两个,并且通常只比较一对语言。我们从大量语言接触研究中摘取了一些典型的、重要的研究问题,当然,这个列表可以被扩充:

关于语码转换:

- 马来语-英语语码转换的结构是什么?
- 法语名词是如何被纳入摩洛哥阿拉伯语的名词结构中的?
- 荷兰语动词是如何被融入土耳其语中的?
- 俄罗斯语的话语标记在乌兹别克语中是如何使用的?
- 西班牙语元素是如何被用于日常的奥特米语(*Otemi*)谈话中的?

关于结构借入:

- 在新加坡英语口语中,我们发现了哪些再造了的汉语结构元素?
- 提威人所说的英语中是否包含提威语(Tiwi)的结构元素?
- 罗曼语言在多大程度上影响了巴斯克语(Basque)的词序?
- 美国的英语-西班牙语双语人是否比墨西哥或波多黎各的西班牙语单语人更多使用显性主语代词?[①]

---

① 西班牙语的主语代词在使用时有两种情况,一种是明显地表达出来,如"我看见",另一种是不表达出来,如"Ø 看见"。将 overtsubject pronoum 译为显性主语代词——译者注

除了上述问题,关于双语数据,还有另一组经常提及的问题:人们为什么进行语码转换? 这一点可以参见诺迪尔和加德纳-卡洛斯(Nortier & Gardner-Chloros)本书第 3 章、第 4 章就双语数据所展开的详细论述。尽管这一组问题也需要借助双语口语语料库进行,但本章暂时不考虑这一子领域,因为它们通常是在对语料库的独立、关键部分进行详细转录的基础上进行分析。一般不注重对整个数据集进行定量概述,理由也很充分:对整个语料库的话语材料进行语用功能标注并对由此产生的大量数据进行详细的会话分析将是一项巨大任务。也许这一点会成为未来的研究热点,但目前,语料库工具最适合研究双语中的结构和词汇问题。

小结

出于各种原因,双语研究者应该更加关注如何按照语料库形式而不是个人习惯来组织数据。不过,要想在高标准的语料库和有限的时间之间寻求平衡并不容易。幸运的是,坚持一些基本规则并不耗时。最适合借助语料库进行研究的双语现象是语码转换和结构干扰。

236

13.3 建立语料库

在理想世界中,研究者可以提出一个研究问题,然后下载一个免费的语料库,并在此基础上来执行解答研究问题所需的分析任务。可惜的是,如果我们研究的是双语现象,那么这样的事或许永远不可能存在。本节将论述作为双语专业的学生,我们该如何改善这种研究现状。

首先,我们来看看造成这种现状的原因。双语现象的商业价值是有限的,人们不会围绕双语人的口语来编写词典或语法书,所以,实力雄厚的出版商一般不会为双语口语项目提供像英语口语项目那样的大额资助。对双语现象的研究深深根植于社会语言学研究传统,关注弱势群体和边缘化群体。这些研究的资助几乎全部来自公共资金,其数额通常不足以创建大型语料库。因此,到目前为止还没有大型的双语口语语料库。

而现有的语料库大多数无法为双语研究所用。我们可以免费或付费从互联网或 CD 版本上获得很多单语语料库(可参见语料库语言学入门教材,如 Kennedy,1998)。创建并发布这些单语语料库的目的是允许世界各地的学者访问并执行各种有用的分析。这说明创建者已经意识到要使语料库易于使用应该达到哪些最低要求。我们要创建双语口语语料库时,最好先浏览一些现有的单语语料库网站,看看这些语料库是如何展示数据的。时间和资金可能并不允许我们复制他们的做法,但可以肯定的是,我们至少会汲取到一些好的想法。表 13.1 总结了单语语料库和双语语料库的一些主要差别。

表 13.1　单语语料库和双语语料库的区别

单语语料库	双语语料库
大	小
容易利用	不易利用
已标注	通常未标注
通用	只适合特定用途

至少有一个例外,对于双语专业的学生来说,有一类单语语料库是可用的。即,国际英语语料库中东非、印度、新加坡和其他地方的英语口语的子库,这些子库为双语专业的学生提供了一个很好的机会,我们可以借此观察因接触引发变化的一种主要形式:由语言转用引起

的变化（Thomason，2001）。当人们开始将之前的第二语言作为主要语言（或最终作为唯一语言）来使用时，其所说的语言可能既不同于多数人所使用的这种语言的变体，也不同于第二语言习得的最初目标。在移民背景中，我们称之为民族变体（ethnolects），在后殖民背景中我们称之为新变种（如，外围英语，见 Schneider，2004）。

据我所知，目前有两套语料库所包含的双语口语数据可用来研究语码转换和结构借入现象，一套是由莎娜·帕普拉克及其同事收集创建的一些语料库，其中最重要的是"渥太华-赫尔"法英双语口语语料库（Poplack，Sankoff & Miller，1988），另一套是 LIDES 数据库收集的大量样本，该数据库由一些研究者创立，他们担心由于缺乏可访问性，大量双语语料库只能在研究者的桌子上、书架上做做摆设（见 LIPPS 集团，2000，其中包含整个使用手册）。本章在延伸阅读部分列出了与上述语料库相关的网站。我们需要特别指出的是，莎娜·帕普拉克在这一领域颇有影响力，她对可访问性的重视程度明显超越了其所处的时代，她提出，研究者就双语人的口语所做出的任何结论都必须建立在一个开放的、允许他人访问的语料库数据的基础上，研究者应该建立语言使用模式，而不仅仅是满足于收集一些有趣的例子。最近，在 P. 姆斯根的推动下，荷兰开始创建荷兰双语数据库，该数据库将包含自 20 世纪 80 年代初以来从多组不同的语言对子中收集到的双语数据的转录文本和数字化音频文件。可能世界其他地方也在进行类似计划。此外，LIDES 的基础数据库 CHILDES 中主要包含了儿童语言习得数据，其中包括两种语言同时伴随双语儿童成长的口语数据（MacWhinney，1995）。

下面我们将详细论述创建语料库的过程，重点是在计划和实施阶段应该注意的事项。其中的大多数相关信息也可以在语料库语言学手册中查阅，但考虑到本书读者很可能是那些对双语研究感兴趣但无法借助现有语料库,以及那些不属于较大的研究团队并因此没有大额预算或大量时间的学生,所以我们将重点放在这些读者可能要应对的问题上。

238 13.3.1 基本要求

双语研究通常需要处理口语数据。显而易见的是,口头数据汇编比书面数据汇编要难得多:前者需要转录,而后者通常可以直接将电子版信息复制到语料库中(Turell & Moyer,本书第11章)。

我们在创建语料库时需要事先做一些决定:一是所要使用的数据的类型;二是这些数据适用于哪些分析手段。事先做好通盘考虑将避免事后后悔,而且能够最大程度地为自己及他人在后续工作中访问语料库提供便利。我们最需要回答的一个问题是:我打算怎么利用这个语料库?即使我们将语料库的可比性和长效性设为重要目标,我们仍然需要设立一个可以立竿见影的目标,这个目标应该是解答我们所提出的研究问题。它允许你这样做,我们应该以这样的方式来编制语料库。正如上文所论述的,语料库建设有一些通用的指导方针。

13.3.1.1 代表性

对于那些用于编撰词典的大型单语语料库而言,代表性是个非常严肃、棘手的问题,而对于双语口语语料库而言,这一问题相对较小。这是因为我们想要了解的是一种现象的特征,而不是整个言语社区的谈话方式。兰萨在本书第5章中对如何选取调查对象做了说明。不过,既然我们的目标是研究语码转换现象,那么尽管调查对象在日常生活中会遇到很多人,并且只使用一种语言与其交流,我们仍然需要在数据收集过程中尽量创造特别有利于产生双语谈话的环境。这些都不是问题,只要在语料库的概述部分说明研究的初始目标和数据的收集环境即可。

我们仍然可以通过创建有利于自己或他人今后细化、完善语料库的合适环境来将有代表性的关注点纳入语料库建设中。通过不断填补抽样(调查对象)过程中存在的空白,我们可以使语料库中的数据越来越能够代表其所来源的言语社区。显然,与其他任何需要借助调查对象来完成的研究一样,建设语料库时应尽可能多地记录调查对象的背景特征,并确保这些特征可以和数据一起使用。

13.3.1.2　规模

英国国家语料库的口语部分包含 1000 万个单词,而这只是该语料库总数据的 10%。显然,这个数字对于想要就特定双语社区创建双语口语语料库的单个研究者而言是高不可攀的。幸运的是,我们一般也无需这样做,至少对于我们通常倾向于提出的大多数研究问题而言 239 是不需要的。大型语料库对于了解单个词条的用法特别有用,例如,辞书学。单个词条的义项通常不会频繁地出现,所以语料库的规模需要足够大,才能将一个词多次出现的机率最大化。据我所知,真正意义上的双语词典编纂并不存在,除了研究者围绕双语人对特定单词的独特用法所进行的单独观察(如,美式西班牙语变体中 atras 的用法,见 Otheguy,1992)。

我们在设计语料库时应考虑以下两个因素:语料库建设中最基本的一些通用的建库指南和我们所提出的研究问题。建库指南是语料库建设中不可协商的底线;而我们的研究问题则有助于决定转录和标注哪些内容,规避那些没有直接用处、也没有时间来做的工作。这些原则将决定语料库的规模。例如,如果要研究的现象几乎在每个句子中都有,如,词序、限定词以及其他功能性元素、语音特征,那么语料库规模不必很大。如果我们的研究问题是外来动词嵌入的方式,那么我们可能需要收集大量数据以确保有足够的相关例子,但可以只转录数据中外来动词出现的那部分。

13.3.1.3　存储和维护

语料库建设中最让人沮丧的是,丢失原始数据或者在更新时误将旧版本覆盖新版本,以致丢失前面所做的所有标注。我们必须采取措施来规避这些风险。口语材料的原件一般是迷你磁盘、磁带等,要确保将这些原件安全地存储起来并尽快数字化,后续分析一定只在副本上进行,要建立检索系统以便追踪所有文件的位置。我们以转录为例,在数字化音频文件(如 wav 格式)上进行这一工作比直接在小型磁盘或盒式磁带上要安全得多。不过,音频文件会占用很多磁盘空间,所以最好存储在服务器上容量较大的一个磁盘空间上和/或单独的CD 光盘上。除了音频文件,语料库所占空间不至于太大,因此存储在个人电脑上应该不成问题。即使这样,也有必要在别处进行备份。录音录像技术的相关建议可查阅克莱门特撰写的本书第 10 章。

　　我们建议使用标准化系统来记录语料库所包含的内容以及每段录音录像和转录文档的相关特征。这样做的方法有很多,不过,最好是使用研究人员专门为这一任务开发的软件。我使用的是马克斯普朗克研究所(MPI)研制的 IMDI 元数据系统(www. mpi. nl/tools)。要想始终追踪原始磁带、正本、副本以及最新版本,是具有挑战性的,所以花些时间学习 IMDI 之类的系统绝对值得,也会使今后使用该语料库的其他研究者感激不尽。IMDI 之类的系统使用预定义的分类字段和下拉菜单,因此不太可能遗漏录音录像的必要信息,如,参与者年龄或他们在特定语言方面的能力。

　　元数据软件通常会按照一种层级结构来组织数据。例如,IMDI 可

240

提供以下功能:每个会话片段都有一个唯一的名称,并为下面三种情况提供标准格式(1)互动描述(包括使用何种语言以及大致的使用频率);(2)录音录像和转录的详细信息(如,转录的精确度、有哪些标注可用);(3)调查对象描述(下拉菜单中包含了各种背景因素)。此外,IMDI 文件可以链接到相应的音频文件和转录文本,还可以使用浏览器来检索,这样,如果要提取语料库中所有取自某些调查对象,如二代移民的录音录像或转录文本会非常方便。

13.3.1.4　转录

通常,要想对会话数据进行语言学分析,需要通过转录将原始数据过滤一遍。对录音录像中的话语内容进行逐字输出,即,转录文本,是研究者据以分析的主要文档。因此,转录非常重要,本书对此进行了专章论述(Turell & Moyer,本书第 11 章)。幸运的是,我们可以借助比较成熟的系统(如 CHAT 或 ELAN),这些系统不但可以解决许多棘手问题,而且所转录出的文本更便于他人使用。前文提到的 LIDES 手册在 CHAT 基础上添加了一些惯例,对于转录双语成年人之间的对话更有用。它能够对每个词进行语种标示,尽管这只是一项有限的改进,但足以使辅助统计软件(CLAN)计算出对话中两种语言的相对贡献率。

我们应始终牢记,尊重调查对象的隐私是非常重要的。我们在将文本公开出版或上传到网上时肯定会先处理这一问题,但只上传音频文件时很可能会忽视这一问题。最好请调查对象签署书面许可,并允许他们决定在语料库公开的那部分中隐去哪些片段。不过,即使只提供文本,也应养成立即将磁带中出现的说话人或谈论对象匿名化(如用假名字代替)的习惯。

13.3.1.5　标注

标注与转录同样重要,它是分析过程中真正的第一步,它能帮助 241

我们提取出与研究问题相关的那部分数据。大型单语语料库通常有两种标注：形态学编码和句法编码，我们通常将前者称为"赋码"，将后者称为"解析"。"赋码"是把文本中的所有词归为某种词类和类别（如，"名词""话语标记""时态标记"），而"解析"可以识别出主语、直接宾语，等等。对很多语言来说，自动赋码和解析是可行的，专门设计的软件能够在大多数情况下进行正确的识别和赋码（通常目标正确率超过95％）。这些代码对于所有的基础分析都非常有用，如，统计不同的词类、词序、结构出现的频率，但这些往往不是双语专业的学生特别感兴趣的问题。不过，我们所关注的一些熟悉的研究问题也要求进行赋码和解析：如果想了解语码转换中外来词在句子中出现的位置，那么从语料库中提取所有出现在主语、直接宾语等位置上的外来词将大有用处。同样，如果对包含大量法语名词的沃洛夫语（wolof）口语语料库进行赋码和解析，那么很容易使用软件计算出法语名词与沃洛夫语的各种功能元素（如，冠词、复数标记）共现的比例，并将之与沃洛夫语名词与这些元素共现的比例进行比较。

　　一些软件能够对各种语言进行自动赋码和解析。这类软件通常会使用预先编译的词汇表。这种词汇表预先将其中的所有单词（包括变形形式）确定为名词、动词，等等，然后为语料库中的词赋上恰当的代码。尽管方便，但只有当精确率达到95％左右时，这种办法才具有可行性，否则会需要手动修正很多错误，并不节省时间。许多大语种语言有自动赋码软件，由于语码转换语料库中通常至少包含一种大语种语言（通常为嵌入的语言），所以应该考虑使用这些自动赋码软件。无需赘述，我们需要减少语料库中的拼写错误，因为软件无法为拼错的单词赋码。对于母语人来说，校对1000字大约需要45分钟到1小时，所以对大多数个人创建的语料库而言，这应该不是一个大问题。

软件能够胜任这些常见的编码任务,但不要期望过多。我们感兴趣的研究问题通常是那些之前没有人调查过的问题;"半自动分析"这个概念的内涵就是没有现成的标注工具,研究者必须自己来设计。如果我们的研究问题是,"土耳其语-荷兰语语料库中,有多少土耳其语从句保留了土耳其语 SOV 语序,有多少荷兰语从句保留了荷兰语动词在第二位置(verb-second)[1]的语序",那么我们就需要为这些数据标注语序。此外,我们也有充分的理由来进行形态标注和形态句法解析,当然,如果有现成的软件就更好。这些标注和解析有助于我们更好地进行量化和定性分析,它们能使定量分析更容易、更准确,还能提取与定性分析相关的所有例子。

如果对 13.2 节中列出的那些研究问题感兴趣,那么可以参照下面的列表对双语数据进行标注,也可以参照迈尔斯-斯科顿(Myers-Scotton,1997)和姆斯根(Muysken,2000)在语码转换方面、托马森(Thomason,2001)和约翰森(Johanson,2002)在语言接触引发的变化方面所做的基础性工作。

242

关于语码转换(两种或两种以上语言的材料组合),可进行如下标注:

- 语码转换的类型:插入或交替
- 插入成分的类型:单个词或更大的组块[2]
- 所插入词的类型:名词、动词、话语标记,等等
- 所插入组块的类型
- 是否存在形态句法的整合

---

① verb-second:"动词第二"语序常见于日耳曼语系语言。在从句或一个句子中,句子的限定动词前面只能有一个主要成分充当句子的主题。——译者依据维基百科注。

② 组块(chunk),话语的组成部分,可能是一个短语,也可能是一个句子。——译者注

- 临近插入成分的主体语言(Matrix Language)[①]的状况

- 交替的类型:在句子边界或在子句边界,等等

- 交替的语用功能

关于语言接触引发的变化(两种或两种以上语言的结构特征的组合),可进行如下标注:

- 词序

- 非常规的结构、词汇选择、词的组合,等等

- 发音和语调特征

- 是否存在显性主语代词

- 其他现象

对语码转换现象来说,我们可以比较容易地罗列出其所适用的全部编码类别,但研究者想要标注的结构性现象大概有数百种之多。理性地说,我们最好从自己的研究问题出发,仔细推敲语料库中哪些方面的数据需要挑出来做进一步研究,然后对这些方面进行标注。我们可以随机选择一部分数据进行试点工作,以此来检验我们设计的标注方法。要达到合适的细节级别是比较难的:既需要突显有用信息,又不能过于细化,以免处处面临艰难选择。

编码类别可以进一步细分。例如,对语码转换替换现象感兴趣的研究者,不仅会标注某种形式的交替现象会在哪些地方出现,还会进一步了解这些交替现象的类型、在什么情况下会出现以及有哪些特征,等等。一个上好的经验是:如果在试点过程中,你所研究现象的很多例句都需要你苦苦思索该如何编码,那么你很有可能区分得过细了。在这种情况下,设计一个标注方案,用此方案注释你的语料,对语

---

① 语码转换中分主体语(Matrix language)和嵌入语(Embeded language)。

言做出实际分析,当完成这项任务时,毫无疑问你将获取你打算收集的所有信息。不过,通常我们会在中途意识到自己所使用的编码类别并不合适,这意味着必须回到原点,重新开始所有的工作。如果你发现自己需要从头开始对某个类型的现象进行标注,最好遵循以下步骤 243 (我们在 13.4.2 节中将对此进行举例说明):

- 制定出一份粗略的编码方案
- 选择小部分数据作为试点
- 对这一小部分数据进行标注并据此调整编码方案
- 对试点工作进行评估并确定一份相对容易使用的编码方案 (一个有用的指导原则是,如果一名学生助理无需太多指导就 能够使用这一编码方案,那么这一方案就是可行的;否则,这一 方案就可能过于困难,所做的分类不合适,也不适于进行标注)。
- 将调整好的编码方案写下来,它会成为一份真正的标注手册。

13.3.1.6　发布语料库数据

经过标注的语料库已准备好用于进一步分析,我们将在下一节讨论这一点。语料库语言学的一项重要原则是,如果一个语料库适用于创建者进行分析,那么该语料库也应该适用于其他研究者进行分析。我们可以通过公布语料库数据来实现这一目标,通常在完成初步研究(例如你的博士论文)后就可以这样做了。

除了时间限制外,我们在向外界展示自己所创建的语料库时,还需要遵循一些基本要求。在理想情况下,我们的语料库应包含以下信息:

- 语料库的结构
- 元数据(调查对象的基本信息、录音等)
- 转录文本
- 音频文件

- 以主要语言（如英语）进行翻译
- 直译
- 语种标示
- 形态标示
- 标注

其中，前三项是绝对必要的，能包含后面几项更好。音频文件能够使其他研究者对未转录的部分进行转录或完善现有的转录文本（如，添加语音细节）。以语素为单位对原始数据的每个要素进行的直译，对于很多类型的分析来说都是必要的，而且，如果使用语料库的其他研究者不精通这种语言，我们就必须在语料库中包含直译部分。关于语种标示、形态（词性）标示和形态句法标注，前文已做论述。必须强调的是，只有前三项是必要的，一个语料库即使只包含这些要素就已经非常有用了，缺失的要素可由其他研究者进行后续填补。事实上，一个语料库就算包含了上面提到的所有要素，也存在进一步标注和改进的空间。

244

小结

很多语言都拥有大型单语语料库，这些语料库通常是建立在书面语基础上的，而大型的双语口语语料库几乎不存在。所以研究者通常必须创建自己的语料库，因此，坚持一些基本要求是有好处的。我们在创建语料库时，应该确保使用者可以针对调查对象的背景特征进行检索，我们设定的数据存储方式应允许其他使用者进行添加（如，添加新的数据、新的转录文本、新的标注，更正的内容，等等），我们还需要对语料库中有哪些文本和标注是可用的予以说明。转录和标注所有数据是没有必要的，我们只要完成满足自身研究所需的工作，并为他人日后进一步改进和完善这一语料库创造机会即可。

13.4　提高分析的可能性

分析工作的第一步可能是检索相关段落。所谓"相关",是指与你所感兴趣的研究问题有关。对于这个任务来说,使用检索软件是必要的,因为通读整个语料库并手动提取相关内容实在过于耗时。最初对数据进行标注的主要动机就是为了实现自动检索。当然,大多数程序具有简单的检索功能,它们在某些情况下可能运行得非常好。但在很多情况下,要想大大提高分析的可能性,我们所使用软件需要既能进行检索,也能提供一致性和频率方面的信息,最好具有简单的展示功能(例如,如果你想从语料库中快速提取一个句子作为论文中的例子,那么你就需要这一功能,所提取的句子要有完整的直译和翻译,但没有标注和其他标记特征)。

下面两个例子来自笔者借助语料库进行的双语研究,例 1 涉及语码转换现象,例 2 涉及语言干扰现象。

13.4.1　例 1:土耳其语-荷兰语之间的语码转换

这个语码转换语料库创建于 20 世纪 90 年代早期,由录音机录制的七段录音的转录文本组成(见 Backus,1996)。录音反映了来自荷兰 3 个不同城市的 7 个不同社交网络的双语人的谈话特征。

转录文本不是按照预先设置好的格式(如 CHAT)完成的。原因很多,从大的方面来说,在当时的情况下我不太了解有哪些别人看来乏味的软件资源可用;就一些实际问题来说,当时已有的格式不便于

组织我已有的数据(有两个以上参与者,结构凌乱的双语会话,LIDES
项目尚未启动),所以需要做出各种调整,并且还需要录入很多与我感
兴趣的研究问题无关的细节。调整后的这种工作模式特别适合我当
时,但之后无论是我自己还是其他人都很难再对这些数据进行其他分
析。没有直译,只有粗略的翻译,也没有在形式上标示出哪些是土耳
其语哪些是荷兰语,只是在语言转换处进行了提示。即使这样,我们
还是把各种形态的语码转换都做了标注。通过编码键,可以对这些分
类进行检索。不过,由于起初用的是 WordPerfect 格式,后来又转为
Word 格式,所以能做的检索不够多。举个例子来说,我不能把带有某
一特征的所有例子提取到一个单独的文件中,而只能手动进行计算。

我也没有将转录文本正式组织成一个有更大结构的数据库。对
我当时的研究目标来说,这又是适合的,因为我对这些数据差不多是
烂熟于心,数据规模处于可控范围之内;但显然,对于其他研究者来
说,这些数据根本无法利用至少很难利用。

尽管缺点如此之多,我们还是可以利用这个语料库做一些事情。
如,使用一般文字处理器所能提供的普通检索功能,可以找到特定类
型的标注实例。

我在表 13.2 中列出了一些可以检索到的标注种类,并对检索的
原因进行了说明。

表 13.2　标注语码转换

	可检索的标注	除其他事项外,还可用于确定
1	单语话轮(土耳其语)	(两种)语言的相对贡献
2	单语话轮(荷兰语)	(两种)语言的相对贡献
3	双语话轮	(两种)语言的相对贡献
4	语码转换实例	语码转换频率
5	话轮边界的语码转换	话轮边界的说话人行为

续表

	可检索的标注	除其他事项外,还可用于确定
6	句子开头的语码转换	在句子的特定结合处语码转换的程度
7	转为荷兰语	荷兰语转换成分的特点
8	转为土耳其语	土耳其语转换成分的特点
9	句内语码转换	语码转换的主要类型
10	句间语码转换	句外语码转换的程度
11	插入名词、动词、形容词等	插入名词、动词、形容词等插入成分的特点

　　标注的好处是,当针对同一组数据提出新的研究问题时,我们可以对原始的标注进行扩展。例如,我在后期添加了两项标注,一是标注了包含多个词的语码转换是否包含词汇组块(*lexical chunk*),如,搭 246 配、习语等;二是标注了句子的语用功能。

　　重要的是我们提醒自己,语料库技术只是一种研究工具:它们不代替解释和解读。电脑可以给出所有外来词插入的例子,也可以给出一份关于这些外来词出现在哪些语法位置、出现频率的细目表,但这并不意味着研究工作的完成。关于这些被插入的外来名词,你会想知道:它们与语料库中所使用的所有名词相比,使用频率是怎样的? 它们有哪些语义特征? 它们是不是按照特定方式来实现句法组合? 这些词为什么会出现在特定位置? 所有这些以及其他情况能够揭示出语码转换现象的哪些特点? 这些问题中也有一部分是可以通过使用更精细的语料库工具(主要是通过添加新标注)来解答的,但最后一个问题只能通过对这些结果进行长期努力的分析,对照、评估他人所进行的相关研究来解答。这些工作只能由人脑而不是电脑来完成。

13.4.2　例 2:移民所操土耳其语中的荷兰语干扰因素

　　最近我和同事一直在组建一个土耳其语口语语料库,我认为,这个语料库上可以算是语言接触研究中典型的第二代语料库。像一代语料库一样，二代语料库的规模也是受限的，但二代语料库考虑到了数据共享和交换，并以可供访问的形式对数据进行存储和展示。也就是说，我们所创建的这个语料库，既方便同一个研究小组的不同成员协同组织数据，又能够通过官方发布供更多人使用。

　　语料库一旦发布，它应该对更广泛的研究群体有用。我们所创建的语料库需要具备以下功能：

- 可查阅原始音频数据
- 语料库使用元数据软件进行了分层构建
- 可在数据库中检索相关数据
- 采用广泛使用的转录系统
- 提供了一种主要语言（如英语）进行的翻译
- 提供形态句法注释
- 数据部分可进一步从不同层面进行标注

下面的例子是一句话在该语料库中的出现形式

1 NAC：dün televizyonda gördüm cem yılmazı

2　　　dün　　televizyon-da　　gör-dü-m　　　cem yılmaz-ı

3　　　yesterday television-LOC　　see-PAST-1sg　　cem yılmaz-ACC

4　　　ADV　　N-LOC　　　　V-PAST-1sg　　Name-ACC

5 wo：ADV　　ADV　　　　V　　　　　　DO

6 pro：zero

7　　　"I saw Cem Yilmaz on TV last night"

247　　　第 1 行是说话人（NAC）所说的一句话的基本文本；第 2 行将这句话切分为语素；第 3 行使用英语进行直译；第 4 行和第 5 行分别提供形态标记和形态句法解析（后者用"wo"表示词序"word order"）；最后

一行为英语翻译(意译),而第 6 行是该项目的一个专用代码,它展示了主语的特征和如何编码的(如,"名词""代词"或"零",此处即为"零"(zero))。两相对照,土耳其语通常不使用主语代词,而荷兰语总是使用主语代词。如果人们想知道由于与荷兰语的接触,荷兰的土耳其语是否增加了主语代词的使用率,第 6 行的标注与此相关。

对于任何打算公开发布的语言数据库来说,这些似乎是最重要的元素:没有音频数据,其他研究者就不能进一步转录并进行音位分析。没有一定的分层结构,一个大型语料库对局外人来说是难以利用的。大型语料库中即使只包含了对话性质的数据,其中也可以分为许多不同子类,在这一迷宫中必须建立导航,以免研究者煞费苦力也找不到自己想要的数据。如果不使用广泛接受的转录系统,世界上其他地区的研究者将很难阅读转录文本,更不用说在此基础上进行研究。此外,这些广泛被接受的转录系统通常会配备各种统计软件,它们能使定量分析更加容易。用英语或其他主要语言进行翻译是必要的,这样能够确保不懂土耳其语的研究者访问数据。研究者们想要从数据中获得的信息不同,所以直译对一些研究者来说有一定作用,而对另一些研究者来说则可能是至关重要的。标注是根据我们所关注的研究问题来进行的,但其他研究者可以、我们也希望他们继续进行添加扩展。

小结

为便于从语料库中检索解答你所研究问题所需的相关段落,你需要对(部分)数据的相关特征进行标注。要组织规划好这些带有标识特征的标注,使其处于一个为语料库工作而开发的框架之内,这样将极大促进任务的完成。

延伸阅读

　　语料库建设方面有很多好教材,如,肯尼迪(Kennedy,1998),并附有参考书目。绝大多数语料库本身就有很好的、可供访问的网站,只要在搜索引擎中输入关键词,如"英语口语语料库"就能找到。挪威卑尔根大学曾发起过一项网上讨论列表,网址为 corpora@ uib. no。该大学也存有国际英语语料库,网址为 http://nora. hd. uib. no/icame. html。国际英语语料库的官方机构还发布了一份杂志(ICAME Journal)并定期组织学术会议。"渥太华-赫尔"语料库(Ottawa-Hull corpus)的相关信息可参见 http://aix1. uottawa. ca/~sociolx/slxhold-e. html,该网站还列出了大量与帕普拉克(Shana Poplack)及其同事所做的开创性工作相关的其他资源。访问这些语料库以及其他大多数语料库时都需要事先获得许可。LIDES 数据库的相关信息可以浏览 http://talkbank. org/data/LIDES/和 www. ling. lancs. ac. uk/stall/mark/lipps/easylides. htm。著名的 CHILDES 数据库的网址为 http://childes. psy. cmu. edu,可从这里下载 CHAT 转录系统以及 CLAN 分析工具。马克斯普朗克研究所在语料库方面积累了大量专业知识(www. mpi. nl/world/corpus/index. html),可从其网站上下载 ELAN 转录系统、IMDI 元数据管理系统。www-nlp. stanford. edu/links/statnlp. html 是一个非常有用的网站,该网站链接了各个语种的语料库以及使用这些语料库的工具。这样的网站还有很多,每一个都包含大量信息,只要随手打开一个页面开始探索,上面的大量链接都将引导我们进入语言语料库和语料库语言学的世界。

（董秀玲　译）

第 14 章 民族志研究

莫妮卡·海勒(Monica Heller)

14.1 导语

　　研究方法是不可互换的。围绕研究者所关注的现象的本质,存在着不同的理论和认识论,这些理论和方法论决定了我们可以提出哪些研究问题,而在解答特定类型的研究问题时,一些方法确实比其他方法更有效(Mason,1996/2002)。在这一章中,首先我将从民族志研究视角对双语性质的假设进行阐释。这些假设属于解释主义而非实证主义:也就是说,"双语"是一种社会建构,要把它视为说话人的社会文化行为的一部分来进行描述和解读,它不是等待研究者来发现的客观存在于自然界的一个固定物。(解释主义通常指的是一种科学立场,认为知识是由社会建构的;而实证主义则假设现实是客观存在的,可以凭经验来发现。)然后,我将针对民族志研究可以有效解决的一些问题进行阐述,其中包括描述语言行为,对这些语言行为所揭示出的语言意识形态、社会意识形态,社会差异与社会不平等之间的关系等问题进行批判性分析。

　　14.4 节是本章的主要部分,进行双语民族志研究需要考虑哪些问题,其中包括选点、采样以及常用的一些方法(观察、访谈、录制互动活动和事件的音像数据,对文本或视觉材料进行话语分析等)。沿着这个思路,有必要讨论在研究过程中,做出选择时所要遵循的一些原则。14.2 节将描述本体论和认识论的原理,从这里出发来理解这些原则(本体论是我们所认为的现实的本质,认识论是我们了解现实的方式)。这些原则影响我们如何看待自身的研究者角色;如何理解研究者与被研究者的关系,其中涉及伦理方面的问题;如何理解所要研究的现象,涉及理论和认识论、政治和实践问题;如何对数据进行取舍;如何提出令人信服的或有效的论点;我们的研究结论的普适程度;如何展示我们的数据和分析过程,等等。14.5 节以我在加拿大一所法语少数民族学校的研究为例来进一步阐述我的主张,我所关注的双语问题不一定是广大读者的兴趣点。读者在阅读时需要注意,本章撰写的立足点是,研究者也是构建双语知识的积极参与者,研究工作是一项有意义的社会活动,它能产生社会、经济、政治影响。"双语"不是一个中性的概念,而研究双语也不是一种中立行为。

鉴于此,我们需要先来讨论一下双语民族志研究的意义是什么。从根本上讲,通过民族志研究,我们能获得使用其他方法可能永远都无法发现的东西。我们能由此了解:语言行为与人类物质生活的关系,发现语言对人类的重要影响及影响方式,观察随着时间推移而展开的过程;了解现象的复杂性和相关性,理解语言的历史性和地理性,等等。民族志研究法允许我们讲述一个基于自身经验的故事,并通过这样的故事来说明社会过程,解释人类思想行为的动因。

> 小结
> - 民族志研究通常建立在解释主义立场上,即,语言是社会所构建的现实的一部分,对此进行研究的目标是探明人们使用语言的方式、人们的语言观以及语言观形成的原因。

> - 我们可以通过民族志研究,对具有复杂性、争议性的现象和结果进行深入描述和解读。
> - 我们可以通过民族志研究,捕捉到随时间推移而展开的过程。

14.2　什么现实？ 谁的现实？

本体论不止一种,我在这里所采取的立场可以称为后结构现实主义:假设现实是以社会化方式构建的,其构建基础是符号性和物质性结构,而这种结构是可以用实证方式来观察的。人们的思想行为既要受到具体实际的生活条件制约,也要受到自身在生存过程中发展出来的文化价值观框架的影响。在这种情况下,我们通常有一些回旋余地,即以新的方式来处理或阐释某些事情。研究工作与其他社会活动一样是这种动态的一部分。因此,对我来说,研究活动的核心是社会现实的构建过程。我认为,我们的工作不是辨别和描述客观事实;相反,我们应该通过对现象进行系统观察来揭示其存在的依据,准确预测现象在特定环境中是否会重复出现、是否存在变体形式以及现象可能产生的结果。

这意味着研究者应该负责构建一种植根于自身历史和社会情境主观性的解读(而不是以某种方式来传播别人的声音,或者仅仅把现实作为超越个人理解能力的客观存在来进行展示);与此同时,在我看来,这种解读并不是建立在个体经验上的一己之见,而是依据那些经过说明和验证的筛选原则对问题进行的系统研究;我们不能在某个地方待上一段时间就声称那里所发生的情况很典型、具有代表性、很有意义。我们需要对自己所要研究的问题和研究方法进行论证，研究问题不是依据个人认为是否有趣，我们需要使其他研究者能从整体上了解我们在研究中所做的取舍的重要性。

就这一方面而言，民族志研究并不是要"赋予参与者话语权"，而是要提供启发性解释，研究者对此责无旁贷。与此同时，由于民族志研究是一项社会活动，它并不存在于真空中，所以，除了直接参与者之外，研究的结果和事物的表现方式可能还和许多其他人员有利害关系。因此，进行民族志研究，意味着研究者要参与或者稍微调整基调来推动一个正在进行的多人对话。研究者要对自己的言论及其可能对他人的影响负责。这并不是要求我们一定要同意别人的观点，只是说我们能够支持我们的主张。

民族志研究有时也声称是整体论，是关于全景全貌的。我的观点与此不同，我认为并不存在有界的整体（bounded whole），我们所看到的只是在时间和空间中被联系起来的过程（Giddens，1984）。"边界"（boundary）当然存在，但这些边界是以社会化方式构建出来的，因此也需要以社会化方式来描述和分析。人们依据这种边界将自己归入各种不同的群体。例如，区分"男性"与"女性"、"年老"与"年轻"、"基督教徒、犹太教徒、穆斯林、佛教徒、印度教徒、无神论者"，等等。然而，边界不可能恒定不变，边界两侧不可能不可渗透，每道界线圈中的个体也不可能完全同质（Barth，1969）。我们可以对边界进行分析，探讨这种边界是如何被构建、被抵制、被压制或被维持的。我们可以发现，为什么人们要烦扰他们，换句话说，他们以自己的方式组织自己的生活，他们从中获得或失去了什么。我们可以将这些观察作为选取样本的基础，不过，这一点是明确的，我们需要就实际可观察到的边界

252

来说明我们所选取的研究切面或研究线索的性质,而且,这些边界很可能具有渗透性,不同的人、事物、想法、行为不断在其中来回移动并向四面八方扩散。以民族志方法来研究双语,边界是一个引人注目的话题,因为双语现象中到处是边界问题:哪些现象算是两种语言之间的差异、什么样的说话人算得上是特定语言的使用者、语言和语言行为的分类与人群的分类之间是什么关系。

就立场而言,我想采取的是后结构主义的,因为它呈现的是结构主义、解释主义、主观主义、社会定位的方法。但同时,它是现实主义的,因为它仍然认为有可能,也确实有必要理解什么是现实。它也是唯物主义的,因为在一定限度内的现实被理解为是基于共同经历的社会建构。这些共同经历包括身份象征和物质资源,产生这些共同经历的条件,把这些共同经历散播出去,获取这样的共同经历的渠道,赋予这些共同经历价值。最后一点至关重要,我想把我的研究重心放在社会差异与社会不平等的关系,换句话说,分类与否怎样和权力连在一起的(详见 Heller,2002 对此立场做过长篇讨论),至此,我们就搞清楚了为什么用极为重要的民族志的方法研究双语的原因了。

小结

- 民族志研究是研究者对正在发生的、包括多个权益相关方的双语对话的解读。

- 一些线索比另外一些线索更有助于研究的展开,这既和研究的问题有关,也和某些情况下一些线索所能提供的研究机会有关。

- 民族志研究的关注点是过程,例如,语言和语言行为分类的产生和转变等,而不是对象。

14.3　双语、意识形态、差异和权力

　　为读者提供对已经用民族志的方法或可能用民族志的方法所解决的双语问题做出详尽的说明，这不是我的目的。我想做的是提出几条探询问题的思路。

　　我们首先需要对"双语"概念做一番批判的、历史的审视。如果我们接受诸如"双语是社会的、历史的产物"等与双语相关的概念，那么，我们就可以卓有成效地考察这一类概念来自哪里，这些概念对谁有什么意义，为什么，等等（Blackledge，本书第 17 章）。这一审视就使得这个领域远离了所谓的"常识"，实际上这一视角是高度意识形态化的。由把双语现象看作是两种语言系统共存的观点转向一个批判的视角即将语言实践较好地理解为它是植根于社会和政治的。在语言学得到了发展，双语在社会规制中正式使用，时间点在 20 世纪和 21 世纪的民权社会等诸情形下，这一视角开启了对双语话语产生轨道的探询。

　　较之第一类问题，第二类问题更为具体，关注社会对双语内涵和双语行为的组织和监管的主要方式。双语问题与国家一级和州一级的话语构建直接相关，因此它与公民资格有关（以及相关的过程，特别是殖民主义、新殖民主义和移民），与民族身份的认定有关，与教育和政府的其他重要机构以及一些场所有关（如语言培训、媒体和通信技术、政府移民管理机构、工作场所等），与所在州在组织经济活动过程中发挥的作用有关，也与在个人层面上，什么样的人才算是有能力的人的观念有关（有关能力和正常生活的一般观念，与社会和道德秩序相连接的方式）。双语问题也和社会其他核心的或企业层面的组织形

式相关,特别是宗教,通常与所在州地有复杂的关系。在权力关系的复杂结构中,双语也通常与其他的社会分类(例如种族、性别、阶级)相关涉。在当前的后现代条件下,非政府组织和超国家的代理机构,比如欧盟、联合国或联合国教科文组织不断提出双语话语权问题,并从人权、生态学和生态多样性角度频繁发力。在整个历史上,学者们发挥了重要作用。他们既是以专家身份使双语话语合法化理论上的生产者,也是行动上的积极分子。

在这里我想提出的观点是,我们需要考虑在多个场合、用多种方式,把语言形式和语言实践结合起来研究双语问题。这样从政府部门到语言结构,从互动到机关单位,从语言惯例到意识形态和话语权就都可以覆盖到。民族志方法的研究范围正是要针对运行中的话语空间链接进行分析(空间是指双语话语或者与双语观念构建相关的话语产出的地方);揭示社会参与者与社会资源的发展轨迹;对社会边界的建构,对不平等的关系进行分析。这就需要把日常生活的交际实践与构成社会差异的分类过程、参与过程和归属过程关联起来,并把日常生活的交际实践与话语产生的规则、社交活动的资源关联起来。

进行民族志研究,我们需要把握这种审视的范围、规模和深度。我将在下一节中就这些原则和问题对我们选择在哪里、和谁、花多长时间以及如何对双语问题进行批判性民族志研究进行阐释。

小结　254

我们可以对大量问题进行民族志研究,问题包括,如,语言的意识形态、语言行为和语言信仰之间的关系以及语言在大量场合如何构建出了社会差异和不平等性。就场合来说,从面对面的互动活动,到企业、机构、州地或企业层面的社会组织,语言在其中的这种构建作用普遍存在。

14.4　双语民族志研究的样貌

　　梅森（Mason,1996/2002）反复强调,民族志研究以及其他解释主义的定性研究,都没有自带的一套秘诀。相反,所有工作都是由研究者的本体论、认识论立场及其所提出的研究问题决定的（部分是由于所持立场带来的后果）。确定所需研究的问题是最重要的一项任务。你是否对说话人运用一系列交际资源来完成互动感兴趣? 你是否对构建、协调、改变边界的那些交际行为感兴趣? 你是否想知道哪些语言行为与人们进入社会网络、参与社会活动的能力有关? 人们如何评价这些语言行为? 你是否关注公共机构或国家对双语进行规划管理的政策及实施,关注这些政策是如何产生、如何执行的? 它们对个体的人生际遇又有哪些影响? 人们对双语的看法更广泛地反映了他们的语言意识形态,你是否对此感兴趣? 所有这些问题,不管是关于惯例做法上的、政策上的,还是关于意识形态的,都适合用民族志研究进行调查。

　　进行民族志研究,首先要确定你感兴趣的现象,然后去探索这些现象会在哪里出现,它们是如何被联系在一起的。民族志研究的第一步是确定去哪里进行探索:我们没有魔法配方,如果你不知道哪里有你所感兴趣的现象,很简单,从基础工作开始,把现象找出来,剩下的工作就是从这个地方开始,发现自己还不了解的问题,不断调整研究计划直到获得满意的数据为止。

　　进行民族志研究,需要与参与者进行协作,简洁明了地阐明你所要做的事情。既然我们假定现实是以社会化方式构建出来的,那么我们就从这一点出发,认识到在某个地方存在的现实并不是"真实的"现实,我们需要设法通过某种方式贬低自己才能有机会接触到那个现实。不管我们提什么问题,怎么提问,我们总得在那里。了解人们如何看待我们以及我们的研究活动,比试图假装我们具有隐身能力,要 255更好。我们还需要建立信任关系。在我看来,这就意味着我们应该告诉参与者我们在做什么,向他们解释我们所做研究的利益所在、对谁有利。最后,我们应了解我们自身的社会地位为研究带来的限制性和可能性,这种限制性和可能性也可以用来说明哪些社会范畴对人们来说具有重要性以及为什么具有重要性。

这些问题不但在研究规划阶段非常重要,而且会在整个民族志研究过程中,随着各种关系的展开、认识深入而不断调整。因此,准备好犯错误并学着修正错误,准备好面对那些困难抉择并理解每种抉择可能带来的结果。所以,当你准备参与谈话时,你需要弄明白它会出现在哪些场合、谁才有资格参加,你需要学习话轮转换规则和谈话礼节。

民族志研究的核心是关注发生了什么现象,许多人因此认为,民族志研究主要是进行描述。就研究的起步而言,确实如此:民族志研究中,第一个任务就是揭示正在发生什么现象(不是假定我们事先就知道是怎么回事)。但我们的研究并不能止步于此,数据收集是民族志研究中的第二个关键问题,哪些数据有助于我们解释在特定情况下以特定方式事情发生的原因,这一解释能使我们做出预测(下一步会发生什么现象,或者,类似情况下会发生什么现象),如果我们觉得有必要,我们可以找出在哪里、以什么方式对现象进行干预。这种解读性数据通常分两种:第一种数据关注的是可观察到的事情发生的背景以及双语行为与特定条件、特定资源、特定利益的关联方式;第二种数据关注的是人们的行为以及对人们的行为产生原因的解释(我们需要了解的是,所有的解释都不是我们观察个体意图的透明窗口,而是帮助我们了解这些个体如何理解其周遭世界的叙事)。任何一项民族志研究项目都应该包括数据采集技术,要考虑到这些技术对研究者所关心的现象和这些现象所发生的环境能做出充分的描述,还要考虑到这些技术对所研究的现象产生的原因、地点、时间能给出恰当的解释。(Lanza,第5章;Codó,第9章)。这些技术还应该考虑到对所发现现象的结果做出解释:它与别的现象有什么区别?它发生在哪些人身上?这些人是怎么做的?

适用于民族志研究的技术可以也确实应该是多样化的:我们捕捉和理解事物的途径越多,我们就能做得越好。不过,有时我们也必须做出取舍,采用某一些技术在某些情况下可能会比其他技术更行之有效。例如,我曾参与一项语言行为和意识形态的研究,与加拿大说法语的女性与说英语的男性的婚后语言生活有关(Heller & Lévy,1994)。研究预算很少,而且很难找到合适的方式去观察夫妻间的亲密生活。因此,我们放弃了以直接方式进行调查,决定就研究所关注的层面对这些夫妇进行访谈。结果是,我们只能把收集到的数据看作一种解释和话语表演,无法验证这些数据是否与我们本来打算观察的行为吻合。这项研究最终只是了解到了这些女性对其双语生活是如何描述的,并不能展示她们实际的双语生活。

此外,就解读数据而言,一些技术比其他技术更易于掌控。以问卷调查为例,这种方式虽然能够涵盖大量参与者,生成大量数据,但我们通常无法出现在问卷填写的现场。因此,我们无法了解参与者对这种交际行为是如何理解的,如,对很多人来说,填写问卷会让人联想到是在配合国家机构所进行的社会管理,他们有可能会或多或少乐意配合,而另外一些人则可能根本就不接受这种方式。我们也无法了解参

256

与者对问题本身如何理解,例如"你和孩子交谈时用哪种语言"可能存在歧义:你是问我用哪种标准语? 还是问我们的交谈语言是什么? 是我的亲生子女还是和我一起生活的子女? 此外,研究者通常为了使问卷更具有普适性,会设计一些不受具体语境限制的封闭问题,而实际中的双语行为和意识形态则与语境关系密切、也更为开放,所以,问卷法可能不是了解双语的复杂性的最好方式。

由于双语研究主要致力于口语方面,很多民族志研究案例综合使用了观察法和访谈法(通常观察的同时录音或录像)。一些研究也比较关注其他表达形式,如,使用双语进行的写作或对口头或书面双语行为的描写。

如前文所述,访谈以及其他形式的引导只能提供解释性话语,而这种解释性话语本身只是参与者的表演(Lafont,1977;Briggs,1977;Cicourel,1988),它是一个人在特定情况下以特定方式来谈论另一个人。在我所提到的跨语言通婚研究中,各种迹象(参与者在表达观点时态度明确,使用英语时较为犹豫,进行各种刻意强调等),表明他们把我和我的同事视为法语规范变体(标准法语)使用者,保证法语质量及维护法语作为加拿大少数民族语言地位等公众话语的代言人。因此,我们在理解他们所谈论的话题时,必须把这些因素考虑进去,什么是他们不得不说的心情,比如教孩子使用哪种语言或在家庭聚会中如何管理双语。20 世纪 90 年代初,我在一所高中做研究,那些处于青春期的男孩们觉得和我在一起十分不自在,他们以礼貌形式称呼我为"夫人",青春期的男生望着权威的眼睛回答问题时形式完整但相当简短,难以引出句子,进行的访谈只能得到干巴巴的解释(一位男研究生代替我对他们进行了访谈)。

我们并不反对使用访谈法,只是想对访谈法的实质及相应的分析原则进行说明,只有理解了访谈法对于参与者的影响,我们才能借助这种方法获得最有用的数据。也就是说,当研究人员与参与者建立了某种关系,当研究人员了解所有情况对参与者的影响时,使用访谈法才会更有效。这一点在双语研究中尤为重要。通常,人们会倾向于认为单语优于双语、某些类型的双语优于其他类型的双语,在这种由主导话语控制、倾向使用单语规范变体的交际环境中,人们可能不希望展示甚至会否认其双语能力。相反,一些人可能倾向于夸大自身的双语行为。我认为双语是一个被各种意识形态和价值观左右的话题,这些意识形态和价值观,无论是否与研究明显相关,都会以这样或那样的方式在任何交际情况下出现。尽管如此,访谈法非常适于引导两种类型的解释性话语材料。了解参与者的人生轨迹和社会地位具有重要意义:这类数据有助于我们解释参与者的特定行为方式(如,是否进行话语转换)或解释受访者对特定事件(比如双语教育)所持的支持或反对态度。访谈也是了解人们的信仰、价值观、意识形态的重要渠道,这些数据有助于我们了解人们的行为和动机,还可以与语言行为数据或其他类型的解释性话语材料进行对照,从而揭示其中的和谐与矛盾关系以及人们处理这种关系的策略。

观察法是民族志研究的标志性技术,通常用来收集参与者的行为和解释方面的数据。很多研究者担心自己会影响参与者的行为,恨不得变成墙上的苍蝇。对此,我个人的观点是,这既不可能也不可取。研究者在现场是为了可以就自己的关注点进行提问,我们越能充分参与其中,就越能更好地将我们认为有趣的、重要的现象以民族志形式讲述出来。而且,我们可以把自身的参与充分考虑进来:我们所记录的数据中到处都是我们如何参与、人们如何看待和理解我们等方面的相关信息,这些信息本身也有助于我们了解双语研究中的互涉现象

（reference）、意识形态、定位、利益等相关问题。

　　观察法的主要目标是弄清我们关注的现象在哪儿发生、在什么情况下发生。我们可以通过观察来绘制一幅双语现象全景图，然后就其中一些有趣的部分进行细致考察。一些现象使用手写或默记这种人工记录就行；另一些事情则需要记录音像数据，然后认真地转录。不同参与者对于录音录像等技术方法，可能或多或少存在熟悉和适应的问题，所以，最好是在参与者认识你了解你在做什么之后进行录制。许多参与者，特别是学龄儿童，对研究过程和录制设备运作过程充满了好奇，需要让他们适当调整放松之后再进行录制。

　　研究者们关于一些问题存在争论，如，是否请参与者自己进行录制，研究者是否需要在录制现场，选择录音还是录像形式，等等。我认为这其中不存在硬性规定，通常我们需要对这些进行权衡并考虑可行性。录制设备往往被视为研究者的机械化身，不管你在不在现场，参 258 与者们都会传达出一些细微信息，其中一些可能非常有趣（Rampton，1995；Heller，2006）。有时，录制设备确实能进入那些可能排斥研究者"肉身"的场合，但不在现场确实会使研究者失去获取理解语言行为的关键语境信息的机会。

　　选择录音形式还是录像形式也是一个需要权衡的问题。目前的录音录像设备都相对较小、便于移动。录像能提供非语言沟通方面的信息，这些信息是双语互动研究所关注的一个重要方面，而较之过去，目前的设备肯定更高效。但与此同时，录制设备实际上会以一种相对狭隘的方式把我们的观察限制在镜头范围内（Clemente，第 10 章）。

　　在任何情况下，都不要只依赖录音录像。记录田野调查日志有很多用途：提供录制材料产生的背景，提供理解互动活动的有用信息，建立进行对比或后续分析的基础，有助于将互动活动与公共机构、社会化过程和社会结构联系起来(Heller,2001)。此外,田野调查日志还有助于将那些与录制内容共现或存在松散关联的材料都集中起来(例如课堂上使用的教材、墙上的海报、办公室放置的传单、会议上讨论的政策文件等)。当然,作为双语语料来源,书面材料本身就值得研究。例如,要想了解加拿大联邦政府的双语制度理念,只要翻翻历年的政策文件就能获得很多信息。

民族志研究中最重要的一个目标是揭示出那些跨越时间空间共存共现的模式,因此,我们必须弄明白现象是什么,发生的地点和时间、涉及到哪些参与者,等等。最好将通过不同技术收集到的不同类型的数据进行综合分析,这样不仅能更好地展示正在发生的事情的不同侧面,还能揭示出这些现象是如何产生、如何随时间推移而发展、如何跨越不同空间联系起来的,以及它们对不同群体或个体的影响是什么,这可能是最重要的一点。我们可以比较人们的行为与他们对其中的动机所做的解释,从不同个体所能调动的资源出发,考察这些行为的结果,考察事情的发展方式对个体的不同影响。

数据展示也是民族志研究中的一个重要问题:研究者如何确保通过数据分析来支撑自己所要讲述的故事。本书第11章《转录》也涉及了这个问题,所以,我在这里主要讨论语言观、话语意识形态、话语权等问题。很显然,在进行转录时,我们展示研究所关注的语言资源和语言行为的方式,透露了我们对这些资源和行为的理解方式:我们是否将这些资源和行为归入不同的、独立的语言系统,是否最关注说话人对这些资源和行为的理解,是否将其描绘成说话人语言技能中的不同元素,是否最关注形式,是否会依据说话人所采取的话语立场来展示数据,如何展示书面或非语言数据,如何展示那些重要的空间或时

259

间语境元素,等等。最后,我们必须明确的是,尽管我们可以宣称我们认为说话人就是这样理解自身行为并进行相应解释的,但说到底,是我们在对这些行为进行解读,所以,我们必须找到自己的声音并承担相应责任。我们所进行的解读和展示数据的方式,可能为一段对话带来重要转折。我们必须考虑我们想陈述什么,对象是谁,人们会如何理解我们的论点,这些论断可能会产生哪些潜在的结果。

可以说,这些是伦理方面的考虑。如果我们将权力视为对所有资源的生产和分配的控制、视为所有资源附加价值的能力,无论这些资源是物质性的还是符号性的,是语言资源还是其他交际资源,那么,双语问题就是权力问题,它总是与社会范畴(category)、与那些负责调控权力关系的边界的构建或竞争有关。我们在研究双语问题时无法回避这种动态系统,因为前者是后者必然所包含的部分,这不仅是因为我们以研究者身份进入和参与了"他者"的社会空间(如果我们是在研究自身所属的社会,那么情况会有所不同),还因为我们是在就"他者"话语空间中的双语现象进行解读,而这种双语现象在我们所涉入的话语空间中是具有自身价值的。因此,我们需要考虑如何处理和适应这些权力关系,以便保护参与者,有时也是保护我们自己。

我将在下一节中以自己曾做过的一项研究为例来说明上述问题。以这项研究为例,并非因为它具有典型性或规范性。民族志研究本身对语境非常敏感,此时有效的做法,5 年后不一定同样有效,适合我的也不一定同样适合你。我们的选择应该既注重原则性又注重务实性,这项研究也许能为你今后的研究提供一个可能的起点。我对这项研究做了简化和截取,但它仍可以为上文所讨论的抽象理论提供一些具体信息(完整版参见 Heller,2006)。

> 小结
>
> - 首先，最重要的是你要研究的问题：你想知道什么？
>
> - 我们既需要描述性数据，又需要解释性数据，还可以收集关于行为结果的数据。具体来说，就是发生了什么现象，为什么会以特定方式发生，现象对谁产生了影响，等等。
>
> - 我们可以综合使用观察法、访谈法、录制技术、文献分析法来收集不同类型的数据，或者，从不同视角对相同数据进行分析。数据收集可以围绕参与者的行为、动机解释以及它们所产生的结果来进行，例如，我们可以收集人生轨迹、制度历史以及双语观念等方面的数据。

²⁶⁰ 14.5　双语和学校教育

　　我曾对加拿大英语区的一所法语高中进行了一项民族志研究。这所高中本身并不是双语高中，它显然是为保护当地少数民族语言（法语）设置的单语机构，不过，这里也教授多数民族语言（英语），学校为英语不太熟练的学生开设了英语作为第二语言的课程，为绝大多数双语流利的学生开设了英语作为母语的课程。20世纪90年代早期，加拿大社会经济正在进入以服务和信息为主的全球化新经济时代，一方面，国内各种力量一直围绕双语问题进行各种政治和经济角力，另一方面，这个国家对于外来移民一直非常有吸引力。我们从民族志角度关注城区这所学校的双语现象，旨在借此观察在特定时间和特定地点少数民族身份和意识形态的构建情况。选择学校作为观察窗口的原因是：19世纪末至今，学校一直是加拿大英语区少数民族语言权利斗争的主战场；而选择**这所**学校还有一个原因，它的历史地位比较重要：这是加拿大在该地区的第一所公立法语高中。另外，我想要说明的是，在机构内展开民族志研究相对来说是最容易的，因为其中的边界往往相对明确，此外，机构中明确的管理形式也有助于将互动过程与更广阔的社会结构联系在一起，这是那些在组织形式比较松散的场所进行的民族志研究无法利用的一个优势。

我的工作主要分两部分：一是通过阅读公开出版的资料，对主要人物进行访谈，查阅学校董事会的纪要、报纸上的文章、受政府委托进行的法语少数民族教育报告、法院判决书、立法规定文件等各种重要资源，目的是了解这所学校及其所处系统的历史；二是理解这所学校当前所发挥的言语经济（Speech economy）作用及其作为社会繁衍、文化繁衍中介的双重角色（Bourdieu & Passeron, 1977）。尽管这项工作中涉及历史的部分也非常重要，但我将在这里着重讨论言语经济方面的一些细节。

我们需要获得这所学校的生源数量，实际上也是该地区法语学校的生源数量。人口普查数据对收集生源数据有一些帮助，但只能提供一个大概数字，人们针对人口普查中的语言问题所提供的答案与他们在生活中对民族语言边界的理解并不一致，在生活中，认为自己属于法语群体的人比人口普查数据中以法语为"习得并能使用的第一语言"的人要多得多。我们尝试做了一份调查问卷，但结果并不理想。学校董事会规定我们只能发放法语问卷，这样就可能减少了来自习惯使用其他语言的人的反馈。学校还让学生把问卷带回家填写，然后再交回来，这大大降低了问卷的返回率，不少问卷要么孤零零留在学生家里，要么揉成一团蜷缩在学生的背包里，而且，交回的问卷不太容易 261 解读。

　　通过收集相关文件(年鉴、政策文件、管理规定、教材),采访关键人物(学校董事会、学校管理人员、教师、当选的校董事会成员),花时间在员工办公室进行观察等,我们绘制了学校作为一个机构所处地位的示意图(指它的官方话语权,运行中所受到的制度的约束)。

　　我们想进一步绘制这所学校的语言行为图,要做到这一点需要先了解学校的场地和时间安排,从实践角度说,这意味着花费大量时间来观察学校中的不同空间和活动。我们很快就发现不同情况下的语言行为极其不同,发生在课堂、集会、主办公室等学校直接控制的场所或时段的语言行为,与发生在走廊、停车场、吸烟区、自助餐厅、舞会、上学前或下学后、周末等主要由学生控制的场所或时段的语言行为有很大不同。课程类型和学生类型也影响了语言行为,人文和社会科学科目比其他科目更倾向于遵守学校的法语单语规范,为进入大学做准备的学生比其他学生更倾向于遵守包括语言规范在内的学校规章制度。我们通过花时间在学校观察学生和教师,不仅了解到了这些个体的人生轨迹,也许更重要的是,了解到这些轨迹对参与者来说是多么重要。

　　绘制这幅语言行为图是一个漫长的过程,需要建立模型、确定参与者、选取活动、找出同类参与者或活动的共同特征(而且,这些共同特征有助于解释为什么参与者的行为相似或者为什么活动产生类似的效果)。一旦我们初步描绘出这份语言行为图后,我们就可以确定研究要遵循哪些线索流程。我们选择了一些教室进行观察,并针对一些研究初期所发现的现象录制了音像数据,我们综合使用了录制技术和田野调查日志,目的是探讨双语现象和课堂互动规则之间的关系,并进一步理解双语现象与语言能力及语言使用者等概念之间的关系:考虑到主流意识形态对于如何教授和学习一些不同科目的看法以及社会对交际资源和其他相关资源的配置方式,哪些言语行为称得上是好的或合格的语言能力,哪些说话人称得上是好的或合格的语言使用者,用布迪厄(Bourdieu,1977)的话来说,就是合法的语言需要具备什么条件,合法的语言使用者又需要具备什么条件。此外,这些音像数据和田野调查日志有助于我们解答类似这所学校的环境中,哪些现象会被视为双语现象,哪些说话人会被视为双语人,这些问题与学生的学业成就或社会成就之间有什么联系。

我们也重点关注了一些特殊的学生,目的是观察处于不同社会位置的学生在学校的社会语言学空间中如何表现。我们选择了一些学生,在校内外时段中花了很多天和他们待在一起。一方面,我们想了解这所学校对学生今后生活的影响,既然学生们可以对学校进行选择,那么他们想通过就读这所学校来实现什么目标;另一方面,我们想了解学生们可能接触到的各种校外资源。为了获取更深入的数据,我 262 们通过与学生或其监护人进行非正式对话或正式访谈,试图重建学生们的人生轨迹。

最后,我们还密切关注了一些重要活动,也就是重要的演出,演出中语言意识形态和身份认同就会表现出来。这些演出通常在学校的舞台和大厅举行,其中既有展示安大略法语文化的活动,也有一般的集会,既有学生会活动,也有学校成立 25 周年纪念活动。

总的来说,在项目进行的两年半中,我和三个研究生每周花费一到两天时间做各种实地调查。在对研究范围适当限制的情况下,也可以在较短的时间内完成一项民族志研究。这主要取决于你需要什么样的数据来回答研究所提出的问题;换句话说,在人力、资金和时间资源允许的情况下,提什么样的问题是合理的。一般来说,民族志研究不但总能提供一些答案,如果资源允许的话,它还能提出更多可供进一步探讨的话题。

14.6　如何跟进

就双语现象进行民族志研究,最好的方法可能获得一种感觉,就是花时间去听、去读、去看周遭世界中的双语行为或关于双语行为的报道。报纸和杂志上经常出现关于双语现象的报道,在世界上许多地区,双语就存在于我们周围各种各样的场所中。我从浴室墙上的涂鸦,与餐厅服务员、公交车司机的对话以及排队买电影票时听到的对话中获得了很多双语例子。你可以试着将自己看到或听到的内容记录到田野调查日志中,也可以通过提问、阅读街头散发的传单、观察墙上的涂鸦、浏览网页等方式去探索你所能接触到的不同的双语信息。

阅读这方面的专著也是一个好办法,如,厄修奥利(Urciuoli,1996)、兹恩特拉(Zentella,1997)、贾菲(Jaffe,1999)、普约尔(Pujolar,2001)、坎诺(Kanno,2003)、海勒(Heller,2006)等。你不仅能够从中了解到世界范围内围绕双语现象产生的历史、社会、经济、政治问题,还能看到研究者探讨这些问题的方式,此外,当你打算讲述你自己的故事时,它们无疑是很好的范本。

鸣谢

感谢本书主编及 Emanuelda Silva 对本章初稿提出了宝贵建议。上述研究得到了加拿大社会科学与人文研究委员会的支持。

（董秀玲 译）

第15章 社会网络分析法

徐大明(Xu Daming)　　王晓梅(Wang Xiaomei)

李嵬(Li Wei)

个体与他人的关系对其自身的社会行为和语言行为有什么影响？语言在个体建立与发展社会关系中的作用是什么？当所属群体发生变化时，个体成员的行为会受到哪些影响？个体对他人的态度是否与彼此之间的关系及个体所拥有的群体成员身份有关？这些问题只是社会网络分析法关注的现象中的一小部分。本章将对社会网络分析法在语言研究、特别是在双语和多语研究中的应用进行阐述。

15.1 导语

社会网络(social network)指的是个体之间的网络式关系(Gelles & Levine,1999:207)。作为一种主要分析方法,社会网络分析法(social network analysis)起源于两个不同但相互关联的学者群体:一是芝加哥学派和后来的哈佛学派的结构社会学、社会心理学特别是社会测量学的一些学者(正如哈里森 · 怀特(Harrison White)、巴里 · 威尔曼(Barry Wellman)、伯科威茨(S. D. Berkowitz)、马克 · 格兰诺维特

（Mark Granovetter）等（著作中的例子）；二是曼彻斯特学派中的文化人类学学者（与巴尼斯（J. A. Barnes）、克莱德·米切尔（Clyde Mitchell）、伊丽莎白·鲍特（Elizabeth Bott）等相关的著作）（详见斯科特（Scott），2000）。对社会关系模式进行描述和分析的方法主要有整体网络法（whole-network）和自我（个人）中心网络法（egocentric network），两者可以区分开来。前者又称社会学网络法，后者又称人类学网络法。这两种方法都比较注重对人们之间的关系进行定量分析，前者侧重于社会网络的整体结构，后者侧重于个体社会关系的状况（规模和内容）。例如，哈佛学派的主要贡献是发展了网络分析中的数学模型，"等价"（equivalence）和"中心"（centrality）是其中最重要的两个概念；而曼彻斯特学派则对个体在融入群体过程所出现的行为态度方面的变化更感兴趣。目前，社会网络分析法已广泛应用于心理学、政治科学、生态环境科学、公共卫生、商业管理、信息科学、教育、语言学等多个研究领域。

值得注意的是，在社会网络分析法中，"社会"这一术语具有比较独特的内涵。社会网络分析学家认为，"社会结构"中没有独立的个体；"社会"是由一系列社会关系构成的（图 15.1），这些关系具有时间、空间、权力等特征，所以我们可以就历史社会网络、地理社会网络、阶层社会网络展开讨论。社会的变化同时也是社会关系和社会网络的变化。

此外，社会网络不仅能将不同的个体连接起来，同时也为个体提供社会场所（Social locale）。个体所处的社会场所非常重要，它决定着个体所能接触到的具体信息。社会位置不同，个人可能获得的信息、参与的社会活动以及由此构建的知识都会有所不同。例如，"岛民"的社会网络与他人是分开的，他们只在自己群体内部交换信息。社会网

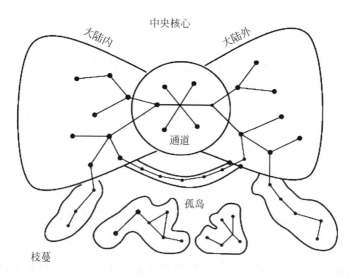

264

图 15.1　以网络状呈现的社会

络所提供的场所与社会交往模式密切相关,因此社会场所也会影响个
体的社会期望,并可能引起一些社会认知偏见,而社会认知过程与个
体对自身所处社会场所的感知直接相关,可以说,社会网络是社会认
知的一个重要部分,处于社会活动、社会关系的中心地带的个体与处
于外围的个体在接收、感知信息方面可能完全不同。

小结

265

- 社会网络分析家认为,社会结构是由一系列社会关系组成
  的,其中不存在独立的个体。
- 社会网络为个体提供社会场所并决定个体可能获取哪些
  信息。
- 可从整体网络的结构、自我中心网络的内容入手进行社会
  网络分析。

15.2　社会网络分析法在语言研究中的应用

　　目前,社会语言学家在研究中很好地融入了社会网络的概念,并将之作为数据收集和分析的方法论、理论框架。米尔罗伊和戈登(Milroy & Gordon,2003)论证了借助"朋友的朋友"对一些平时很难接触到的说话人、言语社区、言语活动进行采访的优势。这种社会网络方式能够为研究者带来很多便利:首先,它有助于研究者接触那些通常不向外界开放的社会生活的各个层面。莱斯利・米尔罗伊在1970年代深入研究北爱尔兰贝尔法斯特地区隶属不同宗教信仰的社区时就使用了这种方式。其次,它能够为研究者提供理解人类社会关系的独特视角。苏珊娜・莫法特(Suzanne Moffatt,白种人,女性,母语为英语)曾在英格兰泰恩河纽卡斯尔西区以巴基斯坦裔学生为主的学校做过教学助理,她借助当时建立的社会网络,对巴裔双语儿童及其父母的行为进行了研究(Moffatt,S.,1990),这种视角对观察和理解那些双语儿童及其父母对双语的态度很有帮助。再次,它能够使研究者在相对较短的时间内大量接触不同的个体。

　　就数据分析而言,"社会网络"这个术语最初是被用来描述"紧密"型或"开放"型言语社区的。甘柏兹(Gumperz,1971)在研究印度一个村庄的语言变异现象时发现,非正式的朋友间的接触是印度北部卡哈拉格普尔(Khalagpur)村庄方言语音变化的关键社会因素之一。紧密型社会网络中的言语成员,其语音特征更"集中";而开放型社会网络中的言语成员,其语音特征呈"扩散"状(Gumperz,1982b)。不过,最早将社会网络视为具有可分析性的概念并使用社会网络数据来解释语言变异、语言变化的是变异或持变化论的社会语言学家。

拉波夫(Labov,1972b)调查了纽约黑人住宅区的青少年街头帮派
成员和同一年龄组的非帮派成员的语言行为。青少年容易形成密集 266
型社会网络、比较看重"帮派成员"的身份价值,这一直是个令人头疼
的问题。密集型社会网络通过对同伴施加压力来影响其成员的社会
行为及语言使用行为。拉波夫发现,帮派成员使用非标准的方言变体
的频率较高,而非帮派成员使用方言变体的频率较低。与此类似的是
埃克特(Eckert,1988)在对底特律青少年进行研究时所确定的两种社
会网络:运动型和倦怠型,从属于这两种社会网络的青少年在日常活
动中反映了两种本质不同的高中文化。前者通常会参加运动、学校政
治活动、学术活动及其他社会活动,而后者通常是这些活动的局外人,
在餐馆和商场闲逛,时不时找点麻烦。埃克特发现,个体所从属的社
会网络对其语言行为具有相当重要的影响:运动型社会网络中的成员
会较多地使用中产阶层常用的语言变体,而倦怠型社会网络中的成员
会较多地使用工人阶层常用的语言变体。

拉波夫和埃克特的研究采用了整体网络方法,使用社会网络来界定语
言的社会分化。如图15.2所示,不同的社会网络有不同的结构模式。一
些社会网络呈现较高的聚拢特征,其内部层级较为明确;而另一些社会网
络则可能呈现出更为松散的结构特征。社会网络的结构不同,其成员所表
现出的社会行为也不同,而同一社会网络中角色地位不同的个体,其社会
行为也不同。运用整体网络分析法进行研究,需要对网络中的所有成员进
行观察并确定其在整个网络中的位置,可以使用计算机程序来绘制整
体网络的结构模式以及个体在其中的位置。

米尔罗伊(Milroy,1987)就贝尔法斯特三个工人社区的语音变异
和变化所进行的研究,是社会语言学应用网络分析法最为经典的案

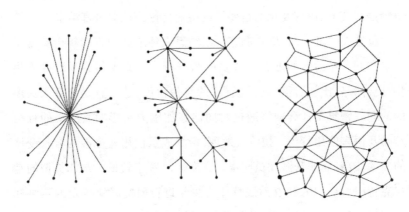

图 15.2　不同类型的社会网络结构模式

例。与拉波夫等人所采用的整体网络结构法有所不同,米尔罗伊主要关注个体网络纽带以及这种纽带与个体对不同语音变体的选择之间的关系。不同于整体网络方法,这种方法更关注个体,以个体为中心来观察其为不同社会目的而发展出来的社会网络纽带。米尔罗伊设计了一个最低为 1 级、最高为 5 级的社会网络强度量尺(network strength scale),依据在田野调查过程中发现的社区内的各种关系,如对说话人来说较为重要的亲戚关系、工作关系和朋友关系等,来评估说话人的社会网络特征,每满足下列条件中的一项,即可得 1 分:

- 是否属于区域性、高密度网络,如,是否在一起玩宾戈或纸牌,是否属于同一个帮派、足球队、球迷俱乐部等;
- 是否与两家以上的亲属居住在同一社区;
- 是否与同一社区中两个以上的邻居在同一单位工作;
- 是否与同一社区中两个以上的同性邻居在同一单位工作;
- 是否与同事一起进行娱乐休闲活动;

一系列的统计分析表明,使用方言变体越多的人,通常也是社区内网络关系强度指数越高的人。米尔罗伊和戈登(Milroy & Gordon,

2003：120）认为，对变异社会语言学家来说，社会网络方法有很多优势：首先，当所要研究的一小组说话人在社会阶层方面不具有区分度时，社会网络分析法能够针对这种情况提供一套研究程序。不过，这并不是说社会网络与社会阶层无关。事实上，很多证据表明，社会网络的模式与社会阶层、性别存在着密切关系。其次，由于社会网络本质上是一个与地域行为相关的概念，它通常与一系列社会和心理因素相关并随时间推移而发展变化，这可能有助于我们对驱使语言变异和变化的社会动力进行描述；再次，较之依据社会类别划定群体并比较不同群体如何使用语言变体的做法，米尔罗伊（Milroy，1987）所提出的自我中心社会网络分析法，为我们对比个体对语言变体的不同选择提供了一套分析程序。

> 小结
> - 我们可以借助社会网络来接触研究对象、收集数据。
> - 社会网络能够就规范成员行为而施加压力，个体的融入程度不同，其行为表现也不同，作为分析工具，社会网络分析法可以用来比较个体在融入这种具有规范力的网络时的程度差异和表现差异。
> - 建立社会网络强度指数所需的信息通常取之于当地，并能够在数据中得到验证。

15.3　社会网络分析法在双语和多语研究中的应用

268

　　社会网络分析法能够用来比较个体融入规范性网络时所表现出的差异，这一功能受到那些关注移民和跨国群体的研究者的普遍青昧。移民和跨国群体通常需要处理移民和定居后的社会融入问题,是否能够成功融入当地社会,对移民的身份认同、群体内部结构、与其他群体的关系等具有长远影响。甘柏兹(1982b)对奥地利盖尔谷地一处偏远地区的斯洛文尼亚语德语双语群体的研究,是最早就双语群体的社会网络结构、社会融入、语言使用等问题而展开的研究。他发现穷人和农民历来深深根植于结构紧密、相互支持的社会网络。不过,当经济形式从自给自足的农业转向服务业时,人们的行为发生了变化。交通和通信系统的改善也促使了社会网络结构、日常社会行为以及语言行为的改变。与外界(城市)的接触逐渐增加,同时,对本地支持网络的依赖逐渐减弱。随着时间推移,德语的使用量显著增加,而斯洛文尼亚语则仅在一些传统社会网络中使用。

盖尔(Gal,1979)在研究奥地利匈牙利边境的上瓦特村(Oberwart)的语言转变现象时也发现了类似模式。上瓦特村自16世纪以前就存在德语匈牙利语双语现象,但这两种语言的功能完全不同:德语是与外界交往时使用的语言,而匈牙利语是本地农民群体身份的语言标记。这种情况自第二次世界大战后开始改变,当地工商经济发展显著,非农就业方式的吸引力越来越大。与此同时,居民的语言发生了转变,其双语模式从以匈牙利语为主导转向以德语为主导。盖尔根据"城市化"或"奥地利化"程度对研究对象进行了排列,发现他们的语言选择模式与其社会网络之间具有非常强的相关性。

李嵬(Li Wei,1994)在对三代同堂的英国华裔家庭的语言选择和语言转变进行研究时,专门收集了这些家庭成员的社会网络数据,并按照是否同族或同辈的标准,区分了"交换式网络(exchange netwarky)""交互式网络(interactive networks)"和"被动式网络(passive networks)"三种类型。处于交换网中的个体之间出现有回报的交换(在争吵成习的关系中,无回报交换)的可能性是高的(Milardo,

1988）。换句话说,在交换式网络中,个体与其他成员不但经常交往,
还直接接受其帮助、建议、批评、支持、干预。虽然在原则上,个体的社
会网络可以无限大,但经验表明,出于实际原因,交换式网络只限于第
一次序接触对象（first-order contacts）,通常为 20 到 30 人（Mitchell,　269
1986）;处于交互式网络中的个体之间虽然交往频繁,甚至交往时间很
长,但其中出现有回报的交往的概率很低,也就是说,个体不依赖这些
联系来取得帮助、其他物质上的或象征性的资源,如,商店老板与其客
户之间形成的网络关系;被动式网络对研究移民群体特别有用,虽然
缺少定期联络,但对于依赖这种关系获得情感、精神支持或影响的个
体来说,它与交换网同等重要。很多移民虽然远离自己的亲戚朋友,
但仍将这些人视为重要关系,尽管时间流逝,移民仍在心理上维系着
这种长久以来建立的纽带。被动式网络可以通过走亲访友和其他交
往得到"激活"。

　　李嵬采用自我中心网络法,从华人社区收集了 58 个成员的社会
交往信息。在观察的基础上,列出了每个说话人的交换网联系人名单
（大约 30 个）,然后交给各人进行验证和修改,确定 20 位非亲属联系
人来对说话人的交换网进行分析。为了解个体的社会融入程度,李嵬
使用了两个指数:同族指数,通过计算每个说话人 20 位联系人中的华
裔与非华裔人数得出;同辈指数,通过计算每个说话人所交往的同辈
人数与非同辈人数得出。这两个指数被用来验证两个基本假设（Li
Wei,1994;121-2）:

- 当说话人的交换网中有相对较多的同族联系人时,说话人的社
  会行为更为传统,如采用以汉语为主导的语言选择模式;而那
  些交换网中同族联系人较少的说话人,则更易偏离传统,其语
  言行为以英语为主导。
- 当说话人的交换网中有较多同辈人时,说话人的行为与其同辈

的整体模式相符合。

需要注意的是,这里用来衡量个体网络的指标与盖尔或米尔罗伊的不同。米尔罗伊(Milroy,1987:141)认为选择和设计网络测量的指标、方式时,应遵循以下原则:这种指标和方式必须能够反映通过大量网络研究所发现的那些重要情况,能够预测群体所能施加的规范化压力的强度,能够在现场收集到的数据中进行还原与核查。

"同族"指数和"同辈"指数也适用于交互网和被动网。不过,交换网中的同族同辈指数涉及的是具体的个体,而交互网中的这一数字代表的是同族同辈联系人所占的比例。我们通过观察每个说话人与他人所进行的常规但不存在物质或精神支持的交往发现,个体的交互网中所包含的联系人总数是明显不同的,所以计算同族同辈联系人的百分比更为可行。而就交互网而言,通常需要请每个说话人列出10个联系人来进行分析。

通过使用方差分析(ANOVA),李嵬发现交换网的同族指数最能预测个体的语言选择模式:交换网中的华裔联系人越多,说话人越有可能长时间说汉语。在交互网中,同族指数也发挥一定程度的作用。同辈指数的作用比较复杂:交换网中的同辈指数,一方面有利于同辈人之间的语言保持,另一方面则促进了不同辈人之间从汉语到英语的语言转变。在交互网中更是如此:祖父母一辈的同辈联系人越多,其汉语使用就越多;父辈与祖父母的同辈接触越多,其汉语使用就越多,而父辈与孩子的同辈接触越多,其双语使用就越多;孩子与同辈的接触越多,其英语使用就越多。

通过这种社会网络分析法,李嵬对语言选择模式的个体差异进行了比较。图15.3代表两个假想的个体,其社会网络的内容和规模截然不同。我们可以假设,这两个人由于受自身所在的社会网络的制

270

约,其行为存在显著的差异。

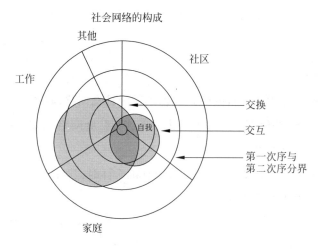

图 15.3　两个个体的社会网络比较

在李嵬的研究中,有两名男性祖辈使用英语的数量大大超过同辈 271
其他成员。事实上,他们的语言选择模式是典型的父辈模式,他们的
交换网和交互网中的非华裔联系人明显要比同辈所接触的非华裔联
系人多得多。

其他使用社会网络分析法对移民群体的语言选择、语言保持和语
言转变进行的研究包括:博尔托尼-李嘉图(Bortoni-Ricardo,1985)对
巴西首都附近一个卫星城中操农村方言的外来务工人员的研究,她发
现这些工人的社会网络关系,如,是否存在亲属关系、是否在未迁移时
存在交往,与其对标准语或方言特征的选择具有密切关联;斯库林
(Schooling,1992)对美拉尼西亚居民的语言保持情况的研究,他在这
项研究中提出了一种与语言模式选择对应的社会网络类型;斯托赛尔
(Stoessel,2002)对美国女性移民的研究,其结论是"保持者"和"转变
者"的语言选择模式及社会网络联系人存在区别;王(Wang,2006)对

马来西亚西部柔佛市的 13 户华裔家庭的语言转变的研究,其结论是家庭语言使用由不同汉语方言向普通话转变与社会网络的代际差异有关。

小结
- 个体因不同目的而发展出不同的社会网络,在不同时间点上,个体可以通过激活或停用这些社会网络来实现特定的沟通和社交目标。
- 研究来自双语群体、移民群体的个体时,其社会网络所涵盖的内容非常重要。

15.4 社会网络分析法与双语习得研究

社会语言学家在运用社会网络分析法时,对随着时间推移而发生的变化特别感兴趣,但他们通常使用的是横向方法而不是纵向方法,即,关注特定时间点上不同群体之间的不同而不是关注一个群体在一定时间跨度内产生的不同。实际上,社会网络通常是伴随时间推移而建立起来的并不断发生变化。在一些领域中,研究者在运用社会网络分析法时更多地关注了社会网络在一段时间内的发展变化及其对个体行为的影响。

李嵬(Li Wei,2005b)在对 4 名在英国出生的汉英双语儿童所进行的纵向研究中,特别关注了社会网络关系的变化。其中,一个男孩和一个女孩各自有哥哥或姐姐,一个女孩家中有只说单语的祖父(祖母)。这项研究综合使用了多种研究工具和多种来源的数据,其中包

272

括：父母检查表，即麦克阿瑟－贝茨（MacArthur-Bates）所设计的沟通发展详细目录（英式英语版）以及与之相对照的汉语词汇检查表；每周录制一次家庭成员的共同活动；父母就儿童的语言选择、社交活动、发展特征、里程碑性质的事件所做的日记；每月入户观察并进行记录；采访父母，等等。李嵬追踪到 4 名儿童在研究期间所接收的语言输入的质和量的变化，这种变化对其词汇发展（就词汇多样性而言）的影响以及语码转换现象等。和李嵬早期对英国华人社区的语言保持、语言转变所进行的研究一样，这项研究也很关注研究对象的社会网络的内容，如，其中出现的同辈或非同辈，华裔或非华裔，双语或单语使用情况等，与此同时，这项研究还比较关注研究对象的社会网络的规模，特别是这些网络在一段时间内出现的发展和变化。我们着重列出了这项研究在社会网络效应之外的一些发现：

1. 兄弟姐妹效应

兄弟姐妹是儿童社会网络的一个重要组成部分。两个排行第二的孩子都比排行第一的孩子提前了 3 到 5 个月进入两词阶段。

2. 对话人效应

（1）大部分时间与孩子在一起活动的主要看护人的第一语言和孩子的优势语言（以语言选择偏好和词汇多样性为判断依据）之间有很强的相关性；

（2）语码转换仅限于特定对话人，即，父母为双语人时比较容易出现这一现象。

3. 随时间而发生的变化

儿童语言在一段时间内的发展与主要看护人的主导语言或偏好语言的变化有密切关系。

（1）儿童两种语言的词汇多样性程度与其在家庭外接触到的联

系人的数量有关；

（2）儿童进入英语幼儿园后，由于与父母共同活动的时间减少，语码转换的数量会随之减少；

（3）随着年龄增长，儿童的两种语言在不同环境中各自发展。不同环境中，他们接触的共同活动类型不同。语码转换的模式会产生变化，出现更多句内语码转换；句间语码转换通常只限于使用一些英语实词。

李嵬的研究表明，对语言输入方面的变化、差异及其对儿童语言发展的影响进行量化研究时，社会网络分析法既实用又具有很大潜力。它有助于打破社会语言学和发展心理语言学之间人为设定的界限。

273

> 小结
> - 社会网络会随着时间推移而发展变化。
> - 社会网络分析法为考察语言输入的变化、差异及其对双语儿童语言发展的影响提供了一个实用的量化方法。

15.5 本章小结

社会网络是一种普遍的人类处境。对任何社会的成员来说，社会网络与语言都是必不可少的。个体运用语言或其他形式与他人进行沟通和连接，人类的生存和生活才可能成为现实，高效运行并充满乐趣。社会网络为其成员提供了一个重要的社会场所。个体所处的社会场所决定了其所能接触到的具体信息。处于不同社会场所中的个体以不同方式接收信息、参加不同的社会活动,所以他们可能会构建出不同的知识。社会网络因此影响个体的社会期望,并可能导致某些类型的社会认知偏见,进而这些偏见会影响个体的知识构建。

社会网络分析法目前已被很好地整合到语言及其他学科研究中,并在双语和多语研究中蓬勃发展,为我们研究语言选择、语言保持、语言转变、语言发展等现象提供了大量成果和理论。实践证明,社会网络分析法是理解人类语言生活的最有前景的途径之一。

延伸阅读

Brandes, Ulrik and Thomas Erlebach (eds.) (2005)《网络分析:方法论基础》(*Network Analysis*: *Methodological Foundations.*) Berlin and Heidelberg: Springer-Verlag.

Carrington, Peter J., John Scott, and Stanley Wasserman (eds.) (2005)《社会网络分析中的模型与方法》(*Models and Methods in Social Network Analysis.*) New York: Cambridge University Press.

Cochran, Moncrieff, Mary Larner, David D. Riley, and Lars Gunnarsson (1990)《家庭的延伸:父母和子女的社会网络》(*Extending Families*: *The Social Networks of Parents and Their Children.*) Cambridge: Cambridge University Press.

Scott, John (2000)《社会网络分析手册》(*Social Network Analysis*: *A Handbook.*) 2nd edn. London: Sage.

社会网络分析国际网络 (The International Network for Social Network Analysis) 是一个社会网络分析的专业协会。

Netwiki 是致力于网络理论的科学维基,它利用图论、统计力学和动态系统等学科的工具来研究社会科学、技术、生物学等领域中真实的网络世界。

274　　很多用于学术工作的社会网络工具可在线提供,比如为时甚久的,公认优秀的 UCINet,Pajek,或"R."中的"网络"包。相对来说它们呈现网络的图形图像是容易的。Linux 操作系统的开源软件包是社交网络可视化程序(SocNetV)。Mac OS X 系统的一个相关的社交网络可视化程序是可用的。

　　最新的研究成果可以在《社会网络》(*Social Networks*)、《关系》(*Connections*)和《社会结构》(*Journal of Social Structure*)杂志中找到。

（董秀玲 译）

第 16 章　会话与互动分析

霍利·R. 卡什曼(Holly R. Cashman)

16.1　导语：双语会话研究

对单语人来说,双语会话,尤其是两种语言之间的快速转换,看起来显得混乱甚至怪异。而对双语人来说,这种语码转换是完全正常的,并非是对两种语言规则的破坏。对语言学专业高年级的学生来说,初次接触双语会话研究可能备感压力,因为其中充满了令人费解的术语和互相矛盾的方法。双语会话研究能告诉语言学家什么呢?关于那种语言的结构? 关于社会结构? 关于对话? 这些问题的答案取决于研究者所采用的方法,即研究者所收集到的数据和分析方法。从确定说话人和研究的问题到选择数据收集和分析方法,一个研究者的理论方法预示了他或她在每个节点上的决定。和很多领域一样,就理论、方法论、分析方法(定性或定量)等方面而言,双语会话研究存在着令人难以置信的多样性。

尽管如此,研究双语会话的语言学家对一些关键问题的看法还是一致的。首先,语码转换并不是一种功能失调的语言行为。研究者们对双语会话中的语码转换、语言选择行为有不同的理解,但他们一致认为,语码转换是一种正常的、功能性的交际行为,在全世界范围内,所有双语语境中都存在这一现象。双语互动会话领域的研究者试图描述双语人如何以及为什么在语言变体之间进行转换,而不是评判这种语言行为是否"正确"。其次,双语会话与单语会话没有本质上的不同。双语人的语言储备库中包含两种或两种以上语言的变体,实际上,就风格、文体、方言甚至语言层面而言,所有说话人的语言储备库中都包含不止一种语言变体,而且,所有说话人都拥有在这些语言变体之间进行转换的能力。第三,不管他们使用的是自发谈话或者机构背景中的话语录音材料,还是以媒体语料甚至文学语料为数据来源,双语会话研究都以数据分析为基础来推导结论。

276

　　在过去30年中,双语会话研究基本可分为两大类,我们称之为"符号法"和"顺序法"。这两种方法都源于甘柏兹在研究语言选择、语码转换的社会动机方面所做的开创性工作。使用符号法的研究者认为,不同的语言变体具有不同的象征意义,说话人通过言语互动能够彰显这种意义;而使用顺序法的研究者则更为关注不同的语言选择在谈话中出现的顺序,他们认为,语码转换本身所形成的对比就能够产生意义。我们将在本章简要描述这两种方法的背景知识,并以一些具体的双语会话研究为例,总结这两种方法在双语会话研究中的应用情况。16.2节,简要论述甘柏兹的相关研究;16.3节,主要介绍符号法;16.4节,主要介绍顺序法;16.5节,讨论两种方法的结合运用情况;16.6节,总结该领域面临的问题、新的发展趋势,并提供进一步阅读的信息资源。本章旨在对双语互动会话研究方法做一个基本介绍,阅读时应结合本书其他相关章节,特别是第4章、第10章、第11章、第14章。

16.2　开路先锋

　　甘柏兹(Gumperz,1982a)在分析双语语码转换的社会动机方面所做的开创性工作对符号法和顺序法影响深远。他就说话人在谈话中表达意图时所运用的策略进行了深入分析,促使其他研究者以创新、能产的视角来看待双语会话数据。在讨论双语会话研究的这两种主要方法之前,我们先简要回顾一下甘柏兹提出的概念:"我们的语码(we code)"与"他们的语码(they code)"、"情景型转换(situational switching)"与"隐喻型转换(metaphorical switching)"以及"语境化线索(contextualization cues)"。

布洛姆和甘柏兹(Blom & Gumperz,1972)考察了挪威海姆内斯贝格(Hemnesberget)的一个双方言群体的会话互动情况。通过非结构性的民族志调查,他们观察到:(1)该群体与游客或研究者等外来人员接触时,会从使用当地土语(Ranamål)转为使用官方语言(Bokmål);(2)教师用官方语言授课,但用当地土语带动学生参与讨论;(3)当地行政办公室的职员和市民进行正式谈话时使用官方语言,而进行非正式谈话,如,谈论家人和朋友时,使用当地土语。布洛姆和甘柏兹从这些观察中得出两个主要结论:首先,海姆内斯贝格地区的语言使用情况不是单一的,不同的语言变体映射出不同的社会网络(social network)因素;其次,人们并非出于单纯的适当性或规范性因素而进行语码转换,语码转换现象传达着"价值观、信念和态度方面的信息"(Gumperz,1982:27)。甘柏兹认为,"对一些人来说,某些情况下使用某种变体是正常的,但对其他人来说,使用这种变体是一种标记行为。此外,标记形式主要用于表达间接推断(indirect inferences)"(出处同上)。基于此,布洛姆和甘柏兹提出该群体存在"群内语码"(我们的语码)和"群外语码"(他们的语码),推而广之,这种情况在其他双语群体中也存在。借助这对概念,布洛姆和甘柏兹揭示了会话互动中出现情景变化时伴随产生大量语码转换现象的原因。他们将这种语码转换称为"情景型转换",即,当说话人之间的权利义务发生明显变化

277

时产生的语码转换现象（Blom & Gumperz, 1972）。换句话说，情景型语码转换可以界定为：

> 在家庭、学校、工作场所等不同场合中，在公共演讲、正式谈判、特殊仪式、语言类游戏等既独立又有限制的活动中，与朋友、家庭成员、陌生人、社会地位较低者、政府官员等不同类别的对话人交谈时，说话人采用具有区别性的语言变体的行为（Gumperz, 1982a:60）。

甘柏兹认为，情景型语码转换存在于双方言以及其他具备稳定的语言使用规范的双语语境中。

布洛姆和甘柏兹区别了情景型转换与隐喻型转换。与情景型转换不同的是，隐喻型转换可能会在说话人、谈话主题等情景因素未发生变化时出现。布洛姆和甘柏兹认为，隐喻型转换通过转换语言变体来传达社会意义，关联社会类别或社会群体。这种关联建立于所有说话人就语言变体与社会身份（如，本地与非本地、多数民族与少数民族）、社会活动（如，正式与非正式）之间的关系形成的共同联想的基础上。共同联想允许所有说话人或某个说话人通过使用与语境不吻合的语言变体来提示特定社会身份或社会活动，如，在正式场合使用当地方言来制造幽默效果或在家庭争论中使用标准语来确认权威身份。

和上面所描述的隐喻型转换与情景型转换、我们的语码与他们的语码一样，"语境化规约（contextualization conventions）"或"语境化线索"（contextualization cues）的概念也与说话人如何表达意义有关。甘柏兹（Gumperz, 1982a:131）把"语境化线索"定义为："对正在发生的事件,说话人如何编码、听话人如何解码,语义内容应如何理解以及每个句子与此前或此后的句子应**如何联系在一起**,这些都需要借助信息形式来实现,而语境化线索就是这种信息形式的一系列表层特征"。

他解释说,选择或变换任何语言特质,如,韵律、语法结构、词汇义项、278 语言变体、文体、风格等,都可以执行这种信号功能。这些线索本身没有关联性意义,而是通过互动被赋予特定的、受语境限制的意义。甘柏兹指出,"语境化线索的意义总是与社会规约有关",所以,这些线索在不同文化中的信号功能不同,说话人必须对此有一致的认识,以便得出一致的判断或正确解读这些线索在互动中的含义。基于此,甘柏兹指出,理解语境化线索的功能对于研究跨种族沟通中出现的障碍和误解具有重要意义(p.152)。

甘柏兹所提出的这三组重要概念:我们的语码与他们的语码、情景型转换与隐喻型转换、语境化线索,对使用符号法、顺序法来考察双语会话的研究者影响深远。无论是借助符号法还是顺序法,研究者们都在尝试揭示说话人在互动中进行语码选择的动机以及表达意义的过程,尽管人们从各种角度对甘柏兹的理论进行了评判和细化,但他的理论在这一领域仍居核心地位。

16.3 符号法

符号法(Symbolic Approach)从双语群体的社会历史结构特征和双语人的群内成员身份所蕴含的权利/义务出发,来解释双语会话中的语码转换和语言选择等行为。研究者认为说话人的会话互动反映了社会结构,因此这种会话行为可被视为观察社会结构的窗口。当代双语会话研究中最具影响力的符号法是迈尔斯-斯科顿（Myers-Scotton，1993b）的标记模型（markedness model）。

16.3.1　标记模型

在布洛姆和甘柏兹的"有标记的语言选择"和情景型转换、隐喻型转换等概念的基础上，迈尔斯-斯科顿（Myers-Scotton，1993b）建立了标记模型。标记模型有赖于说话人基于其言语社区（speech community）成员所共知的规范对互动中该使用何种语言所做的判断。迈尔斯-斯科顿提出，不管是在单语群体中还是在双语群体中，说话人都明白既定互动中该选择哪种语言。迈尔斯-斯科顿将这种认知能力概念化为"标记评估（the markedness evaluator）"，它源于说话人之前的互动和经验积累，这种积累被规约化为说话人与其言语社区内的其他成员之间共享的、约定俗成的一整套权利义务（a set of rights and obligations）。在这套权利义务中，说话人的语言选择既可以是无标记的（即，使用预期语言），也可以是有标记的（即，使用非预期语言）。换句话说，"个279 体通过语言使用，借助群体内部就语言变体及其使用者、使用场合以及使用方式之间所建立的关联来谋取利益"（Myers-Scotton，1998：18）。通过解读说话人的社会动机，标记模型为描述说话人的非预期或有标记的语言选择（包括但不限于语码转换）提供了一个理论框架。

标记模型的三个基本准则：

1）无标记（unmarked）选择准则：它引导说话人选择无标记语言变体以便确认现有的一整套权利义务（Myers-Scotton，1993b：114）；

2）有标记（marked）选择准则：说话人选择有标记语言变体以便改变互动中现有的一整套权利义务（Myers-Scotton，1993b：131）；

3）探索性选择准则：当不存在无标记选择时，说话人进行语码转换以显示其语言偏好（Myers-Scotton，1993b：142）。

在标记模型中，"协商原则（negotiation principle）"是会话互动中所有的语码选择的基础：说话人在每次话轮转换时所进行的语码选择，都涉及或指向一套预设的、说话人想在互动过程中使之"生效"的权利义务集合。

标记模型旨在为解释所有谈话中出现的语码转换现象及其社会动机建立一个统一的类型学模型。根据这一模型，说话人的语码转换可能基于以下四个互补的原因：说话人转向有序的无标记选择（准则1）；说话人自身转向无标记选择（还是准则1）；说话人转向有标记选择（准则2）；说话人进行探索性选择（准则3）。具体来说，当互动中的参与者或会话主题等情境因素改变并触发权利义务集合改变时，说话人为维持之前所使用的无标记选择①而进行的语码转换，可归为有序的无标记选择；无标记选择还派生出另一类语码转换现象：当谈话中所有说话人了解其听众均为双语人时，这种情况下出现语码转换现象是可以预料到的，或者说，至少不会令人感到意外，此时出现的语码转换本身即为无标记选择；当预设的权利义务集合既定时，说话人做出不寻常或非预期的语码转换选择，此时出现的语码转换为有标记选择。事实上，迈尔斯-斯科顿（Myers-Scotton，1993b：132—142）指出，当语码转换作为一种有标记选择出现时，它的目标是"对谈话人之间的预期的社会距离进行协商调整，以便拉长或缩短这种距离。"这种调整意味着引入一套新的权利义务。迈尔斯-斯科顿认为，有标记选择型

---

① 假定在某一社区方言为无标记语言，普通话为有标记语言。A 和 B 以方言交谈，其权利义务集合是一致的，C 以普通话加入谈话，引起 AB 共享的权利义务集合的改变，AB 仍以方言交谈以使 C 将其语码转换为方言，维护其权利义务集合。——译者注

语码转换的互动效果可能不同,其具体作用可能是表达愤怒或喜爱、激怒或安抚。此外,由于社会规范存在冲突,说话人不确定哪些准则或哪种社会规范更通用,如,当说话人互不认识时,他们可能"不确定预期或最佳交际意图是什么,或者至少不确定哪种语码将更有助于实现其社交目标",此时出现的语码转换可归为探索性选择。标记模型后来被重塑为理性选择模型(rational choice),其中的一个重要假设是:社会因素决定说话人的语言储备库中有哪些语言可供选择,理性选择则解释了说话人做出具体的语言选择(如,进行语码转换)的动因(Myers-Scotton & Bolonyai, 2001)。迈尔斯-斯科顿和博洛尼奥依(Myers-Scotton & Bolonyai, 2001:6)认为,"要想解释语言选择,特别是语言选择的变化之处,最好把分析建立在这样一种假设之上:语言选择取决于说话人对选择何种变体将促成其利益最大化的评估。"从标记模型到理性选择模型,实际上是添加了一个过滤装置,即,将语码选择的无限可能缩小到理性选择的范围内。第一层过滤反映的是结构层面的约束,它将可能出现的语码选择限制在说话人的语言储备库内;第二层过滤则依据说话人的经验(即,标记评估)在剩下的备选项中进行取舍;最后一层过滤基本上是理性考虑:选择某种变体的成本与效益、说话人的目标和愿望、群体的社会规范等(2001:13—14)。

16.3.2　符号法范例

符号法已被广泛用于各种背景下的双语会话研究,其中有很多研究使用了标记模型,也有不少研究是直接在甘柏兹的隐喻型转换、我们的语码与他们的语码等概念的基础上进行的。约根森(Jørgensen, 1998)关于丹麦科治市(Køge)的土耳其裔学龄儿童如何在互动中构建主导地位的纵向研究是其中一个案例。约根森着眼于土耳其劳动力流入丹麦的大背景，勾勒了丹麦语与土耳其语各自的影响力：人们认为土耳其语不利于学业进步、不是现代语言，应大力鼓励儿童接受语言同化，说土耳其语的成人失业率较高、声望较低；相比之下，丹麦语是主体语言、是多数人所讲的语言、受到国家支持（p. 240）。通过进行广泛的民族志研究，约根森揭示了生活在科治市三个地区的土耳其人之间、父辈与子辈之间存在的不同（p. 241）。约根森认为，对于科治市土耳其籍移民中的父辈来说，土耳其语是这个群体的"我们的语码"，丹麦语是"他们的语码"。而对于其中的双语子一辈来说，他们很可能将语码转换视为"我们的语码"。约根森观察到，在同辈互动中，丹麦语与公共领域或机构领域相关联，土耳其语与私人领域或该群体相关联，这使得在土耳其语和丹麦语之间进行语码转换成为双语儿童在互动中可以利用的资源。如，在一段会话中，三个儿童（男女混合组）使用丹麦语执行学业相关的任务，使用土耳其语谈论私人情感方面的问题。事实上，其中一个儿童在说了一句土耳其语后便要求研究人员关掉录音机（p. 247）。在对另外一个四人小组的互动活动进行追踪录制的过程中（四个男孩，从二年级到五年级），约根森观察其中一个叫埃罗（Erol）的男孩，通过从土耳其语转换到丹麦语成功地建立了自己在小组中的主导地位。约根森发现，这些儿童的语码转换行为越娴熟，语码转换本身就越不具有标记性，在有些情况下，社会整体因素无法解释个体的语码转换行为，很可能是因为此时的语码转换是无标记选择。他认为儿童将"语码转换发展成一种工具，整体和局部层面的权力因素都会影响这一工具的使用"（p. 254）。

像约根森一样，尹（Yoon, 1996）采用符号法研究了韩英语双语成年人谈话中的语言选择和语码转换的意义。民族志研究表明，年龄、

281

地位和等级是韩国人互动中反映出的关键社会因素。尹（1996：397）解释说："一个人总是比另一个人更有权力、更年长、职衔更高……在社会互动中强调并强制性地尊重年龄、地位和等级，是为了保持个体及其所属群体的诚信和荣誉。"尹研究了在韩国出生的双语成年人与不熟识的其他韩英双语人（群外成员）之间的语言行为以及其与关系较近的同辈或晚辈（群内成员）之间的语言行为。分析表明，这些双语人用韩语与群外成员交流，用英语与群内成员交流。尹将说话人的动机与语言礼貌的辨别性和抉择性相结合，以文化中的社会地位意识为重点来解释这种语言选择行为：说话人在与群外成员互动时，使用韩语这种能够很好地区分社会地位的语言，以便随时与对话人保持适当的社会关系；相比之下，说话人与群内成员的关系是固定的，在互动中不需要密切监测这种人际关系，所以，可以使用英语这种相对中性的语言（pp. 402-3）。尹还发现这些韩英双语人与群外成员交谈时较少进行语码转换，而与群内成员交谈时语码转换行为较多（p. 404）。

赛巴和伍顿（Sebba & Wootton, 1998）通过考察英国的牙买加青少年、成年人话语中的语码转换，来验证语言变体和社会身份之间具有关联的概念是否成立。他们发现，正如"我们的语码"与"他们的语码"框架所预测的那样，说话人确实在使用时区分研究者称之为"伦敦牙买加语"和"伦敦英语"的两种语码（p. 275）。但是，这两位研究者提出，"我们的语码"和"他们的语码"的功能，需要通过对数据进行细致的分析来判定，不能依靠事先做出的假定（pp. 275-6）。最终，在对数据进行逐次分析的基础上，他们认为，尽管存在一些例外，但说话人所使用的语码与其身份认同是相关的，换句话说："社会身份的确是通过谈话显示出来的，但其中不仅包括说话人所使用的语言或语码，还包括内容和语境"（p. 284）。赛巴和塔特（Sebba & Tate, 2002）在对英国的牙买加人的身份构建进行研究时，进一步拓展了语言变体和社会身份存在关联的概念。他们通过对会话、访谈和书面数据进行分析观察到，说话人使用英式牙买加语（克里奥尔语）来表明其非裔、加勒比裔移民的身份（就全球性身份类别而言），使用英式英语的当地方言来表明其本地人的身份（p.76）。尽管两位研究者"并不认为说话人每次使用英式英语或克里奥尔语都意有所指"，但"在多数情况下，的确如此，在拥有加勒比移民背景的人们交谈时，选择不同变体是其互动必然包含的一部分；其含义对于说话人及其听众来说不言自明，对研 282究者来说则需'发现'和解释。（p.88）"

16.3.3　对符号法的批评

对标记模型以及一些使用符号法进行的研究的批评主要集中在四个主要方面，不过，我认为约根森、尹、赛巴和塔特、赛巴和伍顿的研究并不适用以下批评。首先，正如李嵬（Li Wei, 1998）所指出的，我们并不总能识别出每一种情况下的无标记语言选择，除非是在稳定的、双方言语境中（p.173）。李嵬认为，说话人有时需要面对无法与之前经验相比较的新奇情况，而且，除非是均质的言语社区，不同说话人对语言变体和社会身份的关联可能存在不同认识（p.159）。其次，约根森、赛巴和伍顿等研究者在数据分析中注意到，并非所有的语码转换现象都带有宏观层面的社会意义。美奥维斯和布洛马特（Meeuwis & Blommaert, 1994）解释说，"语码转换可以有构建或协商身份认同的功能，但不是必须有"（p.412）。在现有的双语会话研究中，有一部分甚至一大部分语码转换既非"情景型语码转换"也非"隐喻型语码转换"。卡梅伦（Cameron, 1990）曾在文章中批评"语言反映社会"的思想主宰着社会语言学,盖福然格(Gafaranga 2005)引用了卡梅伦的话并断言这种思想也支配着双语会话研究的符号法(p.283)。盖福然格进一步指出,认为语言结构独立于社会结构或只是社会结构的反射,否认其本身就是社会结构的一个层面的做法是有害的、甚至会产生反作用的。赛巴和塔特(Sebba & Tate,2002:83)同意这一观点并指出,社会身份"是由社会现实生成的,它反过来也是社会现实的一部分……互动产生了意义。"尽管依据标记模型的"无标记选择型语码转换"准则,不表达特殊交际意图的语码转换是可以存在的,但这一准则无法解释此种情况下的语码转换具有哪些功能。对社会意义的关注会导致忽视语码转换本身可能具有的互动意义(Li Wei,1998:170)。第三,迈尔斯-斯科顿(Myers-Scotton & Bolonyai,2001:15)也指出,"(标记)模型假设一切就'发生'在表面之下,即,说话人的意图浮现出来就是语码选择行为。对这一意图所进行的解释……一般无法进行验证,它们不具有实证基础"。缺乏证据来证实社会环境、说话人身份、说话人意图之间存在相关性,可能会导致研究者在无意中将个人意愿强加于研究对象。当研究者是群外成员、不了解群体的社会政治和语言历史时,缺乏实证基础尤其危险,它会影响研究者对"语言意识形态方面的问题"(p.415)以及"象征身份标识的分发和获取过程"的理解(Meeuwis & Blommaert,1994:418)。最后,标记模型仅仅关注哪些社会意义被"带进"互动中,而忽略哪些社会结构是伴随互动而形成的(即,由互动"带出"的)(Li Wei,1998:170)。美奥维斯和布洛马特(Meeuwis & Blommaert)认为只关注哪些社会意义被"带进"互动会导致研究者得出以下结论:"互动仅仅是预先存在的社会意义的复现或具体化,其本身不具有创造性"(1994:159)。

　　标记模型被重塑为理性选择模型后,李嵬(Li Wei,2005a)系统地阐述了其中存在的问题。李嵬将批评的重点指向理性选择模型是就个体的社会行为的理性水平及其思考过程的透明度所做的假设。他解释说,理性并不足以解释互动中的说话人在表现相对稳定的前提下,会做出哪些超出预期的行为(p. 377)。李嵬认为,理性思考意味着说话人需要权衡信念、价值观、欲望,以便在既定情况下表现出最好行为,这个过程并不透明,也不是毫无疑义的。尽管李嵬不完全同意权利义务集合这一概念以及与互动相关的外部因素的作用,但他认为,如果能够对互动的内部因素进行更详细的分析,将有助于支撑理性选择模型所得出的结论。他指出,"这种双重方法将有助于提取那些能够加深我们对双语人如何使用语言及对互动中的其他资源的理解的要素,从而获得一个更丰富、更有趣、但仍(与研究对象)相关的解释"(p. 388)。

16.3.4 通过符号法研究双语会话

总之,符号法试图解释依据那些将语言变体与社会身份或社会活动关联起来的社会规范,促使说话人在互动中进行语码转换或者在给定的交互情境中选择某一种语言变体。符号法的主要问题是回答说话人为什么会进行有标记选择型语码转换(即,有意图的、具有象征意义的语码转换),说话人、话题、场合等外部因素变化为什么会引起无标记选择型语码转换。使用符号法进行双语会话研究,必须对言语社区和说话人进行深度调查。鉴于研究者需要解释说话人的意图,并揭示语言变体及其象征意义之间的关系,因而对研究群体的社会政治、语言、语言意识形态演变史进行广泛调查至关重要,特别是当研究者为群外成员时。尹(Yoon, 1996)和约根森(Jørgensen, 1998)指出,不能假定多数民族和少数民族的语言变体对于双语群体中的所有说话人具有相同含义。这种调查需要包括两部分：一是文献综述，即，不同学科在不同时间就该群体及相似群体所做的研究；二是民族志研究，即，在群体中对说话人进行较长时间的观察。此外，不能假定语言行为反映语言态度。例如，一些双语人可能经常进行语码转换，但仍会习惯性地批评这种行为。

284

> **小结**
>
> 　　符号法主要关注说话人宏观层面的身份（即，说话人建立在性别、种族或民族等社会类别基础上的成员身份）以及这些身份如何反映在说话人的语言选择上。这一方法建立在"我们的语码"与"他们的语码"、"隐喻型语码转换"与"情景型语码转换"的概念之上。20世纪80年代末以来，基于上述概念发展起来的标记模型，为双语会话领域的研究者提供了一个有用的框架。标记模型理论认为，每次互动都存在一套确定的权利义务集合。说话人使用无标记选择以确认这套权利义务集合，使用有标记选择来挑战这套集合，使用探索性选择以评估对话人的语言偏好。标记模型的出发点是"语言反映社会"，它假设语码转换行为通常会传达宏观社会意义，并依赖研究者对说话人的意图进行解读，这些做法常受到批评。

16.4　顺序法

　　在考察双语会话时，顺序法（Sequential Approach）与符号法在一些关键方面有所不同。首先，顺序法并不是先验地认为语言变体和社会意义之间存在关联。相反，顺序性方法进一步推进了甘柏兹的"语境化线索"概念，它认为，两种语言并用（即，语码转换）所形成的对比可能对管理正在进行的会话具有重要意义。此外,顺序性方法并未假设说话人"带进"互动的社会环境或身份与互动存在相关性。相反,在会话分析(Conversation Analysis)传统中,研究者认为,顺序性语境,即由前面谈话所提供的语境,是与互动相关的;需要注重对"带出"的或互动中凸显出的社会结构进行分析。社会环境虽不容忽视,但只有当说话人使之与正在进行的互动相关时才需考察。最后,顺序法将社会结构视为日常互动的产品,而不仅仅是反映日常互动,并因此把双语会话视为观察社会结构的窗口。换句话说,我们可以将双语会话中的语言选择看作是"实际的社会行动"(Gafaranga,2001:1915)。对会话分析理论的应用构成了以顺序法研究双语互动的主要方法。

16.4.1　会话分析法

20 世纪 60 年代,加利福尼亚的四位社会学家在彼此的知识交流中推动了会话分析法(conversation analysis)的发展:他们是戈夫曼(Erving Goffman)、萨克斯(Sacks, H.)、伊曼纽尔·谢格罗夫(Emanuel Schegloff)、加芬克尔(Garfinkel, H.)。萨克斯和戈夫曼的学生谢格罗 285 夫受到了戈夫曼的互动研究(Goffman,1963,1974,1981)以及加芬克尔(Garfinkel,1967)通过民族方法学(ethnomethodology)对司空见惯的日常行为进行理论化研究的影响(ten Have,1999:5-6)。萨克斯通过对自杀预防热线电话内容的研究,揭示了互动会话的组织规则。霍其贝、伍菲特(Hutchby & Woofitt,1988:23)将其关键见解总结为四个议题:(1)互动对话(talk-in-interaction)是有序的、组织的;(2)其产生是有条理的;(3)应该分析自发的互动对话;(4)应避免理论假设影响对互动对话的分析。萨克斯于 1975 年因车祸去世,同事将其讲座收集整理为两卷本著作（Sacks，1992），其合作者谢格罗夫等人继续推动了相关工作。

　　会话分析法的第一个关键发现是会话底层是一个有序的组织，这一发现源于萨克斯的研究（Psathas，1995：13）。萨克斯发现每个说话人的话轮为下一个话轮构建了语境；换句话说，他注意到谈话是按照顺序组织的（Duranti，1997：248）。顺序性语境制约着谈话中话轮的产生和理解。萨克斯提出，把谈话的底层结构单位称为邻接对子（adjacency pairs），它由存在制约关系的两个话轮组成。邻接对子的第一部分（如，提问或邀请）制约第二部分（如，回答或接受）的产生和理解（Psathas，1995：16-17）。研究者以谈话的底层有序性为前提，提出了一个关键问题，即，"为什么在这个节点出现"（Schegloff，1997b）。这个问题之所以关键，是因为它主导了说话人表达意义的过程，换句话说，说话人为什么在谈话的某个节点上会有这样的行为？说话人对谈话的共同参与人发出了什么样的信号？具体来说，我们可能会问，说话人为什么在某一节点进行语码转换？维持对话人的语言选择将产生什么样的影响？说话人如何在无需明确表达不同意的前提下反对谈话的共同参与人的想法？研究者通过彻底考察互动中出现的细节、最大限度地聚焦某个有序的语境，找到了这些问题的答案。从这个角度看，会话分析法是解决问题型方法。它尝试着对互动本身进行细致分析以理解说话人表达的意义和掌控互动中谈话的机制。

　　会话分析法的第二个关键点是，这个组织是由说话人共建的。用普萨达斯（Psathas，1995：2）的话来说，会话分析的"基本立场是，社会行为对于那些产生它们的个体来说是有意义的，这些行为具有一个自然组织，这个组织可通过仔细观察来发现和分析"。谢格罗夫（Schegloff，1999：427）识别出三个"共同组织"的对话，一是上述的有序组织,二是话轮转换组织,三是修复组织。为了使互动中的谈话能够持续,谈话双方必须协作完成这些任务。此外,希恩和米尔罗伊(Shin & Milroy,2000:370)提出了优选组织,并将之列为说话人在谈话中需面临的第四个主要任务。说话人需要使用大量语言、非语言资源来管理这四个组织功能。

优选组织是指,由会话顺序建立的语境中存在多种行为可能,其中一种是首选行为,即,它是预期且最常被选择的行为(ten Have, 1999:120)。话轮的"形貌"受到回应偏好的影响:首选行为的话轮往往结构简单,回应较快,不加犹豫;非首选行为的话轮往往较为复杂,并伴随延迟(Pomerantz,1984:64)。博伊尔(Boyle,2000:601)认为,优选组织是一种非常简单的机制:首选行为不经注意即能完成,而非首选行为则较为明显,并可能被制止。话轮转换组织与为限制话轮间隔、重叠而适时把握谈话瞬间时机的行为有关,不过,不同文化对于会话中的间隔和重叠有着不同偏好。话轮分配、说话人的更替以及对听众的选择,也是影响对话轮转换进行局部管理的重要因素(Sacks, Schegloff & Jefferson,1974)。修复组织主要用于描述说话人如何解决在互动过程中被认为、被定义为"问题"或"麻烦"的那些情况(Duranti,1997:261)。会话分析法主要关注由谁发起(说话人或对话人)对麻烦源的修复和如何执行修复任务,以及修复对于正在进行的互动会产生什么影响。自我修复和他人发起的修复在发起人和发起方式等方面都有所不同(Schegloff,Jefferson & Sacks,1977:365-9)。

会话分析的研究对象是"互动中的谈话",这是一个总括式术语,它事实上涵盖了数量上无限多的言语交际系统,从普通谈话到宗教仪式用语,都可以纳入其中(Schegloff,1999:407)。言语交际系统存在多样性,不过,就会话分析法而言,普通会话(如,自发的同侪会话),是最基本的言语交际系统。会话分析法并不预先假定会话与社会结构之间存在相关性，也并不将分类框架强加其上，从这一点来看，理想的会话分析法是"无动机的"。这就保证了"用于研究的各种互动现象不是依据一些预先阐述好的推理论证来择取的"（Psathas，1995：45）。谢格罗夫把这种"无动机"过程描述为，"这一过程可能始于对谈话的一些特点的注意并进而追问，至少应追问一个问题，这种谈话特点会产生什么样的结果"（Schegloff，1996：172）。

16.4.2 研究双语会话

当早期会话分析研究还几乎是清一色地关注（美式）英语单语语料时，奥尔（Auer，1984：3-47）就提出，应该用一种顺序性的、互动的方法来研究语码转换，这种方法将有可能回答他认为的最重要的问题："如果语言交替的类型是无限的，那么谈话双方如何就意义理解达成一致"（p.3）。为了回答这一问题，奥尔在甘柏兹（1982a）"语境化"概念的基础上提出，双语人可能会将语码转换作"语境化线索"或信号，以便提示谈话的共同参与者注意互动中的变化。奥尔认为，作为管理双语会话的有效资源，语码转换和语言选择可以单独或与其他语境化线索，如，韵律（节奏、音调、音高、口音）和动作（眼神、姿态），一起执行有序组织、话轮转换、优选和修复等任务（p.18）。奥尔识别出两类语码转换：一是话语相关型语码转换，它是指在一个互动片段中，"并用"来自两种不同的语言系统的语码，以便推进正在进行的会话（1984：12）；二是说话人相关型语码转换，它是指"并用"来自两种不同的语言系统的语码，以便向谈话的共同参与者传达说话人语言偏好方面的信息（1984：46-7）。奥尔进一步指出，语言偏好可能具有稳定性和一般性(如,当涉及说话人的语言能力或熟练水平时);或具有阶段限定性(如,当涉及谈话的共同参与者的身份、机构环境或互动的性质时)(1984:22)。重要的是,这两类语码转换并不相互排斥。奥尔提供了每种类型的典型案例,并进一步解释说,在谈话中,个别实例可能有多方面的含义。奥尔认为,语码转换的这两种类型,能够反映出说话人赋予语码转换地区性意义的处理程序。

李嵬(Li Wei,2002:164)认为,就研究会话中的语码转换的意义而言,会话分析法有两种主要优势:首先,会话分析法关注顺序而不是宏观社会环境,这意味着可以通过分析谈话的前后语境而不是参考外部社会结构来考察说话人的语言选择。既不否认会话与社会结构的相关性,也不对此做先验假设(Li Wei,2005a:308)。其次,会话分析法优先考虑说话人通过自身行为对谈话做出的注解而不是研究者对说话人意图的解读。这样可以把研究者的"解读偏差"(Auer,1984:6)限定在那些确实能够证明与互动中的说话人相关的范围内(Li Wei,2002:164)。李嵬(Li Wei,2002:167)解释说,"会话分析法摒弃了对动机的猜测,是在详细的、对逐个话轮进行分析的基础上来解读语言选择行为。它主要关注语码转换的意义是如何在互动中凸显出来的"。通过这种方式,将分析建立在实证经验之上,使之明显可查。

16.4.3　会话分析案例

正如我们通常看到的那样,会话分析法的绝大部分考察对象为单语会话,尤其是英语会话。此外,会话分析法也适用于研究英语之外的其他语言以及双语会话。瓦尔德和皮诺(Valdés & Pino,1981)研究了美国西南部墨西哥语–英语双语人对恭维的反应,这可能是首例使用会话分析法进行的双语会话研究。奥尔（Auer,1984）对德国康斯坦茨的意大利移民儿童会话中的语码转换现象的研究是一项综合研究，正是基于该研究他提出了上述理论方法。

　　李嵬（Li Wei,1994）在奥尔就双语会话进行的会话分析研究的基础上，用顺序法研究了英格兰东北部纽卡斯尔市华裔群体的语码转换现象。通过对三代同住的华裔家庭进行长期的参与性观察和录制自发谈话，李嵬仔细考察了这一群体的语言行为。他发现，这些汉英双语人使用语码转换来管理互动中的谈话。李嵬认为，通过语码转换使前后话轮形成对比，这在双语谈话的组织过程中非常重要。"正如改变音高、节奏、语音变体可以提示话轮过渡一样，语码转换可以通过建立对比来完成这一任务"（p. 159）。就优先组织而言，李嵬发现，当需要在邻接对子的第二部分标记非首选行为时，说话人可能会选择与第一部分不同的语码，此时，还会出现"各种结构性的复杂情况"（p. 155），与单语谈话中使用停顿、迂回和其他语境化线索来标记非首选行为较为类似。单语会话中所出现的停顿和迂回，也存在于双语会话中，但将语码转换作为语境化线索的突出之处在于，通常只单独使用语言对比（p. 165）。李嵬的数据还显示出语码转换可用于提示修复功能，说话人在进行修复时，使用语言对比来标记修复的发起者。最后，李嵬发现，在双语谈话中，说话人使用语码转换来开启顺序组织功能。其中包括，标记从铺垫型话题到主要话题的转移，暂停讨论不重要的话题，标记从一个话题到另一个话题的转移。

　　使用会话分析法研究双语会话的一个较新的案例是，巴尼-沙若卡（Bani-Shoraka,2005）对德黑兰的阿塞拜疆人的波斯语和阿塞拜疆语语码转换行为所做的研究。巴尼-沙若卡在这个少数民族言语社区中录制了四个多代共居家庭的自发谈话，并针对这些双语会话做了定

288

性分析。她发现,语码转换既可以用于组织讨论,又可以用于传达说话人的语言偏好方面的信息,两者往往并行不悖。她分析了一段与银行借贷有关的跨代争论,妈妈和姑姑使用语码转换来反对偏好使用波斯语的女儿。巴尼-沙若卡详细展示了说话人如何使用停顿、重叠、笑声、效仿式的波斯语、语码转换等大量资源,构建"友善的争论"(这种争论氛围使得地位最低、年纪最轻的女儿,可以挑战其姑姑和妈妈,并讨论禁忌话题),"引进"不同的社会秩序,并挑战互动中原有的社会秩序。巴尼-沙若卡还对"转述性引语(reported speech)"做了分析,其中包括她定义为"假想的未来对话",或者说那些不曾发生也可能永远不会发生的转述性引语。在这类引语中,说话人可以通过使用不同语码形成对比、改变动词时态、变换音色来活灵活现地展开叙述并进行"角色转换"(p. 206)。

本章将援引的运用会话分析法的最后一项研究说明,对双语会话的研究不只限于语码转换。列赫尔(Rieger, 2003)研究了英德双语人谈话中的"重复"(即,由说话人自己发起的、在同一话轮中进行的自我修复)。列赫尔发现,英德双语人在说不同语言时,重复的具体内容有所不同。说英语时,最常重复的是介词、代词和动词组合、人称代词;说德语时,最常重复的是指示代词和赘词(p. 67)。列赫尔发现,作为一种自我修复策略,"重复"是一种整齐有序的现象,可能受到语言变体结构的影响。列赫尔认为,上述现象一方面是由英语和德语的结构差异引起的,另一方面也跟不同说话人的语言能力的差异有关:如,由于与格和属格丢失,英语中的介词数量本身就比德语多(但说话人在使用两种语言时,重复介词的比例是相同的);而说德语时更多地重复赘词,则与说话人的语言熟练程度有关,当说话人的母语为英语时,重复赘词的次数更多。列赫尔观察到,在德语和英语中,"重复"通常

289

出现在一个谈话单位的开头部分。

16.4.4　对会话分析法研究双语会话的批评

　　对会话分析法的批评来自社会学、语言人类学和话语分析学派。批评者认为,这一方法过于偏重互动中的琐碎细节,忽视了社会环境(Li Wei,2002:170)。迈尔斯-斯科顿和博洛尼奥依(Myers-Scotton & Bolonyai,2001:5)认为,会话分析法忽视了"说话人是'谁',忽视他们的个人背景、社会网络关系、甚至种族等方面的特征。"韦瑟雷尔(Wetherell,1998)和比利奇(Billig,1999)曾对谢格罗夫(Schegloff,1997b)的一篇纲领性文章做了回应,系统阐述了批判性话语分析学派对会话分析法的主要批评。韦瑟雷尔认为,会话分析法缺乏社会学理论支撑,因而缺乏与更大的社会政治背景相连接的桥梁;会话分析法只能作为口头话语的一项分析技术(p.394)。针对谢格罗夫所声称的会话分析法具有"非意识形态性",比利奇认为这一提法是不正确的;他认为,事实与此恰恰相反,会话分析法采取了一种未经检验的意识形态立场,即,不加鉴别地接受历史背景,假设谈话中所有参与人拥有平等的说话权利,并想当然地认为,所有说话人共享相同的谈话组织原则。

　　与此类似,布洛马特(Blommaert,2001)批评了会话分析法所谓的研究方法的透明度。他认为,会话分析法"甚至不知道它对文本进行了文本化过程"(p.18),将"会话"变成"数据"的过程(录音、转录、分析),无一不受意识形态动机的影响。此外,布洛马特认为,由于会话分析法把谈话视为互动中的一个一个独立的单元,因而无法解释他人在谈话发生后对谈话进行的文本化处理。针对谢格罗夫(Schegloff,1997b)所提出的,只有在能够证明社会环境因素与谈话中的参与人明确相关时才需要将其纳入分析,布洛马特认为,"最关键的问题之一……[是]谈话可能对('直接')参与者来说没什么特定含义,也无法证明某些因素与参与者相关,但当他人对谈话进行再次文本化时,这种关联就会被建立起来。"(p.19)杜兰蒂(Duranti,1997)从语言人类学视角对会话分析法进行了批判,他系统阐述了(除上述"社会环境"外的)三个核心问题:忽略沟通行为的非语言层面;没有充分认识到谈话是由哪些要素构成的;忽视说话人自身对其互动行为的解释(p.266)。 290

最后,针对以会话分析法研究双语会话,批评者认为,这一方法忽视语码转换的社会意义和说话人的动机(Myers-Scotton & Bolonyai,2001)。迈尔斯-斯科顿(Myers-Scotton,1998:36)进一步指出,会话分析法不能为研究者分析标记性选择提供方法。迈尔斯-斯科顿(Myers-Scotton,1999:1260)认为,就双语会话研究而言,会话分析法主要关注话语的结构特征如何影响说话人选择下一个话轮,或者,如何限制说话人调用其语言储备库中的资源。换句话说,迈尔斯-斯科顿认为,会话分析法把说话人语言储备库中的资源(即,说话人可能拥有的机会)看作直接影响语言选择的要素,将个体的动机和场境的动态性视为常数和恒量,并忽略了其所能发挥的作用(p.1260)。

16.4.5 会话分析法研究双语会话

双语会话的顺序法试图解释双语人如何协同管理会话互动。研究者在会话分析中提出的主要问题是如何使用语言资源(包括语码转换和语言选择)来实现有序的会话互动,并实现互动的目标,如,表达同意或不同意、邀请和回应邀请、称赞和冒犯。尽管会话分析法传统上是研究自发的、同侪会话,最近也被用于分析包括机构、媒体在内的各种语境中产生的谈话。运用会话分析法研究双语会话时,需要对详细转录的音频和视频语料进行反复检验。语料收集和转录过程非常耗时,并取决于很多因素,包括转录文本的细节层次(如,是否指出注视和体态变化,是否指出谈话中的重叠、追加锁定、吸气或吐气、停顿、笑声等)、谈话中的参与人数量(往往带来谈话重叠)和研究者的语言能力(如,其所转录和分析的语言变体是否为其母语)。尽管会话分析法在本质上不属于定量分析,但可用数据越多越好,对尽可能多的类似现象(如何修复或结束对话)进行比较,才更有可能发现谈话的底层条理。

> 小结
>
> 会话分析法是一种将会话视为有序的、顺序性组织的解决问题型方法。研究者运用这一方法研究双语会话时,试图通过详细的分析来揭示说话人自身在互动中为语码转换所附加的意义。它对说话人话语的解释是基于局部的、互动的语境而非宏观社会环境。它将语码转换的功能定位为语境化线索,即,一个通过突显话轮来执行话轮转换、顺序组织、优选组织、修复这四种基本功能的信号装置。会话分析法主要因偏重语境顺序、忽视社会环境而受到批评。

16.5　互动中的身份：两种方法的整合

阿润森(Aronsson, 1998)提出用"互动中的身份(identity-in-interaction)"来描述身份认同是如何在会话中得以共建的。阿润森认为,社会秩序或社会组织形式可以作为互动中的身份形成的背景,但他提出社会组织形式塑造谈话的同时,也被谈话所塑造(p.76)。博克尔兹和霍尔（Bucholtz & Hall,2004:371）同意这一点,他们认为社会群体类别（国籍、种族、社会阶层等）和社会身份（母语人或非母语人、男性或女性、异性恋、同性恋或双性恋等）是互动中的"身份认同"的结果,是在"同"和"异"之间进行协商的结果,互动参与者的权力和所属机构也在其中发挥作用。博克尔兹和霍尔利用近期语言人类学关于身份认同的研究,描述了语言符号构建社会身份的四个程序:惯常行为（practice）、索引性（indexicality）、意识形态（ideology）和表现（performance）(p.370)。"惯常行为"或"惯例"的概念来自布迪厄（1977a,1977b）,博克尔兹和霍尔将这一概念表述为,语言是通过"习惯性行为的沉积"而形成的(p.378)。"索引性"是指"将两种符号并用,使其中一种符号或事件指向另一种符号或事件"（出处同上）。博克尔兹和霍尔认为,在当代语言人类学中,意识形态的作用是"组织并使一切文化行为及由其衍生的权力关系得以实现"(p.379)。最后一项是"表现",它是"高度自觉和自我意识的社会性展示"(p.380),"不仅发生在舞台上、聚光灯下,而且出现在日常生活中频繁、短暂的互动中,通常还与效仿、因袭有关。"(p.381)博克尔兹和霍尔的文章为以整合符号法和顺序法来分析双语会话数据提供了一种框架。简要来说,他们认为,身份认同是"文化符号学的产物,是由语境中所凸显出来的相关社会政治关系（相似和差异,真实和虚假、合法和非法）产生的"(p.382),这种看法不仅与会话分析法关注"身份认同的实现"（例如,分析与谈话中的参与者明显相关的身份认同的结构）是一致的,也和标记模型理论对标记性、索引性和说话人能动性的认识是一致的。

16.5.1　双语人互动中的身份认同研究

研究者认为以说话人的性别、种族、宗教、民族、职业、社会角色、机构身份等社会类别形式存在的社会环境,与互动会话中的个体之间并不一定存在关联,说话人语言储备库中的一些语码与事先存在的、静态的社会身份之间也不一定存在关联。使用"互动中的身份"来研究双语会话,目标是考察身份认同是如何在谈话中由参与者共建和协商的。研究者发现,语码转换与其他语言、非语言行为一样,可以同时用于"跨越"或"标记"集团边界、挑战或加强民族和种族概念。盖福然格(Gafaranga,2001)解释说,分析互动中的身份认同,并不是要说明说话人在互动过程中带进了什么身份,而是要揭示说话人运用语言选择以及其他资源在谈话中共建或凸显了什么身份。盖福然格(Gafaranga,2005:283)呼吁在看待语言交替现象时"去神秘化",其中包括,将会话结构和社会结构视为相互依存的实体。他认为,"语言本身就是社会结构,因为它也构建社会"(出处同上)。

16.5.2　互动中的身份研究实例

　　威廉姆斯(Williams,2005)就美国汉英双语家庭争论中社会角色的局部构建所展开的研究,是一个调查双语会话中身份互动的实例。她考察了母亲和女儿在争论中就"权威"展开的协商过程。她发现,女儿使用语码转换、重复、提高音量来建立自身的权威,挑战其作为女儿的身份,并解构母亲的权威;母亲使用语码转换来拒绝女儿的挑战,并加强其作为母亲的权威。威廉姆斯通过分析表明,传统的、视说话人身份或社会角色为静态的观点,并不足以把说话人行为限定在从其社会角色角度可由研究者预测或解读的范围内。威廉姆斯认为,"尽管在许多情况下,社会角色和社会期望对于解读这种家庭争论中的语码转换确实很重要,但并非皆然如此"(p. 326)。她认为,"为了确定在既定谈话的某个节点上,语言交替和社会环境或社会结构是否存在关系,研究者应该采用允许在会话语境中对这种相关性进行揭示的方法进行研究,而不是预设这种相关性存在"(p. 327)。

卡什曼(Cashman,2002,2005)也以整合方式考察了互动中出现的身份。如,卡什曼(2002)使用详细的顺序法研究了脱口秀采访中双语 293 人身份的构建和协商过程。尽管从观察者的角度来看,两位谈话人都可以被贴上拉美裔、美国籍、双语人的标签,但他们利用话轮转换、修复、语码转换等互动资源对这种身份进行了构建和解构,使之与谈话双方的"主持人""嘉宾"角色既和谐又互为对照。卡什曼(2005:313)通过对一组老年人日间活动中的双语互动的研究,进一步揭示了社会结构和会话结构之间的关系。她使用时序法揭示了民族、语言背景不同的说话人,如何通过使用语言转换、有序组织、修复功能,来谈论社会结构(如,"英国人的优越感")、机构身份(如,"协调者")、民族身份(如,"盎格鲁人种、英格兰人""卡奇诺人种、墨西哥人")、语言身份(如,"流利双语人")等话题。卡什曼的结论是,通过对会话的详细分析,"我们可以观察到在人们的生活中扮演如此重要角色的社会类别,是如何在谈话中被构建出来、被分配给个体以及如何被个体接受或拒绝的。从这一角度看,语言交替行为是在构成、在改变社会结构,而非仅仅在反映社会结构"(出处同上)。

本章所要援引的最后一个例子,是格里尔(Greer,2003a,2005)通过小组专题讨论的方式,在日本一所国际学校,对该校多民族混血青少年身份的主体之间的特性(intersubjective nature)进行了的研究。格里尔(Greer,2003a)展示了多民族青少年在与他人互动中,如何理解、抵制、质问那些较为棘手的民族身份术语,如,"haafu"(一半)、"gaiijin"(外国人)和"konketsuji"(混血儿)。在随后的研究中,格里尔

（Greer，2005）指出，当语境不同（如，日本与西方国家）、对话者不同（如，对话人为日本人、非日本人、其他混血日本人）时，这些混血儿会以不同方式描述自身的民族特性。格里尔认为，尽管"日本人"与"非日本人"的二分法在社会中普遍存在，但他人置于给这些混血儿的"haafu"（一半）身份并不是静态的，而是由这些混血儿在互动中设置和实现的，这种身份认同既复杂又微妙。

> **小结**
>
> "互动中的身份"研究试图整合符号法和顺序法来研究双语会话，包括语码转换的意义。这种方法既关注"携带性"身份的作用，也关注主体间的、应急性的身份在互动中的凸显，前者指具有全球性标准的社会身份类别，如，种族、民族、机构身份、社会角色、职业、自然性别、社会性别、性取向等，后者指与局部相关的、在互动中实现的身份。可以说，身份认同既与互动参与人的社会身份有关，又与他们在互动中的具体行为有关，互动中的语码转换和语言选择既可以用来指示社会身份，又可以用来构建社会身份。

²⁹⁴ 16.6 本章小结

不管采用何种理论方法，双语会话研究都充满了挑战。在世界上几乎所有双语语境中，人们都对谈话中的语言变体混合现象持贬抑态度，所以，录制高质量的、自发的互动语料并非易事。从技术层面和意识形态层面看，双语会话的转录十分困难、要求精细、极具挑战性，尤其是当会话中的两种语言在类型学上存在较大差异或其中一种变体没有书写系统时。对研究者来说,获准进入某个社区的语言变体,获取小圈子内部的知识,这可能也是一种挑战。当研究者不是其所研究的语言变体的母语人或不是研究群体的内部成员时,有必要进一步研究和咨询母语人,以便能够诚实和负责地处理语料。如果研究者是群内成员,所研究的语言变体是其母语,则需对这个群内知识和自身的语言态度进行质问、审视。当研究对象为语言上的少数民族群体时,所要面对的挑战和机遇更多。无论是否为群内成员,研究者都可能被要求为其研究群体提供信息、帮助和支持,即使所涉及的诸多语言问题已超出你的个人专长。许多社会语言学家认为,研究者有责任回报其研究群体,为社区提供服务。比如,为社区纠错、声援(Labov,1982a),使被研究群体充分参与研究的各个环节,借此赋予他们更多权力(Camerron, Frazer, Harvey, Rampton & Rachardson, 1993),以服务、教育信息、研究成果等形式回馈所研究群体(Wolfram, 1993, 1998,2000)。在反双语意识形态盛行的国家或地区,对语言上的少数民族的双语会话进行研究,意味着更多挑战、责任和机会(Cashman, 2006)。

　　尽管充满挑战,双语会话研究仍充满了吸引力,能够为语言学专业高年级学生提供无限的可能性。限于篇幅,本章只对使用符号法、顺序法就双语会话中的语码转换的动机所展开的研究做了简短、浅显的描述,这一领域实际上极具多样性。双语会话研究并不限于语码转换分析。相反,研究者可以考察各种对象:从笑声到沉默,从工作场合的谈话到游戏时的谈话,以及请求、赞美、分歧或和解等语言礼仪方面的话题。不断成长的互动语言学,结合了语言学、人类学和谈话分析法,并将该方法拓展到应急性口语语法和韵律研究等领域,如,库珀-库伦、瑟尔特林(Couper-Kuhlen & Selting, 1996)、奥克斯、谢格罗夫、汤普森(Ochs, Schegloff & Thompson, 1996)、瑟尔特林、库珀-库伦(Selting

& Couper-Kuhlen,2001）。M. H. 古德温、C. 古德温,耶格－德罗尔
（Goodwin,Goodwin & Yaeger-Dror,2002）还运用这种方法卓有成效地
研究了双语儿童游戏时出现的争论。

295 延伸阅读

有关标记模型的更多信息,可参见迈尔斯－斯科顿（Myers-Scotton,
1993b）及其随后的一些文章,尤其是迈尔斯－斯科顿（1999）、迈尔斯－
斯科顿和博洛尼奥依（Myers-Scotton & Bolonyai,2001）。有关会话分析
的更多细节,可参见萨克斯（Sacks,1992）、普雷维尼亚诺和蒂博
（Prevignano & Thibault,2003）。有关会话分析的实用指导,可参见谢
格罗夫（即将出版）、哈夫（ten Have,1999）、哈其贝和伍菲特（Hutchby
& Wooffitt,1998）,或者普萨达斯（Psathas,1995）。更多运用会话分析
法研究双语会话的信息,可参见奥尔（Auer,1984,1998）和李嵬（Li
Wei,1994,2002,2005a）。有关符号法和顺序法结合的实例,可参见多
语杂志专刊《双语互动与身份实现》（Cashman & Williams,2008）。

（董秀玲 译）

第 17 章　批判性话语分析

阿德里安·布莱克利奇(Adrian Blackledge)

17.1　导语

　　本章着重介绍批判性话语分析作为理论和方法在双语研究领域的应用。研究者使用批判性话语分析来描述、解释和解读语言和社会之间的关系(Rogers,2003a),批判性话语分析能够使研究者在研究双语现象时,将结构和互动、语言意识形态和语言行为关联起来。在很多西方民主制国家中,双语问题是政治问题,所以,对于从事双语研究的社会学家来说,批判性话语分析具有特殊价值,它着力于研究政治中的语言和语言中的政治,因此能够从多个方面考察作为政治问题的双语现象。

　　首先,批判性话语分析把语言视为社会实践,认为话语行为既是由社会构建的、同时也在构建社会,因此能够将之与社会结构、社会运动相结合。这一点很重要,因为双语现象的结构和双语行为能够揭示、呈现、甚至有可能改变多语社会中的权力关系。其次,通过聚焦语言和权力的关系,批判性话语分析能够研究在哪一种互动中多语身份具有可协商性或不可协商性(Pavlenko & Blackledge,2004b)。当社会中一种语言主导其他语言时,很多双语人需要尝试在不对等的权力关系中对其身份进行调整。批判性话语分析从互动层面展示了这种协商并将之与权力结构相联系。第三,多语身份是可协商的或者被发现是不可协商的,这都与协商前的语境(texts,指说出的话)和互动有关(成功的身份协商确凿无疑地是和语境、互动紧密相联)。在多语环境下,随着语境和互动,就会营造出两种语言不均等的情形,这种不均等的情形源自不断产出话语的说话人。批判性话语分析能够识别存在于语境和互动之间的诸多关联和语境重构。第四,批判性话语分析关注话语策略和语言手段的细节,而不仅仅是内容,因而能够揭示那些明显歧视少数民族语言使用者的话语以及那些声称是平等主义的话语的真实面目。第五,批判性话语分析的跨学科或后学科(post-disciplinary)取向,有助于在语言和更广泛的社会学理论之间建立关联。批判性话语分析更关注"社会世界"(the social world),而不仅仅是语言本身,并着手消除传统的学科边界。

批判性话语分析有助于研究者理解语言行为是如何与社会中不对等的权力关系相连接的。它具有政治性取向,从理论上和方法上都有助于研究多语社会如何继续复制或抵制(某些情况下如此)那些针对少数民族语言的根深蒂固的歧视性意识形态。本章旨在介绍批判性话语分析的理论和方法论原则,是这些原则将"运作中的语言或行动中的语言(language in action)"和批判性取向结合了起来。本章前半部分主要介绍批判性话语分析的理论特征,后半部分结合社会中的实际双语问题,讨论话语、语境、体裁和声音等方面的方法论问题。批判性话语分析不具有排他性,它可以、也应该与本书第14章、第18章和第19章中所讨论的其他方法结合使用。

17.2　话语

对批判性话语分析的批评之一是,"话语"(discourse)这个术语因近年来的滥用已经失去了原有意义（Widdowson，1995：169）。随着语言在社会研究中的重要性获得越来越多的认可，"话语"一词几乎可以用来指语言的任何使用情况。奇尔顿（Chilton，2004）简明地区分了"语言"和"话语"，他认为话语可以被界定为语言的使用或"使用中的语言"。布洛马特（Blommaert，2005：2）提出了"运作中的语言"一词，认为要研究"社会世界"，需要同时关注行动和语言。他指出，话语构成了"社会、文化、历史模式及其发展中所使用的、所有形式的、有意义的、人类符号性活动"（2005：3）。在这个定义中，"话语"不仅用来指口语和书面文本，还可用来指视觉和非言语文本。就双语研究而言，"文本"和"话语"不仅包括人们的语言观以及人们使用语言说了哪些内容，也应该包括与语言有关的态度、信仰和价值观是如何以言语、非言语形式表现出来并得以复制的。沃达科也为"话语"下了一个定义，他认为"话语"是一些具有相互关联的语言行为的复杂集合体，这些语言行为可以表现为相互关联的、口头的、书面的符号，或者说，通常表现为属于特定体裁的"文本"（Wodak，2001：66）。这个定义强调了话语的复杂性。文本与文本的关联可以跨越活动领域、时间、体裁、主题等维度。在社会研究中，"话语"通常指围绕特定主题所使用的语言。与在社会研究的其他领域中运用话语分析不同的是，在批判性话语分析中运用话语分析需要对文本进行非常细致的处理。

17.3　作为理论的批判性话语分析法

298

　　布洛马特（Blommaert，2005）指出，批判性话语分析的核心应该是权力，尤其是由机构和制度不断复制出来的权力。批判性话语分析的目标应该是,以可视和透明的方式展示话语作为权力工具在当代社会中的运作情况。就双语研究而言,批判性话语分析能够揭示针对少数民族语言的歧视性意识形态是如何在话语中产生和复制的,以及这种意识形态是如何影响话语互动(discursive interaction)的。批判性话语分析的一个关键特征是它在社会学理论中所采取的立场,它关注权力和意识形态,并试图超越结构主义决定论(Blommaert,2005)。批判性话语分析认为,社会构建了话语,话语需要适应社会;与此同时,个体能动性和社会结构之间的动态平衡关系,意味着语言行为可以促成更大的社会活动进程和社会活动结果。

　　批判性话语分析没有统一的、一致的理论或方法(Fairclough,2001,2003;Meyer,2001;Weiss & Wodak,2003)。作为一套具有多元性、动态性的理论和方法论,韦斯和沃达科(Weiss & Wodak,2003:6)在肯定其积极面的同时指出,"批判性话语分析的整个理论框架似乎兼收并蓄、不成体系"。马丁和沃达科(Martin & Wodak,2003)指出,批判性话语分析从来都不是也从未试图成为一种具体的理论或方法。提切尔等人(Titscher,Meyer,Wodak & Vetter,2000:146)指出,批判性话语分析的多元性源于其对社会的关注,而非仅仅关注语言:"批判性话语分析关注社会问题。它并不关注语言或语言使用本身,而是关注社会性、文化性过程或结构的语言特征。"关注社会生活、关注话语在社会生活中的作用,是批判性话语分析最主要的特征。费尔克拉夫(Fairclough,2003b)指出,批判性话语分析是为了应对语言学和社会科学领域(如,社会学)相分离的传统而发展起来的。语言学传统上集中力量对文本和互动进行微观分析,而社会科学传统上只关注社会行为和社会变革。也就是说,语言学在分析时关注互动维度,社会科学则关注结构维度。在批判性话语分析中,对社会生活的分析需要研究互动和结构的结合情况（Fairclough，1995）。范·戴克（van Dijk，2001：96）将"批判性话语分析关注社会问题"进一步表述为，它是"带有态度的话语分析"。范·戴克认为，批判性话语分析应断然反对通过滥用文本和谈话来滥用权力并对这一行为进行巩固或合法化的那些人。"批判性话语分析并不否认其社会政治立场，反而对此进行明确定义和辩护。换句话说，批判性话语分析是有所偏倚的，并以此为荣。"批判性话语分析就取向而言具有根深蒂固的政治性，就学术层面而言具有跨学科性，就关注点而言具有多样性。奇尔顿（Chilton，2004）的结论是，尽管批判性立场本身并不能保证就语言和人类思维提出新见解（毕竟，不加分析的批判也是可能存在的），但研究者的政治立场绝对 299是不可或缺的，不运用个人的政治直觉，就不可能对政治语言行为进行分析。当然，奇尔顿也认识到，将分析完全建立在直觉之上也不可取。批判性话语分析的显著特征是，它密切关注文本特征的细节，借助这些细节来证实或推倒个人在解读话语时的最初直觉。

批判性话语分析并不是具体的研究方向，因而没有统一的理论框架（van Dijk，2003a，2003b）。范·戴克指出，对新闻报道的批判性分析不同于对电视辩论的分析，对杂志广告的批判性分析也不同于对政治言论或课堂互动的分析。不过，这并不足以说明批判性话语分析是兼容并蓄、多样化的。如果我们想宣称批判性话语分析不仅是一种为了证明理论框架可具有多元性而存在的方法和工具箱，那么就有必要先说明批判性话语分析的统一和分歧之处。

理论的形成不是一个旨在展现永恒真理的过程，而是一个"持续发展那些有助于我们了解世界的工具和资源"的过程（Weiss & Wodak，2003：9）。韦斯和沃达科引用布迪厄的话指出，理论的形成需要那种能够"通过运用过去的思想家所留下的工具来积极复制他们的最好成果的能力"(Bourdieu, 1997:65)。也就是说,从语言学和社会学理论中提取的研究工具,是可以被整合到一种创新型理论的研究过程中来的。正是因为采用了来自其他理论的方法,批判性话语分析才能够彰显出双语研究中理论和实践之间的关系。批判性话语分析并未构建自身理论,而是借助学科交叉、理论和方法互相启发的方式,推动了自身发展(Chouliaraki & Fairclough, 1999:17)。批判性话语分析在对话分析中采纳了大量社会学和语言学理论,这有助于研究者将双语人的语言行为置于社会、文化和历史语境中进行分析。

> 小结:批判性话语分析理论
> - 批判性话语分析的关键特征是它在社会学理论中所采取的立场,其特点是重视权力和意识形态。
> - 批判性话语分析并不关注语言或语言使用本身,而是关注社会过程、文化过程和结构的语言学特征。
> - 批判性话语分析密切关注文本特征的细节。
> - 批判性话语分析通过学科交叉将双语人的语言行为置于社会、文化和历史语境中进行分析。

300 17.4 作为方法的批判性话语分析

17.4.1 语境

如上所述,批判性话语分析的一个关键特征是分析文本与其所处的社会、话语、历史语境之间的关系。罗杰斯(Rogers, 2003b)认为,批判性话语分析为解读互动方式、表现方式、存在方式之间的关系提供了一个理论模型。此外,批判性话语分析有助于对个人与文本、机构、主体性在更大语境中的交集情况进行精细研究。批判性话语分析不是把政治、社会意识形态融入文本,它的任务是发现文本与表现方式、存在方式之间的所有可能性,寻找并发现文本和存在方式之间的关系,揭示某些人针对特定情境中的语言使用而采取某些立场的原因(Rogers,2003b)。批判性话语分析超越了对话语行为的描述,进一步解释了语言和社会结构之间的关系,并致力于对局部的、制度性的、社会层面的语境进行分析(Fairclough,1995)。

　　例如,伍德赛德-基若恩(Woodside-Jiron,2003)在对加利福尼亚州的阅读指导政策进行的研究中,分析了课堂互动、学校制定阅读指导政策的制度语境、政策制定和公共话语的政治语境;她认为,要想理解教育实践是如何将政治变化和决策变化纳入其中的,有必要跨时段、跨语境对此进行分析。她的结论是,使用批判性话语分析法研究教育政策,能够为我们提供一种令人兴奋的方式,来理解和分析权力在社会和学校中如何被用来制造和传播意识形态、话语应遵守的惯例行为和文本。伍德赛德-基若恩的研究,为使用批判性话语分析法在局部的、机构性的、社会语境中分析话语提供了一个很好的例子。罗杰斯(Rogers,2003)认为,只有将民族志研究和批判性话语分析结合起来,我们才能理解话语与其局部的、机构性的、社会语境之间的关系。梅里埃尔·布卢尔和托马斯·布卢尔(Bloor & Bloor,2007)认为,批判性话语分析与那些研究社会群体和社会结构的学科在兴趣点和方法上是一致的。这些方法主要指语境分析法和观察法,后者包括记录和转录自然语料,参与式观察,请知情人就特定语境中正在发生的话语行为进行解释。梅里埃尔·布卢尔和托马斯·布卢尔指出,虽然批判性话语分析法是分析媒体语言、政治演讲、法庭质证等话语材料的理想手段,但在研究社会问题时,该领域的研究者仍可能需要与来自其他领域的专家协作。例如,使用批判性话语分析法研究课堂话语时,最好在调查地点先开展民族志研究。协作将使批判性话语分析法获得更大的发展空间(出处同上,2007∶3)。吉(Gee,2003)指出,对使用中的语言来说,其语境是一些不断扩展的因素,包括实物场景、在场的人、说话前后的语言、参与者之间的社会关系以及文化、历史和制度等因素。批判性方法与非批判性方法的不同之处在于,它不仅要考查社会行为背后的社会关系,还要考察社会行为对地位、稳固性、社会产品的分配和权力的影响。批判性话语分析认为,使用中的语言总是由具体的社会行为构成的,而社会行为总是会对地位、稳固性、社会产品的分配、权力产生影响。因此,话语本质上具有政治性,一个话语总是会受到其他话语的限定。出于这个原因,我们在进行批判性话语分析时,需要将文本置于社会、文化、历史中,置于当地、体制和社会背景中,考察尽可能多的语境。语境几乎可能代表一切,语境很有可能是无限的(Blommaert,2005)。罗杰斯(Rogers,2003)指出,批判性话语分析(以及任何理论框架)当然不可能同时考察所有语境,而是注重分析语境如何构建话语并由话语构成,以及这些语境如何随时间而变化。从实践上说,文本分析应该分析文本的语境,而不是试图以脱离语境的方式从某个单独文本中"读出"某种意识形态。从理论上说,应该关注所有在共时和历时层面与目前所分析的文本具有蛛丝马迹关联的其他文本。但在某些情况下,这样做将带来很多实际困难:比如说,对于"通过立法将英语能力测试作为加入英国籍的必须条件"这一话题,与此相关的政治话语可能是有限的,研究者或许可能将之全部收集起来并进行分析;但对于其他政治问题来说,相关话语可能多得足以生成一个庞大、难以处理的语料库。在这种情况下,为分析数据的某个横截面,根据相应标准做出选择是完全有必要的。一些研究者(如,Blommaert & Verschueren,1998)建议从介质(如,自由报纸)和时间(如,一天、一个星期、一个月)上来限制数据集的规模。语境分析的程度和范围既取决于研究问题,也取决于研究者可用的资源。

文本的语境需要进一步通过分析"文本互涉"(intertextuality)、"话语互涉"(interdiscursivity)和"再语境化"(recontextualization)过程来确定。"文本互涉"可谓是批判性话语分析的基石,这一概念最早是由巴赫金(Mikhail Bakhtin)和沃洛希诺夫(Valentin Nikolaevich Voloshinov)在其"对话理论"中提出的,法国符号学家克里斯蒂娃(Kristeva,1986)对之进行了完善。它假定每一个文本都被嵌入在一个特定语境中,并在共时、历时层面上与很多其他文本具有关联。对任何一个或一种文本来说,一定存在可能与之有关的、可能是被植入其中的一组文本和一组"声音"(Fairclough,2003a)。在一些情况下,我们可以识别出这些声音和文本的来源,不过在多数情况下对具体来源的判断往往很难精确,此时我们可以从体裁或典型论证策略等角度进行分析。事实上,一个文本中所植入的其他文本和声音可能是多重而复杂的。例如,在英国,当一段有关移民的政治言论在谈到新移民数量时使用了"被淹没(swamped)"这个词时,那么我们可以判断出它来自撒切尔夫人 1978 年所做的一次声名狼藉的电视采访。当时,撒切尔夫人在民 302 意调查中落后。她在《世界动态》节目中表示,移民数量如此之多,以至于英国人"应该害怕这个国家被不同文化的人淹没。除非是特别值得同情的情况,否则我们应该终止接纳移民"(Hansen,2000:210)。撒切尔夫人表示,她希望看到(极右翼)民族阵线(National Front)的支持者回到保守党中来。这次采访引发了抗议,一些评论家认为它促成了保守党随后的选举胜利。与此类似的是"血流成河"（rivers of blood）一词，它绝对与保守党议员伊诺克·鲍威尔（Enoch Powell）1968 年 4 月在英国伯明翰的一次演讲有关，他在演讲中警告大规模的移民给社会凝聚力带来了危险，事实上，奇尔顿（Chilton，2004）注意到，尽管这次声名狼藉的演讲以"血流成河"而著称，但它本身并未使用这一表述。与上述两例不同的是"移民潮"（flood of immigrants）这个短语，它同样非常有影响力，但其来源并不太确定。我们也许可以在歧视性政治话语中追踪到它的用法，但这一说法的具体来源可能并不存在。不管是否能够追踪到具体来源，这两种类型的文本互涉在将"老文本"复制到"新文本"中的作用是一样的。

"话语互涉"指体裁和话语在文本内部的互指关系。一个文本在参考或合并另一个文本时，也同时参考或合并了另一种类型或体裁。话语互涉分析是要将文本与费尔克拉夫（1995：12）所提出的"话语秩序"关联起来，后者指"与特定社会领域或机构相关联的、有序的话语行为。"话语秩序是文本产生者在特定情况下可采取的、约定俗成的做法。不同类型的话语行为与不同的社会领域相关，如，学校课堂、医生手术室、政治辩论会、报纸社论，等等。不同的话语秩序的特征就是体裁。通常，话语秩序与相对局部的、具体的行为（如，课堂活动）有关，但也可以从更广泛的社会视角进行考察。例如，有关移民问题的辩论所使用的话语策略可能具有相似性，因为话语策略可以超越明显的机构界限和社会界限。

"再语境化"概念对理解话语中有关双语的意识形态特别有用，它可以从符号维度绘制出意义变化图（Wodak，2000）。科尔达斯-库特哈德（Caldas-Coulthard，2003：276）指出："只要是以书面或口头形式就任何社会行为发表看法，就是在'再语境化'。我们在'再语境化'的同时,也在转化和创造出另一些社会行为。"话语的再语境化并不仅仅是在新的语境中重复同样的论点。相反,再语境化涉及到话语的转化。话语几乎总是在新场合中添加新含义,所以,即便是在新的语境中逐字逐句重复相同的论点也会涉及这种转化。而且,论点很少会被一字不差地重复出来,通常会被提炼总结、添加新成分、删除或替换一些成分,这样,论点在被重复的过程中,既包含了原文的很多特征,又以对其进行评论、合法化或评估的形式实现了转化。

批判性话语分析中的一个关键问题是,交际事件(communicative event)是如何沿着一连串的话语转化的。一个文本可能经再语境化,跨越体裁和符号维度,转化为其他文本。例如,报纸上一篇关于英国亚裔人士为自身和家人着想应该在家里说英语的报道,可能经历了这样的转化:添加新的内容、删除一些内容、替换一些术语(以便使其更能表达自由或反自由的意义)、重新排列要点以便突出某些特征(Blackledge,2005)。当然,再语境化过程并不仅仅局限于改变话语策略、语言手段和实现途径。话语转化的另一个特征是论点在新的、可能是更权威的语境中不断重复。换句话说,每一次再语境化过程都将不断地增加论点的重要性,将之推向越来越不容协商的位置。当一种观点不断以更权威的声音、在更合法的语境中得以重复时,它将获得权力和地位。仍以上述情况为例,当人们在英国当地一家邮局排队等候时谈论亚裔人士应该在家说英语的话题时,这种谈话的影响力和权威性是有限的;当同样的论调在地方性报纸的社论中出现时,它就获得了地位;如果它得以在市议会的辩论中重复,那么它就在继续沿着话语链条"向上";如果它得以在威斯敏斯特(英国议会所在地)民选议员的辩论中重复,那么它在进一步沿着话语链条"向上",它在这一过程中不断转化,经过删除、代替、补充和重新安排;然后在全国性报纸或者国家广播和电视上得以重复并经历辩论；当经由政府部长、甚至是内阁成员重复时，它继续获得地位和权威，并作为政府政策的一部分进入官方话语；当经历更多辩论后，它有可能成为立法草案的一部分，并最终成为法律，进入最不容置疑的物化形式阶段（详见Blackledge，2005）。我们并不是说所有或大多数情况下都存在这样的线性过程，也不是说政府的立法行为起源于人们在邮局排队等候的闲谈。事实上，话语链条既不是简单的，也不是单向的，它有可能是迂回式的、折射式的、切入式的或断裂式的。同样，我们也应该认识到，在英国，多语人的日常语言行为可能有助于对抗那些在政治、媒体和其他公共话语中不断复制产生的单语意识形态（Blackledge & Creese，2005）。话语在新的符号领域所获得的合法性为其增加了权威和权力，就我们理解社会中现有的、不同分化群体的表现是如何构成主流意识形态而言，这一点至关重要。在话语转化过程中，论点不断沿着话语链条向更合法、更权威的语境移动，这是再语境化中一个关键但常被忽视的层面（也可参见 Wodak，2000）。

布洛马特（Blommaert，2005）认为，一些批判性话语分析仅仅是确认了对话语中的权力关系的先验看法。换句话说，批判性话语分析只是向我们揭示了一些我们已知的信息，而语境则提供了文本产生的背景。布洛马特指出，要避免这种片面分析，可以将话语和社会结构融合起来，这样，语境就不再是单个文本的特征，而是更大规模的沟通系统和语境化系统的特征。他进一步指出，话语随语境而变化，不同语境之间的文本变化与非常重要的权力问题有关。话语产生、复制和流通过程中的每个动作都与这种语境间变化有关。

17.4.2　隐含的声音

文本互涉的概念并不意味着每一个声音在构成权威的、强大的话语方面拥有均等机会。社会中的权力关系决定了哪些声音在沿着话语链条传送时能够获得权威,哪些声音可能部分或完全消失。巴赫金的理论有助于我们了解社会成员的声音是如何在转化的过程中被塑形的。巴赫金从两个层面强调了语言的对话性,一方面,一个文本总是能够意识到其他文本的存在并在应对和预测其他文本;另一方面,话语很多时候包含着"双重声音"。巴赫金对这种话语转化过程是这样理解的:

> 他人的言论,一旦被封闭在一个语境中——无论传达得多么准确——总会发生一定程度的语义变化。将他人言论纳入其中的语境是受制于对话背景的,而这一背景的影响力非常之大。(Bahtin,1984:78)

巴赫金认为,语言是对"社会世界"的回应,一个人的话语具有对话性,受到他人话语的塑造和影响。一句话与其他言论之间存在一连串复杂的链接,并受链条中其他言论的启发和塑造。巴赫金认为,对话性关系可能不仅存在于整句和整句之间:我们可以将对话性方法应用于一句话中任何一个有意义的部分上,甚至是一个词上,"只要我们能从这个词上听到另一个人的声音"(1973:152)。

在对话性话语中,一句话里明显存在不止一个声音,另一个声音不断塑造和重塑某个词或某句话,原创者的想法不再完全占据支配地位,所谓的想法是对另一个人的声音的回应。这是语言的一个社会模式,认识到这一点很重要。换句话说,一句话中存在的不同声音之间的关系,从属于社会中的权力关系。当说话人处在强大的社会地位上时,其声音的权威性可能得以保持。即便这种话语剔除或删除了与其观点相对立的声音,它仍可能包含双重声音。在关于双语的公共话语(特别是媒体和政治话语)中,狭隘论调通常会伪装成平等主义和自由主义论调。

305

> **小结:作为方法的批判性话语分析**
>
> - 批判性话语分析考察文本与社会、话语、历史语境的关系。
> - 文本的语境是通过"文本互涉""话语互涉"和"再语境化"过程建立的。
> - 社会中的权力关系决定哪些声音能够获得权威。
> - 在巴赫金的"话语的对话性"概念中,一句话里不止有一个声音。

17.5 批判性分析和多语话语

下面是一个针对"语境"和"声音"进行分析的案例。在围绕"英国是否应扩大语言测试适用范围"展开的语言意识形态辩论中,产生了多个话语,这个案例只是相关研究的一小部分。我们用了很长时间,分析了相关文本,其中包括议会议员、国务大臣们的演讲,地方性报纸在过去五年中就语言展开的辩论,当地新闻报道中与政治立场相关的报道,地方政府和中央政府的调查报告,政府白皮书,议会法案,内政部对于新法规实施的注解,对政治家的采访或访谈以及由政治家执笔的文章(Blackledge,2004,2005)。限于篇幅,本章仅从大量关于语言测试的辩论中举一例加以说明。

2002 年 10 月,时任英国内政大臣的大卫·布朗奇(David

Blunkett）写了一篇文章，阐述其在民主、公民权和公民社会（civil society）①方面的愿景（Blunkett, 2002）。2001 年夏天，英格兰北部一些城市、乡镇、街头发生了暴力骚乱事件，布朗奇的文章受到了与此相关的政治话语的启发。英国媒体通常将这些暴乱描述为"种族骚乱"事件，其中主要涉及年轻的英籍亚裔男性、英籍白人和警察。2002 年 11 月，《国籍、移民和庇护法案》获得女王批准并经立法通过。这项立法对当时的法律做了修改：此前，英国公民的配偶在申请英国国籍时，无需证明其英语能力，现在立法要求他们必须证明自身的英语能力。此外，这项立法扩大了内政大臣负责测试所有申请入籍者的英语能力的权力。在街道骚乱与新立法的通过之间存在着复杂的话语链条。在这些话语链条中，政治活动家认为暴乱至少从一定程度上是由于北部地区的一些亚裔居民不会说或拒绝说英语造成的。这荒谬的因果联 306 系看起来仅仅是极右翼激进分子的论调，实际上是主流政治家的话语，后者在越来越合法的语境中不断被重复、再次语境化和转化，逐步获得权威，直到被庄严载入最不容置疑的法律。

下面是布朗奇文章中的一段话：

积极的国籍观，能明确表达出不同群体之间的共有（shared）领地，能够提供基于政治共同体成员身份的共有认同，这既不是强迫多种文化同化为单一文化，也不是任由那种将"差异"置于群体凝聚力之上、脱缰（野马）似的（unbridled）多元文化主义发展。

这段文章的前两句话中出现了两次"共有"，这个词将布朗奇的话

---

① 西方政治哲学的核心概念之一，指围绕共同利益、目的和价值而展开的非强制性集体行为，如，慈善团体、非政府组织、社区组织、专业协会等组织的活动。——译者注

语圈定在"自由主义"语境之中。"共有领地"和"共有身份"能够解决不同群体之间的明显问题。布朗奇声称"积极的国籍观",可以作为"强迫同化"和"脱缰(野马)似的多元文化主义"这两个同等消极的选项的理想替代品。"强迫同化"一词表明,布朗奇在话语中感觉到了对手的存在,并试图回应他们,他试图将自己的言论与"强迫同化论"保持距离,避免使人们认为他在强迫少数民族抛弃自身文化,进而同化到主流社会中来。这段话暗指,内政大臣布朗奇当然不会、永远不会强迫任何人同化到英国社会中来。

"同化"属于"非自由主义",而"融入"则是理想的、合法的。"脱缰(野马)似的(unbridled)多元文化主义"这一表述承载着大量历史信息。虽然在英国的政治和教育话语中,"多元文化主义"的意义通常是积极的,是对社会多样性的肯定,但布朗奇用了一个贬义词来形容"多元文化主义",其意义完全是消极的,这一表述暗指因 20 世纪 70、80 年代英国自由教育而发展起来的"多元文化主义",目前即将或已经走得太远了,该让它停下来了。"unbridled"这个词含着动物性、难以驯服的意思,它暗指如果任由多元文化发展,将造成动荡、不受控制的局面。在这段攻击性话语中,对多样性所做的正面解读就是它能够将差异置于群体凝聚力之上,似乎多样性和群体凝聚力这两个概念之间存在着简单、相互排斥的二分对立。在布朗奇看来,接受、理解不同文化群体的成员和保持群体凝聚力是不能共存的。在这段话语链条中,"群体凝聚力"意味着街头暴力的终结。也就是说,在这段威胁论的陈词滥调中,"脱缰(野马)似的多元文化主义"应该被叫停,因为它会不可避免地带来社会秩序混乱。

布朗奇继续写道:

　　我从来没有说过或暗示过,2001 年夏天在布拉德福德、伯恩利、奥尔德姆等地出现的骚乱是直接由缺乏流利的英语能力引起的。然而,使用英语能够让父母在家里和孩子用英语、同时也用他们的历史性母语来交流,并更大程度地参与到现代文明中来。它有助于克服困扰(bedevils)代际关系的精神分裂症(the schizophrenia)。

　　这段文章的第一句是预感到并回应可能存在的反对声。这就是 ³⁰⁷巴赫金(1973:163)所说的"隐蔽的对话性":一句话中包含了两个人的对话,其中一人的话被省略掉了。之所以说这样的句子具有对话特征,是因为"其中每个词都是在回答和回应那个看不见的对话人,句子向外有所指,能够超越自身边界来回应另一个人未说出口的话"。布朗奇在坚定地与一个隐形对手争论。"直接"这个词意义重大,尽管缺乏流利的英语能力并未直接引起骚乱,但两者之间的可能性甚至是牵连性仍然存在,即,前者对后者负有间接责任。"说英语"似乎是指说英语的能力以及实际使用英语。"历史性"一词与"现代"一词的对立,使亚洲语言与"更广泛的现代文明"(想必是英式文明)之间的关系紧张起来。换句话说,亚洲语言与狭隘(大概指思想狭隘)、陈旧、过时相关。在家说英语以及具备说英语的能力,能够防止"困扰(bedevils)代际关系的精神分裂症(the schizophrenia)"。定冠词"the"为这一表述提供了权威性:它假定那些在家里说少数民族语言的人都有"精神分裂症"。动词"bedevils"为这句话下了一个阴险的注脚,它暗示"邪恶"。言外之意似乎是,不会说英语、学不会英语能够导致心理健康问题、家庭不和谐、社会秩序混乱等问题,而新移民能否说英语则与其自身愿不愿意融入、是否愚昧、是否抱有敌意有关。

在这段将 2001 年英格兰北部的骚乱与 2002 年的立法修正案连接起来的政治话语链条中，我们可以清晰地看到将英语置于其他语言之上的意识形态。越接近政府管理的中心，这种意识形态越暴露无遗。在口语和书面语层面，英国都是一个多语国家，但议会演讲、内政大臣在采访中的表述、内政部的声明、政府工作报告、政府白皮书、国务大臣的报告、议会的新法案等官方话语，全都在推动抬高英语、贬低其他语言的这种意识形态在多语的英国的确立和流通。一方面始终夯实英语作为沟通语言和民主政治语言的地位，另一方面始终将非英语语言与一系列的负面事件相联系，其中包括骚乱、在校学习成绩不佳、社会隔阂、对公民权、国家观念和民主政治存在威胁，等等。对来自巴基斯坦、孟加拉国和印度的语言的负面联想尤其多，这纯粹是歧视。

我们可以从一些政治话语中看到，使用亚洲语言是可以容忍的，只要是将之保留在私人领域。这些论断与鼓励在公共场合使用非英语语言的政策是完全背道而驰的。正是这些政治论断背后的驱动力，一方面将使用亚洲语言与一系列问题关联起来，另一方面在推动政策制定和立法修正来强调所有英国居民都应说英语。达到这一目的的手段是，扩大语言能力测试的适用范围，要求所有申请英国国籍的人308 都必须证明自身具有足够的英语能力来承担公民责任和义务。然而，这一政策是有缺陷的。非英语语言与骚乱、在校学习成绩不佳、社会隔阂、社会负担之间的关联，以及这些语言对民主政治、国家意识、公民权和群体凝聚力的威胁都是荒谬的。第一，英格兰北部存在的种族主义政党——不列颠民族党（British National Party），在一定程度上煽动了当地的骚乱，他们看到并利用了当地媒体中的攻击性话语所造成的紧张气氛。第二，语言少数民族（linguistic minority）学生学习成绩不佳并不是因为这些孩子会说英语以外的语言。相反，在多语课堂环境中,少数民族语言有可能成为学习资源。在英国很多学校里,学生成功地借助母语和英语进行学习并获得了学业上的成功。事实上,最近的统计数据表明,在中学公开考试中成绩最好的是"华裔"和"印裔"这两个被定义为"语言上的少数民族"的群体(英国教育与技能部,2004)。这些数据以及其他可靠的研究都表明,在英国的学校里,非英语语言绝不是通往高等教育的障碍。第三,社会隔阂无疑是英国很多城市的特点。然而,这不是由那些说非英语语言的群体引起的。歧视性的住房政策、就业中的种族歧视以及语言少数民族群体的经济地位,都对不同语言群体的人口分布情况有重要影响。第四,占少数地位的亚洲语言并非是不可避免的社会负担,相反,这些语言有可能是一个相当大的资源(人们通常就是这样看待法语、德语和日语的)。第五,当所有政治话语、选举活动和制度文本都只有英语一个版本时,不会说英语的人对参与民主进程只能是一种威胁。在这种情况下,一些主要使用亚洲语言的人就可能被剥夺公民权。但是,政治机构有责任将政治论点以可理解的形式展示出来,这并不是个人的责任。第六,假如我们能够提供以非英语语言来参与政治的机会,我们将看到,公民的参与度本质上并不取决于英语能力。事实上,很多英语单语人并不"参与"政治进程,这表明语言可能不是决定公民参与度的最重要因素。第七,对使用非英语语言的群体来说,这些语言本身并不对其使用者构成威胁,但当在社会中占主导地位的机构这样认为时,这些群体才会有此类想法。在那些以英语为唯一语言的中小学、大学、法律体系和福利体系等有权机构中,一些说非英语语言的人可能无法激活他们的文化和语言资产。当这些机构能够营造多语环境时,语言上的少数民族才更有可能获得接近这些机构并在其中激活自身符号资源的机会。

强迫人们学习一门语言和为他们创造学习环境之间是存在区别

的。对使用非英语语言的群体来说,激活自身的社会资产、语言资产,
309 进入一个可能被视为"白种人的"、中产阶级的、学术的场所,仍存在不
少问题。当少数民族群体的语言在意识形态辩论中被打上种族印记
时,学习英语并不能消除这些群体参与政治的全部障碍。如果说语言
歧视是一种符号性的种族主义,那么就算没有对口音和非本土用法的
歧视,也会出现其他特征的符号性歧视。最后,政策强制性要求申请
加入国籍者必须学习"足够"的英语,否则将被拒绝成为公民,是在强
化现有的门槛机制,并使之更具有排他性。几乎所有围绕这一立法修
正案的政治话语中都存在这样一种拉力:一端是声称政策和立法自
由、平等的政治论调,另一端则是狭隘的、具有歧视性的立法行为。

小结:批判性分析和多语话语
- 在一些公共话语中,少数民族语言及其使用者,总是被联想
  到社会隔阂、家庭破裂和在校成绩不佳等问题。
- 批判性话语分析有助于揭示在政治和其他公共话语中所存
  在的针对多语现象和少数民族语言的歧视性话语。
- 对多语现象和少数民族语言的歧视性话语通常被伪装成平
  等论调。
- 语言意识形态辩论往往与对语言上的少数民族的态度有
  关,而非针对这些语言本身。

17.6 研究多语的英国

将公民英语能力测试纳入立法的相关政治话语确实让人气馁。
事实上,官方话语中构建的单语意识形态与英国社会中存在的多样性

的、变化的、复杂的语言行为是明显相悖的。政治话语往往并不了解
人们是如何使用和看待自身语言以及附加在语言上的价值观和信念
的。在英国社会中,双语人、多语人和操少数民族语言的单语人,不管
是不是英国公民,他们在家庭、学校、社区、宗教场所中,在商务活动、
社交活动、休闲活动中都在普遍地使用多种语言。单是在伦敦就有超
过 300 种语言在使用。这些语言可用于实用目的、族裔象征性目的、
宗教目的;可用于就身份认同进行协商或宣称民族、地区和宗教归属; 310
可以以混合、杂交或互不干扰的形式存在。这些双语或多语行为,并
未给使用者带来问题或困扰,相反,对很多人来说,这是其自身意识的
重要组成部分。占主导地位的单语意识形态不断在官方话语、政治话
语以及小规模局部话语中产生并得以复制,这使得英国社会中很多语
言仍在很大程度上被限定在特定群体内部,这是一个说服多语人意识
到他们的语言在较大的公共领域并不受欢迎的符号支配(symbolic
domination)过程,其作用是在多语社会中构建并不断加强单语的社会
活动舞台,将非英语语言的使用限制在隐蔽的场所。坚持认为非英语
语言带有负面性关联,显然是在强化单语意识形态的统治地位,后者
既有悖于社会中的实际语言行为,又进一步促成了社会分化和不平
等。这种符号支配过程并非不可避免。多语人可能没有力量改变社
会舞台,但地位较高的政治活动家确实拥有这种权力。立法机构拥有
权威性和合法性,能够打破歧视性语言意识形态的复制链条,更好地
反映英国民众的多语使用情况。从方法论上和理论上看,批判性话语
分析能够有针对性地分析那些包含推崇单语、歧视性的、狭隘的意识
形态的话语。当然,我们可能最终也无法弄清这些占支配地位的意识
形态的起源或者不断复制这些意识形态的全部语境,但我们可以通过
进一步研究来理解这些意识形态是如何在互动、政治和媒体话语中产

生和复制的。

延伸阅读

批判性话语分析领域的重要著作和研究包括:梅里埃尔·布卢尔和托马斯·布卢尔的《批判性话语分析入门》(Meriel Bloor & Thomas Bloor,2007),该书从理论和实践角度对批判性话语分析做了全面介绍。N.费尔克拉夫(Fairclough,1989,1995,2003)、J.马丁和R.沃达科(Jim Martin & Ruth Wodak,2003)、沃达科和奇尔顿(Wodak & Chilton,2005)、马丁·赖西格尔和R.沃达科(Reisigl & Wodak,2001)的研究,极大推动了批判性话语分析法的发展;T.范·戴克(van Dijk,2001,2003,2003b)的研究在批判性话语分析法的形成过程中也起到了重要作用;布洛马特(Blommaert,2005)在《话语》一书中对该方法进行了批判性总结。

(董秀玲 译)

第 18 章　叙事分析法

阿内塔·帕夫连科(Aneta Pavlenko)

18.1　导语

　　较之以其他形式收集的语言学数据,"叙事"(narratives)数据具有以下优势:它与实际语境中的语言使用非常接近,研究者因而能够专注于那些只出现在连贯谈话中的语言属性,如,时体参照系统(temporal reference)、叙述完整性(cohesiveness);同时,就诱导型叙事而言,研究者能够就话题进行控制,并在一定程度上对所要诱导的语言条目或语言结构进行控制。可以说,以叙事形式收集数据是双语研究领域最受欢迎的数据收集方式之一,但"叙事分析法"则是该领域最不具理论性、最易被误用的数据分析方法之一。本章将指出双语和多语研究领域中哪些问题适于通过叙事分析法来解决,并进一步提供一些叙事数据的收集和分析方法,受篇幅所限,我们略过了"文本分析法"。

　　"叙事"是"所有类型的、以事件形式组织起来的、旨在与读者或听众分享(经历与感受)的话语材料,其中包括'虚构叙事'(fictional narrative)、'个人叙事'(personal narrative)、对真实事件或想象事件的解释和叙述"(Mistry,1993:208)。双语研究领域通常会用到两类数据:虚构叙事和个人叙事,我们将对其所涉及的数据收集和分析方法分别进行论述。由于目前多语叙事研究尚处草创阶段,我们这里主要讨论双语叙事研究。

18.2 虚构叙事

18.2.1 数据收集

虚构叙事通常借助图片、视频等非言语形式的提示(non-verbal prompts),就虚构事件展开叙述。研究双语儿童或双语成人的词汇、时体系统和叙事能力发展、语言磨损现象(language attrition)以及跨语言影响等问题时,通常使用虚构叙事法来收集数据。个人叙事也可用于这些目的,但其中的参与者差异以及语境差异比较大,不适合对组内和组间异同点进行分析。为获得具有可比性的语言样本,研究者通常使用非言语刺激(non-verbal stimuli),如,漫画、图画书、短片等有助于保持语义参照系恒定的刺激形式。收集虚构叙事数据需考虑三个问题:针对不同年龄组采用不同形式的提示,诱导程式(elicitation procedure)和基线数据或基准数据(baseline data)。

研究双语儿童时,研究者通常倾向于采用漫画、图片、图画书等非言语形式的提示,这样,儿童在讲述故事时不需要发挥想象,从而减轻了叙事任务的认知负荷(Berman, 1995)。图画书《青蛙去哪儿了?》(*Frog, Where are You?*, Mayer, 1969)是最常用的启发材料,伯曼和斯洛宾(Berman & Slobin 1994)的跨语言研究以及多项关于双语儿童、三语儿童的研究都使用了这本书(Reetz-Kurashige, 1999; Yoshitomi, 1999; Cenoz, 2001; Kellerman, 2001; Verhoeven & Stromqvist, 2001; Pearson,

2002；Alvarez，2003；Ordóñez，2004）。使用这本书的好处是，诱导程式和分析框架都是已经确定下来的，此外，还可以借助多语种的单语语料库进行比较（如，Bamberg，1987；Berman & Slobin 1994；CHILDES：儿童语言数据交换系统）。

对双语成人进行研究也可使用漫画（Nistov，2001）、系列图片（Stromqvist & Day，1993；Berman，1999）或《青蛙去哪儿了?》之类的图画书（Olshtain & Barzilay，1991；Kellerman，2001；Bennert-Castor，2002；Mckinnie & Priestly，2004；Polinsky，2007），不过，研究者通常更喜欢使用较短的、无声或有配乐的短片和视频。这些刺激形式不但能保持语义参照系不变，而且能使叙事任务更"成人化"、更少造作、更接近自发状态。最常用的短片是由查费及其团队（Wallace Chafe，1980）为研究目的而创建的 6 分钟短片《梨》（Pear）以及卓别林《摩登时代》中的片段。尼斯特伍（Nistov，2001）研究了《梨》的双语叙事，贾维斯（Jarvis，1998，2000，2002），巴多维-哈里克（Bardovi-Harlig，2000），诺约和帕普若卡（Noyau and Paprocka，2000）等研究者分析了《摩登时代》的诱导型叙事。巴多维-哈里克（Bardovi-Harlig，2000：199-201）总结了使用《摩登时代》和其他短片对二语和外语学习者进行的诱导叙事研究。使用这些刺激形式的好处是，也有相对成熟的分析框架和现成的多语种的单语语料库可供参考（Chafe，1980；Tannen，1980，1993；Erbaugh，2001；Aske，2002）。

尽管这些常用提示可以提供很多优势和便利，但如果想就特定词条或语言结构进行启发，它们很可能无法满足研究需求，因此我们需要采用不同的或新的刺激形式。笔者曾在一项研究中分别从美国和乌克兰的电影学院招募学生做导演、摄影师和演员，依据脚本录制了一些视频作为启发材料。这样做主要有两方面的优势：首先，专门录 313

制的视频有助于启发该项研究所关注的词汇,如表达私密性、个人空间观念(Pavlenko,2003a)以及情感的词汇(Pavlenko,2002a),因此更有利于直接解决研究问题;其次,在不同环境中根据相同脚本进行录制,有助于控制语境因素①,考察语境对言语组织、推理导向(directionality)以及语言迁移(language transfer)的影响(Pavlenko & Jarvis,2002)。

遵循适当的诱导程式对于收集丰富的叙事数据和具有可比性的语言样本来说非常重要。伯曼和斯洛宾(Berman & Slobin 1994:22-23)提供了《青蛙去哪儿了?》的诱导程式,其中要求使用纸质书,消除叙事任务的记忆负担。针对双语人和多语人进行研究时,我们通常会对这一程式进行调整,一些研究者主要关注使用纸质书诱导出的叙事语料(Kupersmitt & Berman,2001;Severing & Verhoeven 2001;Stavans,2001),另一些研究者则关注儿童与看护人共同完成的叙事(Boyd & Naucler,2001)以及儿童如何对听到的故事进行复述(Lanza,2001)。查费(Chafe,1980:xiv-xv)提供了《梨》的诱导程式,贾维斯(Jarvis,1998)和巴多维-哈里克(Bardovi-Harlig,2000:200-201)详细论述了使用《摩登时代》及其他短片进行诱导叙事的程式。

启发双语叙事特别具有挑战性,因为要求双语人以两种语言叙述"同一件"事,这一过程可能会受"次序效应"影响。通常来说,第二次不如第一次讲述得详细;或者,受"练习效应"影响,当使用说话人不熟悉的系列图片进行启发时,第二次比第一次讲述得详细,而且,由于说话人已了解故事结局,第二次讲述时会重点强调第一次未注意到的情节元素(Bennett-Castor,2002)。要想减少此类影响,可以使用两个提

---

① 由于语境对诱导型叙事存在影响,为此,《梨》在拍摄时有意消除了美式文化的语境因素。——译者注

示,随机选择一半参与者,要求他们根据提示一以 A 语言、根据提示二以 B 语言讲述或撰写故事;要求另一半参与者根据提示一以 B 语言、根据提示二以 A 语言来讲述或撰写故事。如果只使用一个提示,那么可以在不同时间以不同语言来诱导叙事,通常可以间隔两周,最好由不同研究人员来进行诱导。如说话人的两种语言能力相当平衡,那么可以随机选择语言顺序来进行诱导;反之,可先以其非主导语言进行启发(Lanza,2001)。此外,还可以请说话人在叙事中间切换语言,要求一半参与者用 A 语言讲述故事前半部分,用 B 语言讲述后半部分;而另一半参与者用 B 语言讲述故事前半部分,用 A 语言讲述后半部分(Kupersmitt & Berman,2001)。

诱导模式也是诱导程式中需要关注的一个层面:使用同一个提示诱导出的口头叙事和书面叙事之间可能存在很多不同(Tannen,1982)。口头模式和书面模式各有所长。就数据收集而言,书面模式更高效,可以涵盖大量参与者,但收集到的数据不一定能代表真实的言语表达。此外,写故事的能力受参与者年龄及其读写能力、语言熟练程度的限制。相比之下,口头叙事更能代表自发谈话,但转录非常 314 耗时,而且还需要决定是让参与者看完整个短片或一组图片后再进行描述还是让参与者在看图片或者短片的同时对情节进行评论。选择哪种模式最终取决于研究的问题,有些问题可以通过书面叙事数据解决,有些则需启发口头叙事,还有一些问题需要对两者进行综合分析。

最后,我们需要考虑单语人基线数据方面的问题。当使用常用提示材料时,通常有一些包含不同年龄组、不同语种的单语语料库可供对照;使用不常用提示时,通常没有现成的单语语料库可供参考,所以非常有必要收集与双语人年龄、社会经济背景相似的单语人的叙事语料。单语语料库能够提供年龄标准和地域变体方面的宝贵信息;缺少这些数据,我们可能会将地域变体、口头俗语以及特定发展阶段出现的结构定性为"误用"或跨语言影响的产物。使用相同提示分别建立单语和双语语料库,便于进行跨语言比较(参见 Bennett-Castor,2002)以及就双语人的年龄、文化适应(acculturation)、语言熟练程度展开比较。

18.2.2 数据分析

就诱导型口头叙事而言,数据分析的第一步是选择转录惯例。口头叙事的转录没有标准方法,通常依据研究问题和理论框架选择转录惯例(Ochs,1979)。不管采用哪种惯例,都需要避免两类错误:添加与遗漏。转录人员经验不足时容易出现这些问题:一是按照文档形式来组织口头话语,即,将之转录为一系列句子。尽管使用标点符号能使转录内容更方便阅读,但添加标点的转录文本并不能忠实地代表原话,而且可能会对后续的数据分析产生负面影响;二是有意删除重复的词语和开头的口误,这种省略也会为数据分析带来问题,自我纠正、重复、漏说、开头的口误与纠正、语码转换和"请求帮助"等言语线索对词汇提取研究非常重要。为提高转录的可靠性,需要多次对照录音和转录文本。如有可能,请两个或多个助手分别进行独立转录。为方便后续研究与读者阅读,应尽量使用标准转录惯例,并在附录中列出所使用的全部惯例。伯曼和斯洛宾(Berman & Slobin,1994:657-9)和皮尔森(Pearson,2002:141)提供了青蛙故事的转录惯例;查费(Chafe,1980:xv)提供了《梨》的转录方法;我们在本章延伸阅读部分列出了其他与转录惯例相关的信息。

数据分析的第二步通常是从叙事所用的单词的长度、子句数量、句子平均长度等方面对语料库进行描述性统计（Descriptive 315 Statistics）①，可以用表格形式提供研究所涉及的所有小组的平均值、范围和标准偏差方面的信息；如果词汇多样性和叙事结构不是数据分析的焦点，那么也需要对叙事材料的这些特征进行必要说明。描述工作完成后，可以使用推断统计（inferential statistics）②来比较各个小组或各个参与者之间是否存在显著差异，使用不同提示或不同语言诱导出的叙事材料之间是否存在显著差异，第一次叙述和第二叙述之间是否存在显著差异，等等。如果使用了常用提示材料，那么可以考虑将自己所构建的语料库与使用相同提示材料收集到的其他语料库进行比较。对自己所构建的语料库的一般特征进行充分说明之后，我们就可以进入研究问题的解决阶段了。研究所关注的问题决定数据分析的框架。下面是使用虚构叙事研究双语人语言能力发展、叙事能力发展、跨语言影响和语言磨损现象的最常见的分析框架。

就语言能力发展和语言磨损现象而言，使用诱导型虚构叙事可以解答的第一组问题是词汇问题，具体来说是词汇选择和词汇多样性的问题：双语人词汇选择的影响因素有哪些，其词汇选择与单语人有何不同，在词汇提取时是否存在困难以及存在困难的原因，双语人所拥有的一语词汇和二语词汇的丰富程度，双语人在复述任务中所使用的词汇与单语人有何不同，双语人词汇多样性的影响因素是什么。

我们可能会首先关注特定词汇的使用情况，假设双语人之所以选择某些词是受跨语言、语言磨损或其他因素影响。在这种情况下，我们需要先确定叙事材料中针对特定所指对象的全部称法（如，雄鹿、牡

---

① 描述性统计：通过图表或数学方法，对数据资料进行整理、分析，并对数据的分布状态、特征和随机变量之间关系进行估算和描述。——译者注

② 推断统计：根据样本数据，以概率形式推断总体数量特征。——译者注

鹿、羚羊、麋鹿)以及委婉称法(如,小动物),然后以表格等较为醒目的形式一一列出,并进一步按照组间异同点对词汇选择倾向进行定量和定性分析。在定性分析中,需要特别注意词汇借贷、语义扩展和缩小、概念转移等情况(Pavlenko,2002a,2003a,2003b;Pavlenko & Jarvis,2002)。贾维斯(Jarvis,1998,2000)提供了对诱导型叙事中的指称词进行量化和统计分析的详细建议。考夫曼(Kaufman,2001)、欧斯特因和巴尔齐莱(Olshtain & Barzilay,1991)就双语人在青蛙故事叙事中的词汇选择做了定性分析。

　　我们还有可能会关注叙事中所使用的特定类型的词汇,如,情感类词汇。在这种情况下,我们需要首先识别出所有"情感词",然后通过一系列方差或变化分析来研究情感词汇的丰富性及其在各个小组中的使用情况(参见 Dewaele & Pavlenko,2002)。不同研究对词汇多样性(或词汇丰富性,变体)的定义有所不同,如果对整体层面上的词汇多样性感兴趣,最常用的测量方式是计算"形符比(type-token ratio)",即计算不同的单词的数量(形符)与单词总量(类符)的比率。"形符比测量法"也存在问题,贾维斯(Jarvis,2002)、德威尔和帕夫连科(Dewaele & Pavlenko,2003:123-6)详细讨论了这一方法的局限,并就如何研究诱导型叙事的词汇多样性提供了一些替代方法。

　　使用诱导型虚构叙事有助于解答的第二组问题主要是形态句法(morphosyntactic)的准确性和复杂性,其中最常见的问题与时间参照系统有关:与单语人相比,双语人在叙事时如何使用一些特殊形式(如,时体形式),影响双语人形态句法选择的因素是什么,其中是否有跨语言影响或语言磨损现象,等等。要回答这些问题,需要先识别出研究所关注的形态句法形式的实例,并进行定量和定性分析。如果研究重点是时间关系(temporal relation),还需要标出所有子句的时态,以

316

便识别时态转换(tense shift)的实例。

　　对形态句法形式进行定量分析,通常需要考察不同语言、不同群体、不同个体运用某些语言形式的数量方面的异同点(Bos,2001;Lanza,2001;Stavans,2001;Viberg,2001;Bennert-Castor,2002)以及整体上的形态句法准确性和句法复杂性(Berman,1999;Kupersmitt & Berman,1999;Severing & Verhoeven,2001;Pearson,2002;Polinsky,2002)。对形态句法形式进行定性分析,则需要考察不同叙事结构和功能中的形态句法选择,包括时态转换情况。巴多维-哈里克(Bardovi-Harlig,2000:279-337)研究了不同叙事结构、类型和功能中的时体形式的分布情况,并对二语叙事和外语叙事中的时态研究做了总结。阿尔森(Aarssen,2001)、博斯(Bos,2001)、库佩斯麦特和伯曼(Kupersmitt & Berman,2001)、兰萨(Lanza,2001)、斯特文思(Stavans,2001)、韦博格(Viberg,2001)、贝内特-卡斯特(Bennett-Castor,2002)、波林斯基(Polinsky,2007)研究了双语人两种语言的时体系统。对形态句法进行分析时也可以考察其他形式与功能的关系,如情感表达的结构框架(Pavlenko,2002a)。

　　第三组问题主要针对叙事能力发展,分析叙事结构以评估儿童的叙事能力、语言和读写能力发展或成人的语言熟练程度。有关叙事结构分析的具体方法,见本章“个人经历自述”一节。皮尔森(Pearson,2002)考察了不同年龄组的双语儿童对青蛙故事的叙述,详细探讨了如何进行编码、分析、评价儿童的语言能力和叙事能力。一些研究者考察了双语人叙事的总体结构、评估数量、细节数量(Shrubshall,1997;Berman,1999;Akinci,Jisa & Kern,2001;Kupersmitt & Berman,2001;Lanza,2001;Stavans,2001;Viberg,2001;Bennett-Castor,2002;Ordóñez,2004)、人物引入与指称(Stromqvist & Day,1993;Nistov,2001;Severing

& Verhoeven 2001；Alvarez，2003）、主语省略（Kupersmitt & Berman，2001；Stavans，2001）以及连词使用情况（Berman，1999；Stavans，1999；Viberg，2001）。

此外，还有一些研究者在此基础上运用一些辅助方法来确定双语人的主导语言以及考察语言熟练程度、跨语言影响或语言磨损现象。这些研究分析了语言转用的程度和方向、语码混用、词汇借贷（Lanza，2001；Cenoz，2001；Pavlenko & Jarvis，2002；Pavlenko，2003a，2003b）、语速和流利程度（Tomiyama，1999；Yoshitomi，1999；Polinsky，2007）以及双语人的语言监控机制（Severing & Verhoeven，2001）。语言磨损现象和跨语言影响领域的研究者特别关注双语人与单语人在词汇选择上的不同以及双语人如何使用迂回、暂停、语码转换、省略、尝试提取某个词、明确请求帮助等补偿策略（Olshtain & Barzliay，1991；Tomiyama，1999；Cenoz，2001；Kaufman，2001；Polinsky，2007）。

> **小结**
>
> 总之，在研究中使用虚构叙事需要：
> - 确定最初的研究问题和研究假设，判断诱导型虚构叙事数据是否能完满解答研究的问题。
> - 选择合适的参与者的年龄段并有助于围绕研究进行数据收集的提示材料，如果常用提示材料不能诱导出研究所关注的语言形式，可以尝试使用别的提示材料。
> - 选择现有语料库或单语参与者作为基线数据。
> - 认真考虑整个诱导程式，包括诱导模式（口头或书面）以及叙事进行的时间和听众等细节。如果不是研究"重复效应"，那么应避免在同一个环节中用同一个提示诱导两种语言模式下的叙事。

- 使用标准转录惯例,可根据研究目的进行调整。
- 对叙事数据库进行整体描述。
- 依据要解答的研究问题,对数据库进行编码和分析。

18.3　个人叙事

18.3.1　数据收集

　　虚构叙事数据在双语研究中已占有重要地位,而个人叙事数据则刚开始获得认可。个人叙事是基于说话人个人知识和经历的自述,可以是自发性的,也可以用口头提示(如,提问或给出关键字)进行诱导。尽管不能像使用非言语提示诱导出的虚构叙事那样得到控制,但个人叙事可用于相同研究目的,即,解答语言能力和叙事能力发展、跨语言影响或语言磨损现象等问题,而且,在某些情况下,个人叙事可能是更好的数据来源。诺约(Noyau,1984)认为,个人叙事的结构不像使用非言语提示诱导出的虚构叙事那样僵硬,因此能为研究者考察双语人如何处理时间参照系统方面的问题提供更好的机会。希罗(Shiro,2003)发现,来自不同社会阶层的儿童在讲述个人体验时所表现出的语言能力和叙事能力等的差异小于其复述虚构故事时所表现出的差异。她认为,一些社会阶层和亚文化群体不要求儿童复述他们读到的故事或看到的电视场景,在这种情况下使用个人经验叙事能够更好地评估这些儿童的叙事能力。个人叙事的自传性内容,可用来研究语言社会化、双语人如何组织情感表达和叙事、社会语言学因素对语言学习、语

318

言磨损现象和语言转用的影响,在缺乏其他语料资源的情况下,还可用来研究历史和历时语言现象。

双语研究中使用的个人叙事数据通常有两种类型:个人经历自述和语言学习经历自述,这些数据可以是口头形式或书面形式,也可以是诱导型或自发型。个人经历自述是说话人在个体经历的基础上,对真实、想象或可能发生的事件的叙述。我们可以在实验条件下通过关键字、访谈提问等形式进行启发,也可以直接要求说话人讲述特定类型的故事,如童年记忆、度假经历、车祸经历以及包含某种情感的事件。麦凯布和比利斯(McCabe & Bliss,2003:6-10)提供了启发个人经历自述的详细指导并推荐了一些适用于儿童和成人的提示材料。为增强数据的代表性,他们建议针对每个说话人收集几段叙事数据。一些研究者对朋友以及家庭成员在谈话中共同构建的自发叙事很感兴趣(Pfaff,2001),还有一些研究者十分关注访谈者与访谈对象之间的正式和非正式谈话(Wenzell,1989;Teutsch-Dwyer,1989;Vitanova,2004,2005)。施吕特(Schlyter,1996)曾用了两年时间跟进儿童与父母互动时的叙事情形并进行了录制,达特(Dart,1992)录制了一个四岁双语女孩在独自玩耍时的自发叙事。

根据研究问题,可以收集双语人使用两种语言(Dart,1992;Jevier, Barroso & Munoz,1993;Maeno,1995;Schlyter,1996;Koven,1998,2001, 2002;Pfaff,2001;Marian & Kaushanskaya,2004)、母语(Schmid,2002)或二语进行的叙事(Wenzell,1989;Rintell,1989;Teutsch-Dwyer,2001; Van Hell,Bosman,Wiggers & Stoit,2003)。科文(Koven,1998)为诱导就同一话题用两种语言进行叙述提供了很好的建议,其中包括使用不同的采访者进行提问。

用两种语言启发个人叙事需要注意三个问题:一是先后用不同语

言对同一件事进行叙述,可能会受到"次序效应"和"练习效应"影响,为减少此类影响,通常间隔两周再收集第二次叙事数据;二是当说话人使用"事件发生时的语言"进行叙事时,其中的细节会更多,表达的 319 情感会更强(Jevier, Barroso & Munoz, 1993; Marian & Kaushanskaya, 2004);三是需要判断言语障碍的来源,通常,说话人语言熟练程度本身不高,对谈话主题感到焦虑,或对自身语言熟练程度不自信,都可能出现言语障碍。关注语言磨损现象的研究者对说话人在访谈前的"临阵磨枪"特别感兴趣。在一些情况下,我们可以借助前人收集的叙事语料库,特别是那些并非出于语言研究目的而收集的语料来解决这个问题。杜赛尔多夫(Dusseldorf)大屠杀纪念中心口述历史项目组的历史学家曾收集了大量生活在英语国家的德国犹太人的自传材料,施密德(Schmid, 2002)借助这些语料所做的分析是此类研究的典范。

语言学习经历自述(Linguistic autobiographies)或**心理传记**(Sprachbiographien)是个人叙事的子类,这类叙事主要关注说话人所使用的语言以及习得、使用或停用这些语言的原因。语言学习经历自述可通过访谈、问卷(Nekvapil, 2000, 2003; Meng, 2001; Meng & Protassova, 2002; Čmejrková, 2003; Franceschini, 2003; Protassova, 2004)、课堂任务(Hinton, 2001; Tse, 2000a; Pavlenko, 2003c)等形式进行收集。为避免对说话人的干扰,研究者也可分析自发型的语言学习经历自述,如学习者的日记和日志、公开出版的自传和语言回忆录(Schumann, 1997; Pavlenko, 1998, 2001, 2004; Norton, 2000; Tse, 2000b; Granger, 2004)。

当研究者使用个人生活经历自述和语言学习经历自述语料对一些社会语言学现象进行分析时,他们倾向于使用最便于分析的那种语言来收集数据。这种做法存在一些问题:使用双语人较弱的语言进行启发,可能会造成一些信息的失实或遗漏;使用双语人的主导语言进行启发时可能需要进行同步翻译,这会影响叙事的完整性。这种做法可能带来的更大问题是将语言学习经历自述变成"干巴巴的事实"而不是话语构建过程。要全面理解语言学习经历自述并将之作为叙事数据进行分析,内克瓦皮尔(Nekvapil,2003)建议针对同一说话人、间隔较长时间、就其所使用的两种或多种语言分别进行诱导,收集几段语言学习经历自述。由于说话人面对不同的对话人可能会有选择地突出其不同的民族身份认同,所以,条件允许的话,尽量请不同访谈者进行提问。

18.3.2　数据分析

18.3.2.1　个人经历自述

对口头诱导型个人经历自述进行分析的第一步也是转录,我们需要决定转录多少语料,使用哪种转录惯例。由于一些言语特征及其效果很难从纸面上捕捉到,所以,需要对照转录文本和原始磁带进行后续分析。具体的分析方法很多,如何进行选择通常取决于研究的关注点和研究的问题。

就语言能力发展和语言磨损现象而言,个人经历自述与虚构叙事一样,可对其中的语音、形态、语法、语义、语用等进行分析,并对单语和双语叙事语料进行群间对比(Schmid,2002;van Hell,Bosman,Wiggers & Stoit,2003)。我们可以从长度、词汇多样性、形态句法准确性和复杂性、跨语言影响程度等方面对叙事数据进行定量分析(Dart,1992;Schlyter,1992;Schmid,2002;van Hell,Bosman,Wiggers & Stoit,2003),也可以从词类的使用、关系从句、时态、体貌、叙事功能(Dart,

1992；Wenzell，1992)、时间参照系统如何发展(Schlyter，1996；Teutsch-Dwyer，1996)等方面对之进行定性分析。就双语研究而言，还可以对双语叙事材料中的情感强度和细节数量进行比较(Javier et al.，1993；Marian & Kaushanskaya，2004)。

语言文化不同，叙事结构和叙事习惯也有所不同(Mistry，1993；Blum-Kulka，1993；McCabe & Bliss，2003；Klapproth，2004)，所以，个人经历自述还可用来比较说话人在不同语言中的叙事能力和自我表现(performance of self)。传统叙事分析法包括五种常用的方法：高潮分析法(high point analysis)、叙事语法分析法(story grammar analysis)、小节分析法(stanza analysis)、叙事评估法(narrative assessment profile)和形式功能分析法(form-function analysis，Berman，1995；McCabe & Bliss，1995)。

高潮分析法按照拉波夫(Labov，1972a；Labov & Waletzky，1967)提出的叙事结构[1]对特定话语和情节的叙事功能进行考查，其中包括叙事的主要内容、叙事起点、主要情节、主观评价、情节展开与收尾。

叙事语法分析法司特因和葛兰(Stein & Glenn，1979)、曼德勒(Mandler，1982)在普罗(Propp，1968)对俄罗斯民间故事的研究基础上提出了这一方法，主要考察叙事是如何围绕主人公的明确目标(场景、触发事件、人物的内在反应和计划、解决问题的尝试与结果)而展开的。叙事语法分析和高潮分析法主要关注章节结构、主观评估的程度和丰富性，它们已成功运用于双语儿童、双语成人虚构叙事

---

① 拉波夫认为结构完整的个人经历自述应包括6个部分：1)摘要(abstract)，即，叙事的主要内容；2)叙事起点(orientation)，包括时间、地点、情境、参与者；3)主要情节(complicating action)；4)评价(evaluation)，说话人的态度，对行动的重要性和意义的评价；5)主要情节的解开方式(resolution)；6)结尾(coda)。——译者注

（Shrubshall，1997；Ordóñez，2004）和个人经历自述能力等研究领域
（Rintell，1990；Maeno，1995）。

批评者认为，高潮分析法和叙事语法分析法比较偏重西方叙事尤
其是欧洲叙事传统（见 Mistry 1993；McCabe & Bliss，2003）。针对这一
问题，海姆斯（Hymes，1982）和吉（Gee，1991）提出了"小节分析法"，
即，把叙事分割为线条，然后按照小节（单个主题的多行句子）、场景、
行为等不同层次，以散文诗的方式来呈现。前野（Maeno，1995）成功运
用小节分析法考察了英语和日语双语叙事。不过，尽管这种方法有助
于解释日语或祖尼语①的叙事结构，但它并不适用于所有文化
（McCabe & Bliss，2003）。

321   **叙事评估法**这是麦凯布和比利斯（McCabe & Bliss，2003）对语言
文化背景不同的儿童进行了多年研究后提出的方法，它注重从多个维
度来考察文化关注（cultural concerns）问题，对说话人在叙事中如何保
持话题、对事件进行排序、提供哪些信息、如何指称以及叙事的连贯
性、完整性、流利程度等进行评估（McCabe & Bliss，2003：15-20），两位
作者使用这一方法成功地分析了双语儿童的叙事。而**形式功能分析
法**（Bamberg，1987；Berman & Slobin，1994；Berman，1995）则关注说话人
如何使用语言形式来表达叙事功能，即，考察说话人如何安排叙事中
的时间关系与因果关系以及如何保持文本完整性。我们在"虚构叙
事"一节对运用这一方法分析双语人的叙事做了说明。

以上叙事分析方法一直面临着很多批评，会话分析学派（CA）的
研究者认为就叙事展开分析必须从其本质上的互动性入手（参见
Edwards，1997；Schegloff，1997a）。双语领域的研究者已经注意到了这

---

① 居住在美国新墨西哥州中西部与亚利桑那州交界处的普韦布洛人所操的语
言。——译者注

些批评,并开始考察对话性叙事及其互动功能(参见 Pfaff,2001)。科文(Koven,1998,2001,2002)针对双语人个人经历自述的互动分析,提出了迄今为止最为复杂的框架。她对法语-葡萄牙语双语人的叙事数据进行了定量和定性研究,考察了以下话语形式:(1)说话人角色,即说话人如何对自己作为对话人、叙述人、剧中人物的角色进行定位;(2)指称特征,即说话人如何指称各种人物和实体(如:称女性为 woman 还是 chick);(3)语用标记:即说话人如何描述他人的言语行为(如:他"说"还是他"叹息");(4)引用或代言(Bakhtin,1981),即说话人如何对他人的话语进行直接或间接的着色、发挥;(5)认知情态意义,即说话人在叙事中如何设定其正在描述的事件的位置,通常,这种定位需要通过时态(用现在时还是过去时)来实现。

科文并未止步于这种复杂模式,为阐述局部话语意义对说话人自我角色的限制,她使用了另外两种辅助分析资源:自我评价与他人评价(Koven,1998),即,每次完成叙事诱导后,立即询问说话人在分别使用两种语言进行叙事时的感受,并请他们就个人表现进行评价,然后请其他双语人听录音并判断说话人用不同语言进行叙事时是否展示出不同的角色特征。

18.3.2.2　语言学习经历自述

近年来,语言学习经历自述和个人生活经历自述在双语研究领域越来越受欢迎,它们从第一人称视角以独特方式展示了语言学习、磨损和转用的过程。研究者运用社会语言学方法对语言学习自传进行分析时,通常会使用主题或内容分析法,即,分析叙事中出现的主题和概念范畴(参见 Strauss & Corbin,1990)。这种做法的优点是对说话人叙事过程中反复出现的中心思想、人物、事件、情景等主题非常敏感, 322
但在更多情况下,内容分析法似乎只是为研究者验证结论提供了大量例证而已,研究者将说话人的叙事等同为"观察笔记和记录"(Tse,2000b:191),不加判断地依赖说话人在叙事中所讲的内容,不注重挖掘说话人省略的内容,对说话人在特定时间以特定方式讲述哪些内容、有意排除哪些内容的原因缺乏洞察。有时,内容分析法甚至会完全无视叙事的语言性、互动性、话语特征和二语叙事的独特性。

一些研究者认为,语言学习经历自述不能、也不应该被视为观察笔记、记录材料或事实(Kramsch & Lam,1999;Nekvapil,2000,2003;Pavlenko,2002b),应将之视为与其他个人经历自述类似的话语结构,充分考虑其语言性、修辞性、互动性及其社会语言学背景和社会历史环境。欧洲研究者对语言学习经历自述所进行的创新运用表明,当与其他数据收集方式相结合时,语言学习经历自述才能发挥其最大功能(Meng,2001;Meng & Protassova,2002;Nekvapil,2000,2003;Protassova,2004)。

鉴于此,在对语言学习经历自述进行分析时,我们应首先考虑其社会历史环境。例如,对不同时期的语言回忆录进行比较,可以说明历史和政治事件对个人就其所使用语言对自我进行定位的重大影响(Pavlenko,2004)。也就是说,研究者在分析语言学习经历自述语料时,需要考察说话人所处的社会、历史、政治、经济环境,及其如何依据所在群体流行的语言意识形态和话语对自身进行定位。梅尔科娃(Čmejrková,2003)研究了乌克兰捷克人关于遣返回国经历所做的叙事,其中对社会历史环境做了透彻分析,堪称此类研究的典范。

其次,我们需要考查访谈所处的具体环境、不同访谈对象之间的权力关系及其在访谈不同节点扮演的角色、影响说话人判断讲述某件事是否得体的各种观点与社会态度等。研究双语人和多语人特别需要对这些情况保持敏感,相对于研究者与主流社会,一些参与者的难民或移民身份,从根源上决定了他们处于弱势地位。这意味着他们可能在讲述一个经过"机构化"的叙事版本,即,为应付各种政府性机构而做的陈述。西蒙-麦德(Simon-Maeda,2004)在研究中注意到了这种情况,并以此解释了女同性恋教育工作者拒绝参与其研究或在研究中尽量淡化自身性取向的现象。

最后,我们需要决定研究重点以及个人生活经历叙事的三类信息的相对重要性:生活现实(即"事情"在过去或现在的真实面貌)、主体 ³²³现实(即说话人对"事情"的主观体验)和文本现实(即说话人对"事情"的叙述)(Nekvapil,2003:69)。一些研究者对说话人在文本现实中如何描述自我非常感兴趣,这些研究者主要关注文本的修辞属性,倾向于使用定位理论(Pavlenko,2001,2004)、巴赫金对话理论(Vitanova,2004,2005)、修辞分析(Kramsch & Lam,1999)来研究非母语人如何在二语中构建文本家园(textual home)和自我认同,如何根据有关语言和身份认同的社会话语对自身进行定位。

一些研究者对现实主体感兴趣,他们倾向于使用内容分析法来考察双语人对其他不同语言的态度(Pavlenko,1998,2003c;Pavlenko & Lantolf,2000;Tse,2000a;Heinz,2001;Yelenevskaya & Fialkova,2003),祖裔语言使用者对其民族身份的认同及语言维护的态度(Tse,2000b;Hinton,2001)。一些研究者未能很好运用内容分析法,只是引用数据来点缀自己总结出的主题;还有一些研究者结合运用内容分析法与话语分析法(Pavlenko,2003c;Yelenevskaya & Fialkova,2003)、成员分类分析法(Nekvapil,2000)以及后结构主义分析法(Norton,2000)、社会文化分析法(Pavlenko & Lantolf,2000)、精神分析法(Granger,2004),目的是突破简单总结主题的做法,并揭示影响研究者立场的内外因素。

还有一些研究关注生活现实,即关注个体说话人的语言轨迹或特定社区的社会语言学情况。一些研究者使用语言自传,结合语言、历史和民族志资料,分别对居住在乌克兰的捷克人(Čmejrková,2003)、居住在捷克的德国人(Nekvapil,2000,2003)、居住在德国的土耳其人和俄罗斯人(Meng,2001;Meng & Protassova,2002;Franceschini,2003)和居住在芬兰的俄罗斯人(Protassova,2004)做了分析研究,这些研究堪称典范。不过,一些研究中也存在混淆现实文本和经验事实,将叙事等同为真实事件等问题。科瑞斯和拉姆(Kramsch & Lam,1999)反对这种做法,并举例说明叙事行为会不可避免地改变叙事主体,任何进一步的解读都只是在对叙事行为而非客观事件进行说明。此外,要分离生活现实、主体现实和文本现实并非易事,通常需要在关注某一方面时充分考虑其他两个方面(Nekvapil,2003)。

小结

总之,在研究中使用个人叙事需要:

- 确定最初的研究问题和研究假设并确保以个人叙事的方式能最好地解决这些问题。

- 选择最有助于解答研究问题的个人叙事类型:(1)个人经历自述或语言学习经历自述;(2)自发型或诱导型;(3)口头或书面叙事,当采用书面模式时,需进一步决定是进行叙事诱导还是采用前人出版的语料。

- 估算解答研究问题所需的语料库的规模,然后决定语料收集方式:(1)如果采用出版语料,选择标准是什么;(2)如果采用自发叙事语料,如何收集语料、在哪里收集、数据收集间隔;(3)如果采用诱导型叙事,使用哪种类型的提示、线索、问题,如何对诱导程序进行说明指导,针对每位说话人收集多少段叙事,数据收集间隔。

- 决定使用哪一种语言或几种语言进行叙事诱导,权衡使用说话人的全部语言收集语料的利弊。
- 选择合适的转录惯例。
- 权衡五种叙事分析法各自的优缺点,综合使用那些最能满足研究需求的方法;考虑叙事产生的语境及其对叙事结构和叙事内容的影响。

18.4　本章小结

　　叙事分析法为研究双语人和多语人的语言能力、叙事能力发展,社会语言学因素对语言习得、磨损、转用的影响等问题提供了很多便利。值得注意的是,一些研究表明说话人在叙事任务中的表现取决于很多因素:提示材料的性质、说话人的社会文化背景、启发模式、语境(Tannen,1980,1982,1993;Berman,1995;Shiro,2003;van Hell,Bosman,Wiggers & Stoit 2003;Mckinnie & Priestly,2004),等等。这意味着,在评估说话人的叙事能力时,我们不能只研究一种类型的叙事就做出判断,而应在不同时间、不同的语境下就说话人所使用的两种或多种语言收集不同类型的叙事语料。相比之下,通过语言自传获取数据虽然非常便捷,但我们需要明白,说话人的叙述是对事实的解读,而非陈述,所以,最好将之与其他方式收集到的数据结合起来使用。此外,正是由于这些叙事本身提供了现成的解释,研究者应该抵制做总结的吸引力,相反要尝试对叙事进行分析,分析时吸纳参与者的观点,但要超越他们的观点。

325 延伸阅读

短片下载

《梨》可以免费从查费教授或玛丽·厄尔博（Mary Erbaugh）的网站下载

www. linguistics. ucsb. edu/faculty/chafe/pearfilm. htm, www. pearstories. org/

《摩登时代》和《梨》可以从乔恩·阿斯克（Jon Aske）的网站下载

www. lrc. salemstate. edu/aske/basquecorpus/movies/index. htm

叙事语料库

CHILDES 网站（http://childes. psy. cmu. edu/）提供了"青蛙故事"的单语和双语语料库。Jon Aske 的网站（www. lrc. salemstate. edu/aske/basquecorpus/movies/）提供了《梨》和《摩登时代》的诱导型叙事的转录材料，厄尔博的网站（www. pearstories. org/）提供了《梨》的 7 种汉语方言叙事语料。

转录惯例

www. linguistlist. org 和 www. celt. stir. ac. uk/resources/ML51/transcription_symbols. html 提供了转录惯例方面的信息，www. speech. psychol. ucl. ac. uk/transcription/transcript. html 提供了对间断或流利谈话进行语音描述的在线培训课程，其中包括转录惯例、练习以及国际语音协会（IPA）的链接地址。www. ldc. upenn. edu/Projects/Transcription 网站提供了韩语、俄语、汉语和西班牙语方面的研究项目所使用的转

录惯例。

叙事启发、编码和分析

麦基和加斯（Mackey & Gass, 2005）就二语研究中的叙事分析做了总结，就如何诱导叙事做了深入探讨，提供了授权书样本、机构审查委员会申请表和转录惯例。麦凯布和比利斯（McCabe & Bliss, 2003）就叙事的诱导与分析提出了建议，并提供了具体的编码模式。皮尔森（Pearson, 2002）提供了青蛙故事的编码表和编码说明。伯曼和斯洛宾（Berman & Slobin, 1994）和查费（Chafe, 1980）的研究是诱导和分析虚构叙事的优秀入门材料。丹兹（Denzin, 1989）和里斯曼（Riessman, 1993）对个人叙事分析法做了充分说明。内克瓦皮尔（Nekvapil, 2003）提供了启发、分析语言学习经历自述语料的大量信息。沃霍文和斯特姆韦斯特（Verhoeven & Stromqvist, 2001）的著作是一本独特的双语和多语叙事研究论文集。

（董秀玲 译）

第 19 章　媒体分析

托尼·珀维斯(Tony Purvis)

> 在台湾,我与人不同,因为我不会说汉语;在西方国家,我还是与人不同,因为我看起来是个中国人。
>
> ——洪美恩(Ien Ang),《不会说汉语:生活在亚洲和西方之间》(*On Not Speaking Chinese:Living Between Asia and the West*)

19.1　导语

洪美恩的观察表明,一个被试在文化上如何被编码随后又被解码,这取决于具体的语境和在某种机制的仲裁(mediation)和描述(representation)下所出现的情境。在台湾,洪美恩在语言和文化上的主体性受到质疑,因为她不符合那里的解读框架。她不会说汉语,所以她不同于周围人。换句话说,其语言的主体性是依据她的语言行为来仲裁的,但矛盾的是,她的言语行为是无声。在西方,她经受着另一种方式的解码:"她看起来是个中国人"。外貌与语言的不匹配意味着另一种形式的无声,此时,文化认同的授予基础不是言语行为而是西方社会所想象的中国人的外貌。"会说汉语"意味着什么?"看起来像"中国人又意味着什么?华裔该如何进行自我认同呢?是否所有形式的语言和文化认同都与那些仲裁和描述系统"捆绑"在一起?个体该如何进行自我认同?我们对多语人又是如何想象的?

洪美恩的感悟从一个方面突出了社会对语言和主体性的构建程度。不过,我们还可以对其观点进行如下补充:另一方面,大众传媒对个体的语言或文化上的"识别特征"所进行的构建,也影响着语言和文化认同。福柯(Michel Foucault)在其"主体性"理论中提出,所有个体都与赋予并限制其存在的话语背景有关,如,白人特征或性别特征等话语背景,总是以这样或那样的方式来塑造个体。在当代文化中,大众传媒的话语策略往往决定了双语人和多语人会以怎样的形象出现。

西方流行的媒体表述中将双语人视为第二语言为英语的人。而 327
在同样流行的媒体作品中的双语角色其实称不上是双语人,因为这些角色通常并未熟练掌握优势语言(英语)。这种现象中既反映了缺失模式(deficit model),也反映出另外一种模式,即,将媒体所构建的国家特征层面上的"英语"与意识形态上占主导地位的"标准英语"和"标准发音"模式相等同。媒体研究和媒体分析能为双语和多语引入哪些要研究的问题?当代大众传媒是如何构建双语人和多语人形象的,媒体分析对双语和多语研究有哪些帮助,等等,我们将围绕这些开放性问题进行讨论并介绍媒体分析的主要框架。本章组织结构如下:19.2节"媒体分析的框架",广义的大众传媒是什么,媒体是"谁",媒体分析为什么有助于进行跨文化和多语研究,我们将以英国安迪摩尔公司(Endemol)第四频道的《名人老大哥》节目为例来说明如何进行新闻媒体分析;19.3节"媒体分析和全球化背景下的多语人",针对语言文化的包容性、参与性和代表性进行分析;19.4节"媒体分析和双语的

'他们'的话语权",主要涉及媒体分析中的语言身份标记;19.5节结论,多语人形象并非简单出现在媒体中,实际上它是媒体通过对语言、文化、身份认同等话语进行操控并构建出来的。

19.2　媒体分析的框架

　　小到本地大到全球,我们的文化和社会日益被图像和报道所主导(参见 Hall,1997:13-74)。我们所接触到的"世界"是电视、电影、报纸、广播、流行音乐、互联网、手机等大众传媒介绍、再现和构建出来的。赫曼和乔姆斯基(Herman & Chomsky,2002)认为,大众传媒貌似在呈现世界,其实也在塑造世界,它能使世界上一些地区看似遥远且陌生,另一些地区则看似邻近且熟悉。当今媒体使得那些全球性、国际性、多语性的现象看起来跟发生在本土本地区的事情一样令人熟悉。电视、广播、互联网和移动技术等,能将一些实际上远离我们的事件直接、瞬时地呈现在我们眼前。试想,媒体是如何报道那些有关战争、冲突、宗教、奥运会、自然灾害的场面的。电视的现场感和实时性,意味着媒体拥有并能够动用相当大的力量(McCullagh,2002)。媒体328 再现世界的力量如此之大,以至于我们非常有必要理解大众传媒是什么、在做什么以及哪些框架可用于媒体分析。

　　为提高媒体分析法的使用价值,鼓励在多语语境的研究中将媒体文本分析作为媒介研究的开端,并在所有的媒介分析中考虑到结构的重要性,我们列出了一些媒体分析框架。不过,媒体分析中并不存在单一做法,格瑞普斯瑞德(J. Gripsrud,2000)的《理解传媒文化》和德弗鲁(E. Devereux,2003)的《理解媒体》中提供了一些非常有用的概述、总结和细节,两本著作都认为媒体分析具有以下优点:(1)关注观众的身份认同和影响;(2)与内容分析法同样注重对符号进行分析和解读;(3)注重媒体产业和媒体产出背景的重要性;(4)强调应针对媒体的全球性力量进行研究。媒体分析的基本框架如下。

19.2.1 分析框架

我们可以把大众传媒想象为媒体生产商、媒体机构和组织、媒体受众或用户、媒体产出。那么,媒体分析就是要讨论、分析、评估所有这些组成部分。理解媒体、进行媒体分析,可以从媒体产出入手。生活中常见的媒体文本有广告、电影、电视、报纸、杂志等,在特定时空再现特定现实的文本、书面和口头叙事、故事、声音、图像资料等,都是媒体产出,分析这些就是进行媒体分析,可以说,只要是对媒体产出进行批判性评论或其他任何形式的评论,都是在进行一定程度的媒体分析。具体来说,媒体批判和分析的框架如下。

19.2.1.1 媒体和文本的关系

基于文本模式进行分析时,可以把媒体产出视为(看似)独立的文本状态,如,电影和电视剧的剧本、流行音乐歌词、广告词等,与文本品质相关的有:风格、形式、语言特色、色彩运用等,媒体分析模型通常将"文本"视为分析的关键对象。例如分析一则广告,广告本身就是主要分析对象,除此之外,还需要分析广告的文本互涉(intertextual)程度,即一则广告为增强吸引力与其他的文化文本和参考文献所存在的交互关联。就电视产出而言,体裁(genre)是一个重要术语,它的意思是"类别"或"类型",在媒体分析中,文本体裁通常可分为虚构型、戏剧型、电影类、视觉艺术类等。按照体裁,可以将文本分为子类,如,肥皂

329 剧、情景喜剧、浪漫剧等。如,纪录片可分为情节性纪录片、纪录性剧目、纪录性肥皂剧等子类。体裁也可用于定义目的,我们可以据此对有争议的文本进行分类。尼克·莱西(Nick Lacey,2000:136)提供了一种分析媒体文本的方式,他建议,"罗列文本的角色类型、背景、图像记录、叙述和风格,然后考虑文本可归入哪种类型。"赫兰德(Holland,1997:153-9)、沃森(Watson,1998:137-42)、伯顿(Burton,2000:86-94)也提出了类似的条目和提纲。

19.2.1.2 媒体和文化的关系

从媒体与文化的关系出发进行研究,需要将大众传媒的产出物,如,流行的爱情小说或广告等,置于更广阔的社会文化动态系统中进行分析。我们以通俗小说的分析为例,除了分析小说内容外,还需要评估其与文化身份、社会政治结构的关系,并分析读者互动的背景。詹尼斯·拉德韦(Janice Radway,1987)和洪美恩(Ien Ang,1985)围绕大众传媒的文本、文本受众、文本催生的"受众群体"做了大量研究工作。洪美恩还分析了多语背景下的北美电视作品是如何被作为文化产品进行消费的。此外,杜·盖伊、霍尔、简、麦凯、尼格斯(du Gay,Hall,Janes,Mackay & Negus,1997)在《文化研究:索尼随身听的故事》中,以索尼随身听广告为主要分析对象,从跨文化、跨国界维度对大众传媒、市场营销、全球资本化背景下的文化身份进行了研究。

19.2.1.3 媒体和政治经济的关系

围绕媒体与政治经济的关系进行研究,需要从大众传媒产业所处的政治经济背景出发对电影或其他媒体产品进行分析。媒体文本可被视为商品,金融经济动态折射在社会、意识形态、文化层面,从而构建出了这种商品。电影、广告、报纸等媒体文本,是大众传媒系统催生的产业的一部分,其内涵取决于传播行为背后的政治经济因素。忽视从经济和意识形态维度分析媒体文本,也就是无视媒体对金融经济的力量。《文化研究:索尼随身听的故事》主要是从文化经济角度来研究媒体产出,而从政治经济角度出发,则须考虑媒体的经济结构性质,媒体机构、媒体产出和意识形态的三方关联,既以经济结构为基础,又在很大程度上受其影响(关于政治经济的讨论,参见 Garnham,1979;Mosco,1996)。

19.2.1.4　媒体和媒体使用背景的关系 330

从这一视角出发,我们不仅需要分析大众传媒及其产品本身,还需要分析其使用过程。如,"独立制作"的流行音乐所催生的亚文化就是媒体分析的重要对象。受众关系、民族志研究、媒体产业所促成的较为明显的外围产业,对于理解媒体产出、媒体产业和社会形态有着十分重要的作用。詹金斯(Howard Jenkins,1992)的《文本偷猎者》和赫米斯(Joke Hermes,1995)的《阅读女性杂志》为从这一角度出发进行媒体和文化分析提供了深入见解。

19.2.2　媒体分析框架的实用性:新闻中的语言和身份认同

在介绍了一些重要术语后,我们以《名人老大哥》引发的一些新闻报道(2007 年 1 月)为例,探讨如何进行媒体分析。

我们在本章的开篇看到,媒体主要关注陈述社会关系,媒体分析也是对**构建**社会生活和社会关系的媒体描述的分析。不过,媒体分析的另一个关注点是媒体描述的**形式**。媒体再现是通过形式和体裁实现的,形式和体裁则反映出视觉、语言、口头、书面等结构上的不同。此外,如果媒体描述不是"有代表性的",或者如果媒体产出决定社会行为(如,媒体影响人们对种族、性别、性取向和年龄的看法),那么我们就有必要根据其对**受众**的影响来分析这一媒体输出。

从一定程度来说，社会组织和机构、社会研究者需要了解媒体是如何再现和构建某个特定事件或话题的。英国系列真人秀节目《名人老大哥》（2007年1月）因参赛者的行为和语言具有种族歧视性，接到国内外很多观众投诉。该节目的年度最大看点并不是最终赢家、印度女演员希尔帕·谢蒂（Shilpa Shetty）的双语人身份，而是谢蒂因其多语能力所受到的种族歧视①。

声讨与谴责超出了网络聊天室、报纸、电视"脱口秀"节目，英国下议院专门召开会议，印度很多城市出现公开抗议。我们以《名人老大哥》为例，展示如何围绕受众、机构与媒体再现之间的相互作用，对文本、节目、新闻评论等媒体产出进行分析。一般来说，任何媒体分析都会首先考察这些因素在构建"新闻"的过程中如何相互作用，在考察这种相互作用时，媒体分析中最关注的是如何以语言来构建社会身份。在《名人老大哥》事件中，这种相互作用引起的动态发展和冲突特别明显。我们采用媒体分析来理解媒体产出、媒体机构对媒体文本"之外"的社会生活的影响。

分析《名人老大哥》事件如何在新闻媒体中描述，可以分两个阶段进行：

第一阶段：

1　确定与《名人老大哥》事件有关的文章和报道，从中选择可控的样本规模。如果有400篇文章与谢蒂有关，那么可以将这些文章缩小到最具代表性的范围内。如果分析团队足够大，也可以考虑分析所有

---

①　谢蒂的室友嘲笑并模仿她的印度口音，拒绝以名字称呼她，叫她"印度女人"，暗示她脏，抱怨她用手接触食物，问她在印度是否住在棚屋里。其中一人说，"她应该滚回去。她连英文都不会说"。——译者注

文章；

2 考察新闻媒体如何对信息进行报道、传播了哪种类型的信息。

《名人老大哥》事件中，电视、报纸等国内国际新闻媒体对谢蒂在"老大哥"公寓的遭遇进行了"再现"式公开。因此，我们的分析重点不是公寓本身，而是新闻报道在"实时"展示参赛者生活时，如何重构公寓里发生的事。通过观察新闻媒体如何报道室友和种族主义话题，我们可以对事件进行详细的媒体分析。

第二阶段：

1 考察新闻媒体如何对围绕《名人老大哥》事件展开的公开讨论进行报道。例如，报道中重复了哪些要素，是否使用了共同的语言技巧，使用了多少次摘录和引语，引用了谁的原话，等等；

2 考察新闻媒体采用了哪些原始信息作为"证据"。报道中谁是主要发言人，他们的说法如何被引用以及引用了多少次；

3 考察原始信息的具体使用方式，如，用于辩护、否定、肯定、提供专业知识或证实真实性，等等；

4 考察新闻媒体报道了哪些话题、忽视了哪些话题；一个比较好的做法是，对两到三个围绕同一事件展开的报道进行比较、对比，如，将英国广播公司（BBC）围绕此事的新闻报道与商业性报道、英国之外的报道进行比较；

5 分析该事件成为或无法成为主要新闻或头版新闻的原因；

6 分析新闻机构派出记者去"调查"或报道该事件的原因。

为增加媒体分析的维度和深度，我们有必要建立一套**方法**：

1 列出将要分析的关键搜索词或关键要素；

2 列出相似或辅助性的术语；

3 确定使用哪些报道作为样本；

4 确定报道的构思方式是**观点报道**、**新闻报道**还是**专题报道**;观点报道通常是在读者来信或对"普通公众"进行采访的基础上展开的;新闻报道通常会列出在一定程度上具有客观性的事件;专题报道比较深入,内容覆盖面较大;

332　　5 考察一篇报道在新闻广播中的出现次序、在报纸上的版面位置,并分析原因;

6 比较该广播频道同一天或随后几天的节目次序;

7 如有必要,需考察一篇报道播出或刊出的时间,如,是工作日还是周末。

上述提纲性策略在媒体分析中很重要。我们可以举例说明,一篇报道在报纸或电视上的"位置",对于受众解读媒体信息具有决定性作用。我们需要考虑以下几点:

1 一篇报道是否位于头版,版面大标题是否与该报道相关;

2 一篇报道出现在哪个版面,"国内新闻""国际新闻"、艺术版面、生活版面或其他版面;

3 一篇报道出现的版面通常由编辑决定,我们是否可以看出编辑在排版安排中的决策意图;

4 一篇报道的潜在受众群。美国哥伦比亚广播公司(CBS)的晚间新闻中的报道通常会被归为国内新闻;而英国广播公司 24 小时新闻中的报道通常会被归为国际新闻。

如何构建媒体分析框架:

1 写出摘要或行动纲要。

2 写出简介。

3 列出媒体分析的目的和目标。

4 列出主要观点。

5 说明有哪些错综复杂的情况以及是如何对这些情况进行处理的。

6 得出结论。

小结:媒体分析

- 一般应对媒体文本、媒体产出的制作者与使用者之间的关系进行分析。
- 应将媒体产品及其消费置于本土的和全球的语境、本土的和全球的历史中进行分析。
- 应关注媒体读者、听众、电视观众、赛事观众的多语和多文化语篇。

19.3　媒体分析和"全球化"背景下的多语人

19.3.1　全球文化圈中的媒体分析

试想你上次接触大众传媒是什么时候,一般来说,看电视、看电影、读本地的或全国性的报纸、浏览网页、写电子邮件、听广播、乘坐涂满广告的公共交通工具、置身到处是广告的公共场所,这些活动都与大众传媒相关。一方面,大众传媒能够让本地事件成为全球事件,它能够创建大规模的受众群;另一方面,大众传媒决定受众看到、听到、读到、了解到哪些"新闻"。传媒不会给予所有事件以同样的报道状态:总有一些事件被忽略,一些语言可能永远不会被播出或被听到。在推动本地文化全球化的过程中,大众传媒离"多语化"还有多远,在再现文化、构建文化的过程中,是否有一种语言比其他语言都要强势。

我们可以通过由 S. 霍尔和其他研究者(Hall,1997)提出的"文化圈"模式来进行媒体分析。这一模式主要从五个方面来解读媒体和文化的关系:媒体再现、身份认同、媒体生产、消费和监管。我们可以使用"文化圈"模式对大多数媒体产出和媒体活动进行分析,不过,在多语背景下常用以下三种策略:首先,所有媒体都在一定程度上与语言和陈述相关。霍尔强调语言在所有表现形式和文化层面中都占据核心地位。但是,对任何一项对双语/多语表达感兴趣的媒体分析来说,一个关键问题,大众媒体在多大程度上表现/构建或没有表现/构建出一个世界,这个世界超越了西方或霸权媒体表现的单语的或同质的文化。其次,所有媒体都关注涉及身份的语言构建、生产和消费。媒体分析一方面要检验观众在消费那些所见到的图像所呈现出的作品时所感受到的语言和文化认同,另一方面关注在产品的生产过程,因为在生产之初生产者就把意图建在里面了。第三,媒体再现,特别是广告和营销中的媒体再现,在多大程度上构建了具有多元文化的主体形象(从而就多语了吗?),究竟谁是西方媒体"第三世界"幻想的建构者呢?(Franklin,Lury & Stacey,2000:1-16,97-187)。

在多语和多元文化话语背景下,媒体分析特别关注西方媒体所虚构的第三世界。人们认为,全球化正在改变我们理解世界的方式,而大众传媒在全球化过程中占有核心地位,它似乎能使"地球"更小、更快、更容易横贯,具有多元文化的多语人似乎生活在一个没有语言、文化、国家分界的世界里。A. 吉登斯(Anthony Giddens,1990:64)曾说,"全球范围内的社会关系的强化,把相距遥远的各个地方连接起来,使得千里之外发生的事情能在本地激起反应,而本地发生的事情也能在千里之外激起反应"。

> 小结：是否存在全球性的语言和媒体
>
> 大众传媒对全球化极为重要，而我们进行媒体分析时，需要考虑以下问题：
>
> - 媒体的全球化能在多大程度上拆除语言和国界障碍？
> - 是否存在一种超越各种语言文化的、可进行国际沟通的语言，如果有，这种"语言"距离传统意义上的语言有多远？
> - 媒体表现多语世界的方式是什么，多语人是否就是那些将自身的社会构建过程与西方媒体所盗用的自由、多元话语捆绑在一起的人？

19.3.2 跨文化背景下的媒体分析

针对那些关注语言差异、文化差异以及媒体的同化策略的研究，阿利亚（Valerie Alia, 2004: 52-3）指出，媒体分析行为和模式应以"准确性""包容性"为准则，也就是说，应尊重"多样性"。她认为包容性应成为"诚实的媒体行为的本质要求"，她重点强调了体现包容性的两个基本方面："媒体参与"和"媒体再现"。阿利亚就文本分析、再现分析提出了一些重要观点："理想状态下，诚实的媒体行为所涵盖的……参与者数量应大致与其在全体少数族群中的人口数量成正比"，在再现少数族群时，应按照"恰当的比例"，给予其"与多数民族对等的尊重和待遇"。 335

我们先来看阿利亚的分析方法和理论假设，然后列举其研究中的一些重要细节。加拿大政府对媒体从业者的指导方针，允许阿利亚在对主流媒体以及其他再现方式进行媒体分析时，贯彻其包容性准则：

　　文字、图片和场景是记者的工具。在我们的报道中……尤其重要的是,不能强化错误偏见,不能暗示某一种族、少数族群、国家的全体或大多数成员都是一样的。

　　一切特质都可能会出现在所有群体或个体身上,我们应避免使用可能混淆这一事实的词。避免使用那些会强化种族和民族刻板印象的限定词。注意一个少数群体或文化群体的自我认同偏好,例如,用"因纽特"比用"爱斯基摩"要好点(Alias,2004:62)。

　　阿利亚以英国女王伊丽莎白对加拿大的访问为例对此进行了说明。当时国内和国际新闻广播都描述了女王在参观巴芬岛时,"当地一些因纽特印第安人"迎接了她(p.55)。阿利亚敏锐地指出根本不存在所谓的"因纽特印第安人"。她在简要梳理了语言、殖民主义、加拿大和美洲的多语现象之后,提出了"因纽特人的话语权"。"因纽特人"曾被外界称为爱斯基摩人。阿利亚写道,"在加拿大和美国,一些非因纽特人称为'印第安人',这个错误可追溯到1492年,当时到达美洲的哥伦布以为自己是到了印度(pp.55-6)"。阿利亚分析了在塑造并错误再现因纽特人形象的过程中起作用的那些语言机制,进而阐释了以多数人的语言(这个个案是英语)来再现双语人,可能会出现的情况。

　　阿利亚在列举了很多不实报道后,着重分析了围绕因纽特人进行媒体表现时存在的困惑和复杂情况。她尖锐地指出主流媒体的描述采用的是表征策略,目的是同化少数语言群体及其成员。她的观察值得详细引用,因为她为媒体分析提供了重要的见解。其分析的是单语人和多语人,这些人处在对文化正确或错误表达的背景下。我们详细引录如下:

　　大多数操因别克语(Inpiaq)的人住在阿拉斯加和西伯利亚。"因纽特(Inuit)"是个复数词,不能用以指代"个体"。"美洲土著(Native Americans)"用以指美国、有时也包括加拿大的土著居民。因纽特人主要生活在北极和靠近北极的加拿大、阿拉斯加、格陵兰岛、西伯利亚。因别特人(Inupiat)只是其中一部分,此外,还有纽别克人(Yup'ik),他们有自己的语言。因纽维鲁特(Inuvialuit)是指居住在加拿大北极西部的因纽特人。因纽特语(Inuktitut)其实是对几种相关语言的统称叫法。我听过因纽特人用英语和非因纽特人(Qallunaat)聊天时,模仿英语中的复数形成,笑称自己是"Inuks",其实,因纽特语里根本就没有"Inuit"这个词的复数形式。因纽特人就算是开玩笑也不会称自己为"Inuits"。英国"学者"生造了这个复数形式,误导了牛津出版社并因此误导了大部分媒体。(Alia,2004:56-7)。

小结:在跨文化背景下的媒体分析

336

　　我们从媒体行为准则、媒体表现、多语文化、多语社区等视角出发,得出如下媒体分析策略:

- 所有媒体陈述都在一定程度上包含语言和文本上的分析。对媒体分析者和文本制作者来说,语言和文本具有伦理性。

- 对跨文化身份认同的媒体分析,在一定程度上也是对一种文化或一个群体的单语特征、多语特征进行分析。我们需要从语言的文化性而非抽象形式特征出发来理解语言。

- 我们在进行媒体分析时,始终需要考虑语言的包容性、参与性和表现力。

- 进行媒体分析时,我们需要考察主流媒体在描述、构建有关少数群体和多数群体的问题时,是否以平衡的方式来反映这些问题。
- 参照上一条,媒体分析者需要思考某些语言社区的历史和文化,这些地方在最初如何被打造成了代表多数人或是少数人的语言社区。这常常意味着我们要解构文本,揭示意识形态和历史的影响,这些影响以"生来就有的"或透明的形式出现。

19.4　媒体分析和双语话语中的另一方

"我们如何描述那些与**我们**明显不同的人和地方,'差异'话题为什么具有如此大的吸引力,我们又为什么如此热衷于对此进行描述?"上述问题是媒体和文化理论家霍尔(Hall,1997:225)提出的。围绕双语、多元文化话语产生了大量争论,而当代媒体分析就是在这一背景下展开的,霍尔的观点对其中的一些重要问题做了界定。如果说,文化或"生活方式"是指一种具体的生活方式以不同的人、不同的地方、不同的特征等形式存在着,那么我们应该使用哪种语言来描述这种生活方式呢?像"我们"(us)和"他们"(them)这样的词,承载着语言和文化上的内部与外部,层次上的主导和从属,说本族语的人和一个"外人"(other)这些意味。使人常常想象说第一语言的人或说母语的人和说第二语言的人(这种人不仅学到了一种语言的语音还需要掌握与该语言相关的文化上的内容)这些词语的意思。从某种程度上说,所有的语言和文字都有其他语言留下的痕迹,那么是不是至少在某种程度上说,如果这样说没有缺陷的话,所有的语言和视觉表达都始终留下了文化杂糅的印记呢?

19.4.1 视觉媒体分析下的单语和多元文化

罗兰·巴特(Roland Barthes,1973)指出,媒体产出不仅包括文本、符号和内容,还包括文化或跨文化因素如何影响意义、身份、视听图像的构建、流通、组织和解读。从一定程度来说,巴特认为媒体分析应包括所有影响媒体文本的生产和消费的因素。生产和消费是政治经济学常用术语,巴特对这两点的强调,也突出了在进行媒体分析时,应该关注媒体产出的对话性和辩论性。例如,媒体会使用白宫图片来代表美国,使用国旗飘飘的白金汉宫图片来代表英国,这些高度浓缩的图像往往掩盖了国家表面一致性背后的政治文化分歧。巴特对一本法国大众杂志的出色分析,突显了媒体中的国家形象是如何在"和谐与冲突""凝聚与崩溃""语言殖民主义与语言分裂主义"之间勉强求得平衡的。

巴特对媒体的分析,侧重于考察符号是如何被放置和组织到媒体产出和文化生活中的。他使用的例子主要来自视觉媒体领域,尤其是广告,所以他的工作对双语和多语研究特别有用。在语言学、大众传媒学和符号学的研究基础上,他展示了符号是如何在外延层面(首要意义)和内涵层面(次要意义)运行的。以"驴"为例,这个符号指称的是一种四条腿的动物。不过,它在内涵层面有一个次要意义,即,"愚蠢又固执的人"。那些用来描述国家和民族身份的词儿,暴露了褒扬和贬损的程度,这些词也附着在了自我命名的国家和民族身份的标签上。"黑"和"白"这样的术语永远无法消除其意义中所蕴含的意识形态。社会性别、自然性别和社会身份等方面的术语也是如此。

就媒体分析而言,巴特的研究非常有用。首先,所有符号都具有外延和内涵;其次,所有媒体产出都依赖符号系统,而符号系统在文化上和语言上具有多义性,其中往往不止包含一种意义;第三,媒体产出借助并受益于符号的多义性,因此,它必然会涉及那些与社会神话、意识形态密切相关的活动。巴特认为,媒体分析的任务是,将那些围绕主导文化或强势语言群体的利益而运作的想法和观念披露出来。下面这段话出自他对《巴黎竞赛》①的分析,是他最常被引用的例子之一:

> 在理发店,店员递给我一本《巴黎竞赛》。封面上,一位年轻的黑人士兵身着法军制服,目光向上,注视着三色旗(法国国旗),敬礼。但……对我来说,我很明确它想要传达什么信息:法国是一个伟大的帝国,她所有的子民,无论肤色,都忠诚地服务于旗下,没有什么比这位黑人士兵对其所谓的压迫者所表现出的热忱能更好地回击那些对殖民主义的无端批评了。我因此看到了更大的符号系统:标记(黑人士兵向法国国旗敬礼)[和]被标记物(有意将法国属性和军人属性糅合在一起)。(巴特,1973:125—6)

巴特的研究使我们看到,无论以何种语言进行媒体分析,都需要从符号、话语、角色形象等方面对媒体作品进行审视。从一定程度上说,只要对媒体进行评论就可以被称为一般意义上的媒体分析者。但巴特提醒我们去注意那个把一种语言及其群体置于另一种语言及其群体之上的合理化过程。他认为,媒体分析应从意识形态视角对语言和角色形象进行分析,对媒体进行批评性审视和文本分析时,一方面

---

① 法国著名时政类新闻周刊,1949 年创刊,口号是:"Le poids des mots, le choc des photos"(语言的力量,照片的冲击)。——译者注

要关注它所陈述的内容,即,我们看到或听到了什么;另一方面要关注它的表现方式,即我们所看到或听到的声音、图像是如何被组合在一起的。巴特非常注重分析面部表情、肤色所蕴含的意义、眼神或注视方式、个体所处的背景,等等,而这些正是媒体对受众言论和语言进行猜测后塑造出的角色形象。

> 小结:罗兰·巴特
> - 巴特关注媒体符号系统和常识性话语所具有的文化内涵,如,"军人"一词在法国及法国历史上的涵义是什么。
> - 他指出,杂志封面上的黑人士兵并非在说:法国是我的后盾。
> - 巴特认为,媒体分析应揭示政治意识形态、语言、权力(法国的殖民主义)、单语国家(媒体所构建的法国国家特征)之间的关系。

19.4.2 双语现象与"另一方"的沉默

洪美恩的研究突出了多语现象和媒体描述中所蕴含的政治性。她写道,"在台湾,我与人不同,因为我不会说汉语;在西方国家,我还是与人不同,因为我看起来是个中国人"(2001:vii)。洪美恩在《不会说汉语:生活在亚洲和西方之间》这本著作中,描述了自己因"华裔"身份而遭曲解的经历。洪美恩是印度尼西亚华裔,在澳大利亚生活和工作,1992 年她应邀赴台湾参加学术会议。在此期间,她经历了复杂的文化重构和曲解:她为什么能不说中文? 她只说一种语言是否意味着她代表单一文化?

洪美恩外在的种族标记似乎暗示了她应该也必须会说一种语言, 339

而实际上她完全不会说这种语言。她的语言能力,即,言语行为,实际上是一种无声行为,同时也是一种文化抵制。洪美恩的经历突出了在种族、语言、双语背景下进行媒体分析需关注的一个重要问题。如果所有个体所使用的语言都带有其他语言的痕迹,那么媒体分析应如何解决多语人面临的问题,洪美恩应该以哪种语言来与人交流,她在交流中需传达哪些信息:是语言先于身份认同还是身份认同先于语言,两者是否以复杂的相互作用形式而存在,媒体又是如何表现或构建这种复杂性的。换句话说,媒体文本、媒体表现、媒体视觉塑造了什么样的双语人、多语人形象,这些角色是否总是处于中心和边缘的结合部,他们勉强能说多数群体的语言,而他们自身的语言文化决定了其"身份认同"总是处于联盟的对立面。

洪美恩自己对此类问题的回应是,承认文化和语言的混合性,当个体被描述出来时,其身份可能是既此又彼,也可能是非此非彼。洪美恩"不会说汉语",这也是一种解决语言和文化问题的方式,她的个人历史超越了一般特性(pp. 30ff)。洪美恩出生于印度尼西亚一个华裔家庭,在荷兰度过了成长期。她的经历有效地强调了媒体与文化分析在构建个体身份时,绝不仅仅是对那些处于纯净的语言文化环境中的真实个体做出显而易见的描述。站在工作舞台上,她的语言和文化身份是表现出来的,甚至可以说是表演。"如果说,从血统上判断,我绝对是中国人的后裔,但我到底算不算是中国人,需要经过批准才能确定,何时以及如何批准(这种身份)是政治性问题"(p. 36)。在这里,多语和多文化现象不被视为事物的自然状态,甚至被认为在需要媒体做出同质化表现时所做的文化上的表演。纯粹的语言并不存在,一种语言里总会有其他语言的痕迹,如,标准英语、黑人英语、优势语码、克里奥尔语等,同样,每种文化对身份的构建都无一例外带有其他文化的痕迹。

　　洪美恩在研究中对自己所提到的"复杂交织的网"给予了特殊关注。身份和语言不是与生俱来的,而是由不同的文化授予的。侨民的语言"从本质上说具有民族主义特征",但与多数民族的民族主义有所不同,侨民的民族主义是"去疆域化"的(deterritorialize),只是"象征性的有界"(p. 83)。洪美恩对海外华人标准的民族中心主义提出了质疑。她试图对文化的概念从根本上进行解构,从单语、双语以及复杂的文化空间和媒体表现中的身份认同出发来进行研究。洪美恩的语言能力和她的华裔身份,并非多语或多元文化中的特例。洪美恩认为身份的构建过程是"稀释、杂糅和混合"(p. 56),而多元文化折射出国家试图把民族多样性圈定在固定区域内的努力,它限制了"活跃着的 340 文化混合"。洪美恩强调她的研究受惠于后殖民主义时代的媒体和文化分析。她对文化及其混合性的研究,为结合语言学理论、话语理论来理解社会对多语身份的构建,提供了推理和分析的空间。洪美恩认为身份认同的形成,无论是单语还是多语,都不是与生俱来的,而是媒体和文化构建出来的。

> 小结:媒体分析和语言中的"外人"(others)
> - 后殖民时代的媒体分析在关注多语个体人如何被媒体表现时,应注重考察多语人的语言混合状态。
> - 媒体意欲将个体同化为单语人,而多语个体对媒体的构建没有免疫力。
> - 洪美恩受到了巴赫金、雅克·德里达(Jacques Derrida)、福柯、爱德华·萨伊德(Edward Said)、加亚特·柴可沃特(Gayatri Chakravorty)等理论家的影响,她的研究把多语研究领域的媒体和文化分析推向了跨越学科、不完全依赖语言形式的新高度。

- 洪美恩从后殖民批判主义视角出发对身份、移民、种族、性
  别进行的研究,揭示了围绕多语、多元文化而存在的内部
  与外部、中心与边缘模式所具有的局限性。

19.5 本章小结

　　S. 霍尔在《现代性的形成》(Hall & Gieben,1992:277)中讨论了
"西方"这个"历史性而非地理性的"概念,他指出"西方"概念是在欧
洲文艺复兴和现代启蒙运动中出现的,西方的语言文化霸权是通过工
业化和经济扩张确立起来的。"西方"是一个历史性和语言性概念,它
与殖民主义、帝国主义捆绑在一起,是从一系列二元对立模式中发展
起来的。所谓"西方",大体可以理解为英国、法国、德国和一些说拉丁
语的国家的语言霸权,在它的对立面,是具有负面意义的"东方",即
"非西方""东欧""远东""中东地区"等。这种对立规范划分了我们
对语言上的"他者"的认识。

341　　霍尔在福柯研究的基础上,进一步阐释了媒体和文化的"话语策
略"在确立西方语言特权过程中的作用。他认为,"当今世界,这种
'西方和别处'的话语仍广泛存在"(Hall & Gieben,1992:318),在构建
我们对西方与"他者"、内部与外部的认知过程中仍十分活跃。我们可
以看到,西方媒体的一些描述策略决定了双语人形象的塑造。

　　在"英语母语人"的假想中,双语人通常会被构建为第二语言是英
语的人。在英国和美国的大众电视节目中,双语角色无非是一些优势
语言(英语)不流利的人。这种现象中既反映了缺失模式(deficit

model），也反映出一种将媒体所构建的国家特征层面上的"英语"等同于意识形态上占主导地位的"标准英语"及其发音模式的模式。整合霍尔早期的媒体分析研究（Hall，Hobson，Lowe & Willis，1992），有一点很值得注意，即，在多语背景下进行任何媒体研究都应看到，媒体产出及其消费会依据那些具有主导、支配、协调、抵制性质的分析而调整。因此，多语话语背景下的媒体分析，不仅应关注"语言"，还应考察在媒体、文化和语言对个体的持续构建过程中，多语受众与媒体产品是如何相互作用的。

延伸阅读

一般性著作

下面的五本著作对媒体和文化的研究非常有用。它们提供了这一研究领域的一般性大纲，涵盖了关键主题、概念和理论家，启发了进一步讨论，并提供了深入阅读的细节材料。

Barthes，R.（1973）《神话》，伦敦：Jonathan Cape 出版社。

Du Gay，P.，S. Hall，L. Janes，H. Mackay，K. Negus（1997）《文化研究：索尼随身听的故事》，伦敦：Sage 出版社。

Gripsrud，J.（2000）《理解媒体文化》，伦敦：Hodder Arnold 出版社。

Hall，S.（主编）（1997）《描述：文化表征和符号规则》，伦敦：Sage 出版社。

Purvis，T.（2006）《媒体和文化研究》，爱丁堡：爱丁堡大学出版社。

涉及文化性消费和媒体分析的著作

P. Du Gay, S. Hall, L. Janes, H. Mackay, K. Negus（1997）《文化研究：索尼随身听的故事》，伦敦：Sage 出版社。英国开放大学（The Open University）的这项工作对于分析日常生活中的文化性消费特别有用。对这项工作的批判主要来自美国少数民族研究领域，如，汉娜斯（Rosemary Hennessy）的《利益和快乐：后资本主义时代的性别身份》，Routledge 出版社，2000 年。汉娜斯的研究对于身份、边缘化和文化分析领域做出了重要贡献。

342

涉及媒体分析和政治经济学的著作

爱德华·赫曼和诺姆·乔姆斯基（Herman & Chomsky, 2002）的《制造许可：大众传媒政治经济学》，伦敦：Pantheon 出版社。

web. mit. edu/linguistics/www/chomsky. home. html。

www. synaptic. bc. ca /ejournal/ chomsky. htm。

乔姆斯基在大众传媒、新闻、冲突分析方面做了重要工作。他在语言理论、语言习得、政治和哲学、历史思想、大众传媒和全球化、国际事务和美国外交政策方面著述颇丰，并教授相关课程。

相关作者

洪美恩教授是媒体和文化研究领域的重要人物。她的研究具有跨学科性质，她非常关注媒体消费和受众研究，此外，她在身份政治、民族主义、全球化、种族等方面也有所著述。她近期的工作集中在当代亚洲社会形态的动态研究方面，包括澳大利亚与亚洲关系的研究。她也很关注理论、方法论和文化批判方面的问题。

S. 霍尔一直是文化和媒体研究领域的重要人物。他早期的重要文章《赋码与解码》（1980）标志着他开始对西方媒体和文化产出进行批判性分析。他是英国左派知识分子的领军人物,他在族群和种族问题方面有深刻认识,对伯明翰大学当代文化研究中心的文化研究做出了非常重要的贡献。

互联网资源

www. aber. ac. uk/media/

www. cultsock. ndirect. co. uk/MUHome/cshtml/

www. scils. rutgers. edu/ ~ favretto/media. html

www. theory. org. uk/

www. michaelmoore. com/

www. theory. org. uk/

www. mediawatch. com/

www. lboro. ac. uk/research/mmethods/resources/index. html

（董秀玲 译）

第三部分　课题构思　发表成果
研究资源

第 20 章　课题构思

李嵬(Li Wei)　梅丽莎·G. 莫耶(Melissa G. Moyer)

20.1　导语

在学术生涯中,我们不仅需要有好的研究课题,还需要从不同机构申请资助以开展研究。通常,资助机构的想法和计划并不总是与我们的想法和计划兼容。许多研究者都曾因资助机构提供的课题不适合自己的研究领域而沮丧。不过,尽管如此,双语和多语研究领域还是有非常充足的资助机会,毕竟,双语和多语现象是当今人类生活的重要组成部分。本章就变化、移民、冲突和双语儿童提供了一些基础性的研究课题,目的是帮助学生和新进研究人员更好地发挥创造性,将个人研究兴趣与更广泛、更受关注的研究课题关联起来。下面列出的研究主题和构思,旨在举例说明,除此之外,还有大量课题有待挖掘。

正如本书第一部分和第二部分所展示的,双语和多语研究是一项涉及多个学科的事业,它吸引了各个领域的研究者的关注。对于关注变化、移民、冲突、双语儿童等主题的研究者来说,这些主题的跨学科交叉性是其所要应对的首要问题。使用多学科或跨学科方法,将使这些研究课题更丰富、更有趣、收益更多。本章从学科角度列举了语言学、心理语言学、社会语言学、教育学中的一些研究问题,为方便不同学科背景的研究者就共同主题展开协作，我们进一步从跨学科角度做了说明。

20.2　变化

　变化是涉及群体及其成员的社会文化过程。社会与文化的变迁不可避免地影响个人的行为和心理状态。研究双语和多语变化的语言学家、心理语言学家、社会语言学家、教育专家通常会涉及以下问题。

语言学领域的研究问题：

1. 语言接触会引发哪些结构上的创新？

2. 结构融合在多大程度上受语言类型差异的影响？

3. 双语人的主导语言（dominant language）是否影响其双语言语的结构组织？

4. 双语人的言语结构如何随主导语言的转变而变化，原因是什么？

要解答这些问题，需要录制话语材料并对之进行定量和纵向研究，此外，也有必要了解受访人对句子是否符合语法或可接受度的判断。

心理语言学领域的研究问题：

1. 不同类型的语言磨损（attrition）和语言能力丧失（language loss），所涉及的词汇类别是否也不同？习得年龄对于病理性或非病理性语言能力丧失及恢复有何影响？

2. 是什么导致双语处理过程中大脑激活水平的变化？

3. 双语熟练程度的变化是如何影响语言处理的？

4. 第二语言习得/社会化过程对第一语言能力和语言行为会产生怎样的影响？

这些问题大多数需要在实验室条件下进行心理语言学实验，最后一个问题也可通过对个体或小组进行案例研究来解答。成像技术对于确定大脑激活水平非常有用，此外，我们通常需要对数据结果进行统计分析。

社会语言学领域的研究问题：

1. 语言和社会行为方面的变化如何反映出对不同语言和语言群体的态度的变化？

2. 语言选择和语言转用如何反映了更广阔的社会和文化变迁？

3. 地方、国家和超国家（指涉及不止一个国家）机构的政治经济 347 政策如何促成了新的多语常规？

要解答这些问题，通常可以采用民族志观察、访谈和问卷调查等方式收集数据，并运用会话分析、批判性话语分析、社会网络分析、叙事分析、媒体分析进行解读。

教育领域的研究问题：

1. 政策变化如何影响双语教育的条款？

2. 不同的课堂互动形式对双语行为及语言态度会带来怎样的改变？

3. 多语教育体制中，新的信息和通信技术是如何影响课堂实践的？

4. 行动研究(Action Research)①在促成改变、批判性地检查和推进课程建设、提高多语多文化背景学生的适应能力方面能提供怎样的帮助？

可通过观察、访谈和问卷调查收集课堂互动数据，采用批判性话语分析、批判性文化视角来考察其中的权力、包容与排斥关系。

跨学科视角

语言磨损、语言能力丧失需要从不同角度进行跨学科研究。例如，我们需要借助语言学方面的证据来确定哪些结构特征处于丧失阶段，需要从心理学视角来理解个体经历语言转用时的认知过程。社会政治背景对个体的态度和行为有着重要影响，因此，可以说（个体）语言能力丧失深深植根于一定的社会政治背景中。在此背景之下，语言态度和制定出的一些现行常规需要被理解。语言磨损研究成果的应用将对教育产生重要影响，了解该领域的相关动向，并从这一视角出发展开研究也是很有必要的。

20.3 移民

世界范围内的移民行为是社会和文化的结果。移民行为可能是自愿的，如，出于经济原因；也可能是被迫的。"移民"这一术语也包含移民安置问题以及移民经历对群体的语言行为、集体记忆、新的身份认同和新的社会纽带的影响等话题。

348

---

① 由二战时期美国社会工作者约翰·柯立尔(J. Collier)、著名社会心理学家勒温(K. Lewin)等人提出，他们认为社会研究应由实际工作者与研究者共同参与，使研究成果为实际工作者理解、掌握和应用，从而达到解决实际问题、改变社会行为的目的。——译者注

语言学领域的研究问题：

1. 在移民背景下,英语作为全球语言出现了哪些新的语言特征？

2. 移民在通用语不熟练的情况下进行沟通时,会使用哪些会话策略？

3. 移民在新的语境下如何对迁移前的方言或语言进行维持与调整？

4. 移民固有语言与原有社会纽带中断一段时间后会产生哪些变化？

5. 移民群体中哪些成员最有可能维持其固有语言,哪些成员会主动转用通用语？

要解答这些问题,可以通过观察、记录自发谈话、访谈、问卷调查来获取数据,利用语料库进行分析,必要时进行定量分析。

心理语言学领域的研究问题：

1. 接触二语的年龄、数量、形式对移民学习第二语言有哪些影响？

2. 移民语言(外来语)在双语情景记忆中的作用是什么？

3. 移民群体为他们使用的那些语言赋予了什么样的情感？

可采用横向或纵向的案例研究或小组研究,进行实验室实验,运用叙事分析法解读数据。

社会语言学领域的研究问题：

1. 移民群体如何运用语言变体来标识自身社会与文化特征或争取权益。

2. 移民群体和其他社会群体的语言行为,如,嘻哈文化(hiphop)、萨尔萨舞(salsa)、网络短信等,如何反映了文化杂糅？

3. 语言在"公民身份"的概念化过程中扮演了什么角色？

4. 移民群体如何将语言、语言问题作为批判和重组社会秩序的工具？

5. 政府机构如何将语言和语言问题作为施加权力的工具？

与这些问题相关的数据，来源很多，可用叙事分析、批判性话语分析和媒体分析来进行解读。

教育领域的研究问题：

1. 公民身份所隐含的语言观如何反映在政策制定和教育方面？

2. 多语现象在学习、获取知识、社会接纳或排斥过程中的作用是什么？

3. 民族语言学校、祖裔语言学校、社区语言学校的补充教育对维护（移民）文化、社会身份、语言态度、提高语言熟练程度的作用是什么？

4. 双语和多语读写能力在有权使用各种资源、划定社会界限方面起着什么作用？

可以把对教育实践的观察与对政策文件的批判性分析结合起来解答这些问题。

跨学科视角

跨文化交际的话题涉及语言、文化和社会背景不同的个体，移民是如何利用其语言资源来进行跨文化交际的（这种交际嵌入到全社会和一部分固有的权力结构之中），了解这一点非常重要。与此相关的是，在策略上，文化和认知图式是如何抗争的。此外，我们也有必要探讨社会语言学背景、意识形态、权力关系在跨文化接触中的作用。

20.4 冲突

不同群体在互相接触中为争夺社会、政治、语言或认知空间时,就会发生冲突。冲突研究包括对立、变异和区别,我们需要通过适当的理论框架和研究工具来说清楚其中那些合乎道理的结果。

语言学领域的研究问题: 350

1. 双语人如何解决其所使用的不同语言在句法、语音、形态方面的类型学结构差异?

2. 不同语言的词汇、语法、语音、韵律在双语人的言语中如何互相影响?

3. 个体或群体语言能力丧失的过程具有哪些特征?

研究这些问题需要熟悉数据收集、转录、语料库管理方面的相关知识。统计知识有助于识别句型、量化已经出现的重要的突显的结构。

心理语言学领域的研究问题:

1. 哪些因素引起了双语人语言处理过程中大脑的选择性激活?

2. 双语人的弱势语言在其语言处理过程中的作用是什么?

3. 情感或情绪在双语人语言处理过程中的作用是什么?

4. 当双语人或多语人出现病理性失语情况时,其语言丧失及恢复的差别性表现是哪些因素引起的?

熟悉实验范式和统计学知识是非常必要的,有些研究设计(例如:个案与小组研究、纵向与横截面研究)需要仔细考虑。

社会语言学领域的研究问题：

1. 促成双语人在交谈中使用双方所掌握的共同语言的因素是什么？

2. 语言接触如何促成了趋同现象或趋异现象？

3. 在规定可使用双语的机构中，少数民族语言使用者或操通用语的边缘群体①会采取哪些方式来争取语言权利？

4. 后殖民和后共产主义时期，围绕之前的通用语②会出现哪些冲突，如何通过语言政策和语言规划解决这些冲突？

5. 如何通过对个人生活经历的叙事分析来揭示双语人、多语人调和不同语言文化背景的方式？

351　　可通过民族志观察、访谈和问卷调查获取数据来回答上述问题，通过会话分析、批判性话语分析、社会网络分析、叙事分析来处理数据。

教育领域的研究问题：

1. 学校如何通过教学实践和教材促进少数民族学生的融入，主流意识形态会对此产生哪些影响？

2. 新技术对于促成学校范围内的多语现象扮演什么角色？

3. 对少数民族学生和二语学习者掌握通用语的水平进行能力测试的标准是什么。这些标准是否考虑到被测试者的心理发展水平、年龄、文化和语言背景，谁负责制定并通过立法来确立这些标准？

4. 如何在课堂上有效使用综合形式进行双语读写能力教学。

要解答这些问题，可以考察国家、地方、学校管理机构在学校运行

---

① 如，美国、澳大利亚、加拿大等国第一语言为英语的原住民。——译者注

② 如，非洲一些地区通用的法语，苏联各加盟共和国通用的俄语。——译者注

方面的政策、法规与制度文件,进行课堂观察,针对所有参与者进行民族志观察,在研究语言熟练程度和测量熟练程度时,熟悉统计知识十分重要。

跨学科视角

我们可以从一些不同角度来研究一定教育背景下的语言竞争。精确测定少数民族学生或二语学习者的语言熟练程度,需要收集足够多的语言学数据。心理语言学视角有助于理解学生的主导语言对语言熟练程度和语言处理过程的影响;从社会文化角度出发,我们可以揭示出社会意识形态是如何落实到当地教学实践中的。要想促进少数民族学生融入、改变人们对多语现象的态度,使用跨学科方法是很有必要的。

20.5　儿童

目前,自然成长为双语人和多语人的儿童越来越多。不过,很多研究仍在将他们与单语儿童进行对比。我们需要承认双语儿童是现 352 代生活的一种常态,这就带来了一系列新的研究问题。

语言学领域的研究问题:

1. 不同语言的类型学差异会对双语习得产生怎样的影响?

2. 同步性或顺序性学习两种语言与学习一种语言的不同语体、不同风格有哪些区别?

3. 当双语儿童的语法系统处于发展阶段时,其中是否对语码转换有结构性限制？如果这种限制存在，它是否有别于成人对语码转换的限制规则？

这些问题需要通过个案研究或小组研究来获取纵向数据。定量分析、变异分析有助于揭示其中的发展模式。

心理语言学领域的研究问题：

1．儿童阅读双语读本时，哪些因素参与了认知过程？

2．双语儿童的话语障碍或语言障碍具有哪些诊断性特征？

3．双语儿童的"弱势"语言或"休眠"语言在语言处理过程中起什么作用？

这些问题通常可通过实验室实验来解决，通常需对数据进行定量统计分析。

社会语言学领域的研究问题：

1．父母、同伴、直接社交网络中的成员在多大程度上对双语儿童的语言行为产生影响？

2．是否有证据表明，儿童会使用其双语能力对已有的社会秩序进行抗争或重组？

3．双语儿童如何处理不同文化价值观之间的竞争？

可通过民族志观察、问卷调查、访谈、录制儿童的互动活动来收集解答这些问题的数据。

353　教育领域的研究问题：

1．祖裔语言学校或语言补习学校在双语儿童身份认同发展过程中的作用是什么？

2. 不同的双语教育计划对双语儿童的语言发展和社会发展的影响是什么?

3. 在主流学校中,如何使双语儿童成为教育资源?

4. 教材及其中所包含的行为或文化规范,是否有利于双语少数民族儿童的融入?

可通过观察、访谈、问卷调查、录制互动活动、进行标准化评估和实验来获取解决这些问题的数据。

跨学科视角

双语儿童的语言意识和元语言意识一直是不同学科的研究者的关注点。要想充分解答这一问题,需要考察以下问题:双语儿童如何执行语音、词汇、语法等语言意识任务,元语言任务的认知需求和处理过程,语言习得史和接触史的影响,对双语行为和特定语言的态度,学校教育的影响。任何有关双语儿童在语言和元语言意识方面具有明显优势或劣势的推断,都必须从多个层面进行论证,充分考虑其中语言学、心理语言学、社会语言学和教育方面的因素。

（董秀玲 译）

第 21 章　通过会议和期刊发表研究成果

梅丽莎·G. 莫耶(Mellissa G. Moyer)　李嵬(Li Wei)

21.1　发表研究成果

发表研究成果是一项义务,是对同事、资助方、朋友、家庭和社会的回报。如果做法得当,也是一件充满自豪感、能够获得应有认可的乐事。我们将在本章提供通过学术会议和期刊发表研究成果的一些实用建议。

21.2　会议论文

21.2.1　参加会议

在学术会议上陈述研究成果,并非知名学者的专利,只要你的研究成果科学严谨、对学科领域有所贡献,通常会在学术会议上受到欢迎。学术会议是你与在类似领域工作的同行取得有价值接触并获得建设性反馈意见的绝佳场所,也是了解学科领域研究动向的优秀平台。在会议上接触到的人,往往会成为你学术社会网络的一部分。

首先,找出与你的研究领域相关的、即将举办的学术会议。一些会议由学生组织并专门面向学生,而另一些会议,特别是那些由专业群体组织的会议,则主要面向更有经验的研究者。许多协会在网上提供即将举办的会议的信息。多语研究、语言接触、语言习得领域的知名会议都是定期举办的,组织者如,国际双语研讨会(ISB)、国际应用 ³⁵⁵ 语言学协会(AILA)、欧洲二语习得协会(EUROSLA)、社会语言学研讨会(SS)等。本书第 22 章列出了更多的相关信息。此外,还可以考虑参加那些由专业协会组织的、与特定语言或语言学分支学科相关的会议,组织者如,英国应用语言学协会(BAAL)、美国语言学会(LSA)和语言习得生成研究学会(GALA)。组织机构发布的此前会议的摘要手册,有助于了解如何撰写摘要以及会议主要面向哪种类型的研究。

21.2.2　撰写摘要

　　会议组织方通常根据研究者提交的摘要进行筛选。一般来说,会议有以下几种报告形式:论文、海报、主题讨论会、座谈会。无论选择哪种形式,摘要撰写必须清晰准确,用有限字数概括出报告内容。学术会议的征稿启事通常会指定主题与报告形式,说明要求和提交期限,严格按照这些要求来准备论文,实际上是在接受良好的学术训练。

　　摘要标题应简短明了地概括研究内容。摘要正文要把研究问题或报告主要思想陈述清楚,并说明该研究与其他研究文献的关联。熟读文献是很有必要的,在摘要中引用相关研究有助于审稿人快速将你的报告归入相关类别。典型的引用格式是在括号内注明作者名字、发表日期;如篇幅允许,可在摘要末尾列出所引文献的完整信息。摘要应简明阐述观点、展示数据,并说明数据如何支撑论点或解答问题。此外,在摘要中说明研究和数据的原创性以及学术贡献也很有必要。

会议组织方通常会任命科学委员会来执行摘要的评判筛选工作。评判专家需要看大量摘要,所以不可能在写得很差、连研究内容都说不清楚的摘要上面花太多时间。科学委员会筛选摘要的标准一般是:(1)话题的适当性和重要性;(2)原创性和学术贡献;(3)表述清晰度:是否对研究问题或主题、数据及其收集程序、分析方法进行了清晰表述;(4)报告方式:一份摘要基本可以预示该报告是否条理清晰、表达明确,是否可在规定时间内讲完。被评判专家拒绝的摘要,通常不是因为不符合会议主题,而是因为写得很差、信息量不足、无法判断是否符合会议主题。无论如何,我们应积极地看待摘要可能会被拒绝的事实,将之视为学习的机会,并主动请组织方对你的摘要进行意见反馈。研究工作本身就是学习的过程,而专业学者有责任帮助新手进入这一领域。

21.2.3 准备报告

准备口头报告需考虑以下因素:报告规定时间、提问时间;听众及其学术背景;是否使用幻灯片、演示文档(PPT)或讲义等视觉材料;听众可能提的问题以及如何应答。弗瑞泽和普勒姆(Fraser & Pullum,2006,8:http://lsadc.org/info/lsa-res-guide.cfm)建议,25%的时间用于介绍研究问题,50%的时间用于展示数据、调查结果、观点,25%的时间用于总结要点。把一份研究压缩到15分钟到20分钟并不容易,但要想报告成功,关键是选取几个主要观点进行阐述并展示可以支撑这些观点的数据和论据。听众所提的问题一般是报告的兴趣点所在。研究者应该比任何人都更了解自己所做的研究以及其中的兴趣点,所以,可以事先预测听众的问题。不过,考虑到你在面对一帮聪明人做报告,一定会有人提一些让人出乎意料的问题。每个人提问的风格不同,不要被提问的语气吓到。如果没听懂问题,就请提问者重复一遍。所有与报告内容相关的问题都应回答,如果你从未考虑过那些问题,避免说"我不知道",尽量试着说明你认为这个问题是否与自己的研究相关。同行评议是获得反馈意见和新的研究想法的独特机会,应好好利用。

此外,应正确评估听众水平,并在此基础上为报告内容定调。学术会议的听众一般是学科领域的专家和博学多识的同行。可以将报告定位为主要面向专家进行,但也要确保其他不完全熟悉该领域的听众有所收获,这也是清晰和简洁之所以重要的原因。

在规划阶段,应决定是否使用幻灯片、PPT、讲义等视觉材料以及具体使用哪种视觉材料。讲义可以和 PPT、幻灯片结合使用,但通常是后者的替代品。PPT 或幻灯片上的信息应非常具体,以报告的想法或观点为中心。讲义可以包含很多信息,然后从中只选择一部分材料进行汇报。使用 PPT、幻灯片等视觉材料时需要考虑字体、字号等重 357 要细节,使用"Arial"或"Helvetica"字体时,采用 28 到 32 号字,可以确保听众即使坐在一间大会议室的后排也能看清楚内容。背景色为暗色时,字体颜色可用白色或黄色;背景色为浅色时,可用黑色或深蓝色。我们建议每张幻灯片内容不超过 6 行,每行不超过 6 个字,这样听众就有充足时间一边听报告一边快速浏览幻灯片内容。20 分钟的报告,一般可以用 12 张幻灯片。我们通常是在会议室电脑硬盘上播放 PPT,所以应在报告开始前请工作人员协助检查音频、视频设备能否正常运行。

21.2.4　发表报告

　　报告的目的是阐述观点并给听众留下良好印象。听众只有一次机会听你的报告,如果你表述混乱,他们既不能倒带也不能回读。报告并不能取代纸质论文,但它能引起听众的阅读兴趣。你的声音要足够响亮,如果使用麦克风的话,应确保其连接良好并能正常使用。第一次做报告总会有点紧张,一紧张就容易加快语速,容易把提示要点的卡片弄乱。尽量说得慢一些,吐字要清晰。如果找不到相应的提示卡片,或者忘记了要陈述的观点或想法,不要恐慌。最好停顿片刻,平静地深吸一口气并回到之前正在阐述的观点上。尽量避免照本宣读报告内容,写报告时应遵循自然说话的风格。做报告时,与听众保持目光接触有助于吸引他们的注意力,并判断听众是否理解报告内容。尽量在规定时间内完成报告,这样既方便后面的报告人,也方便那些希望赶到别的会议室参加其他讨论的听众。事先可以在一些朋友面前练习,并就报告是否清晰准确征求他们的意见。

21.2.5　会议后续工作

　　会议之后有很多后续任务。首先,马上处理你认为有用的建议和想法,这些建议和想法在你头脑中仍是新鲜的,所以要尽快将它们融入报告中去。按照听众的反馈意见修改之后可以将报告发送给感兴趣的人。一些会议组织方会发布所有参会者的电子邮件地址,以便大家即使未从现场获得联系方式也能保持联络。其次,要了解组织方是否会出版会议论文集以及你的报告是否会被收录在内。如果会议上

358

没有公布相关信息,可联系组织方进行咨询,并了解提交日期和格式要求等细节,还可以将论文投给专业期刊发表。

21.3　期刊论文

期刊论文通常被视为一项研究成果的最终形式。一些同行评议的期刊在学术界享有很高威望。在这样的期刊上发表论文,意味着国际知名度以及职业生涯的重大提升,还有一些期刊面向特定领域的从业者,它们在制定政策和指导实践方面有着广泛影响。

发表研究成果是一项重大而复杂的任务,其中包含许多工作事项。具体来说,研究者要想发表一项成果,需要先确保该研究具有一定重要性,构思严谨,展开方式科学,并最终得出了有价值的结论。通常,大多数研究者在博士后阶段才发表其研究成果。一些与导师、其他同事一起工作的研究生,也可将其成果作为团队研究的一部分进行发表。我们下面所提的建议主要是针对拥有研究经验、初次考虑发表成果的研究者。研究生应向导师及其他经验丰富的同事咨询,以决定其研究成果是否适合发表。

发表期刊论文,首先要选择最适合的期刊,我们需要考虑以下因素:期刊是学术性的还是专业性的,是否有同行评议环节,是国际性的还是地域性的,是接受开放投稿还是只发表专家约稿。

学术期刊主要面向学术同行,发布新理论或新方法方面的研究成果,通常需要包含创新成果;而专业期刊旨在向业内人士提供与政策和实践直接相关的最新研究或想法,它倾向于关注更广泛的实际问题。学术期刊通常有同行评议环节,即,由两到三位同行针对论文的独创性、论证的严密性、方法的适当性、论述的一致性撰写独立的评阅意见；许多专业期刊也有同行评议环节，但这种评议更多的是关注论文与该研究领域的相关性和表述的清晰度。许多学术期刊和专业期刊都可以发表就国际话题而展开的论文，而另一些期刊则主要聚焦区域性话题，如，它们可能只发表与非洲、阿拉伯国家或亚太地区相关的研究成果。刊名含有"欧洲"或"东南亚"等字眼的期刊可能是国际性的，只是起源于该区域或与该地的学术群体、专业群体有关联而已。大部分期刊接受公开投稿，也有一些期刊只发表专家约稿，或者需要投稿人先成为协会成员才能发表其论文。

　　决定向某个期刊投稿之前，最好先熟悉期刊的目标和关注范围，大多数期刊会对其目标和范围进行说明。要认真阅读期刊上最近发表的论文，特别是那些反复出现的话题、主题和辩论，如果你的论文与其中的论题相关，稿件采用机会就大得多。

　　选定目标期刊后就可以着手准备论文：提炼出明确的、贯穿整篇文章的论点或论题，陈述研究背景，解释采用的方法，阐述研究意义等。应遵循期刊对作者、副标题、图表、数据配文、引文格式、参考文献等方面的要求。期刊编辑和出版商倾向于录用专业稿件，而不是那些不符合文体要求的稿件。认真阅读目标期刊上过去发表的论文及其结构特点，据此布局自己的论文，是很有必要的。遵循篇幅限制同样重要，出于经济原因，出版商通常会设置版面限制，而编辑将其转化为单篇论文的字数限制，并严格按照字数限制来筛选稿件。

　　对于首次投稿的作者来说，审稿过程充满神秘，而等待过程则充满焦虑。有些审稿人在表达观点时会非常粗暴，有的时候由于论文可能批评了审稿人的著述，因而他或她在审稿时会写下一些极端的个人看法。不过，总体来说，审稿过程是同行评议的过程，旨在确保期刊质量。没有人想把时间浪费在一篇不能提供真知灼见的文章上。我们应积极看待审稿过程,将其作为获取免费意见、改善论文的途径。

有时,投稿人会觉得论文"落入了错误的审稿人手里"。要将论文送到最合适的审稿人手里,值得采用的一个方法是,尽量确保标题、摘要、关键词清晰明确、信息量大。期刊编辑通常会根据标题、摘要、关键词以及论文末尾列出的参考文献,来确定由谁审稿。标题不必过于卖弄聪明,新鲜字眼可能会引起审稿人的注意,但这并不是审稿过程所需要的注意。摘要是期刊论文非常重要的一部分,它可能会单独出现在其他摘要类、索引类期刊上或数据库中,是读者判断论文是否具有可读性的第一步。

一篇好的摘要应阐明研究问题是什么,而研究的重要性则应放在 360 正文中阐述。在摘要中列出主要研究方法、数据库及样本规模,总结主要研究成果,简要说明研究意义即可。如果你的研究是对他人研究的直接回应,那么,点明这一点将有助于确保论文由正确的审稿人审阅,除此之外,一般无需在摘要中论及他人研究。期刊编辑通常会先把摘要发给审稿人以询问其是否同意审阅。

许多学术期刊仍保持匿名审查制,即,通常删除作者名字和提及作者研究的部分。不过,越来越多的期刊会询问作者和审稿人是否愿意公开身份。医学类期刊和实验室科学类期刊通常需要作者和审稿人说明其间是否存在利益冲突。期刊编辑一般会接受投稿人关于某些研究者是否适合审阅其稿件的意见。

当审稿意见返回后,编辑会据此决定是否发表这篇论文。很少有文章不经修改就能发表。一些经过实质性修改的论文,录用前还需要再次送交审稿人审阅。其他一些或多或少的修改,通常是澄清和细化,而不是参数或研究方法的改动,有时也需要对数据做一些额外分析。重新提交论文时,非常有必要附上一份说明,最好按照审稿意见的顺序,详细解释针对审稿人的意见做了哪些修改。无论出于什么原因决定保持原文而不是按审稿人意见修改,都要对此进行解释。

在规定期限内完成论文修改是值得嘉奖的做法。修改过程中有任何问题,都可与编辑沟通。论文提交后,如联系方式变更也应及时告知编辑。

发表期刊论文已经成为学术生活不可分割的一部分,在权威期刊上发表一篇高质量的论文,可能会带来学术生涯的重大进步,而一篇低质量的论文则会损害研究者的声誉。因此,需要谨慎对待这一问题。

（董秀玲 译）

第22章 可资利用的双语与多语研究资源

李嵬(Li Wei) 梅丽莎·G. 莫耶(Mellissa G. Moyer)

本章介绍了国际上可供利用的、与双语、多语研究有关的研究资源,虽不详尽,但主要的都在其中了。这些资源包括学术期刊、会议、丛书或书系、研究工具、相关的网站或网页等。

22.1 学术期刊

学术期刊发表的是本学科最新的研究成果,下列杂志是双语和多语研究的核心刊物。

1.《多语与多元文化发展》(*Journal of Multilingual and Multicultural Development*),双月刊,由多语动态出版公司(Multilingual Matters)出版。这是一本国际期刊,创办时间长,尤其专注从社会学和社会语言学的角度研究语言接触。

2.《国际双语学》季刊,由金斯敦出版社(Kingston Press)出版。该杂志的英文全称为:*International Journal of Bilingualism: Cross-disciplinary Cross-linguistic Studies of Language Behaviour*(国际双语学:

对语言行为的跨学科、跨语言研究）。该刊致力于研究双语人、多语人的语言行为,也关注语言发展和语言障碍的跨语言研究。

3.《双语现象:语言与认知》(*Bilingualism*: *Language and Cognition*),每年 3 期,剑桥大学出版社(Cambridge University Press)出版。该刊以认知科学的视角研究双语现象,所收文章包括:带有受邀评论的主题文章、论文、(实验)研究实录等。

4.《国际双语与双语教育研究》(*International Journal of Bilingual Education and Bilingualism*),双月刊,该刊关注双语教育研究、与双语现象有关的应用研究。

5.《国际多语现象研究》(*International Journal of Multilingualism*),由多语动态出版公司(Multilingual Matters)出版。发表与 3 种及 3 种以上语言接触有关的论文。

6.《双语研究》(*Bilingual Research Journal*),美国双语教育学会官方出版物,其电子出版物由亚利桑那州立大学双语教育研究中心发行:http://brj. asu. edu。

362
7.《祖裔语言》(*Heritage Language Journal*)是一个致力于解决祖裔语言教学过程中存在问题的在线期刊,由加州大学洛杉矶分校世界语言中心主办:www. heritagelanguages. org/。

8.《国际多语研究》(*International Multilingual Research Journal*)2007 年新创,由劳伦斯·埃尔鲍姆出版社出版发行,主要关注双语/多语现象、双语/多语读写能力、语言民主等问题。

下列期刊经常刊登双语研究方面的文章:

9.《应用语言学》(*Applied Linguistics*),牛津大学出版社。

10.《应用心理语言学》(*Applied Psycholinguistics*),剑桥大学出版社。

11.《大脑与语言》(*Brain and Language*),学术出版社。

12.《英语世界》(*English World-Wide*),约翰·本杰明出版社。

13.《国际应用语言学》(*International Journal of Applied Linguistics*),Novus 出版社。

14.《国际语言社会学期刊》(*International Journal of the Sociology of Language*),穆彤德古意特出版社。

15.《美国声学学会》(*Journal of the Acoustical Society of America*),美国物理研究所。

16.《儿童语言》(*Journal of Child Language*),剑桥大学出版社。

17.《实验心理学:学习、记忆与认知》(*Journal of Experimental Psychology:Learning,Memory,and Cognition*),美国心理协会。

18.《语言、身份和教育》(*Journal of Language, Identity and Education*),Lawrence Erlbaum 出版社。

19.《记忆与语言》(*Journal of Memory and Language*),学术出版社。

20.《多语言沟通障碍》(*Journal of Multilingual Communication Disorders*),泰勒和弗兰西斯出版社。

21.《神经语言学》(*Journal of Neurolinguistics*),Elsevier Science 出版社。

22.《语音学》(*Journal of Phonetics*),Seminar 出版社。

23.《心理语言学研究》(*Journal of Psycholinguistic Research*),科学出版社。

24.《社会语言学》(*Journal of Sociolinguistics*),布莱克威尔出版社。

25.《语言与认知过程》(*Language and Cognitive Processes*),VNU

Science Press 出版社。

26.《语言、文化和课程》(*Language*, *Culture and Curriculum*)，多语动态出版公司。

27.《语言与教育》(*Language and Education*)，多语动态出版公司。

28.《社会语言》(*Language in Society*)，剑桥大学出版社。

29.《语言与演讲》(*Language and Speech*)，金斯敦出版社。

30.《语言学习》(*Language Learning*)，布莱克威尔出版社。

31.《语言问题和语言规划》(*Language Problems and Language Planning*)，约翰·本杰明出版社。

32.《语言学与教育》(*Linguistics and Education*)，爱思唯尔出版社。

33.《记忆与认知》(*Memory and Cognition*)，Psychonomic Society 出版社。

34.《多语研究》(*Multilingua*)，穆彤德古意特出版社。

35.《第二语言习得研究》(*Studies in Second Language Acquisition*)，剑桥大学出版社。

22.2　系列丛书

1.《多语动态》(*Multilingual Matters*)，由多语动态出版公司发行，是《多语言和多元文化发展》期刊的配套丛书，主要侧重从社会学和语言学方面研究语言接触现象。

2.《双语教育和双语研究》(*Bilingual Education and Bilingualism*)，

由多语动态出版公司发行,是《国际双语教育与双语研究》期刊的配套
丛书。主要侧重双语教育学以及双语研究的应用领域。363

3.《双语研究》(*Studies on Bilingualism*),由约翰·本杰明出版社
发行,主要出版与双语教育各个方面有关的研究专著和论文。

4.《儿童语言与儿童发展: 多语与多元文化的视角》(*Child
Language and Child Development*: *Multilingual and Multicultural
Perspectives*),由多语动态出版公司发行,侧重双语儿童和非英语儿童
的语言发展方面。

5.《剑桥大学语言接触研究方法》(*Cambridge Approaches to
Language Contact*),由美国剑桥大学出版社发行,主要侧重语言接触
方面。

22.3　会议

双语与多语研究领域定期召开的主要学术会议如下:

1. 国际双语学研讨会 (ISB, International Symposium on
Bilingualism),是国际上最大的双语与多语研究会议。其他会议通常
由以下专业协会举办,例如:

2. 国际应用语言学协会 (AILA, Association Internationale de
Linguistique Appliquée)。

3. 欧洲第二语言协会 (EUROSLA, European Second Language
Association)。

4. 美国应用语言学协会(AAAL, American Association of Applied
Linguistics)。

5．英国应用语言学协会（BAAL, British Association of Applied Linguistics）。

6．国际语用学协会（IPrA, International Pragmatics Association）。

7．国际多语研究协会（IAM, International Association of Multilingualism）。

8．洋泾浜语和克里奥尔语语言学协会（SPCL, Society for Pidgin and Creole Linguistics）。

社会语言学研讨会（The Sociolinguistics Symposium）通常会包含双语与多语研究专题。

相关会议通知通常会在 www. linguistlist. org 网站上发布。

22.4 研究工具

1．LIDES 编码手册,由 LIPPS（多语背景与多语说话人的语言互动）集团汇编,是一个指导制备和分析语言的互动数据,2000 年由金斯敦出版社作为《国际双语》4(2)杂志的特刊出版。

2．CHILDS,儿童语言数据交换系统（http://childes. psy. cmu. edu/）,包含双语儿童语言习得数据库,并提供了分析儿童语言数据的工具。

364 22.5 网站、电子邮件及其他资源

网站地址可能随时更新。

1．双语研究大全（The Bilingual List, BILING@ asu. edu）,由双语教

育研究中心和亚利桑那州立大学运行,是双语研究领域最热门的电子讨论平台。可在网站上查看并订阅:http://lists. asu. edu/archives/biling. html。

2. 语 码 交 换 论 坛 (The Code-Switching Forum, code-switching @ yahoogroups. com),是为那些对语码转换感兴趣的个体组织的电子论坛,网址为:www. groups. yahoo. com/group/code-switching。

3. 语言学家大全(The Linguist List),是一个全球性的、与语言和语言学相关的电子论坛。其详细信息可参见:http://linguistlist. org/。

4. 人类语言主页(The Human Languages Page),介绍了与语言相关的互联网资源目录(www. june29. com/HLP/)。

5. Speech on the Web,主页上有大量与语音、言语科学相关的重要网站的链接,网址为:http://fonsg3. let. uva. nl/Other_pages. html。

6. 国家双语教育主页上有该组织的相关信息和重要网站的链接信息,网址为:www. ncbe. gwu. edu/。

7. 多 元 文 化 与 双 语 教 育 中 心 (Clearinghouse for Multicultural/ Bilingual Education)的主页上有大量重要网站的链接,网址为: www. weber. edu/mbe/htmls/mbe-resource. html。

8. 双语家庭网页(Bilingual Families Web Page)提供了关于养育双语儿童的大量实用信息,网址为: www. weber. edu/mbe/Htmls/MBE-resource. HTML。

9. 互联网双语教育资源(Bilingual Education Resources on the Internet)有与双语教育相关的其他网页的链接,网址为: www. edb. utexas. edu/coe/depts/ci/bilingue/resources. html。

10. 美国言语、语言与听力协会(ASHA, The American Speech-Language-Hearing Association)的言语与语言治疗中心提供了有关多语和

多文化问题的大量数据事实,可在线查看:www. asha. org/professionals/multicultural/fact_hp. html。

11. 美国应用语言学中心(The Center for Applied Linguistics),网址为:www. cal. org。

12. 语言教学和研究信息中心(CILT,The Centre for Information on Language Teaching and Reseach)网址为 www. cilt. org. uk。

13. 双语之家通讯(*Bilingual Family Newsletter*,多语动态出版公司)是一个非正式的出版物,每年出版六期,用于双语个体之间交流信息或交换观点,其中包含了大量有用的建议和联系方式(www. multilingual-matters)。

（关辛秋　董秀玲　译）

Aarsæther, F. (2004) To språk i en tekst. Kodeveksling i samtaler mellom pakistansk-norsketiåringer [Two languages in a text. Code-switching in conversations among Pakistani-Norwegian ten-year-olds]. Dr. art. dissertation, University of Oslo.

Aarssen, J. (2001) Development of temporal relations in narratives by Turkish-Dutch bilingual children. In L. Verhoeven and S. Strömqvist (eds.), *Narrative Development in a Multilingual Context*. Amsterdam: John Benjamins, pp. 209-31.

Abney, S. (1996) Statistical methods and linguistics. In J. Klavans and P. Resnick (eds.), *The Balancing Act: Combining Symbolic and Statistical Approaches to Language*. Cambridge, MA: MIT Press, pp. 1-26.

Abutalebi, J., S. F. Cappa, and D. Perani (2001) The bilingual brain as revealed by functional neuroimaging. *Bilingualism: Language and Cognition*, 4, 179-90.

Abutalebi, J., S. F. Cappa, and D. Perani (2005) What can functional neuroimaging tell us about the bilingual brain? In J. F. Kroll and A. M. B. de Groot (eds.), *Handbook of Bilingualism: Psycholinguistic Approaches*. Oxford: Oxford University Press, pp. 497-515.

Abutalebi, J. and D. W. Green (2007) Bilingual language production: The neurocognition of language representation and control. *Journal of Neurolinguistics*, 20, 242-75.

Agnihotri, R. K. (1987) *Crisis of Identity: The Sikhs in England*. New Delhi: Bahri.

Aguirre, G. K., E. Zarahn, and M. D'Esposito (1998). The variability of human hemodynamic responses. *NeuroImage*, 8, 302-6.

Aitchison, J. (1994) *Words in the Mind: An Introduction to the Mental Lexicon*. Oxford: Blackwell.

Akinci, M., H. Jisa, and S. Kern (2001) Influence of L1 Turkish on L2 French narratives. In L. Verhoeven and S. Strömqvist (eds.), *Narrative Development in a Multilingual Context*. Amsterdam: John Benjamins, pp. 189-208.

Albert, M. L. and L. K. Obler (1978) *The Bilingual Brain*. New York: Academic Press.

Alia, V. (2004) *Media Ethics and Social Change*. Edinburgh: Edinburgh University Press.

Allopenna, P. D., J. S. Magnuson, and M. K. Tanenhaus (1998) Tracking the time course of spoken word recognition using eye movements: Evidence for continuous mapping models. *Journal of Memory and Language*, 38, 419-39.

Álvarez, E. (2003) Character introduction in two languages: Its development in the stories of a Spanish-English bilingual child age 6; 11-10; 11. *Bilingualism: Language and Cognition*, 6(3), 227-43.

Alvarez-Caccamo, C. (1998) From "switching code" to "code-switching": Towards a reconceptualization of communicative codes. In P. Auer (ed.), Code-switching in Conversation: Language, Interaction and Identity. London and New York: Routledge, pp. 29-50.

Androutsopoulos, I. (2003) Online-Gemeinschaften und Sprachvariation. Soziolinguistische Perspektiven auf Sprache im Internet. *Zeitschrift für Germanistische Linguistik*, 31-2, 173-97.

Ang, I. (1985) *Watching Dallas*. London: Methuen.

Ang, I. (2001) *On Not Speaking Chinese: Living Between Asia and the West*. London and New York: Routledge.

Aronsson, K. (1998) Identity-in-interaction and social choreography. *Research on Language and Social Interaction*, 31(1), 75-89.

Aske, J. (2002) www. lrc. salemstate. edu/aske/basquecorpus/movies/index. htm (accessed June 24, 2005).

Atkinson, J. M. and J. C. Heritage (eds.) (1984) *Structures of Social Action: Studies in Conversation Analysis*. Cambridge: Cambridge University Press.

Auer, P. (1984) *Bilingual Conversation*. Amsterdam: Benjamins.

Auer, P. (1995) The pragmatics of code-switching. In L. Milroy and P. Muysken (eds.), *One Speaker, Two Languages*. Cambridge: Cambridge University Press, pp. 115-35.

Auer, P. (2000) Why should we and how can we determine the base language of a bilingual conversation? *Estudios de Sociolinguistica*, 1(1), 129-44.

Auer, P. (ed.) (1998) *Code-switching in Conversation: Language, Interaction and Identity*. London: Routledge.

Baayen, R. H. , R. Piepenbrock, and L. Gulikers (1995) *The Celex Lexical Database*, Release 2 (CD-ROM). Philadelphia: Linguistic Data Consortium, University of Pennsylvania. http://citeseer. ist. psu. edu/context/49127/0.

Backus, A. (1992) *Patterns of Language Mixing: A Study of Turkish-Dutch Bilingualism*. Wiesbaden: Harrassowitz.

Backus, A. (1996) *Two in One: Bilingual Speech of Turkish Immigrants in the Netherlands*. Tilburg: Tilburg University Press.

Backus, A. (2005) Codeswitching and language change: One thing leads to another? *International Journal of Bilingualism*, 9 (3-4), 307-40.

Bakhtin, M. (1973) *Problems of Dostoevsky's Poetics*. Trans. R. W. Rotsel. Ann Arbor, MI: Ardis.

Bakhtin, M. (1981) *The Dialogic Imagination*. Austin: University of Texas Press.

Bakhtin, M. (1984) *Problems of Dostoevsky's Poetics*. Ed. and trans. C. Emerson. Manchester: Manchester University Press.

Balota, D. A. (1994) Visual word recognition: The journey from features to meaning. In M. Gernsbacher (ed.), *Handbook of Psycholinguistics*. New York: Academic Press, pp. 303-58.

Balota, D. A. , A. Pollatsek, and K. Rayner (1985) The interaction of contextual constraints and parafoveal visual information in reading. *Cognitive Psychology*, 17, 364-90.

Bamberg, M. (1987) *The Acquisition of Narrative: Learning to Use Language*. Berlin: Mouton de Gruyter.

Bani-Shoraka, H. (2005) *Language Choice and Code-Switching in the Azerbaijani Community in Tehran: A Conversation Analytic Approach to Bilingual Practices*. Studia Iranica Upsaliensia, 9. Uppsala: Uppsala University Press.

Bardovi-Harlig, K. (2000) *Tense and Aspect in Second Language Acquisition: Form, Meaning, and Use*. Malden, MA: Blackwell.

Barnett, R. , E. Codó, E. Eppler, M. Forcadell, P. Gardner-Chloros, R. van Hout, M. Moyer, M. C. Torras, M. T. Turell, M. Sebba, M. Starren, and S. Wensing (2000) *The LIDES Coding Manual*, special issue of the *International Journal of Bilingualism*, 4 (2). London: Kingston Press.

Barth, F. (ed.) (1969) *Ethnic Groups and Boundaries*. Boston: Little, Brown.

Barthes, R. (1973) *Mythologies*. London: Jonathan Cape.

Bayley, R. and S. R. Schecter (2003) *Language Socialization in Bilingual and*

Multilingual Societies. Clevedon:Multilingual Matters.

Bennett-Castor, T. (2002) The "frog story" narratives of Irish-English bilinguals. *Bilingualism:Language and Cognition*,5(2),131-46.

Bennis, H. , G. Extra, P. Muysken, and J. Nortier (eds.) (2002) Een buurt in Beweging. Amsterdam:Aksant.

Bentahila, A. (1983) *Language Attitudes among Arabic-French Bilinguals in Morocco*. Clevedon:Multilingual Matters.

Bentahila, A. and E. E. Davies (1998) Codeswitching:An unequal partnership? In R. Jacobson, *Codeswitching Worldwide*. Berlin:Mouton,pp. 25-51.

Bentin, S. , G. McCarthy, and C. C. Wood (1985) Event-related potentials, lexical decision and semantic priming. *Electroencephalography and Clinical Neurophysiology*,60,343-55.

Berk-Seligson, S. (1986) Linguistic constraints on intrasentential code-switching:A study of Spanish/Hebrew bilingualism. *Language in Society*,15,313-48.

Berman, R. (1995) Narrative competence and storytelling performance:How children tell stories in different contexts. *Journal of Narrative and Life History*,5(4),285-313.

Berman, R. (1999) Bilingual proficiency/proficient bilingualism:Insights from narrative texts. In G. Extra and L. Verhoeven (eds.), *Bilingualism and Migration*. Berlin:Mouton de Gruyter,pp. 187-208.

Berman, R. and D. Slobin (1994) *Relating Events in Narrative:A Crosslinguistic Developmental Study*. Hillsdale, NJ:Lawrence Erlbaum.

Berns, G. (1999) Minireview:Functional neuroimaging. *Life Sciences*, 65 (24), 2531-40.

Besson, M. , M. Kutas, and C. Van Petten (1992) An event-related potential (ERP) analysis of semantic congruity and repetition effects in sentences. *Journal of Cognitive Neuroscience*,4,132-49.

Best, C. T. (1995) A direct realist perspective on cross-language speech perception. In W. Strange (ed.), *Speech Perception and Linguistic Experience:Theoretical and Methodological Issues in Cross-Language Speech Research*. Timonium, MD:York Press,pp. 167-200.

Bhatia, T. and W. Ritchie (eds.) (2004) *Handbook of Bilingualism*. Cambridge, MA:Blackwell.

Bialystok, E. (2005) Consequences of bilingualism for cognitive development. In J. F.

Kroll and A. M. B. De Groot (eds.) , *Handbook of Bilingualism: Psycholinguistic Approaches*. New York: Oxford University Press, pp. 417-32.

Billig, M. (1999) Whose terms? Whose ordinariness? Rhetoric and ideology in Conversation Analysis. *Discourse and Society*, 10(4) , 543-58.

Bird, H. , S. Franklin, and D. Howard (2001) Age acquisition and image ability ratings from a large set of words, including verbs and function words. *Behavior Research Methods, Instruments, and Computers*, 33 , 73-9.

Birdsong, D. (1999a) Introduction: Whys and why nots of the Critical Period Hypothesis. In D. Birdsong (ed.) , *Second Language Acquisition and the Critical Period* Hypothesis. Mahwah, NJ: Lawrence Erlbaum Associates, pp. 1-22.

Birdsong, D. (1999b) *Second Language Acquisition and the Critical Period Hypothesis*. Mahwah, NJ: Lawrence Erlbaum Associates.

Bissonnette, V. , W. Ickes, I. Bernstein, and E. Knowles (1990a) Item variances and median splits: Some discouraging and disquieting findings. *Journal of Personality*, 58 , 595-601.

Bissonnette, V. , W. Ickes, I. Bernstein, and E. Knowles (1990b) Personality moderating variables: A warning about statistical artifact and a comparison of analytic techniques. *Journal of Personality*, 58 , 567-87.

Black, A. W. and N. Campbell (1995) Optimising Selection of Units from Speech Databasesfor Concatenative Synthesis. http://citeseer. ist. psu. edu/ black95optimising. html.

Blackledge, A. (2004) Constructions of identity in political discourse in multilingual Britain. In A. Pavlenko and A. Blackledge (eds.) , *Negotiation of Identities in Multilingual Contexts*. Clevedon: Multilingual Matters, pp. 68-92.

Blackledge, A. (2005) *Discourse and Power in a Multilingual World*. Amsterdam: JohnBenjamins.

Blackledge, A. and A. Creese (2005) Integrating the structural and agentic in researching multilingualism. Paper presented at the International Symposium on Bilingualism, Barcelona, March 2005.

Blackledge, A. and A. Pavlenko (2001) Negotiation of Identities in Multilingual Contexts. Special issue of *International Journal of Bilingualism*, 5(3).

Blair, R. C. and W. Karniski (1993) An alternative method for significance testing of waveform difference potentials. *Psychophysiology*, 30 , 518-24.

Blaxter, L. , C. Hughes, and M. Tight (1996) *How to Research*. Buckingham, UK: Open

University Press.

Blom, J. -P. and J. Gumperz (1972) Social meaning in linguistic structure: Code-switching in Norway. In J. Gumperz and D. Hymes (eds.), *Directions in Sociolinguistics*. New York: Holt, Rinehart and Winston, pp. 407-34.

Blommaert, J. (2001) Context is/as critique. *Critique of Anthropology*, 21 (1) , 13-32.

Blommaert, J. (2005) *Discourse*. Cambridge: Cambridge University Press.

Blommaert, J. and J. Verschueren (1998) *Debating Diversity: Analysing the Discourse of Tolerance*. London/New York: Routledge.

Bloor, M. and T. Bloor (2007) *The Practice of Critical Discourse Analysis: An Introduction*. London: Hodder Arnold.

Blum-Kulka, S. (1997) *Dinner Talk: Cultural Patterns of Sociability and Socialization in Family Discourse*. Mahwah, NJ: Lawrence Erlbaum.

Blunkett, D. (2002) *Integration with Diversity: Globalisation and the Renewal of Democracy and Civil Society*. London: Foreign Policy Centre.

Bod, R. , J. Hay, and S. Jannedy (eds.) (2003) *Probabilistic Linguistics*. Cambridge, MA: MIT Press.

Boersma, P. and D. Weenik (2001) Praat: A System for Doing Phonetics by Computer. www. praat. org.

Boeschoten, H. (1998) *Codeswitching, codemixing*, and code alternation: What a difference. In R. Jacobson (ed.) , Codeswitching Worldwide. Berlin: Mouton de Gruyter, pp. 253-64.

Boix, E. (1993) *Triar no és trair. Identitat i llengua en els joves de Barcelona*. Barcelona: Edicions 62.

Bortoni-Ricardo, S. M. (1985) *The Urbanization of Rural Dialect Speakers: A Sociolinguistic Study in Brazil*. Cambridge: Cambridge University Press.

Bos, P. (2001) Temporality issues in Moroccan Arabic and Dutch. In L. Verhoeven and S. Strömqvist (eds.) , *Narrative Development in a Multilingual Context*. Amsterdam: John Benjamins, pp. 233-54.

Bosch, L. , A. Costa, and N. Sebastián-Gallés (2000) First and second language vowel perception in early bilinguals. *European Journal of Cognitive Psychology*, 12 , 189-222.

Bossevain, J. (1974) F*riends of Friends: Networks, Manipulators and Coalitions*. Oxford: Blackwell.

Bourdieu, P. (1977a) The economics of linguistic exchanges. *Social Science*

Information,16(6),645-68.

Bourdieu,P. (1977b) *Outline of a Theory of Practice*. Trans. R. Nice. Cambridge: Cambridge University Press. (Original work published 1972.)

Bourdieu,P. (1997) *Der Tote packt den Lebenden: Schriften zu Politik und Kultur* 2. Hamburg: VSA.

Bourdieu, P. and J. -C. Passeron (1977) *Reproduction in Education, Society and Culture*. London: Sage.

Boyd, S. and K. Nauclér (2001) Sociocultural aspects of bilingual narrative development in Sweden. In L. Verhoeven and S. Strömqvist (eds.), *Narrative Development in a Multilingual Context*. Amsterdam: John Benjamins, pp. 129-51.

Boyle, R. (2000) Whatever happened to preference organization? *Journal of Pragmatics*, 32,583-604.

Bradlow,A. R. (1995) A comparative acoustic study of English and Spanish vowels. *Journal of the Acoustical Society of America*,97,1916-24.

Brasileiro Reis Pereira,I. (2004) Stageverslag: Een onderzoek naar codewisseling in een experimentele setting. MS,Utrecht University.

Briggs,C. L. (1986) *Learning How to Ask: A Sociolinguistic Appraisal of the Role of the Interview in Social Science Research*. Cambridge: Cambridge University Press.

Broca,P. (1861) Perte de la parole,ramolissement chronique et destruction partielle du lobe antérieur gauche du cerveau. *Bulletin de la Société d'Anthropologie*,11, 235-7.

Bucholtz,M. (2000) The politics of transcription. *Journal of Pragmatics*,32 (10), 1439-65.

Bucholtz,M. and K. Hall (2004) Language and identity. In A. Duranti (ed.),*A Companion to Linguistic Anthropology*. Cambridge: Cambridge University Press, pp. 369-94.

Burton,G. (2000) *Talking Television: An Introduction to the Study of Television*. London: Arnold.

Caldas-Coulthard,Carmen R. (2003) Cross-cultural representation of "Otherness" in media discourse. In G. Weiss and R. Wodak (eds.),*Critical Discourse Analysis: Theory and Interdisciplinarity*. Basingstoke: Palgrave Macmillan,272-96.

Callahan, L. (2002) The matrix language frame model and Spanish/English codeswitching in fiction. *Language and Communication*,22,1-16.

Cameron,D. (1990) Demythologizing sociolinguistics: Why language does not reflect society. In J. E. Joseph and T. J. Taylor (eds.) ,*Ideologies of Language*. London: Routledge,pp. 79-93.

Cameron, D. , E. Frazer, P. Harvey, B. Rampton, and K. Richardson (1992) *Researching Language:Issues of Power and Method*. London:Routledge.

Cameron,D. ,E. Frazer, P. Harvey, B. Rampton, and K. Richardson (1993) Ethics, advocacy and empowerment:Issues of method in researching language. *Language and Communication*,13(2) ,81-94.

Carreiras, M. and C. Clifton, Jr. (2004) On the on-line study of language comprehension. In M. Carreiras and C. Clifton,Jr. (eds.) , *The On-line Study of Sentence Comprehension:Eye-tracking and Beyond*. New York:Psychology Press, pp. 1-14.

Cashman, H. (2002) Constructing a bilingual identity: Conversation analysis of Spanish/English language use in a television interview. *Texas Linguistic Forum*, 44 (Proceedings of the Symposium About Language and Society- Austin:Salsa VIII) ,33-47.

Cashman, H. (2005) Identities at play:Language preference and group membership in bilingual talk-in-interaction. *Journal of Pragmatics*,37,301-15.

Cashman, H. (2006) Who wins in research on bilingualism in an anti-bilingual state? *Journal of Multilingual and Multicultural Development* (thematic issue, ed. C. Raschka ,370 References P. Sercombe, and M. Garner:Sociolinguistic Research: Issues of Power and Method Revisited) ,27(1) ,42-60.

Cashman, H. and A. Williams (eds.) (2008) Accomplishing Identity in Bilingual Interaction. Special issue of *Multilingua*, 27.

Cattell,J. M. (1887) The time taken up by cerebral operations. *Mind*,11,524-38.

Cenoz,J. (2001) The effect of linguistic distance,L2 status and age on cross-linguistic influence in third language acquisition. In J. Cenoz, B. Hufeisen, and U. Jessner (eds.) ,*Cross-linguistic Influence in Third Language Acquisition:Psycholinguistic Perspectives*. Clevedon,UK:Multilingual Matters,pp. 8-20.

Chafe, W. (ed.) (1980) *The Pear Stories:Cognitive,Cultural,and Linguistic Aspects of Narrative Production*. Norwood,NJ:Ablex.

Chan, B. (1999) Aspects of the syntax, production and pragmatics of code-switching with special reference to Cantonese-English. PhD dissertation, University College London.

Chen, H. -C. and M. -L. Ng (1989) Semantic facilitation and translation priming effects in Chinese-English bilinguals. *Memory and Cognition*, 17, 454-62.

Cheshire, J. and P. Gardner-Chloros (1998) Code-switching and the sociolinguistic gender pattern. *International Journal of the Sociology of Language*, 129, special edition on Women's Languages in Various Parts of the World, ed. S. Ide and B. Hill, 5-34.

CHILDES: Child Language Data Exchange System, http://childes. psycmu. edv (accessed June 25, 2005).

Chilton, P. (2004) *Analysing Political Discourse: Theory and Practice*. London: Routledge.

Chomsky, N. (1986) *Knowledge of Language: Its Nature, Origin and Use*. New York: Praeger.

Chouliaraki, L. and N. Fairclough (1999) *Discourse in Late Modernity: Rethinking Critical Discourse Analysis*. Edinburgh: Edinburgh University Press.

Cicourel, A. (1988) Elicitation as a problem of discourse. In U. Ammon, N. Dittmar, and K. Matthier (eds.), *Sociolinguistics: An International Handbook of the Science of Language and Society*. Berlin: Walter de Gruyter, pp. 903-10.

Clahsen, H. (1999) Lexical entries and rules of language: A multidisciplinary study of German inflection. *Behavioural and Brain Sciences*, 22, 991-1060.

Clark, H. H. (1973) The language-fixed-effect fallacy: A critique of language statistics in psychological research. *Journal of Verbal Learning and Verbal Behavior*, 12, 335-59.

Clemente, I. (2005) Negotiating the limits of uncertainty and non-disclosure: Communication and culture in the management of pediatric cancer treatment in Barcelona. Unpublished doctoral dissertation, University of California, Los Angeles.

Clyne, M. (1967) *Transference and Triggering: Observations on the Language Assimilation of Postwar German-Speaking Migrants in Australia*. The Hague: Martinus Nijhoff.

Clyne, M. (2003) Dynamics of Language Contact: English and Immigrant Languages. Cambridge: Cambridge University Press.

Čmejrková, S. (2003) The categories of "our own" and "foreign" in the language and culture of Czech repatriates from the Ukraine. *International Journal of the Sociology of Language*, 162, 103-23.

Codó, E. (2003) The struggle for meaning: Immigration and multilingual talk in an institutional setting. Unpublished PhD dissertation, Universitat Autònoma de Barcelona, Bellaterra.

Cohen, J. (1983) The cost of dichotomization. *Applied Psychological Measurement*, 7, 249-53.

Cohen, J. (1988) *Statistical Power Analysis for the Behavioral Sciences*. Hillsdale, NJ: Erlbaum.

Cohen, J. and P. Cohen (1988) *Applied Multiple Regression/Correlation Analysis for the Behavioral Sciences*. 2nd edn. Hillsdale, NJ: Lawrence Erlbaum.

Colomé, À. (2001) Lexical activation in bilinguals' speech production: Language-specific or language-independent? *Journal of Memory and Language*, 45, 721-36.

Connolly, J. F. , S. H. Stewart, and N. A. Phillips (1990) The effects of processing requirements on neurophysiological responses to spoken sentences. *Brain and Language*, 39, 302-18.

Cook, V. (1993) *Linguistics and Second Language Acquisition*. London: Macmillan.

Costa, A. (2005) Lexical access in bilingual production. In J. F. Kroll and A. M. B. De Groot(eds.), *Handbook of Bilingualism: Psycholinguistic Approaches*. New York: Oxford University Press, pp. 308-25.

Costa, A. , M. Miozzo, and A. Caramazza (1999) Lexical selection in bilinguals: Do words in the bilingual's two lexicons compete for selection? *Journal of Memory and Language*, 41, 365-97.

Cots, J. M. and L. Nussbaum (2003) Consciència lingüística i identitat. In J. Perera, L. Nussbaum, and M. Milian (eds.), *L'educació lingüística en situacions multiculturals imultilingües*. Barcelona: Institut de Ciències de l'Educació de la Universitat de Barcelona, pp. 71-89.

Coulmas, F. (1997) *Handbook of Sociolinguistics*. Oxford: Blackwell.

Couper-Kuhlen, E. and M. Selting (eds.) (1996) *Prosody in Conversation*. Cambridge: Cambridge University Press.

Crago, M. B. , B. Annahatak, and L. Ningiuruvik (1993) Changing patterns of language socialisation in Inuit homes. *Anthropology and Education Quarterly*, 24, 205-23.

Crama, R. and H. van Gelderen (1984) Structural constraints on code-mixing. MA thesis, University of Amsterdam.

Dale, A. M. and R. L. Buckner (1997) Selective averaging of rapidly presented individual trials using fMRI. *Human Brain Mapping*, 5, 329-40.

Damasio, A. R. (1992) Aphasia. *New England Journal of Medicine*, 326, 531-9.

Danet, B. and S. Herring (eds.) (2003) The Multilingual Internet. Special issue of *Journal of Computer-Mediated Communications*, 9 (1).

Dart, S. (1992) Narrative style in the two languages of a bilingual child. *Journal of Child Language*, 19, 367-87.

David, A. (2004) The developing bilingual lexicon. Unpublished PhD thesis, Newcastle University, UK.

Davies, B. and R. Harré (1990) Positioning: the discursive production of selves. *Journal for the Theory of Social Behaviour*, 20, 43-63.

De Houwer, A. (1990) *The Acquisition of Two Languages from Birth: A Case Study*. Cambridge: Cambridge University Press.

De Houwer, A. (1995) Bilingual language acquisition. In P. Fletcher and B. MacWhinney (eds.), *The Handbook of Child Language*. Oxford: Blackwell, pp. 219-51.

De Houwer, A. (2004) Trilingual input and children's language use in trilingual families in Flanders. In C. Hoffmann and J. Ytsma (eds.), *Trilingualism in Family, School and Community*. Clevedon: Multilingual Matters, pp. 118-35.

DeKeyser, R. (1991) The semester overseas: What difference does it make? *ADFL Bulletin*, 22, 42-8.

DeKeyser, R. (2000) The robustness of critical period effects in second language acquisition. *Studies in Second Language Acquisition*, 22, 499-534.

Dell, G. S. and P. G. O'Seaghdha (1991) Mediated and convergent lexical priming in language production: A comment on Levelt et al. (1991). *Psychological Review*, 98, 604-14.

Denzin, N. K. (1989a) *Interpretive Biography*. Newbury Park, CA: Sage.

Denzin, N. K. (1989b) *Interpretive Interactionism*. Newbury Park, CA: Sage. Department for Education and Skills (2004) All ethnic groups improve at GCSE/ GNVQ. Press release. London: DfES.

Deprez, C. (1999) *Les Enfants bilingues: langues et familles*. Paris: Didier.

Deuchar, M. and S. Quay (2000) *Bilingual Acquisition: Theoretical Implications of a Case Study*. Oxford and New York: Oxford University Press.

Devereux, E. (2003) *Understanding the Media*. London: Sage.

Dewaele, J. M. (2007a) Becoming bi- or multilingual later in life. In P. Auer and Li Wei (eds.), *The Handbook of Multilingualism and Multilingual Communication*. Berlin: Mouton de Gruyter, pp. 89-118.

Dewaele, J. M. (2007b) Diachronic and/or synchronic variation? The acquisition of sociolinguistic competence in L2 French. In D. Ayrton (ed.) , *The Handbook of French Applied Linguistics*. Amsterdam: Benjamins, pp. 208-36.

Dewaele, J. -M. and A. Pavlenko (2002) Emotion vocabulary in interlanguage. *Language Learning*, 52(2) ,263-322.

Dewaele, J. -M. and A. Pavlenko (2003) Productivity and lexical diversity in native and nonnative speech: A study of cross-cultural effects. In V. Cook (ed.) , *Effects of the Second Language on the First*. Clevedon, UK: Multilingual Matters, pp. 120-41.

Dijk, T. A. van (2001) Multidisciplinary CDA: A plea for diversity. In R. Wodak and M. Meyer (eds.) , *Methods of Critical Discourse Analysis*. London: Sage, pp. 95-120.

Dijk, T. A. van (2003a) The discourse-knowledge interface. In G. Weiss and R. Wodak (eds.) , *Theory, Interdisciplinarity and Critical Discourse Analysis*. London: Palgrave, pp. 85-109.

Dijk, T. A. van (2003b) Critical discourse analysis. In B. Schiffrin, D. Tannen, and H. Hamilton (eds.) , *The Handbook of Discourse Analysis*. Oxford: Blackwell, pp. 352-71.

Dijkstra, T. , J. Grainger, and W. J. B. van Heuven (1999) Recognition of cognates and interlingual homographs: The neglected role of phonology. *Journal of Memory and Language* ,41 ,496-518.

Dijkstra, T. and W. J. B. van Heuven (1998) The BIA-model and bilingual word recognition. In J. Grainger and A. M. Jacobs (eds.) , *Localist Connectionist Approaches to Human Cognition*. Mahwah, NJ: Lawrence Erlbaum Associates, pp. 189-225.

Dijkstra, T. and W. J. B. van Heuven (2002) The architecture of the bilingual word recognition system: From identification to decision. *Bilingualism: Language and Cognition* ,5 ,175-97.

Dijkstra, T. , H. Van Jaarsveld, and S. Ten Brinke (1998) Interlingual homograph recognition: Effects of task demands and language intermixing. *Bilingualism: Language and Cognition* ,1 ,51-66.

Di Sciullo, A. M. , P. Muysken, and R. Singh (1986) Government and code-mixing. *Journal of Linguistics* ,22 ,1-24.

Dodd, B. , A. Holm, Zhu Hua, S. Crosbie, and J. Broomfield (2006) English

phonology: Acquisition and disorder. In Zhu Hua and B. Dodd (eds.),
Phonological Development and Disorder: A Multilingual Perspective. Clevedon:
Multilingual Matters,pp. 25-55.

Doeleman,R. (1998) *Native Reactions to Nonnative Speech*. Tilburg: Tilburg University
Press.

Dolitsky, M. (ed.) (2000) Special Issue on Code-switching. *Journal of
Pragmatics*,32.

Donchin,E. (1979) Event-related brain potentials: A tool in the study of human
information processing. In H. Begleiter (eds.) , *Evoked Potentials and Behavior*.
New York:Plenum,pp. 13-75.

Donchin, E. , W. Ritter, and C. McCallum (1978) Cognitive psychophysiology: The
endogenous components of the ERP. In E. Callaway,P. Tueting,and S. H. Koslow
(eds.) , *Brain Event-related Potentials in Man*. New York: Academic Press, pp.
349-411.

Döpke,S. (1992) *One Parent One Language*. Amsterdam:Benjamins.

Döpke, S. (2000) *Cross-Linguistic Structures in Simultaneous Bilingualism*.
Amsterdam:Benjamins.

Dorfman,A. (1998) *Heading South, Looking North: A Bilingual Journey*. New York:
Farrar,Straus,and Giroux.

Dörnyei, Z. (2003) *Questionnaires in Second Language Research: Construction*,
Administration and Processing. Mahwah,NJ:Lawrence Erlbaum.

Doughty,C. J. and M. H. Long (2003) The scope of inquiry and goals of SLA. In C. J.
Doughty and M. H. Long (eds.) , *The Handbook of Second Language Acquisition*.
Malden,MA:Blackwell,pp. 3-16.

Du Gay, P. , S. Hall, L. Janes, H. Mackay, and K. Negus (1997) *Doing Cultural
Studies:The Story of the Sony Walkman*. London:Sage.

Duranti,A. (1997) *Linguistic Anthropology*. Cambridge:Cambridge University Press.

Dussias,P. E. (2003) Syntactic ambiguity resolution in L2 learners: Some effects of
bilinguality on L1 and L2 processing strategies. *Studies in Second Language
Acquisition*,25,529-57.

Eades,D. (1982) You gotta know how to talk . . . : Information seeking in south-east
Queensland Aboriginal society. *Australian Journal of Linguistics*,2,61-82.

Eastman,C. M. (ed.) (1992) *Codeswitching*. Clevedon:Multilingual Matters.

Eckert,P. (1988) Adolescent social structure and the spread of linguistic change.

Language in Society, 17, 183-207.

Edwards, D. (1997) *Discourse and Cognition*. London: Sage.

Edwards, J. A. and M. D. Lampert (1993) Talking Data: *Transcription and Coding in Discourse Research*. Hillsdale, NJ: Lawrence Erlbaum Associates.

Edwards, M. and P. Gardner-Chloros (2007) Compound verbs in code-switching: Making Do? *International Journal of Bilingualism*, 11(1), 73-91.

Eliasson, S. (1989) English-Maori language contact: Code-switching and the free morpheme constraint. Reports from Uppsala University Department of Linguistics (RUUL), 18, pp. 1-28.

Eppler, E. (1999) Word order in German-English mixed discourse. UCL Working Papers in Linguistics, 11, pp 285-308.

Eppler, E. (2004) "because dem computer brauchst du es nicht zeigen": Because + German main clause word order. *International Journal of Bilingualism*, 8(2), 127-43.

Erbaugh, M. (2001) www. pearstories. org/ (accessed June 25, 2005).

Erill, G., F. Marcos, and J. Farràs (1992) *L'ús del català entre els joves a Sabadell*. Barcelona: Generalitat de Catalunya.

E-Rramdani, Y. (2003) *Acquiring Tarifit-Berber by Children in the Netherlands and Morocco*. Studies in Mutlilingualism. Amsterdam: Aksant.

Escudero, P. and P. Boersma (2004) Bridging the gap between L2 speech perception research and phonological theory. *Studies in Second Language Acquisition*, 26, 551-85.

Extra, G. and D. Gorter (2001) Comparative perspectives on regional and immigrant minority languages in multicultural Europe. In G. Extra and D. Gorter (eds.), *The Other Languages of Europe*. Clevedon: Multilingual Matters, pp. 1-41.

Extra, G. and K. Yagmur (2004) *Urban Multilingualism in Europe*. Clevedon: Multilingual Matters.

Eze, E. (1998) Lending credence to borrowing analysis: Lone English-origin incorporations in Igbo discourse. *International Journal of Bilingualism*, 2(2), 183-201.

Fabbro, F. (1999) *The Neurolinguistics of Bilingualism: An Introduction*. Hove, Sussex: Psychology Press.

Fabiani, M., G. Gratton, P. M. Corballis, J. Cheng, and D. Friedman (1998) Bootstrap assessment of the reliability of maxima in surface maps of brain activity of individual subjects derived with electrophysiological and optical methods. *Behavior Research Methods, Instruments, and Computers*, 30, 78-86.

Fairclough, N. (1989) *Language and Power*. London: Longman.

Fairclough, N. (1995) *Critical Discourse Analysis: The Critical Study of Language*. London/New York: Longman.

Fairclough, N. (2001) The dialectics of discourse. *Textus*, 14(2): 231-42.

Fairclough, N. (2003a) *Analysing Discourse: Textual Analysis for Social Research*. London: Routledge.

Fairclough, N. (2003b) Semiotic aspects of social transformation and learning. In R. Rogers (ed), *An Introduction to Critical Discourse Analysis in Education*. Mahwah, NJ: Lawrence Erlbaum, pp. 225-36.

Felser, C. , L. Roberts, R. Gross, and T. Marinis (2003) The processing of ambiguous sentences by first and second language learners of English. *Applied Psycholinguistics*, 24, 453-89.

Fender, D. H. (1987) Source localization of brain electrical activity. In A. S. Gevins and A. Rémond (eds.), *Methods of Analysis of Brain Electrical and Magnetic Signals*. Handbook of Electroencepholograpy and Clinical Neurophysiology. Revised series, vol. 1. Analysis of electrical and magnetic signals. Amsterdam: Elsevier, pp. 355-403.

Fender, M. (2003) English word recognition and word integration skills of native Arabicand Japanese-speaking learners of English as a second language. *Applied Psycholinguistics*, 24, 289-315.

Ferguson, C. A. (2000 [1959]) Diglossia. In Li Wei (ed.), *The Bilingualism Reader*. London: Routledge, pp. 33-47.

Fernández, E. (2003) *Bilingual Sentence Processing: Relative Clause Attachment in English and Spanish*. Amsterdam: John Benjamins.

Fishman, J. (1980) Bilingualism and biculturalism as individual and as societal phenomena. *Journal of Multilingual and Multicultural Development*, 1, 3-15.

Fishman, J. (2000 [1965]) Who speaks what language to whom and when? In Li Wei (ed.), *The Bilingualism Reader*. London: Routledge, pp. 55-71.

Fishman, J. , R. Cooper, R. Ma, et al. (1971) *Bilingualism in the Barrio*. Language Science Monographs, 7. Bloomington: Indiana University.

Flege, J. E. (1987) The production of "new" and "similar" phones in a foreign language: Evidence for the effect of equivalence classification. *Journal of*

Phonetics, 15, 47-65.

Flege, J. E. (1988) The production and perception of foreign language speech sounds. In H. Winitz (ed.), *Human Communication and its Disorders: A Review*. Norwood, NJ: Ablex, pp. 224-401.

Flege, J. E. (2002) Interactions between the native and second-language phonetic systems. In P. Burmeister, T. Piske, and A. Rohde (eds.), *An Integrated View of Language Development: Papers in Honor of Henning Wode*. Trier: Wissenschaftlicher Verlag, pp. 217-44.

Flege, J. E. (2003) Assessing constraints on second-language segmental production and perception. In N. Schiller and A. Meyer (eds.), *Phonetics and Phonology in Language Comprehension and Production: Differences and Similarities*. Berlin: Mouton de Gruyter, pp. 319-55.

Flege, J. E. and W. Eefting (1987) Cross-language switching in stop consonant perception and production by Dutch speakers of English. *Speech Communication*, 6, 185-202.

Fodor, J. A. (1983) *The Modularity of Mind*. Cambridge, MA: MIT Press.

Fowler, F. J. (1984) *Survey Research Methods*. Beverly Hills, CA: Sage.

Fox, R., J. E. Flege, and M. J. Munro (1995) The perception of English and Spanish vowels by native English and Spanish listeners: A multidimensional scaling analysis. *Journal of the Acoustic Society of America*, 97, 2540-51.

Fox, P. and M. Raichle (1986) Focal physiological uncoupling of cerebral blood flow and oxidative metabolism during somatosensory stimulation in human subjects. *Proceedings of the National Academy of Sciences of the United States of America*, 83, 1140-4.

Franceschini, R. (2003) Unfocussed language acquisition? The presentation of linguistic situations in biographical narration. *Forum: Qualitative Social Research* (on-line journal), 4(3), Art. 19. Available at www. qualitative-research. net/fqs-texte/3-03/3-03franceschini-e. htm.

Franklin, S., C. Lury, and J. Stacey (2000) *Global Nature, Global Culture*. London: Sage.

Frenck-Mestre, C. and J. Pynte (1997) Syntactic ambiguity resolution while reading in second and native languages. *Quarterly Journal of Experimental Psychology*, 50A, 119-48.

Friederici, A. D., E. Pfeiffer, and A. Hahne (1993) Event-related brain potentials during natural speech processing effects of semantic, morphological, and syntactic violations. *Cognitive Brain Research*, 1, 183-92.

Friedland, D. and N. Miller (1999) Language mixing in bilingual speakers with Alzheimer's dementia: A conversation analysis approach. *Aphasiology*, 13, 427-44.

Friel, B. M. and S. M. Kennison (2001) Identifying German-English cognates, false cognates, and non-cognates: Methodological issues and descriptive norms. *Bilingualism*; *Language and Cognition*, 4, 249-74.

Friston, K. J., A. P. Holmes, C. J. Price, C. Buchel, and K. J. Worsley (1999) Multisubject fMRI studies and conjunction analyses. *Neuroimage*, 10, 385-96.

Gafaranga, J. (2001) Linguistic identities in talk-in-interaction: Order in bilingual conversation. *Journal of Pragmatics*, 33, 1901-25.

Gafaranga, J. (2005) Demythologising language alternation studies: Conversational structure vs. social structure in bilingual interaction. *Journal of Pragmatics*, 37, 281-300.

Gafaranga, J. and M. -C. Torras (2002) Interactional otherness: Towards a redefinition of code-switching. *International Journal of Bilingualism*, 6(1), 1-22.

Gal, S. (1979) *Language Shift: Social Determinations of Linguistic Change in Bilingual Austria*. New York: Academic Press.

Gal, S. and J. Irvine (1995) The boundaries of language and disciplines: How ideologies construct difference. *Social Research*, 62, 967-1001.

Gardner-Chloros, P. (1991) *Language Selection and Switching in Strasbourg*. Oxford: Clarendon Press.

Gardner-Chloros, P. (forthcoming 2008) *Code-switching*. Cambridge: Cambridge University Press.

Gardner-Chloros, P., R. Charles, and J. Cheshire (2000) Parallel patterns? A comparison of monolingual speech and bilingual codeswitching discourse. *Journal of Pragmatics*. Special issue on Code-switching, ed. M. Dolitsky, 32, 1305-41.

Gardner-Chloros, P. and M. Edwards (2007) Compound verbs in code-switching: Bilinguals making do? *International Journal of Bilingualism*, 11(1), 73-91.

Gardner-Chloros, P., M. Sebba, and M. Moyer (2007) The LIDES Corpus. In J. C. Beal, K. P. Corrigan and H. Moisl (eds.), *Models and Methods in the Handling of Unconventional Digital Corpora*. Vol. 1: Synchronic Corpora. London: Palgrave, pp. 91-121.

Garfinkel, H. (1967) *Studies in Ethnomethodology*. Englewood Cliffs, NJ: Prentice Hall.

Garnham, N. (1979) Contribution to a political economy of mass communication. *Media, Culture and Society*, 1(2), 123-46.

Garrett, P. B. and P. Baquedano-López (2002) Language socialization: Reproduction and continuity, transformation and change. *Annual Review of Anthropology*, 31, 339-61.

Gee, J. (1991) A linguistic approach to narrative. *Journal of Narrative and Life History*, 1(1), 15-39.

Gee, J. P. (2003) Discourse analysis: What makes it critical? In R. Rogers (ed.), *An Introduction to Critical Discourse Analysis in Education*. Mahwah, NJ: Lawrence Erlbaum, pp. 19-50.

Gelles, R. J. and A. Levine (1999) *Sociology: An Introduction*. Boston: McGraw-Hill College.

Genesee, F. (1989) Early bilingual language development: One language or two? *Journal of Child Language*, 16, 161-79.

Genesee, F. (2002) Rethinking bilingual acquisition. In J. -M. Dewaele, A. Housen, and Li Wei (eds.), *Bilingualism: Beyond Basic Principles*. Clevedon: Multilingual Matters, pp. 204-28.

Gerard, L. D. and D. L. Scarborough (1989) Language-specific lexical access of homographs by bilinguals. *Journal of Experimental Psychology: Learning, Memory, and Cognition*, 15, 305-15.

Gibbons, J. (1987) *Code-mixing and Code-choice: A Hong Kong Case Study*. Clevedon: Multilingual Matters.

Giddens, A. (1984) *The Constitution of Society*. Berkeley and Los Angeles: University of California Press.

Giddens, A. (1990) *The Consequences of Modernity*. Cambridge: Polity.

Gil, M. and M. Goral (2004) Nonparallel recovery in bilingual aphasia: Effects of language choice, language proficiency, and treatment. *International Journal of Bilingualism*, 8(2), 191-219.

Gilboy, E. and J. M. Sopena (1996) Segmentation effects in the processing of complex NPs with relative clauses. In M. Carreiras, J. E. García-Albea, and N. Sebastián-Gallés (eds.), *Language Processing in Spanish*. Mahwah, NJ: Lawrence Erlbaum Associates, pp. 191-206.

Goffman, E. (1963) *Behavior in Public Places: Notes on the Social Organization of Gatherings*. New York: Free Press.

Goffman, E. (1974) *Frame Analysis: An Essay on the Organization of Experience*. New York: Harper & Row.

Goffman, E. (1979) Footing. *Semiotica*, 25, 1-29.

Goffman, E. (1981) *Forms of Talk*. Oxford: Basil Blackwell.

Goodwin, C. (1993) Recording human interaction in natural settings. *Pragmatics*, 3 (2), 181-209.

Goodwin, C. (2002) Time in action. *Current Anthropology*, 43, S19-S35.

Goodwin, M. H. , C. Goodwin, and M. Yaeger-Dror (2002) Multi-modality in girls' game disputes. *Journal of Pragmatics*, 34, 1621-49.

Granger, C. (2004) *Silence in Second Language Learning: A Psychoanalytic Reading*. Clevedon, UK: Multilingual Matters.

Green, D. W. (1986) Control, activation and resource: A framework and a model for the control of speech in bilinguals. *Brain and Language*, 27, 210-23.

Green, D. W. (2003) The neural basis of the lexicon and the grammar in L2 acquisition. In R. van Hout, A. Hulk, F. Kuiken, and R. Towell (eds.), *The Interface between Syntax and the Lexicon in Second Language Acquisition*. Amsterdam: John Benjamins.

Green, D. W. and C. Price (2001) Functional imaging in the study of recovery patterns in bilingual aphasics. *Bilingualism: Language and Cognition*, 4, 191-201.

Greer, T. (2003a) Multiethnic Japanese identity: An applied conversation analysis. *Japan Journal of Multilingualism and Multiculturalism*, 9(1), 1-23.

Greer, T. (2005) The multiethnic paradox: Towards a fluid notion of being "haafu. " *Japan Journal of Multilingualism and Multiculturalism*, 11(1): 1-18.

Gripsrud, J. (2000) *Understanding Media Culture*. London: Hodder Arnold.

Groot, A. M. B. de (1992) Determinants of word translation. *Journal of Experimental Psychology: Learning, Memory, and Cognition*, 18, 1001-18.

Groot, A. M. B. de, L. Dannenburg, and J. G. van Hell (1994) Forward and backward word translation by bilinguals. *Journal of Memory and Language*, 33, 600-29.

Groot, A. M. B. de and G. L. J. Nas (1991) Lexical representation of cognates and noncognates in compound bilinguals. *Journal of Memory and Language*, 30, 90-123.

Grosjean, F. (1980) Spoken word-recognition processes and the gating paradigm.

Perception and Psychophysics, 28, 267-83.

Grosjean, F. (1988) Exploring the recognition of guest words in bilingual speech. *Language and Cognitive Processes*, 3, 233-74.

Grosjean, F. (1989) Neurolinguists, beware! The bilingual is not two monolinguals in one person. *Brain and Language*, 36, 3-15.

Grosjean, F. (1996) Gating. *Language and Cognitive Processes*, 11, 597-604.

Grosjean, F. (1998) Studying bilinguals: Methodological and conceptual issues. *Bilingualism: Language and Cognition*, 1, 131-49.

Grosjean, F. (2000) Processing mixed language: Issues, findings, and models. In Li Wei (ed.), The *Bilingualism Reader*. London: Routledge, pp. 443-70.

Grosjean, F. (2001) The bilingual's language modes. In J. L. Nicol (ed.), *One Mind, Two Languages: Bilingual Language Processing*. Cambridge, MA: Blackwell, pp. 1-22.

Grosjean, F. and U. Frauenfelder (eds.) (1997) *A Guide to Spoken Word Recognition Paradigms*. Hove, Sussex: Psychology Press.

Grosjean, F., Li P., T. F. Munte, and A. Rodriguez (2003) Imaging bilinguals: When the neurosciences meet the language sciences. *Bilingualism: Language and Cognition*, 6, 159-65.

Gubrium, J. and J. Holstein (eds.) (2002) *Handbook of Interview Research: Context and Method*. Thousand Oaks, CA: Sage.

Guion, S., T. Harada, and J. Clark (2004) Early and late Spanish-English bilinguals' acquisition of English word stress patterns. *Bilingualism: Language and Cognition*, 7(3), 207-26.

Gumperz, J. J. (1971) Dialect difference and social stratification in a north Indian village. In A. S. Dil (ed.), *Language in Social Groups: Essays by John J. Gumperz*, Stanford, CA: Stanford University Press.

Gumperz, J. J. (1982a) *Discourse Strategies*. Cambridge: Cambridge University Press.

Gumperz, J. J. (ed.) (1982b) *Language and Social Identity*. Cambridge: Cambridge University Press.

Gumperz, J. and E. Hernandez (1969) Cognitive aspects of bilingual communication. Working Paper 28, Language Behavior Research Laboratory, December, Berkeley: University of California Press.

Gumperz, J. J. and D. Hymes (eds.) (1972) *Directions in Sociolinguistics: The Ethnography of Communication*. New York: Basil Blackwell.

Hagoort, P. , C. Brown, and J. Groothusen (1993) The syntactic positive shift as an ERPmeasure of syntactic processing. *Language and Cognitive Processes*, 8, 439-83.

Hagoort, P. , C. M. Brown and L. Osterhout (2000) The neurocognition of syntactic processing. In C. M. Brown and P. Hagoort (eds.) , *The Neurocognition of Language*. Oxford : Oxford University Press, pp. 273-316.

Hagoort, P. , L. Hald, M. Bastiaansen, and K. M. Petersson (2004) Integration of word meaning and world knowledge in language comprehension. *Science*, 304, 438-41.

Hahne, A. (2001) What's different in second-language processing? Evidence from eventrelated brain potentials. *Journal of Psycholinguistic Research*, 30, 251-66.

Hahne, A. and A. D. Friederici (2001) Processing a second language : Late learners' comprehension mechanisms as revealed by event-related brain potentials. *Bilingualism : Language and Cognition*, 4, 123-42.

Hall, S. (ed.) (1997) *Representation : Cultural Representations and Signifying Practices*. London : Sage.

Hall, S. (1980 [1973]) Encoding/Decoding. In Centre for Contemporary Cultural Studies (ed.) , *Culture, Media, Language : Working Papers in Cultural Studies*, 1972-79. London : Hutchinson, pp. 128-38.

Hall, S. and B. Gieben (1992) *Formations of Modernity*. Cambridge : Polity.

Hall, S. , D. Hobson, A. Lowe, and P. Willis (1992 [1980]) *Culture, Media, Language*. London : Routledge.

Halmari, H. (1997) *Government and Codeswitching : Explaining American Finnish*. Amsterdam/Philadelphia : John Benjamins.

Hamers, J. F. and M. H. A. Blanc (2000) *Bilinguality and Bilingualism*. Cambridge : Cambridge University Press.

Hammersley, M. (2003) "Analytics" are no substitute for methodology : A response to Speer and Hutchby. *Sociology : The Journal of the British Sociological Association*, 37(2), 339-51.

Hammersley, M. and P. Atkinson (1983) *Ethnography : Principles in Practice*. London : Routledge.

Handy, T. (ed.) (2004) *Event-related Potentials : A Methods Handbook*. Cambridge, MA : MIT Press.

Hansen, R. (2000) *Citizenship and Immigration in Post-war Britain*. Oxford/New York : Oxford University Press.

Harding-Esch, E. and P. Riley (2003) *The Bilingual Family: A Handbook for Parents.* 2nd edn. Cambridge: Cambridge University Press.

Hatch, E. and H. Farhady (1982) *Research Design and Statistics for Applied Linguistics.* Rowley, MA: Newbury House.

Haust, D. (1995) *Codeswitching in Gambia: eine soziolinguistische Untersuchung von Mandinka, Wolof und Englisch in Kontakt.* Cologne: Köppe Verlag.

Haust, D. and N. Ditmar (1998) Taxonomic or functional models in the description of codeswitching? Evidence from Mandinka and Wolof in African contact situations. In R. Jacobson (ed.), *Codeswitching Worldwide*, Berlin: Mouton de Gruyter, pp. 79-90.

Have, P. ten (1999) *Doing Conversation Analysis: A Practical Guide.* London: Sage.

Heath, J. (1989) *From Code-switching to Borrowing: Foreign and Diglossic Mixing in Moroccan Arabic.* London/New York: Kegan Paul International.

Heinz, B. (2001) "Fish in the river": Experiences of bicultural bilingual speakers. *Multilingua*, 20(1), 85-108.

Hell, J. van, A. Bosman, I. Wiggers, and J. Stoit (2003) Children's cultural background knowledge and story telling performance. *International Journal of Bilingualism*, 7(3), 283-303.

Hell, J. G. van and T. Dijkstra (2002) Foreign language knowledge can influence native language performance in exclusively native contexts. *Psychonomic Bulletin and Review*, 9, 780-9.

Heller, M. (1988) Strategic ambiguity: Code-switching in the management of conflict. In M. Heller (ed.), *Code-switching: Anthropological and Sociolinguistic Perspectives.* Berlin: Mouton de Gruyter, pp. 77-98.

Heller, M. (1995a) Bilingualism and multilingualism. In J. Verschueren, J.-O. Östman, and J. Blommaert (eds.), *Handbook of Pragmatics: 1995 Installment.* Amsterdam/Philadelphia: John Benjamins, pp. 1-15.

Heller, M. (1995b) Language choice, social institutions, and symbolic domination. *Language in Society*, 24, 373-405.

Heller, M. (2001) Undoing the macro-micro dichotomy: Ideology and categorisation in a linguistic minority school. In N. Coupland, S. Sarangi, and C. Candlin (eds.), *Sociolinguistics and Social Theory.* London: Longman, pp. 212-34.

Heller, M. (2002) *Éléments d'une sociolinguistique critique.* Paris: Didier.

Heller, M. (2006) (with the collaboration of Campbell, Dalley, and Patrick) *Linguistic*

Minorities and Modernity: *A Sociolinguistic Ethnography*. 2nd edn. London: Continuum.

Heller, M. and L. Lévy (1994) Les contradictions des mariages linguistiquement mixtes: les stratégies des femmes franco-ontariennes. *Langage et société*, 67, 53-88.

Herman, E. S. and N. Chomsky (2002) *Manufacturing Consent*: *The Political Economy of the Mass Media*. London: Pantheon.

Hermans, D. , T. Bongaerts, K. De Bot, and R. Schreuder (1998) Producing words in a foreign language: Can speakers prevent interference from their first language? *Bilingualism*: *Language and Cognition*, 1, 213-29.

Hermes, J. (1995) *Reading Women's Magazines*. Cambridge: Polity.

Hernandez, A. E. , E. Bates, and L. X. Avila (1994). On-line sentence interpretation in Spanish-English bilinguals: What does it mean to be " in between"? *Applied Psycholinguistics*, 15, 417-46.

Hernandez, L. , T. Wager, and J. Jonides (2002) Introduction to functional neuroimaging. In H. Pashler and J. Wixted (eds.), *Stevens' Handbook of Experimental Psychology*. New York: John Wiley, pp. 175-222.

Hill, J. H. and K. C. Hill (1986) *Speaking Mexicano*: *Dynamics of Syncretic Language in Central Mexico*. Tucson: University of Arizona Press.

Hinton, L. (2001) Involuntary language loss among immigrants: Asian-American linguistic autobiographies. In J. Alatis and A. Tan (eds.), *Language in our Time*: *Bilingual Education and Official English*, *Ebonics and Standard English*, *Immigration and the Unz Initiative*. Georgetown University Round Table on Languages and Linguistics 1999. Washington, DC: Georgetown University Press, pp. 203-52.

Hirsh, K. W. , C. M. Morrison, S. Gaset, and E. Carnicer (2003) Age of acquisition and speech production in L2. *Bilingualism*: *Language and Cognition*, 6, 117-28.

Hoffman, E. (1989) *Lost in Translation*: *A Life in a New Language*. London: Heinemann. (Reprinted London: Vintage Books, 1998.)

Hoge, R. D. , J. Atkinson, B. Gill, G. R. Crelier, S. Marrett, and G. B. Pike (1999) Investigation of BOLD signal dependence on cerebral blood flow and oxygen consumption: The deoxyhemoglobin dilution model. *Magnetic Resonance in Medicine*, 42, 849-63.

Holland, P. (1997) *The Television Handbook*. London: Routledge.

Howseman, A. M. and R. W. Bowtell (1999) Functional magnetic resonance imaging: Imaging techniques and contrast mechanisms. *Philosophical Transactions: Biological Sciences*, 354 (1387), 1179-94.

Hummel, K. (1986) Memory for bilingual prose. In J. Vaid (ed.), *Language Processing in Bilinguals: Psycholinguistic and Neuropsychological Perspectives*. Hillsdale, NJ: Lawrence Erlbaum, pp. 47-64.

Hutchby, I. and R. Wooffitt (1998) *Conversation Analysis: Principles, Practices and Applications*. Cambridge: Polity Press.

Hvenekilde, A. and E. Lanza (2001) Applying social network analysis to the Filipino community in Oslo. In A. Hvenekilde and J. Nortier (eds.), *Meetings at the Crossroads: Studies of Multilingualism and Multiculturalism*. Oslo: Novus Forlag, pp. 296-313.

Hymes, D. (1982) Narrative form as a "grammar" of experience: Native American and glimpse of English. *Journal of Education*, 162, 121-42.

Iverson, P., P. K. Kuhl, R. Akahane-Yamada, E. Diesch, Y. Tohkura, A. Kettermann, and C. Siebert (2003) A perceptual interference account of acquisition difficulties for nonnative phonemes. *Cognition*, 87, B47-B57.

Izura, C. and A. W. Ellis (2004) Age acquisition effects in translation judgment tasks. *Journal of Memory and Language*, 50, 165-81.

Jackendoff, R. (2002) *Foundations of Language*. Oxford: Oxford University Press.

Jackson, B. (1987) *Fieldwork*. Urbana and Chicago: University of Illinois Press.

Jacobson, R. (ed.) (1998) *Codeswitching Worldwide*. Berlin: Mouton de Gruyter.

Jacobson, R. (ed.) (2001) *Codeswitching Worldwide II*. Berlin: Mouton de Gruyter.

Jaffe, A. (1999) *Ideologies in Action: Language Politics on Corsica*. Berlin: Mouton de Gruyter.

Jake, J. L., C. Myers-Scotton, and S. Gross (2002) Making a minimalist approach to codeswitching work: Adding the Matrix Language. *Bilingualism: Language and Cognition*, 5 (1), 69-91.

Jakobson, R. (1941/1968) *Child Language: Aphasia and Phonological Universals*. The Hague: Mouton.

James, W. (1890) *Principles of Psychology*. New York: Holt.

Jarvis, S. (1998) *Conceptual Transfer in the Interlingual Lexicon*. Bloomington, IN: IULC Publications.

Jarvis, S. (2000) Methodological rigor in the study of transfer: Identifying L1 influence in the interlanguage lexicon. *Language Learning*, 50(2),245-309.

Jarvis,S. (2002) Short texts,best-fitting curves and new measures of lexical diversity. *Language Testing*,19(1),57-84.

Javier,R. ,F. Barroso,and M. Muñoz (1993) Autobiographical memory in bilinguals. *Journal of Psycholinguistic Research*,22(3),319-38.

Jenkins,H. (1992) *Textual Poachers*. New York:Routledge.

Johanson,L. (2002) *Structural Factors in Turkic Language Contact*. London:Curzon.

Johnson,J. and E. Newport (1989) Critical period effects in second language learning: The influence of maturational state on the acquisition of English as a second language. *Cognitive Psychology*,21,60-99.

Johnstone, B. (1996) *The Linguistic Individual: Self-Expression in Language and Linguistics*. New York:Oxford University Press.

Johnstone,B. (2000) *Qualitative Methods in Sociolinguistics*. Oxford:Oxford University Press.

Joos,M. (1967) *The Five Clocks*. New York:Harcourt Brace Jovanovich.

Jørgensen,J. N. (1998) Children's acquisition of code-switching for power-wielding. In P. Auer (ed.), *Code-Switching in Conversation: Language, Interaction and Identity*. London:Routledge,pp. 237-58.

Joshi,A. K. (1985) Processing of sentences with intrasentential code-switching. In D. R. Dowty,L. Karttunen,and A. M. Zwicky (eds.) ,*Natural Language Processing: Psychological,Computational and Theoretical Perspectives*. Cambridge:Cambridge University Press,pp. 190-205.

Ju,M. and P. A. Luce (2004) Falling on sensitive ears:Constraints on bilingual lexical activation. *Psychological Science*, 15,314-18.

Juffs,A. and M. Harrington (1996) Garden path sentences and error data in second language sentence processing research. *Language Learning*,46,286-324.

Just,M. A. and P. A. Carpenter (1980) A theory of reading:From eye-fixations to comprehension. *Psychological Review*, 87,329-54.

Just,M. A. ,P. A. Carpenter,and J. D. Woolley (1982) Paradigms and processes in reading comprehension. *Journal of Experimental Psychology- General*, 111, 228-38.

Kallmeyer,W. and I. Keim (2003) Linguistic variation and the construction of social identity in a German-Turkish setting:A case study of an immigrant youth group in Mannheim, Germany. In J. K. Androutsopoulos and A. Georgakopoulou

(eds.) , *Discourse Constructions of Youth Identities*. Amsterdam and Philadelphia: John Benjamins, pp. 27-46.

Kanno, Y. (2003) *Negotiating Bilingual and Bicultural Identities: Japanese Returnees Betwixt Two Worlds*. Mahwah, NJ: Lawrence Erlbaum.

Kaufman, D. (2001) Narrative development in Hebrew and English. In L. Verhoeven and S. Strömqvist (eds.) , *Narrative Development in a Multilingual Context*. Amsterdam: John Benjamins, pp. 319-40.

Kellerman, E. (2001) New uses for old language: Cross-linguistic and cross-gestural influence in the narratives of non-native speakers. In J. Cenoz, B. Hufeisen, and U. Jessner (eds.) , *Cross-linguistic Influence in Third Language Acquisition: Psycholinguistic Perspectives*. Clevedon, UK: Multilingual Matters, pp. 170-91.

Kennedy, Graeme (1998) *An Introduction to Corpus Linguistics*. (Studies in Languages and Linguistics.) London: Longman.

Kerekes, J. A. (2006) Winning an interviewer's trust in a gatekeeping encounter. *Language in Society*, 35, 27-57.

Kesharvarz, M. H. and D. Ingram (2002) The early phonological development of a Farsi-English bilingual child. *International Journal of Bilingualism*, 6 (3) , 255-69.

Klapproth, D. (2004) *Narrative as Social Practice: Anglo-Western and Australian Aboriginal Oral Traditions*. Berlin: Mouton de Gruyter.

Klavans, J. (1985) The syntax of code-switching: Spanish and English. In *Proceedings of the Linguistic Symposium on Romance Languages*. Amsterdam: Benjamins, pp. 213-31.

Klavans, J. and P. Resnick (1996) *The Balancing Act: Combining Symbolic and Statistical Approaches to Language*. Cambridge, MA: MIT Press.

Kohler, K. J. (ed.) (1994) *Lexica of the Kiel PHONDAT Corpus, Read Speech*, volume I, no. 27/28, Institut für Phonetik und digitale Sprachverarbeitung, Universität Kiel. http://citeseer. ist. psu. edu/context/832541/0.

Kohler, K. J. (ed.) (1995) *The Kiel Corpus of Read Speech* (CD-ROM). Institut für Phonetik und digitale Sprachverarbeitung, Christian-Albrechts-Universität zu Kiel. http://citeseer. ist. psu. edu/context/832542/0.

Kohnert, K. (2002) Picture naming in early sequential bilinguals: A 1-year follow up. *Journal of Speech, Language, and Hearing Research*, 45 (4) , 759-71.

Kohnert, K. , E. Bates, and A. E. Hernandez (1999) Balancing bilinguals: Lexical-semantic production and cognitive processing in children learning Spanish and English. *Journal of Speech, Language, and Hearing Research*, 42(6), 1400-13.

Kolers, P. and E. Gonzalez (1980) Memory for words, synonyms, and translation. *Journal of Experimental Psychology, Human Learning and Memory*, 6, 53-65.

Koppe, R. and J. Meisel (1995) Codeswitching in bilingual first language acquisition. In L. Milroy and P. Muysken (eds.), *One Speaker, Two Languages*. Cambridge: Cambridge University Press, pp. 276-301.

Koven, M. (1998) Two languages in the self/the self in two languages: French-Portuguese bilinguals' verbal enactments and experiences of self in narrative discourse. *Ethos*, 26(4), 410-55.

Koven, M. (2001) Comparing bilinguals' quoted performances of self and others in tellings of the same experience in two languages. *Language in Society*, 30, 513-58.

Koven, M. (2002) An analysis of speaker role inhabitance in narratives of personal experience. *Journal of Pragmatics*, 34, 167-217.

Kramsch, C. and W. E. Lam (1999) Textual identities: The importance of being non-native. In G. Braine (ed.), *Non-native Educators in English Language Teaching*. Mahwah, NJ: Lawrence Erlbaum, pp. 57-72.

Kristeva, J. (1986) *The Kristeva Reader*. Ed. Toril Moi. Oxford: Basil Blackwell.

Kroll, J. F. and P. Dussias (2004) The comprehension of words and sentences in two languages. In T. Bhatia and W. Ritchie (eds.), *Handbook of Bilingualism*. Cambridge, MA: Blackwell, pp. 169-200.

Kroll, J. and E. Stewart (1994) Category interference in translation and picture naming: Evidence for asymmetric connections between bilingual memory epresentations. *Journal of Memory and Language*, 33, 149-74.

Kuhl, P. (2000) A new view of language acquisition. *Proceedings of the National Academy of Science*, 97, 11850-8.

Kulick, D. (1992) *Language Shift and Cultural Reproduction: Socialization, Self, and Syncretism in a Papua New Guinean Village*. Cambridge: Cambridge University Press.

Kumar, R. (1999) *Research Methodology: A Step-by-Step Guide for Beginners*. London: Sage.

Kupersmitt, J. and R. Berman (2001) Linguistic features of Spanish-Hebrew children's narratives. In L. Verhoeven and S. Strömqvist (eds.), *Narrative Development in a*

Multilingual Context. Amsterdam：John Benjamins，pp. 277-317.

Kutas，M. (1997) Views on how the electrical activity that the brain generates reflects the functions of different language structures. *Psychophysiology*，34，383-98.

Kutas，M. and S. A. Hillyard (1980) Reading senseless sentences：Brain potentials reflect semantic incongruity. *Science*，207，203-5.

Kutas，M. and S. A. Hillyard (1984) Brain potentials during reading reflect word expectancy and semantic association. *Nature*，307，161-3.

Kutas，M. and R. Kluender (1991) What is who violating? A reconsideration of linguistic violations in light of event-related brain potentials. In H. -J. Heinze，T. F. Münte，and G. R. Mangun (eds.)，*Cognitive Electrophysiology*，pp. 183-210.

Kutas，M. and C. Van Petten (1994) Psycholinguistics electrified：Event-related brain potential investigations. In M. A. Gernsbacher (ed.)，*Handbook of Psycholinguistics*，San Diego：Academic Press，pp. 83-143.

Kvale，K. (1993) Segmentation and labelling of speech. PhD dissertation，Norwegian Institute of Technology. http://citeseer. ist. psu. edu/context/832543/0.

Labov，W. (1972a) *Language in the Inner City：Studies in the Black English Vernacular*. Philadelphia：University of Pennsylvania Press.

Labov，W. (1972b) *Sociolinguistic Patterns*. Philadelphia：Pennsylvania University Press.

Labov，W. (1972c) The study of language in its social context. In *Sociolinguistic Patterns*. Philadelphia：University of Pennsylvania Press，pp. 183-259.

Labov，W. (1982a) Objectivity and commitment in linguistic science：The case of the Black English trial in Ann Arbor. *Language in Society*，11，165-201.

Labov，W. (1982b) *The Social Stratification of English in New York City*. Washington，DC：Center for Applied Linguistics.

Labov，W. (1984) Field methods of the project of linguistic change and variation. In J. Baugh and J. Sherzer (eds.)，*Language in Use：Readings in Sociolinguistics*. Englewood Cliffs，NJ：Prentice Hall，pp. 28-54.

Labov，W. and J. Waletzky (1967) Narrative analysis：Oral versions of personal experience. In J. Helm (ed.)，*Essays on the Verbal and Visual Arts*. Seattle：University of Washington Press，pp. 12-44.

Lacey，N. (2000) *Narrative and Genre：Key Concepts in Media Studies*. Basingstoke and London：Macmillan.

Lafont，R. (1977) À propos de l'enquête sur la diglossie：l'intercesseur de la norme.

Lengas, 1, 31-9.

Lambert, W. (1967) A social psychology of bilingualism. *Journal of Social Issues*, 23, 91-109.

Lane, P. (1999) Language contact in Buyøynes-Pykeä: Norwegian verbs in a Finnish morphosyntactic frame. Cand. Philol. thesis, University of Oslo.

Lane, P. (2006) A tale of two towns: A comparative study of language and culture contact. Dr. art. dissertation, University of Oslo.

Lanza, E. (1997) *Language Mixing in Infant Bilingualism: A Sociolinguistic Perspective*. Oxford: Oxford University Press.

Lanza, E. (2001) Temporality and language contact in narratives by children bilingual in Norwegian and English. In L. Verhoeven and S. Strömqvist (eds.), *Narrative Development in a Multilingual Context*. Amsterdam: John Benjamins, pp. 15-50.

Lanza, E. (2004a) *Language Mixing in Infant Bilingualism: A Sociolinguistic Perspective*. 2nd edn. Oxford: Oxford University Press.

Lanza, E. (2004b) Language socialization of infant bilingual children in the family: Quo vadis? In X. P. Rodriguez-Yanez, A. M. Suarez, and F. Ramallo (eds.), *Bilingualism and Education: From the Family to the School*. Munich: Lincom Europa, pp. 21-39.

Lanza, E. and B. A. Svendsen (2007) Tell me who your friends are and I might be able to tell you what language (s) you speak: Social network analysis, multilingualism, and identity. *International Journal of Bilingualism*, 11 (3), 275-300.

Lawson, S. and I. Sachdev (2000) Codeswitching in Tunisia: Attitudinal and behavioural dimensions. *Journal of Pragmatics*, 32, 1343-61.

Leech, G., G. Myers, and J. Thomas (eds.) (1995) *Spoken English on Computer: Transcription, Mark-up and Application*. London: Longman.

Lehmann, C. (2004) Data in linguistics. *Linguistic Review*, 21, 175-210.

Lenneberg, E. H. (1967) *Biological Foundations of Language*. New York: Wiley.

Leopold, W. (1970) *Speech Development of a Bilingual Child: A Linguist's Record*. New York: AMS Press.

Le Page, R. and A. Tabouret-Keller (1985) *Acts of Identity: Creole-based Approaches to Language and Ethnicity*. Cambridge: Cambridge University Press.

Levelt, W. J. M. (1989) *Speaking: From Intention to Articulation*. Cambridge, MA: MIT Press.

Levelt, W. J. M. , A. Roelofs, and A. S. Meyer (1999) A theory of lexical access in speech production. *Behavioral and Brain Sciences*, 22, 1-75.

Li P. , S. Sepanski, and X. Zhao (2006) Language history questionnaire: A web-based interface for bilingual research. *Behavior Research Methods*, 38, 202-10.

Li Wei (1994) *Three Generations, Two Languages, One Family: Language Choice and Language Shift in a Chinese Community in Britain*. Clevedon, Avon: Multilingual Matters.

Li Wei (1998) The "why" and "how" questions in the analysis of conversational codeswitching. In P. Auer (ed.), *Codeswitching in Conversation: Language, Interaction and Identity*. London: Routledge, pp. 156-76.

Li Wei (ed.) (2000) Methodological questions in the study of bilingualism. In Li Wei (ed.), *The Bilingualism Reader*. London: Routledge, pp. 475-86.

Li Wei, L. Milroy, and S-C. Pong (2000) A two-step sociolinguistic analysis of codeswitching and language choice: The example of a bilingual Chinese community in Britain. In Li Wei (ed.), *The Bilingualism Reader*. London: Routledge, pp. 188-209.

Li Wei (2002) "What do you want me to say?" On the conversation analysis approach to bilingual interaction. *Language in Society*, 31, 159-80.

Li Wei (2005a) "How can you tell?" Towards a common sense explanation of conversational code-switching. *Journal of Pragmatics*, 37, 375-89.

Li Wei (2005b) Social network analysis in bilingualism research: Applications and evaluations. Keynote speech at the Fifth International Symposium on Bilingualism, Barcelona.

Li Wei (ed.) (2005c) Special issue on conversational code-switching. *Journal of Pragmatics*, 37.

Lijmbach, L. (1995) "Telkens als de kinderen comer, fala papa telkens": Mudanæa de código nas crianæas bilingues português-neerlandês. MA thesis, Utrecht University.

Linde, C. (1993) *Life Stories: The Creation of Coherence*. New York: Oxford University Press.

LIPPS Group (2000) The LIDES coding manual. *International Journal of Bilingualism*, 4(2), 131-270.

Lipski, J. M. (1978) Code-switching and the problem of bilingual competence. In M. Paradis (ed.), *Aspects of Bilingualism*. Columbia, SC: Hornbeam Press.

Lo, A. (1999) Codeswitching, speech community membership, and the construction of ethnic identity. *Journal of Sociolinguistics*, 3, 461-79.

Macdonald, C. and G. Pesigan (eds.) (2000) *Old Ties and New Solidarities: Studies on Philippine Communities*. Manila: Ateneo de Manila University Press.

Mackey, A. and S. Gass (2005) *Second Language Research: Methodology and Design*. Mahwah, NJ: Lawrence Erlbaum.

MacNamara, J. (1967) The linguistic independence of bilinguals. *Journal of Verbal Learning and Verbal Behaviour*, 6, 729-36.

MacNamara, J. and S. Kushnir (1971) Linguistic independence of bilinguals: The input switch. *Journal of Verbal Learning and Verbal Behaviour*, 10, 480-7.

MacSwan, J. (2004) Code-switching and grammatical theory. In T. K. Bhatia and W. C. Ritchie (eds.), *The Handbook of Bilingualism*. Oxford: Blackwell, pp. 283-311.

MacWhinney, B. (1995) *The CHILDES Project: Tools for Analyzing Talk*. 2nd edn. Hillsdale, NJ: Erlbaum.

MacWhinney, B. (1997) Second language acquisition and the competition model. In A. M. B. De Groot and J. F. Kroll (eds.), *Tutorials in Bilingualism: Psycholinguistic Perspectives*. Mahwah, NJ: Lawrence Erlbaum Publishers, pp. 113-42.

MacWhinney, B. (2000) *The CHILDES Project: Tools for Analyzing Talk. Volume 2: The Database*. 3rd edn. Mahwah, NJ: Lawrence Erlbaum Associates.

MacWhinney, B. and C. E. Snow (1990) The Child Language Data Exchange System: An update. *Journal of Child Language*, 17, 457-72.

Maeno, Y. (1995) Acquisition of oral narrative skills by foreign language learners of Japanese. In D. MacLaughlin and S. McEwen (eds.), *Proceedings of the Boston University Conference on Language Development (BUCLD)* 19. Boston, MA: Cascadilla Press, pp. 359-66.

Mahootian, S. (1993) A null theory of codeswitching. PhD dissertation, Northwestern University, Chicago.

Mandler, J. (1982) Some uses and abuses of a story grammar. *Discourse Processes*, 5, 305-18.

Marian, V. and M. J. Spivey (2003) Competing activation in bilingual language processing: Within- and between-language competition. *Bilingualism: Language and Cognition*, 6, 97-115.

563

Marian, V. and M. Kaushanskaya (2004) Self-construal and emotion in bicultural bilinguals. *Journal of Memory and Language*, 51, 190-201.

Markham, D. (1997) *Phonetic Imitation, Accent, and the Learner*. Lund: Lund University Press.

Martin, J. and R. Wodak (2003) Introduction. In J. Martin and R. Wodak (eds), *Re/reading the Past: Critical and Functional Perspectives on Time and Value*. Amsterdam: John Benjamins, pp. 1-18.

Martin-Jones, M. (1995) Code-switching in the classroom: Two decades of research. In L. Milroy and P. Muysken (eds), *One Speaker, Two Languages: Cross-disciplinary Perspectives on Code-switching*. Cambridge: Cambridge University Press, pp. 177-98.

Martin-Jones, M. (2000) Bilingual classroom interaction: A review of recent research. *Language Teaching*, 33, 1-9.

Mason, J. (1996/2002) *Qualitative Researching*. London: Sage Publications.

Maxwell, S. E. and H. D. Delaney (1993) Bivariate median splits and spurious statistical significance. *Psychological Bulletin*, 113, 181-90.

Mayer, M. (1969) *Frog, Where Are You?* New York: Dial.

McCabe, A. and L. Bliss (2003) *Patterns of Narrative Discourse: A Multicultural, Life Span Approach*. Boston, MA: Allyn and Bacon.

McConkie, G. W. and K. Rayner (1975) The span of the effective stimulus during a fixation in reading. *Perception and Psychophysics*, 17, 578-86.

McCormick, K. (2002) *Language in Cape Town's District Six*. Oxford: Oxford University Press.

McCullagh, C. (2002) *Media Power: A Sociological Introduction*. Basingstoke: Palgrave Macmillan.

McKinnie, M. and T. Priestly (2004) Telling tales out of school: Assessing linguistic competence in minority language fieldwork. *Journal of Multilingual and Multicultural Development*, 25(1), 24-40.

McLaughlin, B. (1984) *Second Language Acquisition in Childhood*. Hillsdale, NJ: Lawrence Erlbaum Associates.

Mechelli, A., J. T. Crinion, U. Noppeney, J. O'Doherty, J. Ashburner, R. S. Frackowiak, and C. J. Price (2004) Neurolinguistics: Structural plasticity in the bilingual brain. *Nature*, 431, 757.

Meeuwis, M. and J. Blommaert (1994) The "markedness model" and the absence of society:Remarks on codeswitching. *Multilingua*,13(4),387-423.

Meisel,J. M. (1989) Early differentiation of languages in bilingual children. In K. Hyltenstam and L. Obler (eds.), *Bilingualism across the Lifespan*: *Aspects of Acquisition*, *Maturity and Loss*. Cambridge: Cambridge University Press, pp. 13-40.

Meisel,J. (ed.) (1994) *Bilingual First Language Acquisition*. Amsterdam:Benjamins.

Meng,K. (2001) *Russlanddeutsche Sprachbiografien*: *Untersuchungen zur sprachlichen Integration von Aussiedlerfamilien*. Tübingen:Gunter Narr Verlag.

Meng, K. and E. Protassova (2002) Jazykovaja integratsija rossijskih nemtsev v Germanii [Linguistic integration of Russian Germans in Germany]. *Izvestija AN. Serija literatury i jazyka*,2002,61(6),29-40.

Mereu,L. (2004) Linguistic data as complex items. *The Linguistic Review* 21,211-33.

Mesulam, M. (1990) Large-scale neurocognitive networks and distributed processing for attention, language, and memory. *Annals of Neurology*,28,597-613.

Meyer,M. (2001) Between theory, method, and politics:Positioning of the approaches to CDA. In R. Wodak and M. Meyer (eds.), *Methods of Critical Discourse Analysis*. London:Sage,pp. 14-31.

Michael,E. (1998) The consequences of individual differences in cognitive abilities for bilingual language processing. Unpublished dissertation, Pennsylvania State University.

Michael, E. and T. H. Gollan (2005) Being and becoming bilingual: Individual differences and consequences for language production. In J. F. Kroll and A. M. B. De Groot (eds.), *Handbook of Bilingualism*: *Psycholinguistics Approaches*. New York:Oxford University Press,pp. 389-407.

Milardo,R. M. (ed.) (1988) *Families and Social Networks*. Newbury Park,CA:Sage.

Mills,J. (2004) Mothers and mother tongue: Perspectives on self-construction by mothers of Pakistani heritage. In A. Pavlenko and A. Blackledge (eds.), *Negotiation of Identities in Multilingual Contexts*. Clevedon:Multilingual Matters, pp. 161-91.

Milroy,L. (1987) *Language and Social Networks*. 2nd edn. Oxford:Basil Blackwell.

Milroy,L. and M. Gordon (2003) *Sociolinguistics*: *Method and Interpretation*. Oxford: Blackwell.

Milroy, L. and Li Wei (1995) A social network approach to codeswitching: The example of a bilingual community in Britain. In L. Milroy and P. Muysken

(eds.) , *One Speaker*, *Two Languages*: *Cross-Disciplinary Perspectives on Code-Switching*. Cambridge:Cambridge University Press,pp. 136-57.

Milroy,L. and P. Muysken (eds.) (1995) *One Speaker*, *Two Languages*: *Cross-Disciplinary Perspectives on Code-Switching*. Cambridge: Cambridge University Press,pp. 177-98.

Mistry,J. (1993) Cultural context in the development of children's narratives. In J. Altarriba (ed.) , *Cognition and Culture*: *A Cross-cultural Approach to Psychology*. Amsterdam:Elsevier Science Publishers,pp. 207-28.

Mitchell,C. (1986) Network procedures. In D. Frick (ed.) , *The Quality of Urban Life*. Berlin:Mouton de Gruyter,pp. 73-92.

Mitchell, D. C. (2004) On-line methods in language processing: Introduction and historical overview. In M. Carreiras and C. Clifton,Jr. (eds.) , *The On-Line Study of Sentence Comprehension*: *Eye-tracking and Beyond*. New York: Psychology Press,pp. 15-32.

Mitchell, R. and F. Miles (2004) *Second Language Learning Theories*. 2nd edn. London:Arnold.

Moffatt,S. (1990) Becoming bilingual:A sociolinguistic study of the communication of young mother-tongue Panjabi-speaking children. Unpublished PhD thesis, University of Newcastle upon Tyne.

Morita, E. (2003) Children's use of address and reference terms: Language socialization in a Japanese-English family. *Multilingua*,22(4) ,367-95.

Mosco,V. (1996) *The Political Economy of Communication*. London:Sage.

Mosso,A. (1881) *Ueber den Kreislauf des Blutes in menschlichen Gehirn*. Leipzig: Verlag von View.

Moyer,A. (1999) Ultimate attainment in L2 phonology:The critical factors of age, motivation and instruction. *Studies in Second Language Acquisition*,21,81-108.

Moyer,M. G. (1992) Analysis of codeswitching in Gibraltar. Unpublished PhD thesis, Universitat Autònoma de Barcelona.

Moyer,M. G. (1998) Bilingual conversation strategies in Gibraltar. In P. Auer (ed.) , *Code-Switching in Conversation*: *Language*, *Interaction and Identity*. London: Routledge,pp. 215-34.

Moyer, M. (2000) Negotiating agreement and disagreement in Spanish-English bilingual conversations with no. *International Journal of Bilingualism*,4(4) ,485-504.

Muysken, P. (2000) *Bilingual Speech: A Typology of Code-Mixing.* Cambridge: Cambridge University Press.

Myers-Scotton, C. (1983) The negotiation of identities in conversation: A theory of markedness and code choice. *International Journal of the Sociology of Language*, 44, 115-36.

Myers-Scotton, C. (1986) Diglossia and code-switching. In J. A. Fishman, A. Tabouret-Keller, M. Clyne, B. Krishnamurti, and M. Abdulaziz (eds.), *The Fergusonian Impact*, 2 vols. Berlin: Mouton de Gruyter.

Myers-Scotton, C. (1992) Comparing codeswitching and borrowing. *Journal of Multilingual and Multicultural Development*, 13(1-2), 19-39.

Myers-Scotton, C. (1993b) *Social Motivations for Codeswitching: Evidence from Africa.* Oxford: Clarendon Press.

Myers-Scotton, C. (1997) *Duelling Languages: Grammatical Structure in Codeswitching.* 2nd edn. Oxford: Clarendon Press.

Myers-Scotton, C. (1998) A theoretical introduction to the markedness model. In C. Myers-Scotton (ed.), *Codes and Consequences: Choosing Linguistic Varieties.* New York and Oxford: Oxford University Press, pp. 18-38.

Myers-Scotton, C. (1999) Explaining the role of norms and rationality in codes-witching. *Journal of Pragmatics*, 32, 1259-71.

Myers-Scotton, C. (2002) *Contact Linguistics: Bilingual Encounters and Grammatical Outcomes.* Oxford: Oxford University Press.

Myers-Scotton, C. (2005) Supporting a differential access hypothesis: Code-switching and other contact data. In J. Kroll and A. M. B. De Groot (eds.), *Handbook of Bilingualism: Psycholinguistic Approaches.* Oxford: Oxford University Press, pp. 326-48.

Myers-Scotton, C. (2006) Natural codeswitching knocks on the laboratory door. *Bilingualism: Language and Cognition*, 9(2), 203-12.

Myers-Scotton, C. and A. Bolonyai (2001) Calculating speakers: Codeswitching in a rational choice model. *Language in Society*, 30, 1-28.

Myers-Scotton, C. and J. L. Jake (2000) Matching lemmas in a bilingual competence and production model. In Li Wei (ed.), *The Bilingualism Reader.* London: Routledge, pp. 281-320.

Näätänen, R. (2001) The perception of speech sounds by the human brain as reflected by the mismatch negativity (MMN) and its magnetic equivalent (MMNm).

567

Psychophysiology,38,1-21.

Nekvapil,J. (2000) On non-self-evident relationships between language and ethnicity: How Germans do not speak German, and Czechs do not speak Czech. *Multilingua*,2000,37-53.

Nekvapil,J. (2003) Language biographies and the analysis of language situations: On the life of the German community in the Czech Republic. *International Journal of the Sociology of Language*,162,63-83.

Neuman, W. L. (2003) *Social Research Methods: Qualitative and Quantitative Approaches*. 5th edn. Boston: Allyn and Bacon.

Ngom,F. (2003) The social status of Arabic, French, and English in the Senegalese speech community. *Language Variation and Change*,15,351-68.

Nistov,I. (2001) Reference continuation in L2 narratives of Turkish adolescents in Norway. In L. Verhoeven and S. Strömqvist (eds.), *Narrative Development in a Multilingual Context*. Amsterdam: John Benjamins, pp. 51-85.

Nivens, R. J. (2002) Borrowing versus Code-switching in West Tarangan (Indonesia). Dallas, TX: SIL International.

Nortier,J. (1990) *Dutch-Moroccan Arabic Code Switching among Moroccans in the Netherlands*. Dordrecht: Foris.

Nortier,J. (1995) De relatie tussen codewisselingstypen en karakteristieken van de tweetalige gemeenschap. In E. Huls and J. Klatter-Folmer (eds.), *Artikelen van de tweede sociolinguïstische conferentie*. Delft: Eburon, pp. 451-62.

Norton,B. (2000) *Identity and Language Learning: Gender, Ethnicity, and Educational Change*. London: Pearson.

Noyau,C. (1984) The development of means for temporality in French by adult Spanishspeakers: Linguistic devices and communicative capacities. In G. Extra and M. Mittner (eds.), *Studies in Second Language Acquisition by Adult Immigrants: Proceedings of the ESF/AILA Symposium held on the 9th of August 1984 in Brussels*. Tilburg: Tilburg University, pp. 113-37.

Noyau,C. and U. Paprocka (2000) La représentation de structures événementielles par lesapprenants: granularité et condensation. *Roczniki Humanistyczne*, 48 (5), 87-122.

Ochs,E. (1979) Transcription as theory. In E. Ochs and B. B. Schieffelin (eds.), *Developmental Pragmatics*. New York: Academic Press, pp. 43-72.

Ochs,E. , E. Schegloff, and S. Thompson (eds.) (1996) *Interaction and Grammar*.

Cambridge: Cambridge University Press.

Ogawa, S. , T. M. Lee, A. R. Kay, and D. W. Tank (1990) Brain magnetic resonance imaging with contrast dependent on blood oxygenation. *Proceedings of the National Academy of Sciences of the United States of America*, 87, 9868-72.

Oliver, P. (2003) *The Student's Guide to Research Ethics*. Philadelphia: The Open University.

Oller, D. K. and R. E. Eilers (eds.) (2002) *Language and Literacy in Bilingual Children*. Clevedon: Multilingual Matters.

Olshtain, E. and M. Barzilay (1991) Lexical retrieval difficulties in adult language attrition. In H. Seliger and R. Vago (eds.), *First Language Attrition*. Cambridge: Cambridge University Press, pp. 139-50.

Ordóñez, C. (2004) EFL and native Spanish in elite bilingual schools in Colombia: A first look at bilingual adolescent Frog Stories. *International Journal of Bilingual Education and Bilingualism*, 7(5), 449-74.

Osterhout, L. and P. J. Holcomb (1990) Syntactic anomalies elicit brain potentials during sentence comprehension. *Psychophysiology*, 27, S5.

Osterhout, L. and P. J. Holcomb (1992) Event-related potentials elicited by syntactic anomaly. *Journal of Memory and Language*, 31, 1-22.

Osterhout, L. and P. J. Holcomb (1993) Event-related potentials and syntactic anomaly: Evidence of anomaly detection during the perception of continuous speech. *Language and Cognitive Processes*, 8, 413-37.

Osterhout, L. , P. J. Holcomb, and D. A. Swinney (1994) Brain potentials elicited by gardenpath sentences: Evidence of the application of verb information during parsing. *Journal of Experimental Psychology: Learning, Memory and Cognition*, 20, 786-803.

Osterhout, L. and D. A. Swinney (1989) On the role of the simplicity heuristic in language processing: Evidence from structural and inferential processing. *Journal of Psycholinguistic Research*, 18, 553-62.

Otheguy, R. (1992) A reconsideration of the notion of loan translation in the analysis of U. S. Spanish. In A. Roca and J. Lipski (eds.), *Spanish in the United States: Linguistic Contact and Diversity*. Berlin: Mouton de Gruyter, pp. 21-45.

Paller, K. A. , M. Kutas, A. P. Shimamura, and L. R. Squire (1987) Brain responses to concrete and abstract words reflect processes that correlate with later performance on test recall and stem-hyphen completion priming. *Electroencephalography and*

Clinical Neurophysiology, 40, 360-5.

Pallier, C. , À. Colomé, and N. Sebastián-Gallés (2001) The influence of native-language phonology on lexical access: Exemplar-based vs. abstract lexical entries. *Psychological Science*, 12, 445-9.

Papadopoulou, D. and H. Clahsen (2003) Parsing strategies in L1 and L2 sentence processing: A study of relative clause attachment in Greek. *Studies in Second Language Acquisition*, 25, 501-28.

Paradis, J. (2001) Do bilingual two-year-olds have separate phonological systems? *International Journal of Bilingualism*, 5(1), 19-38.

Paradis, J. and F. Genesee (1996) Syntactic acquisition in bilingual children. *Studies in Second Language Acquisition*, 18, 1-25.

Paradis, M. (1983) *Readings on Aphasia in Bilinguals and Polyglots.* Quebec: Marcel Didier.

Paradis, M. (1987) *The Assessment of Bilingual Aphasia.* Hillsdale, NJ: Erlbaum.

Paradis, M. (ed.) (1995) *Aspects of Bilingual Aphasia.* Oxford: Pergamon.

Paradis, M. (1998) Language and communication in multilinguals. In B. Stemmer and H. Whitaker (eds.) , *Handbook of Neurolinguistics.* San Diego, CA: Academic Press, pp. 417-30.

Paradis, M. (2004) *A Neurolinguistic Theory of Bilingualism.* Amsterdam and Philadelphia: John Benjamins.

Paradis, M. and S. Navarro (2003) Subject realization and crosslinguistic interference in the bilingual acquisition of Spanish and English: What is the role of the input? *Journal of Child Language*, 30, 371-93.

Pavlenko, A. (1998) Second language learning by adults: Testimonies of bilingual writers. *Issues in Applied Linguistics*, 9(1), 3-19.

Pavlenko, A. (2001) "In the world of the tradition I was unimagined" : Negotiation of identities in cross-cultural autobiographies. *International Journal of Bilingualism*, 5(3), 317-44.

Pavlenko, A. (2002a) Bilingualism and emotions. *Multilingua*, 21(1), 45-78.

Pavlenko, A. (2002b) Narrative study: Whose story is it anyway? *TESOL Quarterly*, 36 (2), 213-18.

Pavlenko, A. (2003a) Eyewitness memory in late bilinguals: Evidence for discursive relativity. *International Journal of Bilingualism*, 7(3), 257-81.

Pavlenko, A. (2003b) "I feel clumsy speaking Russian" : L2 influence on L1 in narratives of Russian L2 users of English. In V. Cook (ed.) , *Effects of the Second Language on the First*. Clevedon , UK : Multilingual Matters , pp. 32-61.

Pavlenko, A. (2003c) " I never knew I was a bilingual " : Reimagining teacher identities in TESOL. *Journal of Language, Identity, and Education*, 2 (4) , 251-68.

Pavlenko, A. (2004) " The making of an American " : Negotiation of identities at the turn of the twentieth century. In A. Pavlenko and A. Blackledge (eds.) , *Negotiation of Identities in Multilingual Contexts*. Clevedon , Avon : Multilingual Matters , pp. 34-67.

Pavlenko, A. and A. Blackledge (eds.) (2004a) *Negotiation of Identities in Multilingual Contexts*. Clevedon , Avon : Multilingual Matters.

Pavlenko, A. and A. Blackledge (2004b) New theoretical approaches to the study of negotiation of identities in multilingual contexts. In Pavlenko and Blackledge (2004a) , pp. 1-33.

Pavlenko, A. and S. Jarvis (2002) Bidirectional transfer. *Applied Linguistics*, 23 (2) , 190-214.

Pavlenko, A. and J. Lantolf (2000) Second language learning as participation and the (re) construction of selves. In J. Lantolf (ed.) , *Sociocultural Theory and Second Language Learning*. Oxford : Oxford University Press , pp. 155-77.

Payrató, L. (2002) Non-verbal communication. In J. Verschueren, J. -O. Ötsman, J. Blommaert , and C. Bulcaen (eds.) , *Handbook of Pragmatics* 2002. Amsterdam/ Philadelphia : John Benjamins , pp. 1-35.

Pearson, B. (2002) Narrative competence among monolingual and bilingual school children in Miami. In D. Kimbrough Oller and R. Eilers (eds.) , *Language and Literacy in Bilingual Children*. Clevedon , UK : Multilingual Matters , pp. 135-74.

Penfield, W. (1965) Conditioning the uncommitted cortex for language learning. *Brain*, 88 , 787-98.

Perani, D. and J. Abutalebi (2005) Neural basis of first and second language processing. *Current Opinion in Neurobiology*, 15 , 202-6.

Perani, D. , J. Abutalebi, E. Paulesu, S. Brambati, P. Scifo, S. F. Cappa, and F. Fazio (2003) The role of age of acquisition and language usage in early , high-proficient bilinguals : An fMRI study during verbal fluency. *Human Brain Mapping*, 19 , 179-82.

Petten, C. Van and M. Kutas (1990) Interactions between sentence context and word frequency in event-related brain potentials. *Memory and Cognition*, 18, 380-93.

Pfaff, C. (1979) Constraints on language-mixing: Intrasentential code-switching and borrowing in Spanish-English. *Language*, 55, 291-318.

Pfaff, C. (2001) The development of co-constructed narratives by Turkish children in Germany. In L. Verhoeven and S. Strömqvist (eds.), *Narrative Development in a Multilingual Context*. Amsterdam: John Benjamins, pp. 154-88.

Pierce, B. (1852) Criterion for the rejection of doubtful observations. *Astronomical Journal*, 2, 161-3.

Pinker, S. (1999) *Words and Rules: The Ingredients of Language*. New York: Basic Books.

Piske, T., I. R. A. MacKay, and J. E. Flege (2001) Factors affecting the degree of foreign accent in an L2: A review. *Journal of Phonetics*, 29, 191-215.

Pitres, A. (1895) Étude sur l'aphasie chez les polyglottes. Revue de médecine, 15, 873-99.

Polinsky, M. (2007) Heritage language narratives. In D. Brinton, O. Kagan and S. Bauckus (eds.), *Heritage Language: A New Field Emerging*. Mahwah, NJ: Lawrence Erlbaum.

Pollatsek, A. and K. Rayner (1990) Eye movements and lexical access in reading. In D. A. Balota, G. B. Flores d'Arcais, and K. Rayner (eds.), *Comprehension Processes in Reading*. Hillsdale, NJ: Lawrence Erlbaum Associates, pp. 143-63.

Pomerantz, A. (1984) Agreeing and disagreeing with assessments: Some features of preferred/dispreferred turn shapes. In J. M. Atkinson and J. Heritage (eds.), *Structures of Social Action: Studies in Conversational Interaction*. Cambridge: Cambridge University Press, pp. 57-101.

Poplack, S. (1980) "Sometimes I'll start a sentence in English Y TERMINO EN ESPAÑOL": Toward a typology of code-switching. *Linguistics*, 18, 581-618.

Poplack, S. (1988) Contrasting patterns of code-switching in two communities. In M. Heller (ed.), *Code-switching: Anthropological and Sociolinguistic Perspectives*. Berlin: Mouton de Gruyter, pp. 215-45.

Poplack, S. (1993) Variation theory and language contact: Variation theory and language contact. In D. R. Preston (ed.), American Dialect Research. Amsterdam and Philadelphia: John Benjamins, pp. 251-86.

Poplack, S. (2000) Preface to the reprint of "Sometimes I'll start a sentence in English YTERMINO EN ESPAÑOL": Toward a typology of code-switching. In Li Wei (ed.) , *The Bilingualism Reader*. London : Routledge , pp. 221-3.

Poplack , S. And M. Meechan (1995) Patterns of language mixture : Nominal structure in Wolof-French and Fongbe-French bilingual discourse. In L. Milroy and P. Muysken (eds.) , *One Speaker , Two Languages : Cross-disciplinary Perspectives on Codeswitching*. Cambridge : Cambridge University Press , pp. 199-232.

Poplack , S. and M. Meechan (eds.) (1998) Instant Loans, Easy Conditions : The Productivity of Bilingual Borrowing. Special issue of *International Journal of Bilingualism* , 2 (2) .

Poplack , S. , D. Sankoff, and C. Miller (1988) The social correlates and linguistic processes of lexical borrowing and assimilation. *Linguistics* , 26 , 47-104.

Potter , M. C. , K. -F. So, B. Von Echardt, and L. B. Feldman (1984) Lexical and conceptual representation in beginning and more proficient bilinguals. *Journal of Verbal Learning and Verbal Behaviour* , 23 , 23-38.

Poulisse , N. (1999) *Slips of the Tongue : Speech Errors in First and Second Language Production*. Amsterdam / Philadelphia : John Benjamins.

Poulisse, N. and T. Bongaerts (1994) First language use in second language production. *Applied Linguistics* , 15 , 36-57.

Poyatos , F. (2002) *Nonverbal Communication across Disciplines*. 3 vols. Amsterdam / Philadelphia : John Benjamins.

Press , G. , D. Amaral, and L. Squire (1989) Hippocampal abnormalities in amnesic patients revealed by high-resolution magnetic resonance imaging. *Nature* , 341 , 54-7.

Prevignano , C. and P. J. Thibault (eds.) (2003) *Discussing Conversation Analysis : The Work of Emanuel A.* Schegloff. Amsterdam / Philadelphia : John Benjamins.

Propp , V. (1968 [1928]) *The Morphology of the Folktale*. Austin : University of Texas Press.

Protassova , E. (2004) *Fennorossy : Zhizn' i upotreblenie jazyka* [Finno-Russians : Life and language use] . St. Petersburg : Zlatoust.

Psathas , G. (1995) Conversation Analysis : *The Study of Talk-in-Interaction*. Thousand Oaks , CA : Sage.

Pujadas , J. J. , M. Pujol Berché, and M. T. Turell (1988-92) *Catalan-Spanish Database*.

Pujolar , J. (2001) *Gender , Heteroglossia and Power : A Sociolinguistic Study of Youth Culture*. Berlin / New York : Mouton de Gruyter.

Quay, S. (2001) Managing linguistic boundaries in early trilingual development. In J. Cenoz and F. Genesee (eds.), *Trends in Bilingual Acquisition*. Amsterdam and Philadelphia: John Benjamins, pp. 149-99.

Raaijmakers, J. G. W. (2003) A further look at the "language-as-fixed-effect fallacy." *Canadian Journal of Experimental Psychology*, 57, 141-51.

Raaijmakers, J. G. W., J. M. C. Schrijnemakers, and F. Gremmen (1999) How to deal with the "language-as-fixed-effect fallacy": Common misconceptions and alternative solutions. *Journal of Memory and Language*, 41, 416-26.

Radway, J. (1987) *Reading the Romance: Women, Patriarchy, and Popular Literature*. London: Verso.

Ramat, A. G. (1995) Codeswitching in the context of dialect/standard relations. In L. Milroy and P. Muysken (eds.), *One Speaker, Two Languages: Cross-disciplinary Perspectives on Codeswitching*. Cambridge: Cambridge University Press, pp. 45-67.

Rampton, B. (1995) *Crossing: Language and Ethnicity among Adolescents*. London: Longman.

Rampton, B. (1999) *Styling the Other*. Thematic issue of *Journal of Sociolinguistics*, 3 (4).

Rapp, S. (1995) Automatic phonemic transcription and linguistic annotation from known text with Hidden Markov Models. An aligner for German. http://citeseer. ist. psu. edu/rapp95automatic. html.

Ratcliff, R. (1993) Methods for dealing with reaction time outliers. *Psychological Bulletin*, 114, 510-32.

Rayner, K. and S. A. Duffy (1986) Lexical complexity and fixation times in reading: Effects of word frequency, verb complexity and lexical ambiguity. *Memory and Cognition*, 14, 191-201.

Redmond, M. V. (2000) *Communication: Theories and Applications*. Boston/New York: Houghton Mifflin.

Reetz-Kurashige, A. (1999) Japanese returnees' retention of English-speaking skills: Changes in verb usage over time. In L. Hansen (ed.), *Second Language Attrition in Japanese Contexts*. New York: Oxford University Press, pp. 21-58.

Reisigl, M. and R. Wodak (2001) *Discourse and Discrimination: Rhetorics of Racism and Antisemitism*. London: Routledge.

Rindler-Schjerve, R. (1998) Codeswitching as an indicator for language shift?

Evidence from Sardinian-Italian bilingualism. In R. Jacobson (ed.), *Codeswitching Worldwide*, Berlin: Mouton de Gruyter, pp. 221-48.

Rieger, C. (2003) Repetitions as self-repair strategies in English and German conversations. *Journal of Pragmatics*, 35, 47-69.

Riessman, C. (1993) *Narrative Analysis*. Newbury Park, CA: Sage.

Rietveld, T. and R. van Hout (1993) *Statistical Techniques for the Study of Language and Language Behaviour*. London: Mouton de Gruyter.

Rintell, E. (1990) That's incredible: Stories of emotion told by second language learners and native speakers. In R. Scarcella, E. Andersen, and S. Krashen (eds.), *Developing Communicative Competence in a Second Language*. Boston, MA: Heinle & Heinle, pp. 75-94.

Roberts, C. (1997) The politics of transcription. *Tesol Quarterly*, 31(1), 167-71.

Roberts, C. and P. Sayers (1987). Keeping the gate: How judgements are made in interethnic interviews. In K. Knapp, W. Enninger, and A. Knapp-Potthoff (eds.), *Analyzing Intercultural Communication*. Studies in anthropological linguistics, 1: Berlin: Mouton de Gruyter, pp. 111-36.

Rogers, R. (2003a) An introduction to critical discourse analysis in education. In R. Rogers (ed.), *An Introduction to Critical Discourse Analysis in Education*. Mahwah, NJ: Lawrence Erlbaum, pp. 1-18.

Rogers, R. (2003b) *A Critical Discourse Analysis of Family Literacy Practices: Power In and Out of Print*. Mahwah, NJ: Lawrence Erlbaum.

Romaine, S. (1983) Collecting and interpreting self-reported data on the language use of linguistic minorities by means of "language diaries. " *MALS Journal*, 9, 3-30.

Romaine, S. (1986) The syntax and semantics of the code-mixed compound verb in Panjabi-English Bilingual Discourse. In D. Tannen, and J. Alatis (eds.), *Language and Linguistics: The Interdependence of Theory, Data and Application*. Washington, DC: Georgetown University Press, pp. 35-49.

Romaine, S. (1995) *Bilingualism*. 2nd edn. Oxford: Blackwell.

Rugg, M. D. (1990) Event-related brain potentials dissociate repetition effects of high- and low-frequency words. *Memory and Cognition*, 18, 367-79.

Rugg, M. D. and S. E. Barrett (1987) Event-related potentials and the interaction between orthographic and phonological information in a rhyme-judgement task. *Brain and Language*, 32, 336-61.

Ryan, E. (1979) Why do low-prestige varieties persist? In H. Giles and R. St Clair (eds.), *Language and Social Psychology*. Oxford: Blackwell.

Sachdev, I. and R. Y. Bourhis (2001) Multilingual communication. In W. P. Robinson and H. Giles (eds.), *The New Handbook of Language and Social Psychology*. Chichester, NY, Weinheim, Brisbane, Singapore, Toronto: John Wiley & Sons, pp. 407-29.

Sachdev, I. and H. Giles (2004) Bilingual accommodation. In T. K. Bhatia and W. C. Ritchie (eds.), *The Handbook of Bilingualism*. Oxford: Blackwell, pp. 353-78.

Sacks, H. (1992) *Lectures on Conversation*, ed. G. Jefferson. 2 vols. Oxford: Blackwell.

Sacks, H., E. Schegloff, and G. Jefferson (1974) A simplest systematics for the organization of turn-taking for conversation. *Language*, 50(4), 696-735.

Sarangi, S. (1987) Is there no alternative? A further look at data acquisition and data treatment within human communication research. In A. Littlejohn and M. Melouk (eds.), *Research Methods and Processes*, pp. 43-54. Lancaster: Lancaster University, Department of Linguistics and Modern English Language.

Sarangi, S. (1996). Conflation of institutional and cultural stereotyping in Asian migrants' discourse. *Discourse and Society*, 7(3), 359-87.

Sarangi, S. (2001) A comparative perspective on social theoretical accounts of the language action interrelationship. In N. Coupland, S. Sarangi, and C. Candlin (eds.), *Sociolinguistics and Social Theory*, pp. 29-60. London: Longman.

Sarangi, S. and C. Candlin (2001) Motivational relevancies: Some methodological reflections on social theoretical and sociolinguistic practice. In N. Coupland, S. Sarangi, and C. Candlin (eds.), *Sociolinguistics and Social Theory*, pp. 350-88. London: Longman.

Schecter, S. R. and R. Bayley (2002) *Language as Cultural Practice*. Mahwah, NJ: Lawrence Erlbaum.

Schegloff, E. (1996) Turn organization: One intersection of grammar and interaction. In E. Ochs, E. Schegloff, and S. Thompson (eds.), *Interaction and Grammar*, Cambridge: Cambridge University Press, pp. 52-133.

Schegloff, E. (1997a) "Narrative analysis" thirty years later. *Journal of Narrative and Life History*, 7(1-4), 97-106.

Schegloff, E. (1997b) Whose text? whose context? *Discourse and Society*, 8(2), 165-87.

Schegloff, E. (1999) Discourse, pragmatics, conversation, analysis. *Discourse Studies*, 1(4), 405-35.

Schegloff, E. (forthcoming) *A Primer in Conversation Analysis: Sequence Organization.* Cambridge: Cambridge University Press.

Schegloff, E. , G. Jefferson, and H. Sacks (1977) The preferences for self-correction in the organization of repair in conversation. *Language*, 53, 361-82.

Schieffelin, B. B. , K. A. Woolard, and P. V. Kroskrity (1998) *Language Ideologies: Theory and Practice.* New York and Oxford: Oxford University Press.

Schlyter, S. (1996) Bilingual children's stories: French *passé composé/imparfait* and their correspondences in Swedish. *Linguistics*, 34, 1059-85.

Schmid, H. (1995) Improvements in Part-of-Speech Tagging with an Application to German. http://citeseer. ist. psu. edu/schmid95improvement. html.

Schmid, M. (2002) *First Language Attrition, Use and Maintenance: The Case of German Jews in Anglophone Countries.* Amsterdam: John Benjamins.

Schneider, E. (2004) How to trace structural nativization: Particle verbs in world Englishes. *World Englishes*, 23(2), 227-49.

Schooling, Stephen J. (1992) Language maintenance in Melanesia. Dallas, TX: Summer Institute of Linguistics.

Schumann, J. (1997) *The Neurobiology of Affect in Language.* Malden, MA, and Oxford: Blackwell.

Schütze, C. T. (1996) *The Empirical Base of Linguistics: Grammaticality Judgments and Linguistic Methodology.* Chicago: University of Chicago Press.

Scoresby-Jackson, R. (1867) Case of aphasia with right hemiplegia. *Edinburgh Medical Journal*, 12, 696-706.

Scott, J. (2000) *Social Network Analysis: A Handbook.* 2nd edn. London: Sage.

Sebastián-Gallés, N. and S. Soto-Faraco (1999) On-line processing of native and non-native phonemic contrasts in early bilinguals. *Cognition*, 72, 112-23.

Sebba, M. (1993) *Focussing on Language.* Lancaster: Definite Article Publications.

Sebba, M. and S. Tate (2002) "Global" and "local" identities in the discourses of Britishborn Caribbeans. *International Journal of Bilingualism*, 6(1), 75-89.

Sebba, M. and T. Wootton (1998) We, they and identity: Sequential vs. identity-related explanations in code-switching. In P. Auer (ed.), *Code-Switching in Conversation: Language, Interaction and Identity.* London: Routledge, pp. 262-86.

Segalowitz, S. J. (1983) *Two Sides of the Brain.* Englewood Cliffs, NJ: Prentice Hall.

Selting, M. and E. Couper-Kuhlen (eds.) (2001) *Studies in Interactional Linguistics.* Amsterdam/Philadelphia: John Benjamins.

Selting, M. et al. (1998) Gesprächsanalytisches Transkriptionsystem (GAT). *Linguistische Berichte*, 173,91-122.

Severing, R. and L. Verhoeven (2001) Bilingual narrative development in Papiamento and Dutch. In L. Verhoeven and S. Strömqvist (eds.), *Narrative Development in a Multilingual Context*. Amsterdam:John Benjamins, pp. 255-75.

Shin, S. and L. Milroy (2000) Conversational codeswitching among Korean-English bilingual children. *International Journal of Bilingualism*, 4(3), 351-83.

Shiro, M. (2003) Genre and evaluation in narrative development. *Journal of Child Language*, 30(1), 165-95.

Shrubshall, P. (1997) Narrative argument and literacy: A comparative study of the narrative discourse development of monolingual and bilingual 5-10 year old learners. *Journal of Multilingual and Multicultural Development*, 18, 402-21.

Silva-Corvalán, C. (1986) Bilingualism and language change:The extension of estar in Los Angeles Spanish. *Language*, 62, 587-608.

Silva-Corvalán, C. (1994) *Language Contact and Change: Spanish in Los Angeles*. Oxford: Oxford University Press.

Silverman, D. (1993) *Interpreting Qualitative Data: Methods for Analysing Talk, Text and Interaction*. London: Sage.

Simon-Maeda, A. (2004) The complex construction of professional identities: Female EFL educators in Japan speak out. *TESOL Quarterly*, 38(3), 405-36.

Slobin, D. I., J. Gerhardt, A. Kyratzis, and J. Guo (eds.) (1996) *Social Interaction, Social Context, and Language: Essays in Honor of Susan Ervin-Tripp*. Mahwah, NJ: Lawrence Erlbaum Associates.

Snodgrass, J. G. (1984) Concepts and their surface representation. *Journal of Verbal Learning and Verbal Behavior*, 23, 3-22.

Sokoloff, L. (1975) Influence of functional activity on local cerebral glucose utilization. In D. H. Ingvar and N. A. Lassen (eds.), *Brain Work: The Coupling of Function Metabolism and Blood Flow in the Brain*. Copenhagen: Munksgaard, pp. 385-88.

Sokolov, J. and B. MacWhinney (1990) The CHIP framework: Automatic coding and analysis of parent-child conversational interaction. *Behavior Research Methods, Instruments, and Computers*, 22, 151-61.

Speer, S. A. and I. Hutchby (2003a) From ethics to analytics: Aspects of participants' orientations to the presence and relevance of recording devices. *Sociology: The*

Journal of the British Sociological Association, 37 (2) , 315-37.

Speer, S. A. and I. Hutchby (2003b) Methodology needs analytics: A rejoinder to Martyn Hammersley. *Sociology: The Journal of the British Sociological Association*, 37 (2) , 353-9.

Stake, R. E. (1995) *The Art of Case Study Research*. Thousand Oaks, CA: Sage.

Stavans, A. (2001) Trilingual children narrating in Hebrew, English and Spanish. In L. Verhoeven and S. Strömqvist (eds.) , *Narrative Development in a Multilingual Context*. Amsterdam: John Benjamins, pp. 341-71.

Stein, N. and G. Glenn (1979) An analysis of story comprehension in elementary schoolchildren. In R. Freedle (ed.) , *New Directions in Discourse Processes*. Norwood, NJ: Ablex, pp. 53-120.

Stoessel, S. (2002) Investigating the role of social networks in language maintenance and shift. *International Journal of the Sociology of Language*, 153 , 93-132.

Strauss, A. and J. Corbin (1990) *Basics of Qualitative Research: Grounded Theory Procedures and Techniques*. Newbury Park, CA: Sage.

Strömqvist, S. and D. Day (1993) On the development of narrative structure in child L1 and adult L2 acquisition. *Applied Psycholinguistics*, 14 , 135-58.

Stroop, J. R. (1935) Studies of interference in serial verbal reactions. *Journal of Experimental Psychology*, 18 , 643-62.

Svendsen, B. A. (2004) Sæ lenge vi forstær hverandre. Språkvalg, flerspråklige ferdigheter og språklig sosialisering hos norsk-filippinske barn i Oslo [As long as we understand each other: Language choice, multilingual competence and language socialization among Norwegian-Filipino children in Oslo]. Dr. art. dissertation, University of Oslo.

Svennevig, J. (2003) Echo answers in native/non-native interaction. *Pragmatics*, 13 (2) , 285-309.

Tabouret-Keller, A. (1997) Language and identity. In F. Coulmas (ed.) , *The Handbook of Sociolinguistics*. Oxford: Blackwell, pp. 315-26.

Taeschner, T. (1983) *The Sun is Feminine: A Study of Language Acquisition in Bilingual Children*. Berlin: Springer.

Tajfel, H. (1974) Social identity and intergroup behaviour. *Social Science Information*, 13 , 65-93.

Tajfel, H. (1981) *Human Groups and Social Categories*. Cambridge: Cambridge University Press.

Tannen, D. (1980) A comparative analysis of oral narrative strategies: Athenian Greek and American English. In W. Chafe (ed.), *The Pear Stories: Cognitive, Cultural, and Linguistic Aspects of Narrative Production.* Norwood, NJ: Ablex, pp. 51-87.

Tannen, D. (1982) Spoken and written narrative in English and Greek. In D. Tannen (ed.), *Coherence in Spoken and Written Discourse.* Norwood, NJ: Ablex, pp. 21-41.

Tannen, D. (1993) What's in a frame? Surface evidence for underlying expectations. In D. Tannen (ed.), *Framing in Discourse.* New York: Oxford University Press, pp. 14-56.

Teutsch-Dwyer, M. (2001) (Re)constructing masculinity in a new linguistic reality. In A. Pavlenko, A. Blackledge, I. Piller, and M. Teutsch-Dwyer (eds.), *Multilingualism, Second Language Learning, and Gender.* Berlin: Mouton de Gruyter, pp. 175-98.

Thomason, S. G. (1997) Introduction. In S. G. Thomason (ed.), *Contact Languages: A Wider Perspective.* Amsterdam/Philadelphia: Benjamins, pp. 1-9.

Thomason, S. G. (2001) *Language Contact: An Introduction.* Washington, DC: Georgetown University Press.

Thomason, S. G. and T. Kaufman (1988) *Language Contact, Creolization and Genetic Linguistics.* Berkeley: University of California Press.

Timm, L. (1978) Code-switching in *War and Peace.* In M. Paradis (ed.), *Aspects of Bilingualism.* Columbia, SC: Hornbaum, pp. 302-15.

Ting-Toomey, S. (1999) *Communicating across Cultures.* New York: Guilford Press.

Titscher, S., M. Meyer, R. Wodak, and E. Vetter (2000) *Methods of Text and Discourse Analysis.* London: Sage.

Tokowicz, N. (1997) Reevaluating Concreteness Effects in Bilingual Translation. Master's thesis, Pennsylvania State University.

Tokowicz, N. And J. F. Kroll (2007) Number of meanings and concreteness: Consequences of ambiguity within and across languages. *Language and Cognitive Processes*, 22, 727-79.

Tokowicz, N., J. F. Kroll, A. M. B. De Groot, and J. G. Van Hell (2002) Number-of-translation norms for Dutch-English translation pairs: A new tool for examining language production. *Behavior Research Methods, Instruments, and Computers*, 34, 435-51.

Tokowicz, N. and B. MacWhinney (2005) Implicit and explicit measures of sensitivity to violations in second language grammar. *Studies in Second Language Acquisition*, 27, 173-204.

Tokowicz, N., E. B. Michael, and J. F. Kroll (2004) The roles of study-abroad experience and working-memory capacity in the types of errors made during transition. *Bilingualism: Language and Cognition*, 7, 255-72.

Tomiyama, M. (1999) The first stage of second language attrition: A case study of a Japanese returnee. In L. Hansen (ed.), *Second Language Attrition in Japanese Contexts*. New York: Oxford University Press, pp. 59-79.

Treffers-Daller, J. (1991) French-Dutch language mixture in Brussels. PhD thesis, Universiteit van Amsterdam.

Treffers-Daller, J. (1994). *Mixing Two Languages: French-Dutch Contact in a Comparative Perspective*. Berlin/New York: Mouton de Gruyter.

Trochim, W. (2000) *The Research Methods Knowledge Base*. 2nd edn. Cincinnati, OH: Atomic Dog Publishing.

Tse, L. (2000a) Student perceptions of foreign language study: A qualitative analysis of foreign language autobiographies. *Modern Language Journal*, 84(1), 69-84.

Tse, L. (2000b) The effects of ethnic identity formation on bilingual maintenance and development: An analysis of Asian American narratives. *International Journal of Bilingual Education and Bilingualism*, 3(3), 185-200.

Tukey, J. W. (1978) Measurement of event-related potentials. Commentary: A data analyst's comments on a variety of points and issues. In E. Callaway, P. Tueting, and S. H. Koslow (eds.), *Event-related Brain Potentials in Man*. New York: Academic Press, pp. 139-51.

Turell, M. T. and M. Forcadell (1992) Catalan/Spanish/English Corpus. Unpublished database. For further information contact the authors at teresa. turell@ upf. edu.

Türker, E. (2000) Turkish-Norwegian codeswitching: Evidence from intermediate and second generation Turkish immigrants in Norway. Dr. art. dissertation, University of Oslo.

Ulrich, R. and J. Miller (1994) Effects of truncation on reaction time analysis. *Journal of Experimental Psychology: General*, 123, 34-80.

Urciuoli, B. (1996) *Exposing Prejudice: Puerto Rican Experiences of Language, Race and Class*. Boulder, CO: Westview Press.

Vaid, J. and R. Hull (2002) Re-envisioning the bilingual brain using functional neuroimaging: Methodological and interpretive issues. In F. Fabbro (ed.),

Advances in Neurolingusitics of Bilingualism. Udine, Italy: Forum, pp. 315-55.

Valdés, G. and C. Pino (1981) Muy a tus órdenes: Compliment responses among Mexican-American bilinguals. *Language in Society*, 10(1), 53-72.

Valdes-Fallis, G. (1977) Code-switching among bilingual Mexican-American women: Towards an understanding of sex-related language alternation. *International Journal of the Sociology of Language*, 74, 71-89.

Verhoeven, L. and S. Strömqvist (eds.) (2001) *Narrative Development in a Multilingual Context.* Amsterdam: John Benjamins.

Viberg, A. (2001) Age-related and L2-related features in bilingual narrative development in Sweden. In L. Verhoeven and S. Strömqvist (eds.), *Narrative Development in a Multilingual Context.* Amsterdam: John Benjamins, pp. 87-128.

Vilardell, E. (1998) Canvi i manteniment de la llengua en parelles lingüísticament mixtes a Sabadell. Unpublished MA thesis, Universitat Autònoma de Barcelona, Bellaterra.

Vitanova, G. (2004) Gender enactments in immigrants' discursive practices: Bringing Bakhtin to the dialogue. *Journal of Language, Identity, and Education*, 3 (4), 261-77.

Vitanova, G. (2005) Authoring the self in a non-native language: A dialogic approach to agency and subjectivity. In J. K. Hall, G. Vitanova, and L. Marchenkova (eds.), *Dialogue with Bakhtin on Second and Foreign Language Learning: New Perspectives.* Mahwah, NJ: Lawrence Erlbaum, pp. 149-69.

Volterra, V. and T. Taeschner (1978) The acquisition and development of language by bilingual children. *Journal of Child Language*, 5, 311-26.

Von Studnitz, R. E. and D. W. Green D. W. (2002) Interlingual homograph interference in German-English bilinguals: Its modulation and locus of control. *Bilingualism: Language and Cognition*, 5, 1-23.

Wang, X. (2006) Language shift in three-generation Chinese families in the State of Johor, Malaysia. Paper presented at the First Malaysian International Conference on Chinese Linguistics: Exploring Diversity, Variation and Standardization of Language, University of Malaya, Kuala Lumpur, March 4-5.

Warren, C. A. B. and T. X. Karner (2005) *Discovering Qualitative Methods: Field Research, Interviews and Analysis.* Los Angeles: Roxbury.

Wartenburger, I. , H. R. Heekeren, J. Abutalebi, S. F. Cappa, A. Villringer, and D. Perani (2003) Early setting of grammatical processing in the bilingual brain.

Neuron, 37, 159-70.

Wasserman, S. and U. Bockenholt (1989) Bootstrapping: Applications to psychophysiology. *Psychophysiology*, 26, 208-21.

Watson, J. (1998) *Media Communication: An Introduction to Theory and Process.* Basingstoke and London: Macmillan.

Weber-Fox, C. M. and H. J. Neville (1996) Maturational constraints on functional specialization for language processing: ERP and behavioral evidence in bilingual speakers. *Journal of Cognitive Neuroscience*, 8, 231-56.

Weinreich, U. (1953) *Languages in Contact: Findings and Problems.* New York: The Linguistic Circle of New York.

Weiss, G. and R. Wodak (2003) Introduction. In G. Weiss and R. Wodak (eds.), *Theory, Interdisciplinarity and Critical Discourse Analysis.* London: Palgrave.

Wenzell, V. (1989) Transfer of aspect in the English oral narratives of native Russian speakers. In H. Dechert and M. Raupach (eds.), *Transfer in Language Production.* Norwood, NJ: Ablex, pp. 71-97.

Wernicke, C. (1874) *Der aphasische Symptomenkomplex. Eine psychologische Studie auf anatomischer Basis.* Breslau: Cohn and Weigert.

Wetherell, M. (1998) Positioning and interpretative repertoires: Conversation analysis and post-structuralism in dialogue. *Discourse and Society*, 9(3), 387-412.

Whitney, W. D. (1881) On mixing in language. *Transactions of the American Philological Association*, 12, 5-26.

Widdicombe, S. (1998) "But you don't class yourself": The interactional management of category membership and non-membership. In C. Antaki and S. Widdicombe (eds.), *Identities in Talk.* London: Sage, pp. 52-70.

Widdowson, H. (1995) Discourse analysis: A critical view. *Language and Literature*, 4 (3): 157-72.

Williams, A. (2005) Fighting words and challenging expectations: Language alternation and social roles in a family dispute. *Journal of Pragmatics*, 37, 317-28.

Williams, G. (1992) *Sociolinguistics: A Sociological Critique.* London: Routledge.

Winford, D. (2003) *An Introduction to Contact Linguistics.* Oxford: Blackwell.

Winkler, I., T. Kujala, H. Tiitinen, P. Sivonen, P. Alku, A. Lehtokoski, I. Czigler, V. Cśpe, and R. Näätänen (1999) Brain responses reveal the learning of foreign language phonemes. *Psychophysiology*, 26, 638-42.

Wodak, R. (2000) Recontextualisation and the transformation of meanings: A critical discourse analysis of decision making in EU meetings about employment policies. In S. Sarangi and M. Coulthard (eds.), *Discourse and Social Life*. London: Longman, 185-206.

Wodak, R. (2001) The discourse-historical approach. In R. Wodak and M. Meyer (eds.), *Methods of Critical Discourse Analysis*. London: Sage, pp. 63-94.

Wodak, R. and P. Chilton (eds.) (2005) *A New Agenda in (Critical) Discourse Analysis: Theory, Methodology and Interdisciplinarity*. Amsterdam, John Benjamins.

Wodak, R. and M. Meyer (eds.) (2001) *Methods of Critical Discourse Analysis*. London: Sage.

Wolfram, W. (1993) Ethical considerations in language awareness programs. *Issues in Applied Linguistics*, 4(2), 225-55.

Wolfram, W. (1998) Scrutinizing linguistic gratuity: Issues from the field. *Journal of Sociolinguistics*, 2(2), 271-9.

Wolfram, W. (2000) Endangered dialects and social commitment. In J. Kreeft Peyton, P. Griffin, W. Wolfram, and R. Fasold (eds.), *Language in Action: New Studies of Language in Society*. Cresskill, NY: Hampton Press, pp. 19-39.

Wolfram, W. and R. W. Fasold (1974) *Field Methods in the Study of Social Dialects*. Englewood Cliffs, NJ: Prentice Hall.

Wolfson, N. (1976) Speech events and natural speech: Some implications for sociolinguistic methodology. *Language in Society*, 5(2), 189-209.

Woodside-Jiron, H. (2003) Language, power, and participation: Using Critical Discourse Analysis to make sense of public policy. In R. Rogers (ed.), *An Introduction to Critical Discourse Analysis in Education*. Mahwah, NJ: Lawrence Erlbaum, pp. 173-206.

Woolard, K. (1989) *Doubletalk: Bilingualism and the Politics of Ethnicity in Catalonia*. Stanford, CA: Stanford University Press.

Woolford, E. (1983) Bilingual code-switching and syntactic theory. *Linguistic Inquiry*, 14, 520-36.

Wray, A., K. Trott, and A. Bloomer (1998) *Projects in Linguistics*. London: Arnold.

Yelenevskaya, M. and L. Fialkova (2003) From "muteness" to eloquence: Immigrants' narratives about language. *Language Awareness*, 12(1), 30-48.

Yin, R. K. (2003a) *Applications of Case Study Research*. Thousand Oaks, CA: Sage.

Yin, R. K. (2003b) *Case Study Research: Design and Methods*. Thousand Oaks, CA: Sage.

Yoon, K. K. (1996) A case study of fluent Korean-English bilingual speakers: Group membership and code choices. *Journal of Pragmatics*, 25, 395-407.

Yoshitomi, A. (1999) On the loss of English as a second language by Japanese returnee children. In L. Hansen (ed.), *Second Language Attrition in Japanese Contexts*. New York: Oxford University Press, pp. 80-111.

Zekhnini, A. (2001) Second language learners' L2-contacts and acquisition away-fromclassroom. In A. Hvenekilde and J. Nortier (eds.), *Meetings at the Crossroads: Studies of Multilingualism and Multiculturalism in Oslo and Utrecht*. Oslo: Novus Forlag, pp. 232-48.

Zentella, A. C. (1997) *Growing up Bilingual: Puerto Rican Children in New York*. Oxford and Malden, MA: Blackwell.

Zhu Hua and B. Dodd (2006) *Phonological Development and Disorders: A Multilingual Perspective*. Clevedon: Multilingual Matters.

索引

（本索引后的页码为原著页码，即本书边码）

307,308,309

Poplack,S.帕普拉克　6,37,41,52,60,
62,65,66,83,160,194,208,209,
227,228,237,248

processing 加工、处理　58,79,105,
108,109,113,122,123,124,125,
126,127,128,129,133,135,136,
137,139,140,143,153,155,156,
157,217,279,229

production 产出　7,13,15,19,21,24,
27,59,94,105,110,113,114,115,
116-18,120,129,132,159,161,
162,194,199

qualitative 定性　8,23,27,28,29,42,
58,95,99,129,143,162,175,178,
188,189,212,233,241,254,275,
288,315,316,320,321

quantitative 定量　8,23,27,36,38,42,
51,58,66,83,95,98,99,100,103,
109,129,143,166,178,212,230,
233,236,241,247,263,272,275,
316,321

questionnaire 问卷　36,38-40,42,48,
51,75,82,86,89,158,171-6,216,
225,232,233,256,260-1,319

Rampton,B.兰普顿　13,21,64,73,77,
86,258,294

reliability 可靠性　75,77,98,172,192,
193,212,314

representation 代表性　10,15,29,109,
110,114,124,126,129,134,143,
153,155,157,193,330-1,333-6,

338-40

representative 具有代表性的　20,25,
26,27,29,30,36,38,75,81,82,
83,84,85,92,95,129,227,230,
238,251,313,314,318,331

research design 研究设计　18,22,23,
27,29,74,75,77,84,90,102,139,
149,151,154,156,192,221

research questions 研究问题　16,18,
22,23,24,25,28,30,31,73,74,
88,89,90,93,96,102,106,107,
192,193,194,224,227,229,230,
233,236,239,241,242,244,245,
254,311,313,314,315,318

researcher's identity 研究者的身份（认
同）　25,74,75-8

Romaine,S.罗曼　42,60,69,72,79

Russian 俄罗斯人、俄语　9,49,82,
112,129,235,320,323

Sacks,H.萨克斯　284-5,286,295

sampling 采样　29,75,81,82,83,84,
85,171,172,175,182,240,252

Schegloff,E.谢格洛夫　6,284,294,
295,321

Sebba,M.塞巴　72,175,198,213,
281-2

Slobin,D.斯洛宾　177,312,313,314,
321,325

social networks 社会网络　77,78,83,
84,244

Spanish 西班牙语　41,61,76,89,105,
112,113,115,119,120,121,122,
124,127,150,167,201-4,205,207,

人名和术语翻译表

（说明：本表为译者所做）

1. 人名（姓）

A

阿布塔乐比 Abutalebi

阿尔森 Aarssen

阿尔瓦雷斯－卡卡莫 Alvarez-Caccamo

阿格诺特瑞 Agnihotri

阿利亚 Alia

阿润森 Aronsson

埃尔南德斯 Hernandez

埃克特 Eckert

埃利亚松 Eliasson

埃罗 Erol

埃普尔 Eppler

埃斯库德罗 Escudero

艾弗森 Iverson

艾勒斯 Eilers

爱德华兹 Edwards

安卓特索普洛斯 Androutsopoulos

奥尔 Auer

奥克斯 Ochs

奥勒 Oller

B

巴蒂亚 Bhatia

巴多维－哈里克 Bardovi-Harlig

巴尔齐莱 Barzilay

巴赫金 Bakhtin

巴克斯 Backus

巴内特 Barnett

巴尼－沙若卡 Bani-Shoraka

巴尼斯 Barnes

巴特 Barthes

邦盖茨 Bongaerts

贝茨 Bates

贝利 Bayley

贝内特－卡斯特 Bennett-Castor

本塔希拉 Bentahila

比尔 Beal

比利奇 Billig

比利斯 Bliss

波林斯基 Polinsky

波特 Potter

伯顿 Burton

伯科威茨 Berkowitz

伯曼 Berman

勃朗 Blanc

博尔斯马 Boersma

博尔托尼－李嘉图 Bortoni-Ricardo

博克尔兹 Bucholtz

博克－赛利格松 Berk-Seligson

博斯 Bos

博伊尔 Boyle

布迪厄 Bourdieu

布尔斯马 Boersma

布莱克利奇 Blackledge

布里格斯 Briggs

布林克 Brinke

布龙菲尔德 Bloomfield

布卢尔 Bloor

C

查费 Chafe

陈 Chan

D

达内特 Danet

达特 Dart

大卫 David

丹那博尔 Dannenburg

丹兹 Denzin

德·波特 De Bot

德·格鲁特 De Groot

德·霍尔 De Houwer

德弗鲁 Devereux

德普雷 Deprez

德威尔 Dewaele

迪赫尔 Deuchar

迪杰斯特拉 Dijkstra

蒂博 Thibault

蒂姆 Timm

杜·盖伊 Du Gay

杜兰蒂 Duranti

杜斯亚斯 Dussias

多德 Dodd

多尔曼 Doeleman

多甘 Dogan

多勒斯基 Dolitsky

E

厄尔 Erill

厄尔博 Erbaugh

厄科斯特 Extra

恩德摩尔 Endemol

恩姆 ngom

F

法布罗 Fabbro

法拉斯 Farras

范·埃卡特 Von Echardt

范·戴克 Van Dijk

范·豪特 van Hout

范·赫尔 van Hell

范·加尔斯维尔德 Van Jaarsveld

费尔德曼 Feldman

费尔克拉夫 Fairclough

费什曼 Fishman

弗格森 Ferguson

弗雷泽 Frazer

弗里德里西 Friederici

弗利奇 Flege

弗瑞泽 Fraser

福柯 Foucault

G

盖尔 Gal

盖福然格 Gafaranga

甘乃迪 Kennedy

戈登 Gordon

戈夫曼 Goffman

格芬 Gerfen

格兰诺维特 Granovetter

格里尔 Greer

格罗让 Grosjean

格瑞普斯瑞德 Gripsrud

葛兰 Glenn

古德温 Goodwin

H

哈恩 Hahne

哈夫 Have

哈默尔 Hamers

哈默斯利 Hammersley

哈其贝 Hutchby

哈瑞顿 Harrington

哈维 Harvey

海勒 Heller

海莫瑞 Halmari

海姆斯 Hymes

海因里希 Hinrichs

汉娜斯 Hennessy

郝斯特 Haust

贺文内基德 Hvenekilde

赫克润 Heekeren

赫兰德 Holland

赫里蒂奇 Heritage

赫林 Herring

赫曼斯 Hermans

赫米斯 Hermes

洪美恩/伊恩·昂 Ien Ang

怀特 White

惠特尼 Whitney

霍尔 Hall

霍尔姆 Holm

霍其贝 Hutchby

J

吉 Gee

吉登斯 Giddens

吉尔博伊 Gilboy

加德纳—卡洛斯 Gardner-Chloros

加芬克尔 Garfinkel

加斯 Gass

贾菲 Jaffe

贾维斯 Jarvis

菅野 Kanno

简 Janes

杰夫 Juffs

杰纳西 Genesee

K

卡茨 Katz

卡拉翰 Callahan

卡梅隆 Cameron

卡帕 Cappa

卡热玛兹 Caramazza

卡什曼 Cashman

卡特尔 Cattell

考夫曼 Kaufman

考罗梅 Colomé

考斯塔 Costa

科多 Codó

科恩 Cohen

科尔达斯—库特哈德 Caldas-Coulthard

科纳特 Kohnert

科瑞斯 Kramsch

科文 Koven

克拉克 Clark

克莱恩 Clyne
克莱葛 Crago
克莱门特 Clemente
克罗尔 Kroll
克罗斯比 Crosbie
克沙瓦兹 Kesharvarz
库尔 Kuhl
库尔马斯 Coulmas
库利克 Kulick
库伦德 Kluender
库玛 Kumar
库佩斯麦特 Kupersmitt
库珀 Cooper
库珀一库伦 Couper-Kuhlen
库塔斯 Kutas
库扎勒 Kujala
奎伊 Quay

L

拉波夫 Labov
拉德韦 Radway
拉姆 Lam
拉特克利夫 Ratcliff
莱恩 Lane
赖西格尔 Reisigl
兰伯特 Lambert
兰普顿 Rampton
兰普特 Lampert
兰萨 Lanza
劳森 Lawson
勒韦 Levelt
李嵬 Li Wei
里姆巴克 Lijmbach
里奇 Ritchie

里斯曼 Riessman
里特 Ritter
里特韦尔 Rietveld
理查森 Richardson
利奥波德 Leopold
利奇 Leech
列赫尔 Rieger
林德勒一斯杰夫 Rindler-Schjerve
鲁滨孙 Robinson
罗 Lo
罗伯茨 Roberts
罗杰斯 Rogers
罗克珊娜·马 Roxana Ma
罗曼 Romaine

M

马丁 Martin
马科斯 Marcos
马特 Mamat
玛胡提安 Mahootian
迈尔斯 Myers
迈尔斯一斯科顿 Myers-Scotton
迈泽尔 Meisel
麦卡勒姆 McCallum
麦凯 Mackay
麦凯布 McCabe
麦考密克 McCormick
麦克斯旺 MacSwan
麦克惠尼 MacWhinney
曼德勒 Mandler
梅尔科娃 Čmejrková
梅森 Mason
美奥维斯 Meeuwis
米尔罗伊 Milroy

米勒 Miller
米切尔 Mitchell
米尚 Meechan
密奥左 Miozzo
摩梭 Mosso
莫法特 Moffatt
莫耶 Moyer
默斯特万 Maestrejuan
姆斯根 Muysken

N

纳瓦罗 Navarro
奈文 Nivens
内克瓦皮尔 Nekvapil
内维尔 Neville
尼格斯 Negus
尼斯特伍 Nistov
宁格乌维克 Ningiuruvik
纽曼 Neuman
诺迪尔 Nortier
诺约 Noyau

O

欧斯特因 Olshtain

P

帕夫连科 Pavlenko
帕拉迪丝 Paradis
帕里尔 Pallier
帕普拉克 Poplack
帕普若卡 Paprocka
庞 Pong
佩拉尼 Perani
佩雷拉 Pereira

皮尔森 Pearson
皮诺 Pino
皮特 Pitres
珀维斯 Purvis
普哈达斯 Pujadas
普勒姆 Pullum
普雷维尼亚诺 Prevignano
普罗 Propp
普萨达斯 Psathas
普约尔 Pujolar

Q

奇尔顿 Chilton
前野 Maeno
乔姆斯基 Chomsky
乔司特因 Jostein

R

热梅克 Raaijmakers
瑞安 Ryan

S

萨克斯 Sacks
萨契戴夫 Sachdev
赛巴 Sebba
赛巴斯钦-格里 Sebastián-Gallés
赛加洛维茨 Segalowitz
桑可夫 Sankoff
瑟尔特林 Selting
森田 Morita
山田 Yamada
施罗伊德 Schreuder
施吕特 Schlyter
施密德 Schmid

司特因 Stein
斯德克 Stake
斯蒂弗斯 Stivers
斯考兹比一杰克逊 Scoresby-Jackson
斯库林 Schooling
斯洛宾 Slobin
斯诺 Snow
斯皮尔 Speer
斯塔克 Stake
斯特姆韦斯特 Stromqvist
斯特鲁普 Stroop
斯特文思 Stavans
斯图尔特 Stewart
斯托赛尔 Stoessel
斯文内维格 Svennevig
斯文森 Svendsen
索 So
索佩纳 Sopena
索托一法拉科 Soto-Faraco

T

塔特 Tate
汤普森 Thompson
唐钦 Donchin
特里夫斯一达列尔 Treffers-Daller
特洛基姆 Trochim
特施纳 Taeschner
提切尔 Titscher
提特宁 Tiitinen
图克 Türker
图克维兹 Tokowicz
图克依 Tukey
图雷利 Turell
托马森 Thomason

托马斯 Thomas

W

瓦尔德 Valdés
瓦尔德斯一菲林 Valdes-Fallis
王晓梅 Wang Xiaomei
威尔林格 Villringer
威尔曼 Wellman
威廉姆斯 Williams
韦伯一福克斯 Webber-Fox
韦博格 Viberg
韦瑟雷尔 Wetherell
韦斯 Weiss
维拉德利 Vilardell
温福德 Winford
温克勒 Winkler
文尼克 Weenik
沃达科 Wodak
沃尔夫森 Wolfson
沃尔泰拉 Volterra
沃霍文 Verhoeven
沃伦 Warren
沃洛希诺夫 Voloshinov
沃森 Watson
沃特博格 Wartenburger
乌尔齐乌奥利 Urciuoli
伍德赛德一基若恩 Woodside-Jiron
伍顿 Wootton
伍菲特 Wooffitt
伍拉德 Woolard

X

西尔弗曼 Silverman
西蒙一麦德 Simon-Maeda

希恩 Shin
希利亚德 Hillyard
希罗 Shiro
希斯 Heath
席尔瓦 Silva
席尔瓦-科瓦兰 Silva-Corvalan
谢蒂 Shetty
谢格罗夫 Schegloff
谢克特 Schecter
徐大明 Xu Daming

Y

雅格马 Yagmur
雅各布森 Jacobson
雅柯布森 Jakobson
亚瑟 Aarsæther
耶格-德罗尔 Yaeger-Dror
叶海亚 E-热穆达尼 Yahya E-Rramdani
伊迪斯 Eades
伊丽莎白·波特 Bott, E.
伊士曼 Eastman
殷 Yin
尹 Yoon
英格拉姆 Ingram
约根森 Jørgensen
约翰森 Johanson
约翰斯通 Johnstone

Z

扎克尼 Zekhnini
扎伊尔 Zaire
詹金斯 Jenkins
詹姆斯 James
祝华 Zhu Hua

兹恩特拉 Zentella

2. 术语（包括机构和组织）

A

爱丁堡大学出版社 Edinburgh University Press

B

变化 variation
变量 variable
标记模型 markedness model
标记评估 the markedness evaluator
标记性 markedness
标记元语言 markup metalanguage
标注 annotation
标注 tagging
标准偏差 standard deviation
不列颠民族党 British National Party

C

插入 insertion
产出 production
成像 imaging
成员分类分析法 membership categorization
词法句法 morphosyntactic
词汇叠合 congruent lexicalization
词汇组块 lexical chunk

D

代码系统 a system of coding
带声手势 vocal gesture
丹麦数据保护中心 Datatilsynet

单一码 unicode

单一系统假说 the one-system hypothesis

单语会话流 monolingual conversational moves

等价性 equivalence

第一次序接触对象 first-order contacts

短时记忆 working memory

对译/直译 gloss

多语动态出版公司 Multilingual Matters

E

儿童语言数据交换系统 Child Language Data Exchange System(CHILDES)

F

范畴 category

范围 range

非言语刺激 non-verbal stimuli

非言语形式的提示 non-verbal prompts

非因纽特人 Qallunaat

符号支配 symbolic domination

赋码 encoding

G

概念的操作化 operationalization of concepts

感叹 interjection

感知 perception

个人叙事 personal narrative

个性化 personalization

功能性磁共振成像技术(fMRI)

国际双语学研讨会 International Symposium on Bilingualism(ISB)

国际应用语言学协会 Association Interna-

tionale de Linguistique Appliquée (AILA)

H

海姆内斯贝格 Hemnesberget

行业道德 ethical considerations

核儿借词 core loans

后学科 post-disciplinary

互动中的谈话 talk-in-interaction

互涉现象 reference

话轮转换 turn-switching

话语 discourse

话语互动 discursive interaction

话语互涉 interdiscursivity

话语空间 discursive spaces

混合系统假说 the fused system hypothesis

混合语码 mixed code

火线 Firewire

J

基于计算机语言分析程序的对话分析程序 the conversation analysis programs of CLAN(CACLAN)

计算机语言分析程序 computerized language analysis programs(CLAN)

加拿大卫生研究中心 the Canadian Institute of Health Research

间接推断 indirect inferences

剑桥大学出版社 Cambridge University Press

交际事件 communicative event

交替 alternation

借用 borrowing

精神分裂症 schizophrenia
矩阵语言框架 the matrix language frame
句间的 intersentential
句内的 intrasentential
句外的 extrasentential
句子 Sentences
决策阶段 decision stage

K

卡方检验 Chi-square
科特左斯潘小镇 Coatzospan
客观化 objectivization
空间轨迹 trajectories

L

理性选择模型 rational choice
连续体、连续区 continuum
临时借用 nonce borrowings
零假设 null hypothesis

M

马克斯普朗克研究所 Max Planck
Institute(MPI)
美国应用语言学协会 American Association
of Applied Linguistics(AAAL)
美国语言学会 Linguistic Society of
America(LSA)
美洲土著 native Americans
米斯特克人/米斯特克语 Mixtec
描述性统计 descriptive statistics
穆彤德古意特出版社 Mouton De Gruyter

N

拟合优度 goodness of Fit

牛津大学出版社 Oxford University Press
纽别克(人)Yup'ik

O

欧洲第二语言习得协会 European
Association of Second Language
Acquisition(EUROSLA)

P

批判性思维 critical thinking
批判性阅读 critical reading
偏好竞争 preference organization
偏移/偏离 deviation
平均值 mean
普遍化 generalize

Q

嵌入成分 embedded constituents
情景型转换 situational switching
权利义务集合 rights/obligations set

R

人工录写文本分析赋码体系 codes for
the human analysis of transcripts
(LSA)
认识论 epistemologies
任务设计 task design

S

萨尔萨舞 salsa
三角推断法 triangulation
社会场所 social locale
社会的主导模式 societal

dominance pattern
社会世界 the social world
社会网络 social network
社会网络强度尺 network strength scale
社会语言学研讨会 the Sociolinguistics Symposium(SS)
神经成像 neural imaging
声音 sounds
时间关系 temporal relation
时态转换 tense shift
时体参照系统 temporal reference
实体论 ontologies
实现阶段 realization stage
事件相关电位 event-related potentials (ERPs)
视觉词汇判断 visual lexical decision
适应 accommodation
双言 diglossia
双语会话 bilingual conversation
顺序性语境 sequential context
斯特普图词测试 Picture-word Stroop

T

他们的语码 they-code
谈判原则 negotiation principle
特伦特姆书局 Trentham Books
体裁 genre
听话人特征 addressee specification
统计检定 statistical tests
统计意义 statistically significant
推断统计 inferential statistics
推理导向 directionality

W

文本互涉 intertextuality
文本互涉的 intertextual
文化借词 cultural loans
文化适应 acculturation
我们的语码 we-code

X

嘻哈文化 hiphop
辖制 government
相关系数 correlation coefficient
协方差分析 analysis of covariance。
心理传记 Sprachbiographien
心理学出版社 Psychology Press
信息限制 message qualification
形符比 type-token ratio
行动研究 action research
虚构叙事 fictional narrative
叙述完整性 cohesiveness

Y

言语行动 verbal action
言语社区 speech community
研究者的身份/认同 researcher's identity
眼动 eye movements
眼动追踪 eye tracking
一种被感知的对象 as an object of perception
一种生产的形式 as a form of production
因变量 dependent variables
因别克语 Inpiaq
因别特(人) Inupiat
因纽特(人) Inuit
因纽特语 Inuktitut

因纽维鲁特 Inuvialuit

隐喻型转换 metaphorical switching

英国应用语言学协会 British Association of Applied Linguistics (BAAL)

有界的整体 bounded whole

与交际者相关的 participant-related

语境化 contextualization

语境化规约 contextualization conventions

语境化线索 contextualization cues

语码混合 code-mixing

语码转换 code-switching

语篇相关的 discourse-related

语言变化 language change

语言互动数据交换系统 Language Interaction Data Exchange System (LIDES)

语言磨损 language attrition

语言能力丧失 language loss

语言迁移 language transfer

语言融合 language convergence

语言少数民族 linguistic minority

语言习得生成研究学会 Generative Approaches to Language Acquisition (GALA)

语言学习经历自述 linguistic autobiographies

语言转用 shift

语域 domains

语域分析 domain analysis

原生框架 generative frameworks

援引 quotation

约翰·本杰明出版社 John Benjamins

约制 constraints

Z

再语境化或语境重构 recontextualization

整体网络法 whole-network

正电子发射计算机断层扫描技术 Positron Emission Tomography (PET)

中位数 median

中心性 centrality

重述 reiteration

主导语言/优势语言 dominant language

主行 the main tier

主效果 main effect

转述性引语 reported speech

自变量 independent variables

自定速度阅读 self-paced reading

自我中心网络法 egocentric network

图书在版编目(CIP)数据

双语和多语现象研究方法指南/(英)李嵬,(西)梅丽莎·G.莫耶主编;关辛秋等译.—北京:商务印书馆,2020

ISBN 978-7-100-18118-1

Ⅰ.①双… Ⅱ.①李…②梅…③关… Ⅲ.①双语教学－教学研究 Ⅳ.①H09

中国版本图书馆 CIP 数据核字(2020)第 032639 号

双语和多语现象研究方法指南

〔英〕李嵬
〔西班牙〕梅丽莎·G.莫耶　主编
关辛秋　董秀玲　耿兴岩　译

商 务 印 书 馆 出 版
(北京王府井大街36号　邮政编码100710)
商 务 印 书 馆 发 行
北京市十月印刷有限公司印刷
ISBN　978-7-100-18118-1

2020 年 6 月第 1 版　　　开本 880×1230　1/32
2020 年 6 月北京第 1 次印刷　印张 19⅜

定价:62.00 元